U0807479

中国特色新型农业现代化：理论与实践

New-Style Agricultural Modernization with Chinese Characteristics: Theory and Practice

黄厅厅　著

中国农业出版社
北　京

图书在版编目（CIP）数据

中国特色新型农业现代化：理论与实践 / 黄厅厅著.
北京：中国农业出版社，2025. 5. -- ISBN 978-7-109
-33274-4

Ⅰ. F320.1

中国国家版本馆 CIP 数据核字第 2025LU4100 号

中国特色新型农业现代化：理论与实践

ZHONGGUO TESE XINXING NONGYE XIANDAIHUA：LILUN YU SHIJIAN

中国农业出版社出版

地址：北京市朝阳区麦子店街 18 号楼

邮编：100125

责任编辑：赵　刚

版式设计：小荷博睿　　责任校对：吴丽婷

印刷：北京中兴印刷有限公司

版次：2025 年 5 月第 1 版

印次：2025 年 5 月北京第 1 次印刷

发行：新华书店北京发行所

开本：700mm×1000mm　1/16

印张：22.75　　插页：4

字数：369 千字

定价：98.00 元

版权所有 · 侵权必究

凡购买本社图书，如有印装质量问题，我社负责调换。

服务电话：010 - 59195115　010 - 59194918

基金项目

教育部人文社会科学研究项目“西南民族地区农业绿色 TFP 与农业现代化研究：时空格局、影响机理及提升路径”（项目批准号：23YJCZH084）

贵州省高校人文社会科学研究项目“贵州推进农业现代化的重要理论和实践研究”（项目批准号：2024RW65）

贵州省科学技术协会决策咨询项目“做大做强抹茶农业发展路径研究”（项目批准号：QKX2025－ZX－020）

武陵山创新发展研究课题一般课题“武陵山片区茶产业发展研究”（项目批准号：24WLSYB04）

作者简介

黄厅厅 副教授，博士研究生，硕士研究生导师，“甲秀之光”优秀访问学者，“双师双能型”教师，兼贵州省农业产业化龙头企业协会副秘书长、教育部学位与研究生教育发展中心论文评审专家、贵州省教育科学规划专家库专家、中国国外农业经济研究会会员、中国农学会会员、中国茶叶学会会员、《宏观质量研究》（CSSCI、AMI 核心）审稿人、清华大学清华交叉学科研究能力提升计划“清华大数据与因果推断研讨班”助教。主要研究方向为农业农村现代化、新型农业经营主体、农民农村共同富裕、农业农村可持续发展、乡村公共治理等。现任教于铜仁学院。

以独立作者、第一作者、通讯作者身份，在*Agriculture*（SCI－Q1）、*Sustainability*（SSCI－Q2）、《云南民族大学学报（哲学社会科学版）》（CSSCI、北大核心、AMI 核心）、《重庆社会科学》（CSSCI 扩展版、AMI 核心）、《世界农业》（CSSCI 扩展版、AMI 核心）、《中国农村研究》（CSSCI 来源集刊）、《水土保持研究》（CSCD、北大核心）、《领导科学》（北大核心、AMI 核心）、《价格理论与实践》（北大核心、AMI 核心）、《江苏农业科学》（北大核心）等国内外权威期刊发表论文 38 篇；在《中国财经报》《光明网》《中国经济新闻网》《中华工商时报》《贵州日报》等中央级、省部级、市厅级权威媒体发表理论文章（决策建议）20 篇。荣获改革杂志社“新时代新征程哲学社会科学的责任担当”主题征文“特别优秀论文奖”、贵州省高校党建理论研讨优秀论文“二等奖”、广西高校社会科学学术年会优秀论文“二等奖”、广西壮族自治区党委教育工委学习贯彻习近平总书记“七一”重要讲话精神主题征文“二等奖”、铜仁市“纪念改革开放40 周年”主题征文“一等奖”等优秀论文（文章）11 项。出版学术专著 2 部。主持教育部等纵向课题 19 项（按期结项 11 项、提前结项 4 项，结项等次“优秀”4 项、“良好”2 项、获好评多项）；参研国家级、省部级等横纵向课题20 余项。主持（含主研）制定地方标准 5 项。取得软件著作权 7 项。在国内和国际学术交流平台做学术报告 14 场。建有教学改革创新课程《农村社会学》1 门。执笔研究报告 20 余份；起草政策文件 20 余份。参研成果多次被政府及相关部门采纳。

内容简介

农业现代化作为中国式现代化不可或缺的重要组成部分，其实现程度极大影响着中国式现代化的完整性、全面性、协调性与牢固性。本书聚焦中国特色新型农业现代化核心论题，立足发展需求取向与科学问题导向，着眼“历史观”“系统观”“发展观”视野，交叉融合管理学、经济学、社会学、政治学、农学等多学科知识，通过厘清农业现代化的理论阐释、理论借鉴、理论架构、理论导向与理论逻辑，诠释推进中国特色新型农业现代化的理论基础；通过归纳我党有关农业现代化政策的时代特征、价值意蕴及创新发展，阐释推进中国特色新型农业现代化的政策体系；通过分析农业主导产业、农业绿色发展与农业现代化之间的关系，总结上述议题对推进农业现代化的思考。同时，选取国家、省域、市域不同维度概括农业现代化的发展现状，并基于政界与学界权威观点，构建可参考、可操作、可执行、可落地的农业现代化综合评价体系。进而归纳推进中国特色新型农业现代化的实践探索；通过梳理部分发达国家、发展中国家以及我国部分地区推进农业现代化的典型案例，总结不同国家或地区推进农业现代化的经验启示，为不同区域推进农业现代化提供案例借鉴与实践参考；进而结合发展需求提出推进中国特色新型农业现代化的政策建议，以期为优化完善中国特色新型农业现代化指导体系提供咨询建议与学理逻辑，为加快推动中国特色新型农业现代化进程提供监测工具与决策依据，为持续提升中国特色新型农业现代化质量水平提供实证基础与智慧支撑。

本书特色

特色一：着眼问题需求导向立意谋篇

（1）着眼农业现代化是中国式现代化的重要组成部分而立意。

（2）着眼实现农业现代化是加快建设农业强国的基本要求而立意。

（3）着眼推进农业现代化是实现农民农村共同富裕的必由之路而立意。

特色二：推演理论支撑体系厚植基础

（1）丰富拓展农业现代化的时代意涵与学理诠释。

（2）丰富拓展农业现代化的理论体系与理论逻辑。

（3）清晰引导业界学者与读者把握多维研究主题。

特色三：构建政策指导体系助推发展

（1）完整、全面、详细归纳改革开放以来党的历次全国代表大会报告有关农业现代化的重要论述，树立“大历史观”视角回溯我党推动农业现代化的创新发展历程。

（2）完整、全面、详细归纳改革开放以来历年中央1号文件有关农业现代化的重要论述，树立“大系统观”视角回溯我党推动农业现代化的创新发展历程。

（3）基于政策的演进、传导，探索建构具有区域地缘结构特色的农业现代化综合评价体系，树立“大发展观”视角为地方党委和政府推动农业现代化创新政策工具。

特色四：聚焦现代农业韧性创新实践

（1）精心选取并总结归纳部分农业强国、农业大国推进农业现代化的典型案例及其经验启示，案例广泛深入，专题内容丰富，展现不同发达国家、发展中国家，尤其是我国推进农业现代化的创新实践与经验探索。

（2）观测国家、省域、市域三维层面的农业现代化发展概况，解码农业主导产业、农业绿色发展与农业现代化的关系及其作用路径。立足区域实际与地缘特点，创新建构农业现代化综合评价指标体系，并据此提出实践评测依据、评分结果及其阶段属性的划分建议。

（3）从本质上回答我国农业现代化进程“何以可行”的必要性与适应性、“何以可能”的互构性与嵌入性、“何以可特”的创新性与发展性、“何以可量”的可及性与均衡性，为地方因时、因地、因需、因情、因势赋能农业新质生产力，强化农业农村发展韧性，推动农业现代化高质量发展提供决策咨询与实践参考。

序

每一个时代都有着不同的历史使命与时代任务，新时代新征程中国共产党的中心任务就是团结带领全国各族人民全面建成社会主义现代化强国、实现第二个百年奋斗目标，以中国式现代化全面推进中华民族伟大复兴。中国式现代化是中国共产党领导的社会主义现代化，而全面建成社会主义现代化强国，最艰巨、最繁重的任务仍然是解决农业农村农民问题，最薄弱、最滞后的环节仍然是推动实现农业农村农民的现代化。农业农村现代化作为中国式现代化的重要组成部分，其实现程度极大影响着中国式现代化的完整性、全面性、协调性；农业强国建设作为社会主义现代化强国建设的重要组成部分，其建设进程同样也决定了社会主义现代化强国建设进程的完整性、全面性、协调性。

面向新时代新征程中国共产党的使命任务，加快推进农业现代化迈出新步伐已被赋予重要的时代意涵。“基本实现农业现代化”已被纳入我国2035年的发展总体目标，本书立足发展需求取向与科学问题导向，系统、全面、深度阐释中国式现代化背景下农业现代化的历史逻辑、理论逻辑、政策逻辑与实践逻辑，是时代必然，是发展所需。农业高质高效、乡村宜居宜业、农民富裕富足为农业现代化的本质要求、重要目标、中心任务奠定了理论基础，厚植加快推进农业现代化的理论价值、历史价值、时代价值，进而形塑农业现代化的价值导向。党对农业现代化的顶层谋划与创新发展，从本质上回答了中国特色农业现代化道路在党的领导下“何以可行”的必要性与适应性、“何以可能”的互构性与嵌入性、“何以可特”的创新性与发展性、“何以可量”的可及性与均衡性，进而促进“为何农业现代化”“何为农业现代化”“如何农业现代化”的有机统一与互动协调。

正是基于农业现代化这一重大课题本身所蕴含的历史重要性、时代必然性、实践必要性、发展持续性，开展农业现代化研究成为时代赋予“三农”青年学者的责任与担当。该书作者自2016年开始关注农业现代化有关问题，尤其是聚焦具有山地地缘结构特征的西南民族地区如何更好因地制宜推进农业现代化等相关问题，开展了实地调研，进行了探索思考，形成了研究积累。研究聚焦中国特色新型农业现代化议题，紧扣全党工作重中之重，契合党和国家重大关切，回应地方发展实践需求，讨论热点理论和现实问题，总体遵循“立足现实→厘清问题→破解障碍→保障要素→寻找对策”的逻辑思路，研究结构的整体设计、研究方法的交叉运用、技术路线的系统拟定、研究内容的逻辑自洽等方面相辅相成、互为支撑、构成整体，对于丰富农业发展相关理论体系，提升与拓展管理学、经济学、社会学、政治学、农学等多学科领域融合研究，促进地方党委和政府科学合理制定加快推进农业现代化的政策措施，进而有力、有序、有效推动各个地区以加快农业现代化为契机更好推进中国式现代化建设，具有极其重要且深远的理论指导意义和实践应用价值。

西南大学教授/博士/博士研究生导师　黄庆华

于重庆

目　录

第二篇　理论基础

第三篇　政策体系

第四篇 实践场域

第五篇　案例启示

第六篇　政策建议

第七篇 研究结语

第一篇
研究导论

第一章　研究背景及问题提出

农业现代化是实现中国特色社会主义现代化不可或缺的重要组成部分，是促进农民农村共同富裕的必然要求，是践行以人民为中心的发展思想的生动实践，是我国解决“三农”问题的必由之路，事关战略全局、事关长远发展、事关农民福祉。本章重点阐述农业现代化的研究背景，提出农业现代化值得关注与思考的问题。

第一节　研究背景

在全面建成社会主义现代化强国的新征程中，农业现代化是中国式现代化的关键和难点所在。农业现代化体现了传统农业向现代农业转变的过程，其实质是不断提高农业劳动生产率、土地产出率和资源利用率等，为农业强、农村美、农民富注入强劲动力。中国“人多地少”“大国小农”的国情农情决定了必须走具有中国特色的农业现代化道路，我国不同地区资源禀赋的独特性、多元性、结构性也决定了要因地制宜、循序渐进走具有地域特色的农业现代化之路。

改革开放以来，我国农业现代化问题被提上党和国家重要议事日程，成为理论界、学术界、政策界与实践界广泛关注及深入研讨的重要话题。我国农业现代化在改革实践中也取得了显著的历史成果，但也要客观看到，加快农业现代化进程面临着诸多不平衡不充分的发展问题，农业发展基础较为薄弱，农产品品牌溢价能力及其市场占有率较低，农村人力资本水平参差不齐，山区农业机械化水平严重滞后，乡村公共服务发展不平衡不协调等问题依然突出。这些问题共同决定了农业现代化理论遵循、政策设计及实践体系建构的必然性与必要性。

党的十八大以来，我党始终坚持把解决好“三农”问题作为全党工作重中之重，加快推进农业现代化，走中国特色社会主义农业现代化道路，不断促进农业高质高效、农村宜居宜业、农民富裕富足。习近平总书记念兹在兹的人民情怀在祖国大地留下了“民之所忧，我必念之；民之所盼，我必行之”的领袖足迹，并就做好“三农”工作作出了一系列重要论述，提出了一系列新理念新思想新战略，为各级党委和政府推动农业现代化工作提供了根本遵循、指明了发展方向。党的二十大的胜利召开，标志着中国式现代化正式写进我们党新时代新征程的中心任务，报告也将“基本实现农业现代化”纳入我国二〇三五年的发展总体目标。没有农业现代化，国家现代化是不完整、不全面、不牢固的。农业现代化作为全面建设社会主义现代化国家的重中之重，不仅奠定了国家现代化建设进程的基础与支撑，更加体现了国家现代化建设水平的质量与成色。中国是一个人多地少的国家，同时也是一个社会主义国家，其独特的资源禀赋结构和制度性质决定了必须走出一条具有中国特色的农业现代化道路。

中国特色赋予了农业现代化的应然特征。我国每个地区的农业现代化共同构成了国家整体现代化的重要版图，其农业现代化的实现程度极大影响着中国式现代化的整体性、全面性、协调性，尤其是西部山区农业现代化的实践进程与目标任务推进，需因时而新、因地而异、因需而进。迈向新时代新征程，面对区域间农业现代化不平衡不协调发展突出问题的现实挑战，加快每个地区尤其是西部山区农业现代化道路迈出新步伐，已成为当务之急。然而，不同地区地缘结构、资源禀赋、产业韧性和民族特性等多重叠加属性为推动农业现代化的理论、政策与实践发展带来了诸多挑战。

鉴于此，本书立足发展需求取向与科学问题导向，通过厘清农业现代化的理论阐释、理论借鉴、理论架构、理论导向与理论逻辑，诠析中国式现代化背景下推进农业现代化的理论基础；通过归纳我党有关农业现代化政策的时代特征、价值意蕴及创新发展，阐释中国式现代化背景下推进农业现代化的政策体系；通过分析农业主导产业、农业绿色发展与农业现代化之间的关系，总结上述议题对推进农业现代化的思考，同时选取国家、省域、市域不同维度概括农业现代化的发展现状，并基于政界与学界权威观点建构可参考、可操作、可执行、可落地的农业现代化综合评价体系，归纳中国式现代化背景下推进农业现代化的实践探索；通过梳理部分发达国家、发展中国家以及我国部分地区推进农业现代化的典型案例，概括不同国家或地区推进农业现代化的经验启示，为不同区域推进农业现代化提供案例借鉴与实践参考；进而结合发展需求提出推进农业现代化的价值定位、原则遵循与实现路径，以期为优化完善农业现代化指导体系提供咨询建议与学理逻辑，为加快推动农业现代化实现进程提供监测工具与决策依据，为持续提升农业现代化质量水平提供实证基础与智慧支撑。

第二节　问题提出

中国式现代化要求实现高质量发展，推动高质量发展呼唤加快建设现代化经济体系，着力提高全要素生产率。党的二十大报告强调，“全面建设社会主义现代化国家，最艰巨最繁重的任务仍然在农村”，并将“建成现代化经济体系，形成新发展格局，基本实现新型工业化、信息化、城镇化、农业现代化”纳入我国二〇三五年的发展总体目标。农业现代化作为中国式现代化必不可少的重要组成部分，没有农业现代化，国家全面现代化是不协调的；没有地方的农业现代化，国家整体现代化是不完整的。在中国式现代化深入推进与拓展的背景下，健全完善农业现代化体系，着力加快推进我国各个地区的农业现代化进程，成为举国上下、同心协力推动中国式现代化的当务之急。

我国农业现代化的理论与实践为我国健全完善农业现代化体系、着力加快推进我国各个地区的农业现代化进程提供了绝佳机会。然而，我们在为中国式现代化赋能各个地区农业现代化新发展空间而庆幸的同时，也深感不同地区尤其是我国西部山区走向农业现代化道路之艰难。我国东中西部农业资源禀赋差异较大，农业产业链供应链韧性强弱悬殊，农业现代化进程速度参差不齐。因此，推进农业现代化，亟需基于不同区域的特点与进程，抓住核心关键，因时跟进、因地谋略、因需施策。

农业现代化研究方兴未艾，关于农业现代化的研究已形成了丰富的研究成果，并得出了有意义的研究结论，为本书提供了有价值的理论借鉴与实践参考，为我国不同地区推动农业现代化深化了新的理论认知、拓展了研究思路、提供了分析范式、奠定了逻辑起点。然而当下，遗憾的是现有研究尚存亟待补充和完善之处，中国特色新型农业现代化发展的话语体系尚未健全完善，中国式现代化与农业现代化之间关系的重要性与紧迫性、逻辑性与学理性、实践性与示范性有待进一步理顺，不同地区农业现代化的政策建议及其实现路径还未完全明晰，亟待构建贯通农业现代化的理论基础、政策体系及实践依据，亟待构建解释推进农业现代化评估体系的系统模型，亟待构建推进农业现代化实现路径的系统决策。同时，我国不同区域农业资源禀赋、农业产业结构、农业产业韧性、农业发展后劲存在显著异质性，东中西部农业资源禀赋差异较大，农业产业链供应链韧性强弱悬殊，乡村公共科技服务不平衡、不协调问题仍然突出，还需广大“三农”研究者基于农业现代化的理论基础与政策话语指引，围绕农业产业体系、农业生产体系、农业经营体系现代化等多元维度，创新建构农业现代化发展综合评价体系，夯实农业现代化的实践依据。

迈向新时代新征程，面对不同区域农业现代化不平衡不协调发展问题的现实挑战，关于推进农业现代化的研究亟待向纵深发展。鉴于此，本书着眼宏观与微观场域，以农业现代化的理论基础、政策体系、实践探索、案例启示、政策建议为研究对象，在系统进行文献挖掘与计量分析的基础上，通过逻辑推理与演绎、实地调研与访谈、空间计量与实证、案例研究与比较等研究方法，试图回答以下研究问题。

问题一：中国式现代化背景下推进农业现代化的内在逻辑机理是什么？

问题二：哪些关键因素影响了中国特色新型农业现代化的推进进程？

问题三：推进中国特色新型农业现代化的政策建议及其实现路径有哪些？

本书问题提出的逻辑机理如图 1－1 所示。

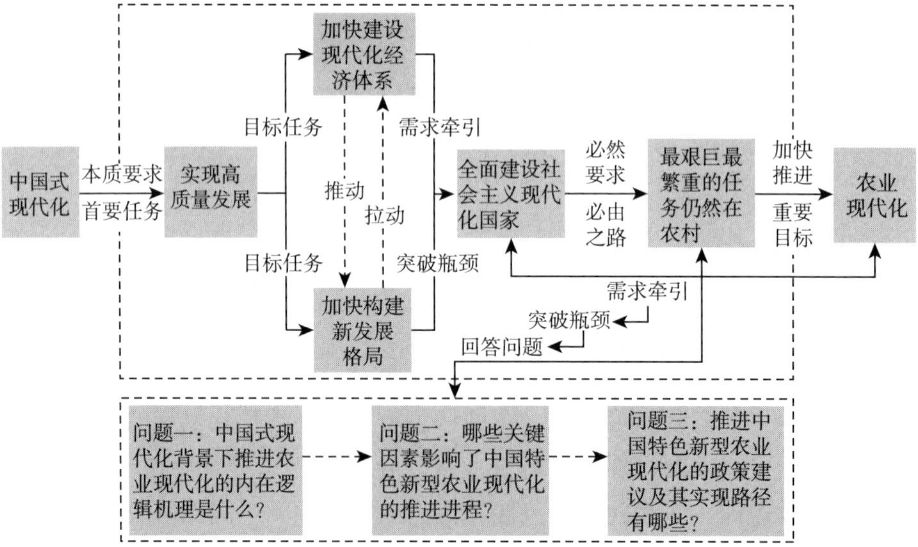

图 1－1　问题提出的逻辑机理

第二章　研究目的及研究意义

强国必先强农，农强方能国强。农业现代化独特的时代意涵赋予了其研究目的及其研究意义的紧迫性、历史性、重要性、战略性、全局性。本章基于研究背景，概述农业现代化的研究目的，并着眼研究主线、研究主旨、研究主张等阐释农业现代化的研究意义。

第一节　研究目的

考虑到农业现代化是一个动态发展、多维结构、循序渐进的系统过程，同时统筹兼顾不同区域的多元化、特殊性、差异性实践，本书以期达到以下研究目的：聚焦解决我国不同区域农业现代化不平衡不充分发展问题，借鉴农业现代化、治理共同体、高质量发展等理论框架，基于改造传统农业理论、农业发展阶段理论、路径依赖理论、诱导创新理论、综合优势理论等理论基础支撑，阐释中国式现代化背景下推进农业现代化的逻辑机理，破解农业现代化推进主体“分散发力”、机制“碎片治理”、政策“有限效用”等困境，构建农业现代化的综合评价体系，分析农业现代化的影响因素，总结国内外推进农业现代化的典型案例实践，概括不同国家或地区推进农业现代化的经验启示，进而结合发展需求提出推进农业现代化的价值定位、原则遵循与实现路径，并提出推进农业现代化高质量发展的政策建议。研究成果体现学术性、基础性、应用性及区域特色贡献，有利于丰富研究视角，聚焦中国式现代化背景视角并考虑不同区域地缘结构特征与民族特性来研究农业现代化发展；有利于完善评价体系，围绕农业产业体系现代化、生产体系现代化、经营体系现代化创新构建具有地缘结构特征的农业现代化综合评价体系；有利于创新发展路径，在借鉴国内外典型案例的实践经验基础之上，因地制宜地提出农业现代化发展的实现路径。

第二节 研究意义

诠析中国式现代化背景下推进农业现代化的理论基础，阐释具有中国特色的农业现代化政策体系，解码具有中国特色的农业现代化道路实践，同时总结国内外推进农业现代化的典型案例实践，概括不同国家或地区推进农业现代化的经验启示，进而结合发展实际提出推进农业现代化的价值定位、原则遵循与实现路径，是立足新时代新征程推进中国式现代化的迫切需要。紧密围绕国家及地方加快推进农业现代化高质量发展的战略需求，健全完善农业现代化体系、着力提高农业现代化水平，有利于为实现农民农村共同富裕提供基础性保障，也有利于为推进中国式现代化提供战略性支撑。其中所蕴含的重大而深远的理论价值和实践意义综述如下。

一、有利于基于研究主线厘清农业现代化内在机理的逻辑性

中国特色农业现代化道路是中国特色社会主义道路的重要组成部分，科学把握农业现代化道路的基本特征与总体要求，是完善新时期中国特色农业现代化理论体系及我国推进中国式现代化的必然要求。解析中国式现代化背景下推进农业现代化的逻辑机理，揭示农业现代化促进中国式现代化的重要性、联动性和回应性，有助于在学理层面丰富中国式现代化与农业现代化的学术话语体系。从学理上厘清中国式现代化背景下推进农业现代化的内在机理，丰富和扩展农业现代化概念的内涵与外延，深化对新时代新征程农业现代化理论问题的系统认知，为完善和丰富我国农业现代化理论奠定基础。构建具有中国特色的农业现代化学理体系的一般分析框架，探寻逻辑自洽的理论分析工具和测度工具，系统建构具有地域特征的农业现代化评估体系及其测度指标，有利于补充农业现代化在理论逻辑研究上的不足，拓展现有农业现代化问题研究的理论模型，为优化完善农业现代化体系、推动农业现代化高质量发展作出新的理论概括和逻辑阐释。

二、有利于把准研究主旨并刻画农业现代化评估体系的空间性

推动农业现代化，是我国各个地区促进农民农村共同富裕和农业农村

可持续发展的战略要求，是我国各个地区助力中国式现代化的重要内容。全球农业发展趋势对中国农业特色化、专业化、现代化赋予了新机遇和新挑战，研究农业现代化发展的政策建议及其实现路径，可为完善中国式现代化理论体系丰富研究成果。构建具有地域特色的农业现代化评估体系，既是我国加快农业现代化进程的重要组成部分，也是我国建设中国特色农业现代化道路的宝贵经验之一。研究时空演变视角下农业现代化的有关问题，构建顺应时势、符合主流、具有特色、适应本土、促进发展的评估体系，研判农业现代化当前状况、问题不足、影响因素、未来趋势，有利于立足问题导向，加快补齐农业现代化在空间上的“短板”与“差距”。结合计量统计与实证分析，深化农业现代化空间演化的基础研究，丰富农业现代化在空间结构领域的理论印证，充实农业经济、农业管理、农业发展等相关学科体系的案例借鉴与学术支撑，为促进学科的融合创新与深化改革铺垫空间逻辑。本研究系统把握推进农业现代化进程中的问题与难题，刻画农业现代化发展空间格局，揭示农业现代化的空间演变规律及其异质性，为促进不同地区农业现代化空间优化提供实证证据与实践依据，为后续农业现代化研究提供新的视角，为各级政府尤其是县域政府统筹农业现代化的顶层设计与基层实践，为优化农业现代化发展思路、战略布局、空间规划、行动计划、政策建议、实施措施、保障机制等提供智慧支撑与决策依据。

三、有利于拟合研究主张互构农业现代化实现路径的适配性

实现农业现代化是加快建设农业强国的必要前提和应有之义，是加快推进中国式现代化的战略要求与坚实支撑。近年来，国际农业发展的战略机遇和风险挑战并存、不确定难预料因素增多，国内农业生产基础不牢、大而不强、多而不优问题仍然突出，这必然要求农业现代化道路必须立足中国特色、根植中国本土，其实现路径与推进策略必须具备适配性。立足国情农情区情，以推动农业现代化为突破口和战略重点，是我国各个地区优化农业结构战略性调整的主攻方向。推动农业现代化迫切需要理论指导与政策创新，探索具有区域地缘特色的农业现代化价值定位、原则遵循与实现路径等，可为政策界及学术界提供可资借鉴的基本思路、理论依据与政策参考。探索符合区位特征和地域特色的农业现代化发展模式，是保证

农业经济可持续发展的首要前提，也是从根本上解决“三农”问题的重要基础。我国各个地区或多或少面临着加快现代农业发展与保护生态环境的双重压力，坚持农业创新驱动发展，以推动高质量发展为主题，创新农业现代化发展模式已是可靠途径和必然要求。关注不同地区农业现代化的实践指导与政策创新，健全完善现代农业产业体系、生产体系、经营体系，加快提升更强创新性、更高附加值、更具竞争力的农业产业链供应链韧性，提出推进农业现代化的政策建议及其实现路径，建立政策协同保障措施，提供决策依据与智力支撑，既是从根本上解决农业现代化推进问题的重要基础，也是从根本上保证农业可持续发展的首要前提。推动农业现代化可为助力中国式现代化提供方案、总结经验、打造样本、形塑典型，为政策界及学术界提供可资借鉴的理论依据与政策参考，为地方党委和政府提升农业现代化水平提供政策思路和决策参考，为完善推进农业现代化的政策实施方案与公共政策创新提供科学依据与经验证据。

第三章　研究现状及文献述评

长期以来，农业现代化是世界各国的关切话题和关注焦点。在我国，“三农”问题是全党工作重中之重，而推进农业现代化成为其根本任务，这引起了政界与学界的广泛关注与深入研讨。纵观既有的理论与实践，学者们聚焦推进实现农业现代化的问题难题、评价指标、战略路径等内容展开了广泛的讨论。有学者提出我国的农业现代化进程面临不平衡不充分的发展问题（彭超等，2020），人力资本水平、农业机械化水平、现代农业生产要素、耕地质量等在农业现代化进程中有着明显的影响（黄庆华等，2016；张宗毅，2020；西奥多·W. 舒尔茨，2021；黄厅厅等，2017）。因此，学者们基于影响因素构建了涵盖农业产业现代化、农业生产现代化、农业经营现代化、农业社会现代化、农业产出现代化、农业生态现代化等多维度的农业现代化评价指标体系（国务院发展研究中心农村经济研究部课题组等，2021；杜宇能等，2018），并结合中国实际提出农业现代化要坚持立足中国国情农情，不断提升农业劳动生产率、土地产出率和资源利用率，把机械技术进步和生化技术进步作为农业现代化的重要引擎（张培刚等，2009）；发展经济学编写组在2019年因地制宜创新完善了“农业产业化龙头企业带动＋农民专业合作社联动＋家庭农场推动＋专业大户主动”的新型农业经营组织“联合体”，并采取分阶段、分区域、分产业、分主体的分类式战略路径，坚持走中国特色农业现代化道路（魏后凯等，2022）。

综上所述，既有文献为本章创新研究视角和厘清研究思路提供了理论指导与经验借鉴。但相比较而言，目前聚焦农业现代化研究现状、动态进展、热点分析、前沿探测、演进逻辑与趋势展望等方面研究文献比较少见，对前期研究成果进行文献计量分析也比较缺乏，这并不利于读者从海量的文献信息数据中系统掌握农业现代化研究的逻辑脉络、热点前沿与动态发展。

有鉴于此，本章借鉴陈超美教授开创的CiteSpace概念模型，创造性地综合引证分析（历时性）和共引分析（结构性）方法，创建从知识基础到研究前沿的映射，彰显引文网络图谱的学科基础和信息空间图谱的技术基础（陈超美，2014；陈悦等，2014；李杰等，2017）。借助CiteSpace可视化计量分析软件，基于科学计量学、数据和信息可视化分析背景知识，着眼于分析农业现代化研究文献中蕴含的关联知识，并刻画可视化知识图谱，以揭示和反映农业现代化研究文献多元、分时、动态的空间信息及其网络关系和相互影响，进而探寻农业现代化研究领域的时空变化、前沿探测与演进路径。对农业现代化研究的时空演变、前沿图景与逻辑演进展开深入研究，将有助于从系统、全面、全局的视角，揭示与反映农业现代化研究领域的状况与进展、主题与热点、主流与前沿、趋势与远景，为新时代新征程加快农业现代化进程提供文献参考与观点支撑。

本章原始数据主要源自*Web of Science*和*CNKI*两大权威数据库，国外农业现代化研究权威文献来自*Web of Science*数据库，国内农业现代化研究权威文献来自*CNKI*数据库。为综合考虑文献资料来源的范围统一性、口径一致性、数量规模性、质量均衡性、影响权威性，统筹兼顾文献样本的查全率和查准率，将*Web of Science*数据库文献检索条件设置如下：文献主题设置为“agricultural modernization”或“agriculture modernization”或“modernization of agriculture”，文献类型设定为“Article”，检索时间为2024年1月29日，共获取到覆盖1996—2024年的权威文献数据1 917份。将*CNKI*权威数据总库的文献检索条件设置如下：检索范围设置为“学术期刊”；检索篇名设定为“农业现代化”，并默认“精确匹配”；来源类别勾选“*CSSCI*、北大核心、*CSCD*、*SCI*、*EI*、*AMI*”；检索时间为2024年1月28日，共获取到覆盖1992—2024年的权威文献数据2 037份。

第一节　国外农业现代化的研究现状

一、研究基本情况

（一）文章发表趋势

绘制1996—2023年国外农业现代化研究的发文演变趋势图（图3-1），有助于直观把握国外农业现代化研究的发文动态与进展。从总体特征来看，国外农业现代化研究呈现出发文总量不断增长的态势。从具体演变来看，1996—2017 年，国外农业现代化研究的文献发表动态增长比较缓慢，保持了较为平稳的演变发展趋势；但在 2018—2023 年这个时段，出现了一个快速增长的发文态势，最高发文量为 2022 年达 294 篇，其间，虽然 2023 年的发文量有所减少，但发文总量都保持在 230 篇以上。随着粮食安全、农业科技、减少贫困等重要议题受到国际社会的重视，国外农业现代化研究的发文态势在一定程度上也反映了农业现代化系列研究主题备受国际社会的关注。

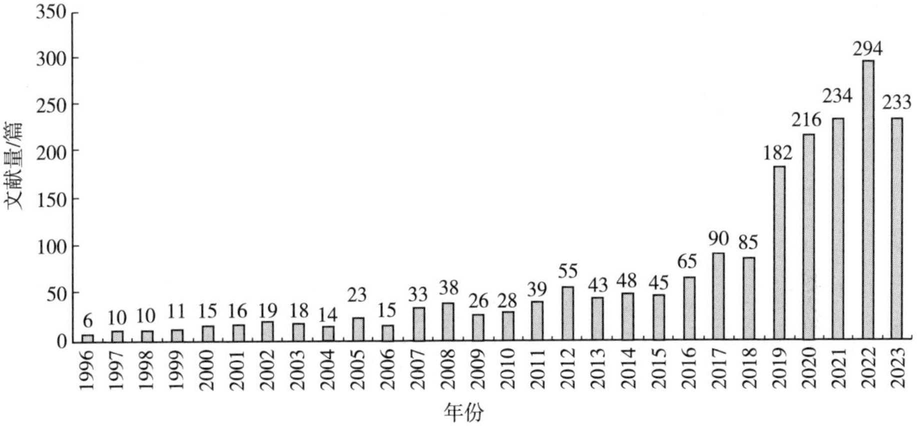

图 3-1 国外农业现代化研究发文量演变趋势

（二）作者合作网络

勾勒国外农业现代化研究领域的作者合作网络图谱（附录图 3-2），有助于发现国外农业现代化研究领域作者之间的社会网络关系。一方面，从作者合作网络图谱的发文频次来看，Brown，Colin，Li，Yang，Ma，Li，Zhang，Qian Forrest，Benjaminsen，Tor A，Knickel，Karlheinz，Krausmann，F，Longworth，John，Waldron，Scott，Wilmsen，Brooke 等学者的发文量较高。另一方面，从作者合作网络图谱的关系结构来看，合作网络图谱构成了 731 个节点、417 条连线，共现网络密度为 0.001 6，最大子网络成员形成 8 个节点，占 731 个节点的 1%。尽管有少部分学者有一定层面上的合作，但总体在某种程度上却揭示了国外农业现代化研究的作者之间合作网络关系不够紧密，作者整体分布比较分散，高产出作者跨领域、跨机构等合作较少，虽然少部分学者发文频次相对较高，但其合作团队力量仍然需要不断加强与巩固。

梳理国外农业现代化研究排名前 20 位的高被引作者及其文献（表 3-1），有助于总体掌握国外农业现代化研究领域受到了哪些比较知名的学者的深入关注，同时形成了哪些比较有影响力且被认可的研究成果。例如，Talhelm，T 和其他学者于 2014 年合作公开发表文章，讨论从水稻与小麦农业看中国内部大规模心理差异等问题，被引频次高达 636 次，位居第一高被引文献；Altieri M A 和其他学者于 2011 年合作公开发表文章，结合自然、粮食主权、赋权农民等视角讨论拉丁美洲的农业生态革命等问题，被引频次高达 584 次，位居第二高被引文献；van der Ploeg J D 和其他学者于 2000 年合作公开发表文章，从实践和政策走向理论的视角讨论农村发展等问题，被引频次高达 538 次，位居第三高被引文献；学者 Pingali P 于 2007 年公开发表文章，围绕亚洲饮食的西方化与食品体系的转变讨论对研究和政策的启示问题，被引频次高达 495 次，位居第四高被引文献；学者 Chan K 于 2003 年公开发表文章，讨论中药材中有毒污染物等问题，被引频次高达 405 次，位居高被引文献第五位。总体来说，国外农业现代化研究领域形成了一批贡献较大的学者和比较突出的研究成果，其被引频次均较高。

表 3-1　国外农业现代化研究前 20 位高被引作者分布

编号	第一作者	文章标题	被引用次数	发表年份
01	Talhelm T	Large - Scale Psychological Differences Within China Explained by Rice Versus Wheat Agriculture	636	2014
02	Altieri M A	The agroecological revolution in Latin America：rescuing nature，ensuring food sovereignty and empowering peasants	584	2011
03	van der Ploeg J D	Rural development：from practices and policies towards theory	538	2000
04	Pingali P	Westernization of Asian diets and the transformation of food systems：Implications for research and policy	495	2007
05	Chan K	Some aspects of toxic contaminants in herbal medicines	405	2003

（续）

编号	第一作者	文章标题	被引用次数	发表年份
06	Guan X L	Assessment on the urbanization strategy in China：Achievements，challenges and reflections	326	2018
07	Long H L	The allocation and management of critical resources in rural China under restructuring：Problems and prospects	308	2016
08	Long H L	Land consolidation：An indispensable way of spatial restructuring in rural China	299	2014
09	Horlings L G	Towards the real green revolution? Exploring the conceptual dimensions of a new ecological modernisation of agriculture that could 'feed the world'	275	2011
10	Evans N	Conceptualizing agriculture：a critique of post－productivism as the new orthodoxy	266	2002
11	Playán E	Modernization and optimization of irrigation systems to increase water productivity	260	2006
12	Farooq M S	A Survey on the Role of IoT in Agriculture for the Implementation of Smart Farming	246	2019
13	Liu D D	China's agricultural green total factor productivity based on carbon emission：An analysis of evolution trend and influencing factors	225	2021
14	Bebbington A	Reencountering development：Livelihood transitions and place transformations in the Andes	220	2000
15	Marsden T	Ecological entrepreneurship：sustainable development in local communities through quality food production and local branding	218	2005
16	van de Wouw M	Genetic erosion in crops：concept，research results and challenges	215	2010
17	Murphy R	Turning peasants into modern Chinese citizens："Population quality" discourse，demographic transition and primary education	213	2004
18	Zhou Y	Rural land system reforms in China：History，issues，measures and prospects	192	2020
19	Monda K L	China's transition：The effect of rapid urbanization on adult occupational physical activity	178	2007
20	Ye J Z	Land Transfer and the Pursuit of Agricultural Modernization in China	175	2015

（三）机构合作网络

描绘国外农业现代化研究的机构合作网络图谱（附录图 3－3），有助于反映国外农业现代化研究的机构发文分布情况，基本了解该领域研究力量的投入与贡献。一方面，从研究机构合作发文频次来看，国外农业现代化研究领域发文频次较高的研究机构有：中国科学院、中国农业大学、中国科学院大学、瓦赫宁根大学、科尔多瓦大学、俄罗斯科学院、四川农业大学、西北农林科技大学、北京师范大学、浙江大学等。另一方面，从研究机构合作关系强度来看，合作网络图谱之间生成了 640 个节点、467 条连线，其网络密度值为 0.002 3，最大子网络成员形成 156 个节点，占 640 个节点的 24%。这在某种程度上而言，虽然部分关注国外农业现代化研究的机构之间逐步建立了一定的合作网络关系，但国外农业现代化领域总体研究机构之间仍然有待进一步深化合作关系，加强关于农业现代化重要议题的对话。

梳理国外农业现代化研究排名前 20 位高中心性研究机构的分布（表 3－2），有助于发现在国际权威学术刊物上有哪些比较有影响力的研究机构在关注农业现代化研究领域，有助于了解国外农业现代化研究领域形成了哪些贡献比较突出的研究力量。相比较而言，中国科学院、中国农业大学、瓦赫宁根大学、根特大学、莱顿大学、埃武拉大学、中国科学院、四川农业大学、科尔多瓦大学、浙江大学、南京大学、加州大学戴维斯分校、法国国际农业研究中心、斯德哥尔摩大学、圣保罗大学等研究机构的中心性均大于 0.01，这在某种程度上表明了，以上研究机构在国外农业现代化研究领域聚集了较强的学术力量，研究成果相对较多，为农业现代化研究做出了较大的学术贡献。

表 3－2　国外农业现代化研究前 20 位高中心性研究机构分布

编号	研究机构	年份	频次	中心性
01	Chinese Acad Sci	2002	54	0.08
02	China Agr Univ	2014	25	0.05
03	Wageningen Univ	2011	18	0.05
04	Univ Ghent	2018	3	0.04
05	Leiden Univ	2018	2	0.04

（续）

编号	研究机构	年份	频次	中心性
06	Univ Evora	2018	4	0.02
07	Ctr Ric Prod Anim	2000	2	0.02
08	Univ Chinese Acad Sci	2014	21	0.01
09	Sichuan Agr Univ	2019	15	0.01
10	Univ Cordoba	2000	15	0.01
11	Zhejiang Univ	2020	10	0.01
12	Nanjing Univ	2010	8	0.01
13	Univ Calif Davis	2001	8	0.01
14	CIRAD	2012	7	0.01
15	Stockholm Univ	2017	6	0.01
16	Univ Sao Paulo	2019	5	0.01
17	Minist Agr & Rural Affairs	2023	5	0.01
18	Harbin Inst Technol	2013	4	0.01
19	USDA ARS	2017	4	0.01
20	Stanford Univ	2002	4	0.01

（四）国家/地区合作网络

刻画国外农业现代化研究的国家/地区合作网络图谱（附录图3-4），有助于揭示国家/地区之间在农业现代化研究合作领域的分布、社会关系及其合作强度。第一，从国家/地区合作网络图谱总体分布来看，中国、美国、西班牙、英格兰、巴西、俄罗斯、法国、德国、荷兰、波兰、印度、意大利、澳大利亚、加拿大、乌克兰、日本、罗马尼亚、墨西哥、瑞典、奥地利、葡萄牙、挪威、比利时等国家/地区的发文频次非常高，其发文量均分别在20篇以上。第二，结合国家/地区合作网络图谱关系结构来看，国家/地区合作网络图谱之间生成了112个节点、623条连线，其网络密度值为0.100 2，最大子网络成员形成103个节点，占112个节点的91%。相对而言，国家/地区合作网络图谱在农业现代化研究领域的合作关系比较紧密、合作强度比较高，这表明越来越多的国家或地区都比较重视农业现代化问题，且不断加强关于农业现代化问题研究的国际对话与合作。

梳理国外农业现代化研究排名前20位的高中心性国家/地区分布（表3-3），有助于把握国家/地区的节点在网络结构中的影响及其重要性。从表中来看，所有国家/地区的中心性均大于等于0.04，这充分表明美国、中国、英格兰、法国、德国、挪威、西班牙、俄罗斯、加拿大、荷兰、罗马尼亚、巴西、印度、乌克兰、瑞典、意大利、奥地利、比利时、摩洛哥、保加利亚等国家/地区在农业现代化研究领域拥有着较高的影响力，并且对农业现代化研究发挥了重要的贡献作用。

表3-3　国外农业现代化研究前20位高中心性国家/地区分布

编号	国家/地区	年份	频次	中心性
01	USA	1997	251	0.26
02	PEOPLES R CHINA	2002	444	0.20
03	ENGLAND	1998	107	0.19
04	FRANCE	2003	80	0.19
05	GERMANY	1998	69	0.18
06	NORWAY	2005	23	0.10
07	SPAIN	2000	122	0.09
08	RUSSIA	2013	91	0.08
09	CANADA	2001	45	0.07
10	NETHERLANDS	2000	69	0.06
11	ROMANIA	2008	32	0.06
12	BRAZIL	2001	91	0.05
13	INDIA	1997	60	0.05
14	UKRAINE	2019	41	0.05
15	SWEDEN	2001	31	0.05
16	ITALY	2000	57	0.04
17	AUSTRIA	1997	23	0.04
18	BELGIUM	1998	22	0.04
19	MOROCCO	2009	10	0.04
20	BULGARIA	2010	6	0.04

二、研究热点分析

(一) 关键词共现分析

描绘国外农业现代化研究高频关键词的共现网络图谱（附录图 3－5），有助于揭示国外农业现代化研究结构的发展现状及其变化情况，进一步反映该研究领域过去产生的研究热点及当前形成的研究热点，其中，连线数量的多少反映了国外农业现代化研究高频关键词之间的合作关系强度，节点形状的大小反映了关键词出现的频次高低。首先，从关键词的共现结构来看，共现网络之间生成了 674 个节点、3 186 条连线，其网络密度值为 0.014 0，最大子网络成员形成 567 个节点，占 674 个节点的 84%。这在一定程度上表明国外农业现代化研究领域高频关键词之间构建了较为密切的网络关系，高频关键词之间的共现强度较强。其次，从关键词的出现频次来看，影响、农业、管理、现代化、系统、政策、农业现代化、增长、气候变化、保护、粮食安全、乡村发展、中国、示范、生产率、效率、可持续发展、城镇化、可持续性、绩效、用水、土地、科技、多样性等高频关键词均出现 30 次及以上，这从某种程度上表明了，以上高频关键词形成了 1996 年以来国外农业现代化研究领域备受关注和讨论的研究热点。

归纳国外农业现代化研究前 50 位高中心性关键词分布（表 3－4），有助于把握国外农业现代化研究领域高频关键词在网络结构中的影响及其重要性。从表中看出，所有高频关键词的中心性均大于 0.02，这意味着自 1996 年以来，农业、现代化、政策、保护、影响、效率、管理、增长、粮食安全、动力、生态现代化、多样性、农业现代化、气候变化、乡村发展、可持续发展、城镇化、政治、转变、地区、系统、中国、示范、生产率、可持续性、土地、土地使用、改革、活力、景观、农业政策、质量、健康、农作物、非洲、消费、环境、人口等关键词在国外农业现代化研究领域扮演了重要角色，集聚了该领域的研究热点，影响力较高，重要性较强。

表 3－4 国外农业现代化研究前 50 位高中心性关键词分布

编号	关键词	年份	频次	中心性
01	agriculture	1997	102	0.17
02	modernization	1996	91	0.10

（续）

编号	关键词	年份	频次	中心性
03	policy	1997	78	0.09
04	conservation	2001	50	0.09
05	impact	2000	107	0.08
06	efficiency	2006	44	0.07
07	management	2010	91	0.06
08	growth	2001	58	0.06
09	food security	2002	48	0.06
10	dynamics	2003	24	0.06
11	ecological modernization	2002	23	0.06
12	diversity	2001	31	0.05
13	agricultural modernization	2002	65	0.04
14	climate change	2008	53	0.04
15	rural development	2011	46	0.04
16	sustainable development	2008	38	0.04
17	urbanization	2014	34	0.04
18	politics	1999	26	0.04
19	transition	1999	24	0.04
20	area	2006	23	0.04
21	system	2010	82	0.03
22	China	2002	45	0.03
23	model	2014	45	0.03
24	productivity	2008	44	0.03
25	sustainability	2014	34	0.03
26	land	2012	32	0.03
27	land use	2011	28	0.03
28	reform	1999	22	0.03
29	energy	2003	22	0.03
30	landscape	1997	20	0.03
31	agricultural policy	2003	16	0.03
32	quality	2000	16	0.03
33	health	2007	16	0.03

（续）

编号	关键词	年份	频次	中心性
34	crop	2004	14	0.03
35	Africa	2005	13	0.03
36	consumption	2007	12	0.03
37	environment	2000	9	0.03
38	population	1996	7	0.03
39	body mass index	1998	2	0.03
40	water	2014	32	0.02
41	food	2014	30	0.02
42	adoption	2010	29	0.02
43	biodiversity	2008	26	0.02
44	region	2014	15	0.02
45	Europe	2017	13	0.02
46	perspective	2017	13	0.02
47	economic development	2000	13	0.02
48	economy	2000	11	0.02
49	developing country	2002	8	0.02
50	ecology	2004	4	0.02

（二）主题词聚类分析

勾画国外农业现代化研究的主题词聚类网络图谱（附录图 3－6），聚类标签视图图谱生成的可视化知识图形，有助于刻画国外农业现代化研究主题知识单元或知识群之间的网络、结构、互动、交叉、演化、衍生等诸多隐含的复杂关系。首先，从主题聚类图谱的结构来看，图谱的 Modularity Q 值（以下简称“Q 值”）为 0.435 4，这说明国外农业现代化研究主题聚类的网络模块化结构是显著的，聚类效果好；同时，图谱的平均 Silhouette 值（以下简称“S 值”）为 0.758 9，这意味着国外农业现代化研究的主题聚类是高效率、令人信服的，其聚类效果具有高信度。其次，从主题聚类图谱的结果来看，按照聚类成员数量多少的顺序，国外农业现代化研究凝聚了农业供水系统、土地利用变化、农村面板数据、传统农村生物群落、粮食安全、实证分析、共同农业政策、生态系统服务等十分显著的、极具代表性的主题聚类单元，这代表了1996年以来国外农业现代化研究领域被广泛关注和深入研究的主题领域。

另外，计算并概括国外农业现代化研究的主题词聚类及其排名靠前的标签词分布（表3－5），有助于反映国外农业现代化研究领域的研究特点、研究主流及其演变。通过LSI、LLR、MI等算法，凝聚国外农业现代化研究的主要主题聚类，并分别提取各聚类群排名靠前的聚类标签词。总体来看，所有聚类单元的平均轮廓值均大于0.6，且大部分聚类单元的平均轮廓值都略大于0.7，这在一定程度上表明了国外农业现代化研究各聚类单元的聚类成员之间具有较高的相似性，主题聚类效果是高效率且令人信服的。具体来看，主题聚类（＃0）共生成84个节点，轮廓值为0.622，凝聚出案例研究、能源效率、时空分析、农业绿色发展、农业供水系统、二氧化碳排放、演变趋势、影响因素、虚拟现实环境、都市农业等十分显著的主题聚类成员。以上标签词平均发表于2016年。主题聚类（＃1）共生成68个节点，轮廓值为0.758，凝聚出土地利用变化、农业现代化、土地流转、农业转型、粮食供给、农户经营选择、国家主导的土地改革、评估环境保护论等十分显著的主题聚类成员。以上标签词平均发表于2009年。主题聚类（＃2）共生成65个节点，轮廓值为0.624，凝聚出农村面板数据、实证证据、土地商业化、互联网应用、多案例研究、物联网应用、土地整治、现代化理论等十分显著的主题聚类成员。以上标签词平均发表于2013年。主题聚类（＃3）共生成63个节点，轮廓值为0.669，凝聚出传统农村生物群落、管理行为、引导社会生态变迁、景观改造、葡萄园现代化推动改革、农场经营的自然再生等十分显著的主题聚类成员。以上标签词平均发表于2012年。主题聚类（＃4）共生成53个节点，轮廓值为0.912，凝聚出粮食安全、家庭农业、可持续发展、有机农业、政策视角、可持续性评价、整合视角等十分显著的主题聚类成员。以上标签词平均发表于2007年。主题聚类（＃5）共生成52个节点，轮廓值为0.670，凝聚出实证分析、案例研究、中国农村、农业机械采用、农业产业化、农业机械化、社会福利、社会保险、农场投资、绿色科技进步等十分显著的主题聚类成员。以上标签词平均发表于2012年。主题聚类（＃6）共生成39个节点，轮廓值为0.835，凝聚出共同农业政策、可持续发展、绿色农业、环保支持活动、灌溉农业、社会影响、协同互构、

表 3-5 国外农业现代化研究主题聚类及其排名靠前标签词分布

聚类标签	聚类规模	轮廓值	平均年份	标签词					
				潜语义索引（LSI）		对数似然算法（LLR）		互信息算法（MI）	
#0	84	0.622	2016	case study	agricultural water distribution system	agricultural water distribution system	(364.09，1.0E-4)	virtual reality environment	(2.16)
				influencing factor	agricultural carbon emission	Environmental Kuznets Curve	(317.41，1.0E-4)	analysis	(2.16)
				evolution trend	carbon dioxide emission	carbon dioxide emission	(311.93，1.0E-4)	urban agriculture	(2.16)
				carbon emission	spatiotemporal analysis	evolution trend	(306.44，1.0E-4)	diabolic landscape	(2.16)
				energy efficiency	agricultural green development	influencing factor	(284.57，1.0E-4)	assessing environmentalism	(2.16)
#1	68	0.758	2009	land-use change	agricultural transformation	land-use change	(464.97，1.0E-4)	virtual reality environment	(1.10)
				agricultural modernization	seed system development	farmers management choice	(247.76，1.0E-4)	analysis	(1.10)
				rural China	internal spatial fix	farm succession effect	(247.76，1.0E-4)	urban agriculture	(1.10)
				case study	geographical solution	twisting arm	(243.82，1.0E-4)	diabolic landscape	(1.10)
				land transfer	food supply	state-led agrarian reform	(239.87，1.0E-4)	assessing environmentalism	(1.10)

（续）

聚类标签	聚类规模	轮廓值	平均年份	标签词					
				潜语义索引（LSI）		对数似然算法（LLR）		互信息算法（MI）	
＃2	65	0.624	2013	rural panel data	vegetable crop cultivation	rural panel data	(349.35, 1.0E-4)	virtual reality environment	(1.28)
				empirical evidence	multiple case studies	land commodification	(325.05, 1.0E-4)	analysis	(1.28)
				land commodification	IoT adoption	internet use	(301.61, 1.0E-4)	urban agriculture	(1.28)
				internet use	life satisfaction	modernization theory	(209.1, 1.0E-4)	diabolic landscape	(1.28)
				land transfer	land consolidation	family land dynamics	(205.61, 1.0E-4)	assessing environmentalism	(1.28)
＃3	63	0.669	2012	traditional rural biotope	landscape transformation	traditional rural biotope	(261.65, 1.0E-4)	farmer-managed natural regeneration	(0.49)
				management action	tropical Latin America	management action	(219.62, 1.0E-4)	virtual reality environment	(0.49)
				ecological modernization narrative	assessing trend	ecological modernization narrative	(214.25, 1.0E-4)	analysis	(0.49)
				steering social-ecological change	intensive trellis system	steering social-ecological change	(214.25, 1.0E-4)	urban agriculture	(0.49)
				mammal occurrence	traditional vineyard	vineyard modernization drives change	(208.88, 1.0E-4)	diabolic landscape	(0.49)

（续）

聚类标签	聚类规模	轮廓值	平均年份	标签词					
				潜语义索引（LSI）		对数似然算法（LLR）		互信息算法（MI）	
				food security	policy perspective	food security	（489.71，1.0E－4）	virtual reality environment	（0.42）
				family agriculture	micro population	eating knowledge	（358.76，1.0E－4）	urban agriculture	（0.42）
＃4	53	0.912	2007	eating knowledge	Haor livelihood	family agriculture	（358.76，1.0E－4）	to－peer learning	（0.42）
				sustainable development	development condition	organic farming	（198.09，1.0E－4）	virtual smart city	（0.42）
				organic farming	sustainability evaluation	integrating perspective	（187.03，1.0E－4）	analysis	（0.42）
				empirical analysis	white poverty alleviation	empirical analysis	（514.29，1.0E－4）	green technological progress	（1.15）
				case study	hartebeestpoort irrigation scheme	welfare state	（209.49，1.0E－4）	virtual reality environment	（1.15）
＃5	52	0.670	2012	rural China	industrial agriculture	social insurance	（209.49，1.0E－4）	analysis	（1.15）
				agricultural machinery adoption	Balearic Island	investment scale	（206.25，1.0E－4）	urban agriculture	（1.15）
				Zhejiang Province	agricultural mechanisation	farm investment	（206.25，1.0E－4）	diabolic landscape	（1.15）

（续）

聚类标签	聚类规模	轮廓值	平均年份	标签词					
				潜语义索引（LSI）		对数似然算法（LLR）		互信息算法（MI）	
				common agricultural policy	irrigated agriculture	(common agricultural policy	（354.31，1.0E－4）	generating sustainable town	（0.15）
				European Union	social effect	pro－environmental activity	（192.44，1.0E－4）	Chinese village	（0.15）
＃6	39	0.835	2012	sustainable development	synergistic interconstruction	green agriculture	（192.44，1.0E－4）	system modeling approach	（0.15）
				green agriculture	green development concept	Yunnan yellow cattle	（185.01，1.0E－4）	virtual reality environment	（0.15）
				pro－environmental activity	Chinese rural ecological agriculture	multifaceted role	（170.17，1.0E－4）	analysis	（0.15）
				ecosystem service	South America	ecosystem service	（248.71，1.0E－4）	assessing environmentalism	（0.63）
				water scarcity	soy production	Madhya Pradesh，India	（220.33，1.0E－4）	cranberry treadmill	（0.63）
＃7	38	0.856	2010	case study	agricultural pollution	water scarcity	（202.07，1.0E－4）	virtual reality environment	（0.63）
				land fragmentation	agricultural producer service subsidies	post－collective Chinese agriculture	（175.74，1.0E－4）	analysis	（0.63）
				farm－level data	endogenous agricultural pollution	farm－level data	（173.32，1.0E－4）	urban agriculture	（0.63）

（续）

聚类标签	聚类规模	轮廓值	平均年份	标签词					
				潜语义索引（LSI）		对数似然算法（LLR）		互信息算法（MI）	
＃8	32	0.861	2002	blood pressure	Zhejiang Province	Andhra Pradesh，India	（174.25，1.0E－4）	global ecology	（0.14）
				comparative study	Qingtian county	comparative study	（174.25，1.0E－4）	virtual reality environment	（0.14）
				diverse group	socio－ecological adaptation	diverse group	（174.25，1.0E－4）	analysis	（0.14）
				Balinese women	agricultural heritage system	mental health	（167.83，1.0E－4）	urban agriculture	（0.14）
				fat patterning	modern China	psychiatric agriculture	（167.83，1.0E－4）	diabolic landscape	（0.14）
＃9	30	0.904	2013	microbial quality	institutional actor	microbial quality	（384.81，1.0E－4）	diabolic landscape	（0.13）
				agricultural water	domestic bracero programme	agricultural water	（256.86，1.0E－4）	virtual reality environment	（0.13）
				produce preharvest production	Sonoran Desert	produce preharvest production	（182.41，1.0E－4）	analysis	（0.13）
				eastern shore	labour migration stream	eastern shore	（176.67，1.0E－4）	urban agriculture	（0.13）
				surrounding vegetation	algal community change	watermelon surface	（174.83，1.0E－4）	assessing environmentalism	（0.13）

绿色发展理念、中国农村生态农业、绿色农业、系统建模方法等比较显著的主题聚类成员。以上标签词平均发表于 2012 年。主题聚类（#7）共生成 38 个节点，轮廓值为 0.856，凝聚出生态系统服务、水资源短缺、土地碎片化、大豆生产、农业污染、农业生产者服务补贴等比较显著的主题聚类成员。以上标签词平均发表于 2010 年。主题聚类（#8）共生成 32 个节点，轮廓值为 0.861，凝聚出比较研究、多样化群体、社会生态适应、农业文化遗产系统、现代中国、精神农业、社会生态学等比较显著的主题聚类成员。以上标签词平均发表于 2002 年。主题聚类（#9）共生成 30 个节点，轮廓值为 0.904，凝聚出微生物质量、农业用水、采前生产、制度行动者、劳工移徙流等比较显著的主题聚类成员。以上标签词平均发表于 2013 年。

三、研究前沿探测

（一）文献共被引分析

刻画国外农业现代化研究共被引文献的聚类网络图谱（附录图 3－7），通过分析共被引网络中的聚类及其关键节点，有助于厘清国外农业现代化研究领域的知识结构，揭示其知识基础和研究前沿的演变，以及在演变过程中起到关键作用的文献。一方面，从共被引文献聚类网络图谱结构来看，图谱的 Q 值为 0.954 0、S 值为 0.863 9，这表明国外农业现代化研究的网络模块化结构是显著的，聚类效果具有高信度，聚类结果合理，同时也反映了国外农业现代化研究文献具有一定的共被引强度。另一方面，从共被引文献聚类结果来看，按照聚类规模大小，分别生成了土地碎片化、水回弹效应、内部空间固定、绿色生产水平、期望、研究路径、投资交易、关键资源、价值链、能源应用、环境考虑、步伐、德国东部、量化时空格局、生计等较为显著的聚类单元，构建了国外农业现代化研究共被引文献聚类及其作者之间的关联网络，形成了国外农业现代化研究共被引文献的关键节点（转折点）和演化路径。

（二）高突现词分析

突现词分析有助于发现国外农业现代化研究在某个时间区间内突现性高的节点，反映国外农业现代化研究备受关注的研究领域和新知识的孕育产生，进而揭示该领域在相应时间维度里的研究前沿与新兴趋势。附录

表 3-6（见附录部分）提取了国外农业现代化研究领域排名前 30 位的突现词，每个方块代表一个年份，第一个蓝色方块代表该文献公开发表的时间，红色方块代表该关键词成为突现词的时间。从表中可以清晰看出，自 2019 年以来，突现出了以下强度比较高的关键词："灌溉"突现强度 4.18，突现时段 2019—2021 年； "灌溉现代化"突现强度 3.09，突现时段 2019—2020 年；"温室气体排放"突现强度 2.58，突现时段 2019—2020 年；"物联网"突现强度 2.57，突现时段 2019—2020 年；"可持续发展"突现强度 3.80，突现时段 2020—2022 年；"服务"突现强度 3.38，突现时段 2020—2021 年；"精准农业"突现强度 3.19，突现时段 2020—2022 年；"能源效率"突现强度 2.90，突现时段 2020—2021 年；"信息"突现强度 3.38，突现时段 2021—2022 年；"收益"突现强度 3.38，突现时段 2021—2022 年；"决定性因素"突现强度 5.22，突现时段 2022—2024 年；"中国"突现强度 3.88，突现时段 2022—2024 年； "转型"突现强度 3.25，突现时段 2022—2024 年；"策略"突现强度 2.95，突现时段 2022—2024 年；"家庭"突现强度 2.76，突现时段 2022—2024 年；"乡村振兴"突现强度 2.76，突现时段 2022—2024 年。显然，在某种程度上表明，近五年来，以上关键词已成为国外农业现代化研究领域备受关注的前沿动态和发展趋势，也相应代表着国外农业现代化研究领域的新兴发展趋势。

（三）高 Sigma 值分析

Sigma 值是综合体现中介中心性指标（节点在网络结构中的影响）和突现性指标（节点在时间上的影响）的重要指标，通过 Sigma 值分析，有助于把握国外农业现代化研究领域中的关键节点在知识网络中占据的重要位置，以及在知识结构演变中扮演的特定角色。表 3-7 综合概括了国外农业现代化研究排名前 50 位高 Sigma 值的分布，表中清晰呈现了所有标签词的 Sigma 值均大于等于 1.02，其中，农业、现代化、可持续发展、影响、中国、农业政策、政策、动力、政治、多样性、生产率、城镇化、粮食安全、可持续性、转变、农业现代化、改革、管理、气候变化、示范、质量、采用、土地、科技、灌溉、病害等标签词的 Sigma 值均大于等于 1.05，其突现性和中心性也比较高，这充分表明以上标签词在国外农业现代化研究领域中占据着十分重要的位置并扮演了特定的角色。

表 3-7　国外农业现代化研究前 50 位高 Sigma 值分布

编号	Sigma	突现性	中心性	频次	年份	标签词	聚类标签
01	1.29	1.56	0.17	102	1997	agriculture	#4
02	1.20	1.97	0.10	91	1996	modernization	#8
03	1.14	3.80	0.04	38	2008	sustainable development	#6
04	1.12	1.39	0.08	107	2000	impact	#7
05	1.12	3.88	0.03	45	2002	China	#2
06	1.09	2.62	0.03	16	2003	agricultural policy	#1
07	1.08	0.95	0.09	78	1997	policy	#5
08	1.08	1.42	0.06	24	2003	dynamics	#1
09	1.08	2.19	0.04	26	1999	politics	#2
10	1.08	1.51	0.05	31	2001	diversity	#9
11	1.07	2.36	0.03	44	2008	productivity	#5
12	1.07	1.66	0.04	34	2014	urbanization	#0
13	1.07	1.10	0.06	48	2002	food security	#4
14	1.07	2.32	0.03	34	2014	sustainability	#0
15	1.07	1.74	0.04	24	1999	transition	#2
16	1.07	1.71	0.04	65	2002	agricultural modernization	#1
17	1.06	2.00	0.03	22	1999	reform	#2
18	1.05	0.82	0.06	91	2010	management	#0
19	1.05	1.20	0.04	53	2008	climate change	#7
20	1.05	1.75	0.03	45	2014	model	#0
21	1.05	1.74	0.03	16	2000	quality	#7
22	1.05	2.80	0.02	29	2010	adoption	#1
23	1.05	1.40	0.03	32	2012	land	#9
24	1.05	3.11	0.01	32	2018	technology	#5
25	1.05	4.18	0.01	17	2017	irrigation	#0
26	1.05	2.01	0.02	4	1996	disease	#8
27	1.04	0.48	0.09	50	2001	conservation	#3
28	1.04	1.43	0.03	82	2010	system	#1
29	1.04	1.74	0.03	12	2007	consumption	#0
30	1.04	1.37	0.03	13	2005	Africa	#1
31	1.04	1.48	0.03	16	2007	health	#6

（续）

编号	Sigma	突现性	中心性	频次	年份	标签词	聚类标签
32	1.04	3.25	0.01	10	1999	transformation	＃3
33	1.04	1.74	0.02	8	2002	developing country	＃10
34	1.04	3.56	0.01	10	2012	United States	＃9
35	1.03	0.96	0.03	28	2011	land use	＃3
36	1.03	1.17	0.03	22	2003	energy	＃0
37	1.03	2.72	0.01	26	2016	farmer	＃2
38	1.03	0.74	0.03	20	1997	landscape	＃3
39	1.03	1.99	0.01	16	2016	market	＃2
40	1.03	1.20	0.02	32	2014	water	＃0
41	1.03	1.65	0.02	13	2017	perspective	＃2
42	1.03	1.08	0.03	7	1996	population	＃8
43	1.03	3.15	0.01	15	2018	knowledge	＃2
44	1.03	5.22	0.01	22	2020	determinant	＃5
45	1.03	1.74	0.02	15	2014	region	＃10
46	1.03	1.33	0.02	4	2004	ecology	＃4
47	1.02	0.26	0.06	58	2001	growth	＃5
48	1.02	0.38	0.06	23	2002	ecological modernization	＃10
49	1.02	1.14	0.02	13	2000	economic development	＃5
50	1.02	1.18	0.02	3	2008	biodiversity conservation	＃3

四、研究演进路径

基于国外农业现代化研究领域各主题聚类之间聚类文献的历史跨度和研究基础的时间跨度，揭示各聚类之间的相互联系和相互影响，进一步总结国外农业现代化研究领域的演进路径。

（1）在 1996 年，主题聚类印度安得拉邦（＃8）开始出现，产生了该聚类的第一篇权威文献；聚类农村面板数据（＃2）、传统农村生物群落（＃3）、粮食安全（＃4）、实证分析（＃5）、生态系统服务（＃7）在 1997 年分别产生相应聚类的首篇权威文献；聚类土地利用变化（＃1）、微生物质量（＃9）、共同农业政策（＃6）、农业供水系统（＃0）分别在

1999年、2001年、2002年、2003年开始出现相应聚类的首篇权威文献。

（2）主题聚类农业供水系统（♯0）的研究成果分别在2003、2006、2010、2014等年份开始增多；聚类土地利用变化（♯1）的研究成果分别在2002、2003、2010、2014等年份开始增加；聚类农村面板数据（♯2）的研究成果分别在1999、2002、2006、2011等年份开始增加；聚类传统农村生物群落（♯3）的研究成果分别在1997、2001、2008、2011等年份开始增加；聚类粮食安全（♯4）的成果分别在1997、2002等年份开始增加；聚类实证分析（♯5）的成果分别在1997、2001、2008等年份开始增加；聚类生态服务系统（♯7）的成果分别在2000、2008等年份开始增加；聚类印度安得拉邦（♯8）的成果在1996年开始增加；微生物质量（♯9）的成果分别在2001、2012等年份开始增加。

（3）在2018年，主题聚类微生物质量（♯9）的研究趋势相对开始趋冷，其关注度开始出现下降；在2021年，聚类粮食安全（♯4）的研究趋势也相对开始趋冷，其关注度也开始出现降低。

（4）在整个聚类的发展过程中，主题聚类农业供水系统（♯0）分别在2003、2006、2010、2014等年份出现了标志性文献，其中，效率、资源、管理、可持续性等重要关键词影响着整个聚类的发展走势；聚类土地利用变化（♯1）分别在2000、2002、2003、2010、2012、2013、2014、2015等年份出现了标志性文献，其中，农业现代化、动力、采用、绿色革命、系统、粮食等重要关键词影响着整个聚类的发展走势；聚类农村面板数据（♯2）分别在1999、2002、2006、2011、2016等年份出现了标志性文献，其中，转变、政治、中国、地区、乡村发展、农场主、农户等重要关键词影响着整个聚类的发展走势；聚类传统农村生物群落（♯3）分别在1997、2001、2008、2011、2016等年份出现了标志性文献，其中，景观、保护、生物多样性、生态系统服务等重要关键词影响着整个聚类的发展走势；聚类粮食安全（♯4）分别在1997、2002等年份出现了标志性文献，其中，农业、粮食安全等重要关键词影响了整个聚类的发展走势；聚类实证分析（♯5）分别在1997、2001、2008、2012、2013、2018等年份出现了标志性文献，其中，政策、增长、生产率、适应、科技等重要关键词影响着整个聚类的发展走势；聚类共同农业政策（♯6）分别在2002、2007、2008、2015等年份出现了标志性文献，其中，演变、健康、可持续发展、共同农业政策等重要关键词影响着整个聚类的发展走势；聚类生态服务系统（#7）分别在2000、2008等年份出现了标志性文献，其中，影响、气候变化等重要关键词影响着整个聚类的发展走势。

第二节 国内农业现代化的研究现状

一、基本特征

（一）总体发文动态

绘制国内农业现代化研究的发文演变趋势图（图3-8），有助于总体把握国内农业现代化领域的发文态势与研究进展。首先，从发文总体规模来看，国内农业现代化研究领域从1992年开始，便产生了该领域的第一篇权威文献。在1992—2023年，大部分年份的发文规模都保持在年均50篇以上的发文量，其中，2013年达到最高发文量峰值124篇，聚焦关注农业现代化、城镇化、工业化、中国农业现代化等主题；2015年发文102篇，集中研究农业现代化、城镇化、协调发展、农业现代化建设等主题。其次，从发文增长幅度来看，1992—1995年连续共增长20篇，1997—1999年连续共增长63篇，2000—2001年增长10篇，2006—2008年连续共增长42篇，2010—2013年连续共增长69篇，2014—2015年增长7篇，2019—2020年增长22篇，2022—2023年增长16篇。可以看出，这些年份对农业现代化研究的关注度持续增长，也折射出我国对加快农业现代化进程的高度重视。我国在2000—2023年连续24年召开中央农村工作会议，系统总结“三农”工作、科学谋划“三农”发展，于2004—2024年连续出台21个中央1号文件支持指导各地推动“三农”发展。另外，从发展阶段来看，1992—1997年，总发文量达到290篇，尤其是前四年呈现快速增长趋势；1997—2002年，总发文量达到423篇，波动中呈现了提速上涨态势；2002—2007年，总发文量为254篇，相对来说该时段的发文规模有所减少；2007—2012年，总发文量达到392篇，较上一个阶段总体呈现了增长；2012—2017年，总发文量高达572篇，该阶段发文量变化幅度明显加快，呈现较以往任何阶段都高的增长态势，并达到单年124篇权威文献的最高发文量；2017—2022年，总发文量为337篇。可以总结，近30年来，尽管关于农业现代化研究的权威文献刊发量有所波动，但总体发文量处于较高水平，受关注度也比较高，这与党和国家加快推进农业现代化的决心与信心在本质上是相一致的，党的十四大报告强调“农村致富和逐步实现现代化”，党的十五大报告强调“推进农业向现代化转变”，党的十六大报告强调“建设现代农业”，党的十七大报告强调“走中国特色农业现代化道路”，党的十八大报告强调“坚持走中国特色新型农业现代化道路”，党的十九大报告强调“推动新型工业化、信息化、城镇化、农业现代化同步发展”，党的二十大报告强调“基本实现新型工业化、信息化、城镇化、农业现代化”，这为学界深入探讨农业现代化问题提供了根本遵循。

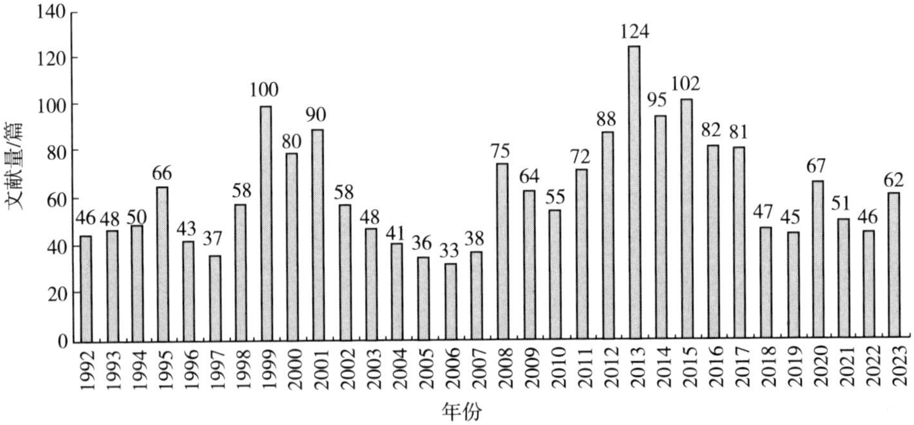

图 3-8　国内农业现代化研究发文量演变趋势

（二）知识融合动态

1. 学科交叉分析

归纳国内农业现代化研究排名前 20 位的高发文学科的载文量分布（表 3-8），有助于把握国内农业现代化研究所涉及的学科占比及其影响情况，全面了解农业现代化研究在学科间的交叉融合与交流共享，更好地掌握农业现代化研究的基础知识交叉动态。表中清晰展示，首先，从学科范围涵盖来看，近 30 年来，国内农业现代化研究基本涉及农业经济、农业基础科学、宏观经济管理与可持续发展、工业经济、经济体制改革、金融、农业工程、经济理论及经济思想史、信息经济与邮政经济、成人教育与特殊教育等多学科门类，覆盖面广、交叉度高、融合性强，充分体现了农业现代化研究多学科交叉融合创新应用的新兴业态。其次，就学科类别排名而言，排序前20位的学科载文量相对也比较高，其中遥遥领先的是“农业经济”学科，数量高达1 773篇位居发文量第一，占比达87.04%；其二是“农业基础科学”学科，载文量达到565篇，占比为27.74%；其三是“宏观经济管理与可持续发展”学科，载文量为180篇，占比为8.84%。

表3-8 国内农业现代化研究前20位高发文学科分布

编号	学科类别	文献/篇	占比/%	编号	学科类别	文献/篇	占比/%
01	农业经济	1 773	87.04	11	财政与税收	17	0.83
02	农业基础科学	565	27.74	12	高等教育	16	0.79
03	宏观经济管理与可持续发展	180	8.84	13	马克思主义	13	0.64
04	工业经济	61	2.99	14	行政学及国家行政管理	12	0.59
05	经济体制改革	48	2.36	15	环境科学与资源利用	12	0.59
06	金融	33	1.62	16	贸易经济	11	0.54
07	农业工程	27	1.33	17	数学	11	0.54
08	经济理论及经济思想史	27	1.33	18	世界历史	10	0.49
09	信息经济与邮政经济	26	1.28	19	计算机软件及计算机应用	10	0.49
10	成人教育与特殊教育	20	0.98	20	投资	9	0.44

2. 期刊交流分析

统计国内农业现代化研究排名前40位高发文期刊的载文量分布情况（表3-9），有助于了解有哪些权威期刊相对更加重视农业现代化领域研究，并为农业现代化研究提供学术交流平台。首先，从期刊专辑专题来看，农业现代化研究载文量比较高的权威期刊集中覆盖了经济与管理科学、农业科技、社会科学、基础科学、哲学与人文科学、工程科技等多类专辑，这表明农业现代化研究已成为农业经济、农业综合、经济与管理综合、政治军事法律综合、农业工程、社会学、统计学、数学、经济理论及经济思想史、教育综合、经济体制改革、生物学、园艺、宏观经济管理与可持续发展、政治军事法律综合、环境科学与资源利用等多种专题类期刊的热门收录文章。其次，从期刊发文数量来看，排在前40位的期刊载文

表 3-9 国内农业现代化研究前 40 位高发文期刊分布

编号	期刊来源	出版地	文献/篇	占比/%	编号	期刊来源	出版地	文献/篇	占比/%
01	农业现代化研究	湖南省长沙市	226	11.09	21	经济纵横	吉林省长春市	16	0.79
02	农业经济	辽宁省沈阳市	140	6.87	22	统计与决策	湖北省武汉市	16	0.79
03	农业经济问题	北京市	58	2.85	23	生产力研究	山西省太原市	15	0.74
04	中国农村经济	北京市	46	2.26	24	乡镇经济	安徽省合肥市	14	0.69
05	农村经济	四川省成都市	44	2.16	25	经济学家	四川省成都市	13	0.64
06	世界农业	北京市	43	2.11	26	学术交流	黑龙江省哈尔滨市	12	0.59
07	江苏农业科学	江苏省南京市	36	1.77	27	改革	重庆市	11	0.54
08	中国农机化学报	江苏省南京市	33	1.62	28	特区经济	广东省深圳市	11	0.54
09	安徽农业科学	安徽省合肥市	32	1.57	29	广东农业科学	广东省广州市	11	0.54
10	中国农业资源与区划	北京市	30	1.47	30	中国食用菌	云南省昆明市	11	0.54
11	农场经济管理	黑龙江省哈尔滨市	26	1.28	31	生态经济	云南省昆明市	11	0.54
12	南方农村	广东省广州市	22	1.08	32	改革与战略	广西壮族自治区南宁市	10	0.49
13	中国农垦经济	北京市	21	1.03	33	经济问题探索	云南省昆明市	10	0.49
14	人民论坛	北京市	20	0.98	34	山东社会科学	山东省济南市	10	0.49
15	求是	北京市	19	0.93	35	商业经济研究	北京市	9	0.44
16	农业技术经济	北京市	19	0.93	36	理论探讨	黑龙江省哈尔滨市	9	0.44
17	经济问题	山西省太原市	18	0.88	37	吉林农业大学学报	吉林省长春市	9	0.44
18	经济研究参考	北京市	17	0.83	38	甘肃社会科学	甘肃省兰州市	8	0.39
19	农机化研究	黑龙江省哈尔滨市	17	0.83	39	中国人口·资源与环境	山东省济南市	8	0.39
20	农业考古	江西省南昌市	16	0.79	40	经济地理	湖南省长沙市	8	0.39

量共计 1 105 篇，约占总样本数的 54.25%。载文量位居第一的期刊是《农业现代化研究》（北大核心、CSCD 扩展版、AMI 扩展版，2023 年复合影响因子 4.446、综合影响因子 2.893），载文量高达 226 篇占比 11.09%。载文量位居第二的期刊是《农业经济》（北大核心、AMI，2023 年复合影响因子 2.402、综合影响因子 1.082），载文量达 140 篇占比 6.87%。载文量位居第三的期刊是《农业经济问题》（CSSCI、北大核心、AMI 核心，2023 年复合影响因子 10.082、综合影响因子 7.697），载文量达 58 篇占比 2.85%。载文量位居第四的期刊是《中国农村经济》（CSSCI、北大核心、AMI 权威，2023 年复合影响因子 14.707、综合影响因子 10.904），载文量达 46 篇占比 2.26%。载文量位居第五的期刊是《农村经济》（CSSCI、北大核心、AMI 核心，2023 年复合影响因子 4.286、综合影响因子 2.626），载文量达 44 篇占比 2.16%。另外，从期刊出版地点来看，大部分刊载农业现代化相关研究成果的期刊所属区域都相应创建有国家农业现代化示范区、国家现代农业示范区、国家现代农业产业园等国家级平台，另外像西部地区四川、重庆等具有山地地缘结构特征的区域大力加快推进山地特色农业现代化建设，这些地区为因地制宜加快农业现代化步伐提供了独特的发展优势，也为属地权威期刊传播农业现代化研究成果提供了研究土壤。从某种程度上而言，载文量较高的权威期刊都在践行办刊的宗旨与理念，为服务地方经济社会发展建言献策，积极提供学术支持与政策参考。

（三）合作网络动态

1. 研究作者合作分析

勾勒国内农业现代化研究的作者合作网络图谱（附录图 3－9），有助于总体掌握哪些比较知名的学者在关注农业现代化的发展问题。一方面，从作者的总体发文频次来看，对农业现代化研究比较关注且发文频次较高的学者有：王国敏、卢良恕、高布权、李万明、蒋建平、姚监复、孔祥智、万忠、傅晨、罗必良、辛岭等。另一方面，从作者的合作网络图谱来看，研究作者合作网络图谱构成了 881 个节点、288 条连线，共现网络密度为 0.000 7，最大子网络成员形成 15 个节点，占 881 个节点的 1%。客观来说，国内农业现代化研究领域虽然初步构建了一定层面的作者合作关系网络，但相对而言，学者之间的合作网络不是特别紧密，合作关系强度不是很高，尽管有少部分作者多次合作发文，但国内农业现代化领域研究的合作团队力量仍然需要不断加强与巩固。

梳理国内农业现代化研究排序前20位的高被引作者及其文献分布（表3-10），有助于基本把握国内农业现代化研究领域形成了哪些学术贡献比较突出的高被引作者及其研究成果。由表可知，农业现代化研究领域已形成了一批贡献较大的学者和比较突出的成果，其被引频次和下载率均较高。例如，林世青与其他学者于1992年在《植物学通报》上曾合作发表《叶绿素荧光动力学在植物抗性生理学、生态学和农业现代化中的应用》一文，创新推动叶绿素荧光动力学在农业现代化中的应用，被引845次，位居农业现代化研究领域第一高被引论文；《中国土地问题》课题组等于2010年在《管理世界》上曾合作发表文章《土地流转与农业现代化》，深入探讨土地流转与农业现代化问题，被引531次，位居第二高被引论文；辛岭与其他学者于2010年在《农业现代化研究》上合作发表了论文《我国农业现代化发展水平评价指标体系的构建和测算》，旨在为我国农业现代化发展水平探索构建评价指标体系并进行测度。该论文被引用493次，位居第三高被引论文。可以明显看出，以上研究成果在学界与业界产生了一定的影响力和传播力。当然，结合国内农业现代化研究的作者合作网络图谱来观察，国内农业现代化研究领域发文频次较高的作者不一定都是高被引文献作者，学者们的高被引文献并不代表具有高合作网络。

表3-10　国内农业现代化研究前20位高被引作者分布

编号	作者	文献标题	期刊来源	刊发年份	被引频次
01	林世青、许春辉、张其德等	叶绿素荧光动力学在植物抗性生理学、生态学和农业现代化中的应用	植物学通报	1992	845
02	北京天则经济研究所《中国土地问题》课题组、张曙光	土地流转与农业现代化	管理世界	2010	531
03	辛岭、蒋和平	我国农业现代化发展水平评价指标体系的构建和测算	农业现代化研究	2010	493
04	梅方权	农业信息化带动农业现代化的战略分析	中国农村经济	2001	362

（续）

编号	作者	文献标题	期刊来源	刊发年份	被引频次
05	张红宇、张海阳、李伟毅等	中国特色农业现代化：目标定位与改革创新	中国农村经济	2015	324
06	钱丽、陈忠卫、肖仁桥	中国区域工业化、城镇化与农业现代化耦合协调度及其影响因素研究	经济问题探索	2012	283
07	龙冬平、李同昇、苗园园等	中国农业现代化发展水平空间分异及类型	地理学报	2014	274
08	蒋和平、黄德林	中国农业现代化发展水平的定量综合评价	农业现代化研究	2006	273
09	夏春萍、刘文清	农业现代化与城镇化、工业化协调发展关系的实证研究——基于VAR模型的计量分析	农业技术经济	2012	253
10	张义博	农业现代化视野下的产业融合互动及其路径找寻	改革	2015	251
11	夏春萍	工业化、城镇化与农业现代化的互动关系研究	统计与决策	2010	231
12	冯献、崔凯	中国工业化、信息化、城镇化和农业现代化的内涵与同步发展的现实选择和作用机理	农业现代化研究	2013	229
13	贺雪峰、印子	“小农经济”与农业现代化的路径选择——兼评农业现代化激进主义	政治经济学评论	2015	222
14	牛若峰	中国农业现代化走什么道路	中国农村经济	2001	221
15	沈红梅、霍有光、张国献	新型职业农民培育机制研究——基于农业现代化视阈	现代经济探讨	2014	206
16	王贝	中国工业化、城镇化和农业现代化关系实证研究	城市问题	2011	198
17	毛飞、孔祥智	中国农业现代化总体态势和未来取向	改革	2012	196
18	陈志峰、刘荣章、郑百龙等	工业化、城镇化和农业现代化“三化同步”发展的内在机制和相互关系研究	农业现代化研究	2012	195

（续）

编号	作者	文献标题	期刊来源	刊发年份	被引频次
19	冀名峰	农业生产性服务业：我国农业现代化历史上的第三次动能	农业经济问题	2018	188
20	柯炳生	对推进我国基本实现农业现代化的几点认识	中国农村经济	2000	177

2. 研究机构合作分析

梳理国内农业现代化研究排序前20位的高发文研究机构分布（表3-11），勾画国内农业现代化研究机构合作网络图谱（附录图3-10），有助于基本了解国内农业现代化领域研究力量的投入与贡献，掌握农业现代化领域的研究团队力量、协作基础及其影响程度。首先，从高发文机构的总体分布来看，重视投入科研力量致力于农业现代化领域研究的机构都集中在全国知名度高、权威性高、影响力高的农经类科研院所和高等院校，其中，发文量最高的是中国农业科学院农业经济与发展研究所，位居研究机构第一；其次是四川大学；中国农业大学排列第三。发文分布彰显了以上研究机构为推动农业现代化研究提供了坚实的学术支撑力量，并作出了积极的智慧贡献。同时，结合机构的合作网络图谱结构来看，图谱之间生成了771个节点、164条连线，网络密度值为0.000 6，最大子网络成员形成15个节点，占771个节点的2%。这在某种程度上表明，近30年来，我国科研院所和高等院校等研究机构在农业现代化领域研究中的合作相对分散，跨单位合作主体较少，团队协作关系较弱。

表3-11 国内农业现代化研究前20位高发文机构分布

编号	研究机构	文献/篇	占比/%	编号	研究机构	文献/篇	占比/%
01	中国农业科学院农业经济与发展研究所	41	2.01	06	南京农业大学	22	1.08
02	四川大学	40	1.96	07	中国社会科学院农村发展研究所	22	1.08
03	中国农业大学	37	1.82	08	沈阳农业大学	20	0.98
04	中国农业科学院	28	1.37	09	华南农业大学	20	0.98
05	中国人民大学	26	1.28	10	南京大学	20	0.98

（续）

编号	研究机构	文献/篇	占比/%	编号	研究机构	文献/篇	占比/%
11	西北农林科技大学	19	0.93	16	东北农业大学	15	0.74
12	石河子大学	18	0.88	17	武汉大学	14	0.69
13	浙江大学	18	0.88	18	西南大学	14	0.69
14	湖南农业大学	16	0.79	19	吉林农业大学	14	0.69
15	华中农业大学	16	0.79	20	农业农村部农村经济研究中心	13	0.64

二、热点演化

（一）研究热点

绘制国内农业现代化研究高频关键词共现网络图谱（附录图 3－11），有助于刻画国内农业现代化研究的发展现状及其变化趋势，进一步反映国内农业现代化领域形成的研究热点。首先，高频关键词的共现网络图谱之间生成了 604 个节点、721 条连线，其网络密度值为 0.004 0，最大子网络成员形成 334 个节点，占 604 个节点的 55%。其次，总体来看，国内农业现代化研究领域涌现出了农业、现代化、城镇化、现代农业、指标体系、协调发展、工业化、信息化、乡村振兴、中国特色、土地流转、中国农村、传统农业、对策、城市化、区域差异、小农户、农民、启示、发展水平、创新、制约因素、制度创新、模式、内涵、规模经营、综合评价、农业工程、农业发展、农业强国、中国农业、家庭农场、协同发展、家庭经营、协调度、共同富裕等高频关键词，以上关键词备受学者们关注和讨论，也集聚了 1992 年以来国内农业现代化领域的研究热点。

测算整理国内农业现代化研究前 40 位高中心性关键词分布（表 3－12），中心性越高，则代表着该关键词在该研究领域中的地位越高、关系越强、联系越密，通过对高频关键词中心性大小的分析，有助于反映国内农业现代化研究中的关键词在该研究领域中的重要地位及其影响关系，总结国内农业现代化研究领域形成了哪些比较重要、有影响力的研究热点，进一步科学把握农业现代化研究领域的热点演化规律。表中所有关键词的中心性均大于 0.01，构成了国内农业现代化研究领域十分重要的研究热点网络关系，成为学界集中关注的焦点与热点。其中，城镇化（0.14）、现代化（0.14）、农业（0.13）、工业化（0.12）、现代农业（0.11）、土地流转（0.06）、指标体系（0.05）、对策（0.05）、中国特色（0.04）、农民（0.04）、启示（0.04）、综合评价（0.04）、中国（0.03）、乡村振兴（0.03）、传统农业（0.03）、区域差异（0.03）、城市化（0.03）、创新（0.03）等关键词的中心性均大于0.03，这揭示了以上关键词在国内农业现代化研究领域中拥有特殊的重要地位和紧密关系，以及较强的影响力。

表3-12 国内农业现代化研究前40位高中心性关键词分布

编号	关键词	发表年份	频次	中心性	编号	关键词	发表年份	频次	中心性
01	城镇化	2001	102	0.14	21	发展水平	2003	12	0.02
02	现代化	1994	44	0.14	22	小农户	2018	10	0.02
03	农业	1994	53	0.13	23	制约因素	1999	9	0.02
04	工业化	2000	73	0.12	24	规模经营	1995	8	0.02
05	现代农业	1996	25	0.11	25	农业工程	2003	7	0.02
06	土地流转	2003	16	0.06	26	共同富裕	1999	6	0.02
07	指标体系	1996	25	0.05	27	协同发展	2015	6	0.02
08	对策	1995	11	0.05	28	农业改革	2005	5	0.02
09	中国特色	1999	26	0.04	29	熵值法	2013	5	0.02
10	农民	2001	15	0.04	30	美国	2004	5	0.02
11	启示	1994	13	0.04	31	毛泽东	2006	4	0.02
12	综合评价	2014	8	0.04	32	21世纪	1999	3	0.02
13	中国	2000	20	0.03	33	印度	2008	3	0.02
14	乡村振兴	2019	17	0.03	34	发展趋势	1999	2	0.02
15	传统农业	1995	12	0.03	35	河南省	2013	9	0.01
16	区域差异	2008	11	0.03	36	内涵	1998	8	0.01
17	城市化	1997	11	0.03	37	制度创新	1999	8	0.01
18	创新	2001	9	0.03	38	农业发展	1997	7	0.01
19	协调发展	2003	38	0.02	39	农业强国	2021	7	0.01
20	信息化	2004	27	0.02	40	家庭农场	2014	7	0.01

（二）研究主题

勾勒国内农业现代化研究主题词聚类网络图谱（附录图3-12），通过聚类标签视图图谱生成的可视化知识图形，有助于刻画农业现代化研究主题知识单元或知识群之间的网络、结构、互动、交叉、演化、衍生等诸多隐含的复杂关系。首先，主题聚类网络图谱的 Q 值为 0.782 5，这表明划分出来的农业现代化研究网络模块化结构比较显著，聚类效果好；主题聚类网络图谱的 S 值为 0.929 4，这意味着农业现代化研究聚类效果具有高效率和高信度，聚类结果合理。国内农业现代化研究主题聚类网络图谱的 Q 值与 S 值都充分显示了农业现代化研究主题聚类图谱的论证依据与佐证力度，同时也反映和揭示了国内农业现代化领域的研究主题。其次，近 30 年来，国内农业现代化研究主题总体围绕"现代化"（♯0）、"城镇化"（♯1）、"指标体系"（♯2）、"现代农业"（♯3）、"乡村振兴"（♯4）、"创新"（♯5）、"城市化"（♯6）、"土地流转"（♯7）、"农民"（♯8）、"农协"（♯9）等聚类群组展开。以上主要主题聚类代表了 1992 年以来国内农业现代化研究中被广泛关注和深入研究的主题领域。

计算并概括国内农业现代化研究的主题词聚类及其排名靠前标签词分布（表 3-13），有助于反映国内农业现代化研究领域的研究特点、研究主流及其演变。通过 LSI、LLR、MI 等算法，凝聚国内农业现代化研究的主要主题聚类，并分别提取各主题聚类群中排名靠前的标签词。总体来看，所有聚类单元的平均轮廓值均大于 0.8，这在一定程度上说明各主题聚类单元的聚类成员具有较高的相似性，聚类效果可用以论证分析。具体来看，主题聚类（♯0）共生成 63 个节点，轮廓值为 0.922，分别凝聚出中国特色、现代化、选择、中国农业、模式、农业、中国特色、城镇化、技术性、农业政策、利益关系等十分显著的主题聚类成员，以上标签词平均发表于 2004 年。主题聚类（♯1）共生成 58 个节点，轮廓值为 0.917，分别凝聚出城镇化、城镇化、协调发展、信息化、协调、工业化、现代化、推动、协整、发展途径等十分显著的主题聚类成员，以上标签词平均发表于 2010 年。主题聚类（♯2）共生成 42 个节点，轮廓值为 0.952，分别凝聚出指标体系、县域、对策、制度创新、制约因素、发展水平、空间计量模型、时空分异、制约度、现代农业示范园区等十分显著的主题聚类成员，以上标签词平均发表于 2008 年。主题聚类（♯3）共生成 34 个节点，轮廓值为 0.838，分别凝聚出规模经营、现代农业、兼业、路径、现代农业、转型升级、农业保护、规模经营、小农制、传统农业、户籍制

表 3-13　国内农业现代化研究主题聚类及其排名靠前标签词分布

聚类标签	聚类规模	轮廓值	平均年份	标签词		
				潜语义索引（LSI）	对数似然算法（LLR）	互信息算法（MI）
#0	63	0.922	2004	（17.9）中国特色；（13.74）中国；（12.15）毛泽东；（11.1）中国农业；（10.35）模式	现代化（78.9，1.0E-4）；农业（69.98，1.0E-4）；中国特色（24.18，1.0E-4）；城镇化（18.49，1.0E-4）；中国（17.22，1.0E-4）	选择（0.75）；技术性（0.75）；农业政策（0.75）；利益关系（0.75）；原理（0.75）
#1	58	0.917	2010	（30.66）城镇化；（25.66）协调发展；（18.5）信息化；（17.76）协调；（16.44）工业化	城镇化（119.78，1.0E-4）；工业化（72.36，1.0E-4）；协调发展（46.32，1.0E-4）；信息化（41.07，1.0E-4）；现代化（19.01，1.0E-4）	农业基础地位（1.33）；推动（1.33）；协整（1.33）；发展途径（1.33）；西藏（1.33）
#2	42	0.952	2008	（20.96）指标体系；（13.27）对策；（12.15）制度创新；（12.15）山东省；（12.15）制约因素	指标体系（43.09，1.0E-4）；发展水平（17.02，1.0E-4）；对策（17.02，1.0E-4）；制度创新（12.74，0.001）；山东省（12.74，0.001）	县域（0.45）；空间计量模型（0.45）；时空分异（0.45）；制约度（0.45）；现代农业示范园区（0.45）
#3	34	0.838	2006	（14.1）规模经营；（12.15）路径；（12.04）现代农业；（9.4）转型升级；（9.4）农业保护	现代农业（44.87，1.0E-4）；规模经营（19.89，1.0E-4）；转型升级（9.89，0.005）；小农制（9.89，0.005）；传统农业（9.89，0.005）	兼业（0.29）；户籍制度（0.29）；应用研究（0.29）；资本集约型（0.29）；小农经营（0.29）
#4	32	0.908	2015	（16.85）乡村振兴；（14.1）农业生态；（12.15）小农户；（12.15）农业强国；（9.4）农业转型	乡村振兴（28.86，1.0E-4）；小农户（14.32，0.001）；农业生态（14.32，0.001）；农业强国（14.32，0.001）；农业转型（9.53，0.005）	区块链（0.33）；农产品流通（0.33）；低碳农业（0.33）；农产品加工（0.33）；静态面板（0.33）

（续）

聚类标签	聚类规模	轮廓值	平均年份	标签词		
				潜语义索引（LSI）	对数似然算法（LLR）	互信息算法（MI）
#5	21	0.962	2004	（12.15）农业工程；（9.4）综述；（9.4）农业科技；（7.4）农地制度；（6.23）作用	创新（17.67，1.0E－4）；农业工程（17.67，1.0E－4）；综述（11.74，0.001）；农业科技（11.74，0.001）；农地制度（11.74，0.001）	建设（0.16）；家庭经营（0.16）；农机服务（0.16）；管理（0.16）；制度变迁（0.16）
#6	21	0.959	2006	（12.15）城市化；（12.15）农民素质；（9.4）农村教育；（9.4）时空格局；（7.4）区域差异	城市化（19，1.0E－4）；农民素质（19，1.0E－4）；农村教育（12.61，0.001）；时空格局（12.61，0.001）；区域差异（8.88，0.005）	优势产业（0.12）；甘肃省（0.12）；陕西省（0.12）；障碍度（0.12）；劳动力转移（0.12）
#7	19	0.946	2008	（13.27）土地流转；（9.4）农业技术；（8.05）土地；（6.98）技术；（4.76）农村	土地流转（33.89，1.0E－4）；制度（12.95，0.001）；农业技术（12.95，0.001）；规模效益（6.45，0.05）；农业大户（6.45，0.05）	规模效益（0.11）；农业大户（0.11）；创新活跃度（0.11）；对策建议（0.11）；技术（0.11）
#8	14	0.984	2006	（9.4）市场机制；（7.4）政府；（7.4）供给；（6.1）农民；（4.7）产业化	农民（30.3，1.0E－4）；市场机制（14.02，0.001）；产业化（6.97，0.01）；对外开放（6.97，0.01）；地方政府治理（6.97，0.01）	农业现代化（0.08）；产业化（0.08）；对外开放（0.08）；地方政府治理（0.08）；公民意识（0.08）
#9	14	0.975	2007	（9.4）农村金融；（9.4）兼业化；（9.4）农业改革；（7.4）兼业；（6.98）农协	农协（21.15，1.0E－4）；农村金融（14.02，0.001）；日本（14.02，0.001）；兼业化（14.02，0.001）；农业改革（14.02，0.001）	农业现代化（0.08）；食品安全（0.08）；“三农”问题（0.08）；斯托雷平（0.08）；农地经营（0.08）

度、应用研究、小农经营等十分显著的主题聚类成员，以上标签词平均发表于2006年。主题聚类（♯4）共生成32个节点，轮廓值为0.908，分别凝聚出乡村振兴、区块链、农业生态、小农户、农业强国、农业转型、农产品流通、低碳农业、农产品加工等十分显著的主题聚类成员，以上标签词平均发表于2015年。主题聚类（♯5）共生成21个节点，轮廓值为0.962，分别凝聚出农业工程、创新、建设、农业科技、农地制度、农机服务、管理、制度变迁等十分显著的主题聚类成员，以上标签词平均发表于2004年。主题聚类（♯6）共生成21个节点，轮廓值为0.959，分别凝聚出城市化、城市化、优势产业、农民素质、农村教育、时空格局、区域差异、劳动力转移等比较显著的主题聚类成员，以上标签词平均发表于2006年。主题聚类（♯7）共生成19个节点，轮廓值为0.946，分别凝聚出土地流转、土地流转、规模效益、农业技术、土地、技术、农村、制度、规模效益、农业大户、创新活跃度、对策建议等十分显著的主题聚类成员，以上标签词平均发表于2008年。主题聚类（♯8）共生成14个节点，轮廓值为0.984，分别凝聚出市场机制、农民、农业现代化、政府、供给、农民、产业化、对外开放、地方政府治理、公民意识等十分显著的主题聚类成员，以上标签词平均发表于2006年。主题聚类（♯9）共生成14个节点，轮廓值为0.975，分别凝聚出农村金融、农协、农业现代化、兼业化、农业改革、食品安全、“三农”问题、农地经营等比较显著的主题聚类成员，以上标签词平均发表于2007年。综上可以看出，这些聚类结果代表了农业现代化领域的研究主题及其研究特点，形成了相互联系的网络结构，并在该研究领域中占据了主流地位。

（三）研究趋势

突发性分析有助于发现国内农业现代化研究在某个时间区间内突现性高的节点，反映国内农业现代化研究备受关注的研究领域和新知识的孕育产生，进而揭示国内农业现代化研究在相应时间维度里的研究前沿与新兴趋势。附录表3-14提取了国内农业现代化研究领域前30个突现词，每个方块代表一个年份，第一个蓝色方块代表该文献公开发表的时间，红色方块代表该关键词成为突现词的时间。从表中可以清晰地看出，自党的十八大以来，城市化（突现强度2.45、突现时段2012—2013年），“三化”（突现强度2.03、突现时段2012—2015年），信息化（突现强度6.11、突现时段 2013—2017 年），中部地区（突现强度 1.45、突现时段 2013—2014 年），河南省（突现强度 1.35、突现时段 2013—2014 年），协调发展（突现强度 7.06、突现时段 2014—2017 年），评价（突现强度 1.99、突现时段 2014—2015 年），家庭农场（突现强度 1.86、突现时段 2014—2015 年），城镇化（突现强度 5.76、突现时段 2017—2018 年），农村金融（突现强度 1.50、突现时段 2017—2018 年），乡村振兴（突现强度 9.30、突现时段 2019—2024 年），小农户（突现强度 4.97、突现时段 2021—2022 年），产业融合（突现强度 1.90、突现时段 2021—2022 年），农业强国（突现强度 4.13、突现时段 2021—2024 年），协同发展（突现强度 1.44、突现时段 2021—2024 年）等关键词成为相应时段的突现词。这表明以上关键词已成为党的十八大以来我国农业现代化研究领域备受关注的前沿动态和发展趋势，也相应代表着国内农业现代化研究领域的新兴发展趋势，这也表明随着农业现代化研究领域的不断交叉融合与纵深快速发展，新兴前沿领域和研究议题不断涌现。

同时，Sigma 值综合体现了节点在网络结构中的影响和在时间上的影响，有助于把握国内农业现代化研究领域中的关键节点在知识网络中占据的重要位置，以及在知识结构演变中扮演的特定角色。表 3-15 综合概括了国内农业现代化研究前 50 位高 Sigma 值的分布，表中所有标签词的 Sigma 值均大于等于 1.00，其中，工业化、城镇化、现代化、乡村振兴、中国特色、农业、协调发展、信息化、启示、现代农业、指标体系、小农户、城市化、农业工程、对策、创新、农业强国、传统农业、土地流转、区域差异、市场经济、协同发展、评价、印度、中国、制约因素、制度创新、农村、农业改革、家庭农场、农民、河南省、发展水平、农民素质等标签词的突现性和中心性也比较高，在一定程度上表明以上标签词在国内农业现代化研究领域中占据着十分重要的位置并扮演了特定的角色。

表 3-15 国内农业现代化研究前 50 位高 Sigma 值分布

编号	Sigma	突现性	中心性	频次	年份	标签词	聚类标签
01	9.11	19.67	0.12	73	2000	工业化	1
02	2.15	5.76	0.14	102	2001	城镇化	1
03	1.88	4.95	0.14	44	1994	现代化	0

（续）

编号	Sigma	突现性	中心性	频次	年份	标签词	聚类标签
04	1.35	9.30	0.03	17	2019	乡村振兴	4
05	1.34	7.75	0.04	26	1999	中国特色	0
06	1.31	2.14	0.13	53	1994	农业	0
07	1.16	7.06	0.02	38	2003	协调发展	1
08	1.14	6.11	0.02	27	2004	信息化	1
09	1.12	3.19	0.04	13	1994	启示	0
10	1.11	0.94	0.11	25	1996	现代农业	3
11	1.10	1.80	0.05	25	1996	指标体系	2
12	1.10	4.97	0.02	10	2018	小农户	4
13	1.08	2.45	0.03	11	1997	城市化	6
14	1.08	3.24	0.02	7	2003	农业工程	5
15	1.07	1.29	0.05	11	1995	对策	2
16	1.07	2.52	0.03	9	2001	创新	5
17	1.06	4.13	0.01	7	2021	农业强国	4
18	1.05	1.48	0.03	12	1995	传统农业	3
19	1.04	0.64	0.06	16	2003	土地流转	7
20	1.03	1.28	0.03	11	2008	区域差异	6
21	1.03	2.69	0.01	4	1994	市场经济	0
22	1.03	1.44	0.02	6	2015	协同发展	4
23	1.03	1.99	0.01	6	2014	评价	2
24	1.03	1.16	0.02	3	2008	印度	0
25	1.02	0.70	0.03	20	2000	中国	0
26	1.02	0.91	0.02	9	1999	制约因素	2
27	1.02	1.71	0.01	8	1999	制度创新	2
28	1.02	1.65	0.01	6	1996	农村	0
29	1.02	0.90	0.02	5	2005	农业改革	9
30	1.02	1.86	0.01	7	2014	家庭农场	4
31	1.01	0.29	0.04	15	2001	农民	8
32	1.01	1.35	0.01	9	2013	河南省	1
33	1.01	0.51	0.02	12	2003	发展水平	2
34	1.01	0.60	0.01	5	1998	农民素质	6

（续）

编号	Sigma	突现性	中心性	频次	年份	标签词	聚类标签
35	1.01	1.45	0.00	4	2013	中部地区	1
36	1.01	1.20	0.00	8	1994	模式	0
37	1.01	1.50	0.01	6	2012	农村金融	9
38	1.01	0.91	0.01	3	2013	动力机制	10
39	1.01	1.14	0.01	6	1995	发展模式	6
40	1.00	0.00	0.04	8	2014	综合评价	1
41	1.00	0.00	0.02	8	1995	规模经营	3
42	1.00	0.00	0.00	7	2000	中国农业	0
43	1.00	0.29	0.01	7	1997	农业发展	4
44	1.00	0.00	0.00	6	2004	小农经济	3
45	1.00	0.00	0.02	6	1999	共同富裕	4
46	1.00	0.45	0.00	6	2008	农民增收	7
47	1.00	0.00	0.01	5	2011	低碳经济	4
48	1.00	0.00	0.01	5	2002	农业科技	5
49	1.00	1.19	0.00	4	1995	技术创新	2
50	1.00	0.00	0.01	4	2002	农地制度	5

三、发展脉络

基于国内农业现代化研究的时间线视图，刻画国内农业现代化研究领域各主题聚类之间某个聚类文献的历史跨度和研究基础的时间跨度，有助于揭示国内农业现代化研究领域各聚类之间的相互联系和相互影响，进一步总结国内农业现代化研究领域的演进路径。

（1）在1994年，主题聚类“现代化”（＃0）、“农协”（＃9）开始出现，分别产生了所属主题聚类的第一篇权威文献；在1995年，主题聚类“城镇化”（＃1）、“指标体系”（＃2）、“现代农业”（＃3）、“城市化”（＃6）、“农民”（＃8）开始出现，也分别产生了相应主题聚类的第一篇权威文献；在1996年，主题聚类“土地流转”（＃7）开始产生了该主题聚类的第一篇权威文献；在1997年，主题聚类“乡村振兴”（＃4）开始产生了该主题聚类的第一篇权威文献；在1999年，主题聚类“创新”（＃5）开始产生了该主题聚类的第一篇权威文献。

（2）主题聚类“现代化”（♯0）的研究成果分别在1994、1999、2000等年份相对开始增多；主题聚类“城镇化”（♯1）的研究成果分别在2000、2001、2003、2004等年份相对开始增多；主题聚类“指标体系”（♯2）、“现代农业”（♯3）的研究成果分别在1995、1996等年份相对开始增多；主题聚类“乡村振兴”（♯4）的研究成果分别在2018、2019等年份相对开始增多；主题聚类“创新”（♯5）的研究成果分别在2001、2003等年份相对开始增多；主题聚类“城市化”（♯6）的研究成果分别在1997、2008等年份相对开始增多；主题聚类“土地流转”（♯7）的研究成果在2003年相对开始增多；主题聚类“土地流转”（♯8）的研究成果在2001年开始增多。

（3）在2018年，主题聚类“创新”（♯5）、“土地流转”（♯8）、“农协”（♯9）的研究趋势相对开始出现趋冷，关注度下降；在2019年，主题聚类“现代化”（♯0）的研究趋势相对开始趋冷，关注度下降；在2021年，主题聚类“城镇化”（♯1）、“现代农业”（♯3）的研究趋势开始有所趋冷，关注度有一定程度的下降。

（4）主题聚类“现代化”（♯0）在整个聚类的发展过程中，在1994、1999等年份出现了标志性文献，其中，农业、现代化、中国特色等重要关键词影响着整个主题聚类的发展走势；主题聚类“城镇化”（♯1）在整个聚类的发展过程中，在2000、2001、2003、2004等年份出现了标志性文献，其中，工业化、城镇化、协调发展、信息化等重要关键词影响着整个主题聚类的发展走势；主题聚类“现代农业”（♯3）在整个聚类的发展过程中，在1996年出现了标志性文献，其中，现代农业、科技体系、农业系统等重要关键词影响着整个主题聚类的发展走势；主题聚类“乡村振兴”（♯4）在整个聚类的发展过程中，在2018、2019等年份出现了标志性文献，其中，小农户、乡村振兴等重要关键词影响着整个主题聚类的发展走势。

第三节　国内外农业现代化研究评述

基于前述文献计量分析，聚焦国内外农业现代化研究的时空演变、前沿图景与逻辑演进展开了深入研究。国内外农业现代化研究领域的权威文献总体发文量较大，但不同时段的波动起伏呈现了多个明显的波峰，呈现出农业现代化研究“分散不均衡”的时空演变。学科发文分布覆盖面广、交叉度高、融合性强，体现了多学科交叉融合创新应用的新兴业态，但不同学科的交叉融合有待进一步深化。城镇化、工业化、农业、现代化、协调发展、信息化、中国特色、现代农业、指标体系、中国、乡村振兴、影响、政策、气候变化、保护、粮食安全等研究热点备受关注，现代化、城镇化、指标体系、现代农业、乡村振兴、农业供水系统、土地利用变化、粮食安全、共同农业政策等聚类主题形成了相互联系的网络结构，并在该研究领域中占据了主流地位，乡村振兴、小农户、农业强国、产业融合、协同发展、灌溉现代化、温室气体排放、物联网、可持续发展、服务、精准农业、能源效率等关键词突现成为近五年国内外农业现代化研究领域的新兴趋势，揭示了农业现代化研究“主流聚集态”的前沿图景。农业现代化领域的研究热点、研究主题往往会伴随不同发展时期国家顶层的政策议题和政策目标导向而有所调整，这预示着，国家在不同发展阶段对某个领域的重视程度越高，学界对该领域的关注度相对也就越高，研究的深度与广度与国家顶层谋划的主要目标和重点任务有着密切的关系，反映了农业现代化研究“政策导引性”的演进路径。具体来看，国内外农业现代化研究的现状述评总结如下。

一、关于农业现代化概念特征的研究述评

梳理与评述农业现代化的概念特征是把握研究现状与发展动态的理论基础。基于对历史经验和制度安排的多样性认识，农业经济学家对现代化理论的许多关键原则持不同态度（Gawthorpe，2022），并积极探讨制约传统农业向现代农业转型的因素及其与经济增长的关系（Li et al.，2021）。有学者提出现代农业发展水平在国民经济发展中占有重要地位（Chen et al.，2022），农业产出的增长对其发展过程必不可少（速水佑次郎等，2000）。当然也有学者指出，发展中国家的传统农业是不能对经济增长做出贡献的，只有现代化的农业才能对经济增长做出重大贡献，问题的关键是如何把传统农业改造为现代化的农业（西奥多·W. 舒尔茨，2021）。由传统农业转变为现代农业的演进过程即农业现代化，这是一个

相对和动态的概念（牛若峰，2001；国务院发展研究中心农村经济研究部课题组等，2021），蕴含了农村产业现代化、农村生态文明现代化、农村文化现代化、乡村治理现代化和农民生活现代化“五位一体”的有机整体（魏后凯等，2021），因其内涵呈现出时代性、多样性、区域性、整体性、世界性、非均衡性（孔祥智等，2014；张红宇等，2015）等特征。在中国，农业现代化公共政策对中国的农业体系产生了根本性影响（Doll，2021）。农业现代化作为中国式现代化的重要基础（罗必良，2022），是整个国家现代化的重要内容（高强等，2020）。没有农业现代化，国家的现代化必然是不完整、不全面、不牢固的，加快推进农业现代化，是事关中华民族伟大复兴和建设社会主义现代化强国的重大战略任务（魏后凯等，2021）。实践也证明，农业现代化可以突破经济停滞，成为经济进入新一轮增长的动力（Li et al.，2021），通过农业创新提高贫困人口生活水平的前景十分广阔（Jannat et al.，2021）。但我们也客观发现，我国农业现代化滞后于工业化和城镇化（黄祖辉等，2013），尤其是在农业多样化程度较低的欠发达地区，农业持续占据主导地位，对农业现代化的阻力相对较大（Han et al.，2021）。这启示我们，无论发达地区还是欠发达地区，都需要加快推进农业农村现代化（魏后凯等，2022）。

二、关于农业现代化动力因素的研究述评

总结与评述农业现代化的动力因素是把握研究现状与发展动态的重要支撑。广大学者研究发现农业政策（Carmona-Zabala，2021）、农业集约化（Zheng et al.，2021）、种子现代化（Fedorova，2021）、农业水质（Mitchell et al.，2022）、生态系统服务（Tian et al.，2021）、农业文化遗产（Jiao et al.，2023）、农业技术援助和作物改良计划（Mizuno，2020）、农业绿色增长（Huang et al.，2022）在推进农业现代化进程中发挥了重要作用。值得一提的是，农业增长对发展过程的贡献与农业部门生产率的增长成正比关系（速水佑次郎等，2000），促进农业绿色增长已成为加快农业现代化进程不可或缺的关键内容，成为实现农民农村共同富裕的必要前提，成为农业可持续发展和高质量发展的不竭动力（Huang et al.，2022）。具体来讲，家庭农场、农业公司是实现农业现代化的农业经营主体，也是小农户进入现代农业的衔接纽带（黄厅厅等，2019；

2020；李静等，2022），公共政策的有效支持为引导小农经营方式转型、推进农业现代化提供重要保障（樊鹏飞等，2022），农垦系统在农业建设中扮演着重要角色，为保障国家粮食安全做出积极贡献的同时也为推进农业现代化提供重要支撑（周家伟，2023），农业机械化推动劳动生产率巨大提高和单位面积生产费用大幅下降（付成双，2023）。毫无疑问，我国在农业现代化改革实践中取得了十分显著的历史成果。然而，迈向新时代新征程，中国推进农业现代化的外部环境日益复杂，农业内部要素也在发生明显变化（张红宇等，2015），这对精准识别农业现代化的发展动因提出了新要求，多重目标兼容难度上升、激励边际效应减弱、城乡要素资源结构性错配、外部冲击影响加深（涂圣伟，2023）、创新相对滞后、主体协调失衡、绿色发展瓶颈、开放话语权不足、相对贫困威胁、支农资金错位（钟真等，2021）等新问题依然严峻。例如，小规模、分散化的农业家庭经营格局阻滞了现代生产要素的采纳与农业生产效率的改进（罗必良，2022），农村劳动力转移与农业副业化、农业资源环境约束、农产品数量质量安全问题突出（孔祥智等，2014），农业经济效益不足与产业融合程度较弱（刘云菲等，2021），乡村基本公共服务和社会事业发展不平衡不充分（彭超等，2020），人力资本水平存有较大差距（黄庆华等，2016），山区农业机械化水平低引致农业现代化进程严重滞后（张宗毅，2020）。新问题揭示新空间，新挑战激发新动能，要想实现农业现代化，必须综合提高农业生产、农业经营和农业服务的发展效率（田野等，2021），把握提升 TFP、推动农业绿色发展与乡村可持续发展的关键所在（Hu et al.，2021；Huang et al.，2022；Huang et al.，2023），或许才是农业可持续发展与发展现代农业的可行性方案。

三、关于农业现代化水平测度的研究述评

归纳与评述农业现代化的水平测度是把握研究现状与发展动态的核心纽带。农业现代化发展水平和发展速度是关系我国粮食安全、国民经济发展和社会稳定的全局性重大战略问题（王国敏等，2013），客观评价我国各地区农业现代化的发展程度，有助于把握我国农业现代化区域发展水平、短板和关键问题（杜宇能等，2018）。从评价体系来看，农业现代化包括农业产业体系现代化、农业生产体系现代化、农业经营体系现代化、

农村基础设施和公共服务现代化、农村居民思想观念和生活质量现代化、农村治理体系和治理能力现代化（国务院发展研究中心农村经济研究部课题组等，2021），集中反映在农业生产水平、农业经营水平、农业服务水平、农业投入水平、农业产出水平、支持保护水平、质量效益水平、绿色发展水平、农业经济效益、农业生产效率、农业生产基础、产业融合程度、科研创新能力（刘云菲等，2021；田野等，2021）等维度。从评价方法来看，学者们普遍采用熵值法、TOPSIS方法、超效率DEA、农业监测评价办法、线性方程、灰色优势分析、双重差分模型、耦合协调度模型（张平淡等，2017；杜宇能等，2018；李丽纯，2013）等方法。从评价结果来看，经济发展水平的提高可显著促进农业GTFP的上升、农业技术利用效率提高和农业技术进步（Huang et al.，2022），农机购置补贴政策可显著提高试点县的农业机械化水平（田晓晖等，2021）。但令人遗憾的是，农业现代化进程与区域经济发展需求之间仍然存在着一定程度的区域差异，农业GTFP变化与农业技术利用效率和农业技术进步之间的时空差异显著（Huang et al.，2022），基于技术同质与异质的农业GTFP变化具有时间、空间及区域差异性（刘亦文等，2021），各省份农业现代化发展水平不平衡，农业生产、经营、服务效率不具备三维一致性（田野等，2021），西部地区明显低于东部、东北和中部地区（杜宇能等，2018），很明显地看出，中国农业劳动生产率较低是与其农业就业比重较高、农民普遍兼业以及小规模分散经营等紧密联系在一起的（魏后凯等，2021）。不可否定，评价指标体系的构建是衡量农业现代化实现程度与推进水平的关键，但是，我国不同区域农业现代化进程在“时间”与“空间”上存在较大的时空差异。显然，采用同一套评价体系纵向同步衡量国家与地方层面的农业现代化进程是不完全科学的，或横向同时测度东中西部的农业现代化水平也是不完全合理的，农业现代化发展进程与实现程度的综合评价需要立足国情区情市情农情。

四、关于农业现代化路径策略的研究述评

探寻与评述农业现代化的路径策略是把握研究现状与发展动态的现实进路。学者们普遍认同要把不断提升农业劳动生产率、土地产出率、资源利用率和TFP（发展经济学编写组，2019；西奥多·W. 舒尔茨，2021；

涂圣伟，2023）作为根本目标，加强农业现代化公共政策适配性的韧性（Doll R，2021），通过农地产权制度改革调整农地权利关系，以市场手段优化农地配置（Cai et al.，2022），加强国际多方向的农业知识和技术交流（Fedorova M，2021），把加快由农业大国向农业强国转变作为实现农业现代化的必由之路。各地政府应根据属地的区情和农情，采取不同的发展战略和差异性的农业倾斜政策，采用分阶段、分区域、分产业、分主体的分类式战略路径（牛若峰，2001），围绕粮食安全、现代农业产业体系、农业绿色化转型、科教兴农等重点领域，瞄准促进农民持续增收、现代农业产业体系建设、农业科技创新、推进乡村建设、城乡融合发展与国内国际市场统筹等战略重点（高强等，2020；魏后凯等，2021），创新农业经营主体和经营形式，尊重农民和基层的创造。从实际出发，不追求一个模式、一个标准（陈锡文，2016），实施差异化的贸易与引资战略（陈燕翎等，2021），加快构建新型农业经营体系，深入推进农业发展方式转变，大力发展优质安全农产品（孔祥智等，2014），因地制宜创新完善“农业产业化龙头企业带动＋农民专业合作社联动＋家庭农场推动＋专业大户主动”的新型农业经营组织“联合体”（黄厅厅等，2019；2020），加快推进山区农地宜机化改造和农业机械服务（张宗毅，2020；Long et al.，2022），强化农业分工，发育多样的服务市场，拓展服务领域，综合匹配良田、良种、良法、良机、良制，推进技地结合、技种结合、技物结合、技服结合（罗必良，2022）。坚持推动多元拓展、集约经营、可持续发展（牛若峰，2001），推动农业绿色技术进步、区域农业绿色协调发展和高质量发展（Hu et al.，2019；郭海红等，2021）。总体而言，要坚持推动多元拓展、集约经营、可持续发展，推动区域农业绿色协调发展和高质量发展，走好中国特色农业现代化道路。

五、关于农业现代化发展阶段的研究述评

厘清与评述农业现代化的发展阶段是把握研究现状与发展动态的逻辑使然。结合中央1号文件的权威文献资料，回溯改革开放以来国内农业现代化研究的发展进程，可以大致把农业现代化研究进程划分为以下三个发展阶段。一是农业现代化步入“探索式”研究阶段。学界主要是从1992年开始产生农业现代化主题领域的权威文献。1992年开始出现对“国民

经济”和“交通基础设施”的研究，1993 年展开对“发展水平”“现代化”“现代农业”的关注，1994 年开始关注“家庭农场”发展，1995 年聚焦关注“城镇化”并持续多年展开深入研究。结合历史观来看，1992—2002 年，刚好是党的十四大和十五大期间，在该阶段，我国实施了“工业偏向、城市偏向”的发展战略，呈现了“农业养育工业、农村支持城市”的发展格局，学术研究文献大都围绕坚持农业在国民经济当中的基础地位、加强水利基础设施建设、运用现代技术改造传统农业、确保主要农产品有效供给、提高农业综合生产能力、促进乡镇企业适度快速增长等研究议题而展开。二是农业现代化进入“创新式”研究阶段。2002—2011 年，关于农业现代化、城镇化、发展水平、现代化等领域研究文献稳定增长，这表明该时段正是以上研究领域成果的繁荣发展时期。回望历史，该时段主要处在我国党的十六大和十七大期间，国家对“三农”支持政策进行了调整，呈现了“工业反哺农业、城市支持农村”的发展格局。特别需要强调的是，我国从 2004 年开始到 2011 年连续 8 年出台 8 份中央 1 号文件指导推动“三农”问题的解决，提到“农业现代化”“现代农业”“农村现代化”及其与“现代化”高度密切相关主题词 83 次，集中强调要把加强农业基础设施建设作为推进农业现代化的根本任务之一，要建设现代农业，率先发展垦区现代化大农业，协调推进农业现代化和城镇化、工业化，走中国特色水利现代化道路等。可见，农业现代化相关工作被纳入这一时期推进我国社会主义现代化建设的重大方针、战略任务当中，并引起了学界的广泛关注与深入研讨。三是农业现代化迈向“中国式”研究阶段。2012 年至今，协调发展、发展水平、区域差异、综合评价、乡村振兴等研究领域不断引起广大学者的研究兴趣，以上研究领域进入研究兴盛时期。2012—2022 年是党的十八大和十九大期间，党和国家持续高度重视和关注“三农”问题，连续 11 年出台中央 1 号文件为支持地方推动“三农”发展提供根本遵循，强调“农业现代化”及其“现代农业”“农村现代化”“现代化”高度密切相关主题词共出现 131 次，“家庭农场”作为新型农业经营主体首次被写进 2013 年中央 1 号文件。这段时期，重点聚焦统筹深化农村各项改革、协调促进“四化同步”发展、实施乡村振兴战略、探索构建农业现代化综合评价指标体系、梯次创建农业现代化示范区，为加快推进中国特色农业现代化道路迈出新步伐。学界沿此展开了对农业现代化道路的深入研究与试点探索。

六、农业现代化研究现状及发展动态总结

综上所述，加快推动农业现代化高质量发展已成为党和国家高度重视的核心议题。学术界、政界关于农业现代化的概念特征、动力因素、水平测度、路径策略、发展阶段等领域的研究成果十分丰富，为本书奠定了逻辑基础、提供了理论借鉴、丰富了实践参考。但客观来说，我国不同区域农业资源禀赋、农业产业结构、农业产业韧性、农业发展后劲存在显著异质性，东中西部农业资源禀赋差异较大，农业产业链供应链韧性强弱悬殊，乡村公共科技服务不平衡、不协调问题仍然突出。迈向新时代新征程，面对中国式现代化建设目标与不同区域农业现代化不平衡不协调发展问题的现实挑战，关于中国式现代化背景下农业现代化的研究亟待立足问题、向纵深发展，其研究视角、研究内容、研究方法、研究区域有待深化丰富。

（一）研究视角尚待丰富和拓展

现有研究基本围绕农业现代化的内涵特征、问题难题、实现路径等开展广泛研究，这从普遍意义上凝结了农业现代化“为什么”“是什么”“怎么做”等学理知识。然而，基于时空演变视角研究农业现代化的文献相对较少，已形成的研究结论导向、评价指标体系、政策建议措施等成果，尚未回答清楚农业现代化“时空差异”的时代意涵，难以跟上和满足中国式现代化建设目标的本质要求。同时，农业现代化是一项涉及场域宽、面域广的系统工程，而现有研究更多的是立足非空间研究视角和方法探讨农业现代化的推进程度，这不利于从全局、系统、全面的视角刻画与揭示农业现代化实现水平的空间格局与空间差异，亟待拓展农业现代化研究的“空间新视角”。而计量统计与实证分析相结合，将更有助于科学识别与全面把握农业现代化研究的前沿动态，拓展农业现代化研究的“空间新视角”。鉴于此，本书着眼中国式现代化背景视角，充分考虑农业现代化的动态性、系统性、发展性、区域性，结合区域资源禀赋、地缘结构和民族特色等多重叠加属性，诠析中国式现代化背景下推进农业现代化的理论基础，阐释具有中国特色的农业现代化政策体系，解码具有中国特色的农业现代化道路实践，为不同地区着眼中国式现代化背景下推进农业现代化夯实理

论逻辑、政策逻辑与实践逻辑，同时总结国内外推进农业现代化的典型实践案例，进而结合发展需求提出推进农业现代化的价值定位、原则遵循与实现路径。

（二）研究观点尚待丰富和拓展

一方面，现有文献成果为本书着眼中国式现代化背景促进农业现代化的研究内容深化了理论认知，延展了研究思路，提供了分析范式，奠定了逻辑起点，本书的研究内容正是基于众多学术成果和思想观点而展开的。另一方面，巩固与筑牢农业现代化研究领域在学术界的话语权，离不开广大相关研究学者共识的凝聚，各研究机构、研究学者、权威期刊、基金委员会等主体应该秉持鼓励“交叉·融合·创新·转化·应用”的态度，通过智库共建、论坛交流、研讨共话、政策咨询、规划编制、项目合作等形式，推动农业现代化研究“学术共同体”的构建，促进农业现代化研究的可持续发展。但综合来看，既有文献在研究内容上对农业现代化的共性问题研究出现泛化，对农业现代化的典型问题研究出现窄化，对农业现代化的融合研究相对比较缺乏。鉴于此，本书旨在厘清农业现代化的理论阐释、理论借鉴、理论架构、理论导向、理论逻辑，归纳我党有关农业现代化政策的时代特征、价值意蕴、创新发展，分析农业主导产业、农业绿色发展与农业现代化之间的关系，以及对促进农业现代化的思考，概括不同国家或地区推进农业现代化的经验启示，进而结合发展需求提出推进农业现代化的价值定位、原则遵循与实现路径。

（三）研究方法尚待丰富和拓展

既有关于农业现代化研究的方法，主要选择定性研究方法，或者较多采用熵值法、TOPSIS 方法、超效率 DEA、农业监测评价办法、线性方程、灰色优势分析、双重差分模型等研究方法辅助分析，以上方法得出的研究结论较好地从面上反映了某个区域农业现代化的发展概况，但难以从全局、整体、空间的维度观测到区域间农业现代化发展的时空差异。鉴于此，本书引入定性与定量相结合、理论与实证相结合、空间与非空间相结合的研究方法，分析农业主导产业、农业绿色发展与农业现代化之间的关系，以及对促进农业现代化的思考，同时总结国内外推进农业现代化的典型实践案例，并概括不同国家或地区推进农业现代化的经验启示，进而结合发展需求提出加快推动农业现代化的实现路径与可能方向，为区域加快农业现代化进程提供监测工具与评估依据。

（四）研究场域尚待丰富拓展

过去研究较多倾向于选择东北、中部农业基础条件优、发展环境好的区域作为研究对象，而较少选择西部山区作为研究区域，但从现实来看，西部山区农业现代化的实现程度极大地影响着中国式现代化的发展进程，没有西部山区的农业现代化，国家整体现代化是不平衡、不协调、不全面的。值得我们注意的是，我国不同区域在农业资源禀赋、农业产业结构、农业产业韧性、农业发展后劲等方面存在着较大的差异，西部山区资源禀赋的独特性、多元性也决定了要因地制宜、循序渐进走山地特色农业现代化道路。因此，西部山区作为推进农业现代化的“任务艰巨区”，更加值得学术界关注。另外，我国农业现代化水平在东西部、各区域间存在不平衡不协调现象，农业产业韧性、乡村公共服务等呈现出明显的时空差异，因此对不同区域完全采用一套评价体系衡量其农业现代化的实现程度是不完全合理且不完全科学的。鉴于此，本书在遵循“国家总体宏观调控＋地方因地制宜调整”的原则基础上，关注西部区域递进式推进农业现代化发展。

第四章　研究目标及研究框架

基于研究背景、问题提出、研究目的、研究意义，着眼理论创新、发展学科、服务发展等维度提出农业现代化的研究目标，并遵循“理论框架构建→政策嬗变指引→发展现状梳理→发展问题识别→计量分析检验→典型案例借鉴→经验启示归纳→政策建议导航”的逻辑架构，拟定本书的主要研究框架及其研究内容。

第一节　研究目标

一、丰富理论内涵，深化农业现代化理论的逻辑机理

基于农业现代化的理论阐释、理论借鉴、理论架构、理论导向、理论逻辑，解析中国式现代化背景下推进农业现代化的逻辑机理，揭示农业现代化对促进中国式现代化的重要性、联动性和回应性，厘清中国式现代化与农业现代化的内在逻辑关系，丰富和扩展农业现代化概念的内涵与外延，深化对新时代新征程农业现代化理论问题的系统认知。构建农业现代化的一般理论分析框架，探寻逻辑自洽的理论分析工具，系统建构具有地域特色的农业现代化的评估体系及其测度指标，拓展现有农业现代化问题研究的理论模型。总结借鉴国内外推进农业现代化典型案例实践并归纳出经验启示，为完善优化农业现代化体系、加快推动农业现代化高质量发展作出新的理论概况和逻辑阐释，丰富农业现代化高质量发展的学术话语体系，为加快推动农业现代化提供理论支撑。通过丰富理论，拓展农业现代化理论的逻辑机理。

二、发展学科，促进农业多学科方法的交叉融合

综合运用农业管理学、农业经济学、农业政策学、发展经济学、农村社会学、产业经济学、公共管理学、政策科学、计量经济学、农学等多学

科内容与方法研究中国式现代化背景下的农业现代化推进问题，推进学科的综合性发展及完善相关学科现有研究的不足并推动研究内容的创新。在政策体系的指导下探寻推进农业现代化的创新探索，解码具有中国特色的农业现代化道路实践，丰富农业主导产业、农业绿色发展与农业现代化之间的系列问题在学科发展中的交叉融合，促进对农业现代化问题的思考。通过国内外推进农业现代化的典型案例实践及其经验启示，拓展农业现代化研究问题的方法应用与内涵外延，促进农业多学科方法的学理支撑与决策参考。通过发展学科，促进农业多学科方法的交叉融合。

三、服务发展，指导农业现代化进程的科学实践

推动各个地区因地制宜建立健全农业产业现代化体系、农业生产现代化体系、农业经营现代化体系，不断提高农业劳动生产率、土地产出率、资源利用率，是农业现代化的目标导向；基于目标导向，提出具有理论价值和实践意义的农业现代化实现路径，推动具有地域特色的农业现代化道路的践行，为加快实现农业现代化提供发展新动能。通过空间与非空间相结合、定性与定量相结合、理论与实证相结合的研究方法，为农业现代化的时空演变、实现程度提供科学的监测工具，为深化农业现代化的价值定位、原则遵循与实现路径提供科学的参考借鉴。通过服务发展，指导农业现代化的科学实践。

第二节　研究框架

推进中国式现代化进程迫切需要提高农业现代化水平。健全完善农业现代化体系，加快推动农业现代化高质量发展，是推进中国式现代化的根本命题。本书以农业现代化问题为核心，聚焦中国式现代化背景下推进农业现代化的理论基础，阐释具有中国特色的农业现代化政策体系，解码具有中国特色的农业现代化道路实践，总结国内外推进农业现代化的典型案例实践及其经验启示，结合推进农业现代化的理论与实践，提出推进农业现代化的价值定位、原则遵循与实现路径。按照“理论框架构建→政策嬗变指引→发展现状梳理→发展问题识别→计量分析检验→典型案例借鉴→经验启示归纳→政策建议导航”的逻辑框架，主要研究架构及其研究内容

构建如下：

第一部分：研究导论。拟围绕研究背景及问题提出、研究目的及研究意义、研究现状及文献述评、研究目标及研究框架、研究思路及研究方案等方面介绍本书研究的基本情况，并提出本书可能的创新点。

第二部分：理论基础。阐释中国式现代化背景下推进农业现代化的理论基础，厘清农业现代化的理论阐释、理论借鉴、理论架构、理论导向、理论逻辑，为不同地区着眼中国式现代化背景下推进农业现代化工作厚植理论逻辑。

第三部分：政策体系。阐释具有中国特色的农业现代化政策体系，归纳我党有关农业现代化政策的时代特征、价值意蕴、创新发展，为不同地区在中国式现代化背景下推进农业现代化工作夯实政策逻辑。

第四部分：实践场域。解码具有中国特色的农业现代化道路实践，分析农业主导产业、农业绿色发展与农业现代化之间的关系，以及对促进农业现代化的思考，同时选取国家、省域、市域不同维度概括农业现代化的发展现状，建构可参考、可操作、可执行、可落地的农业现代化综合评价体系，为不同地区着眼中国式现代化背景下推进农业现代化工作铺垫实践逻辑。

第五部分：案例启示。总结国内外推进农业现代化的典型案例实践，围绕发达国家推进农业现代化的实践经验、发展中国家推进农业现代化的实践经验、我国推进农业现代化的实践探索等方面展开研究，并总结概括不同国家或地区推进农业现代化的经验启示，为不同地区着眼中国式现代化背景下推进农业现代化工作提供经验参考。

第六部分：政策建议。着眼顶层规划，落脚基层实际，结合发展实际提出推进农业现代化的政策建议，围绕推进农业现代化的价值定位、原则遵循与实现路径，为我国不同地区完善农业现代化指导体系提供政策参考，为我国地方党委和政府助推农业现代化提供智慧支持和决策依据。

第七部分：研究结语。总结研究结论与展望，对本书研究结论进行全面总结和梳理，并给予研究展望。

第五章　研究思路及研究方案

基于研究背景及问题提出、研究目的及研究意义、研究目标及研究框架，按照“理论研究—应用研究—对策研究”的基本范式，提出“建构理论框架→阐释逻辑机理→解码实践探索→刻画演变特征→揭示影响因素→分析典型案例→总结经验启示→提出政策建议”的研究技术路线，并借助理论分析与实证分析相结合、定性分析与定量分析相结合、计量统计与实证分析相结合的研究方法，分阶段循序渐进地展开研究。

第一节　研究思路

本书聚焦推动农业现代化核心主题，围绕全面推进乡村振兴加快农业农村现代化的总体目标，坚持科学问题导向与研究需求导向，交叉融合农业经济学、农业管理学、农业政策学、发展经济学、农村社会学、产业经济学、公共管理学、政策科学、计量经济学等多学科理论依据与方法支撑。基于“理论研究—应用研究—对策研究”的基本范式，按照“建构理论框架→阐释逻辑机理→解码实践探索→刻画演变特征→揭示影响因素→分析典型案例→总结经验启示→提出政策建议”的技术路线，分阶段循序渐进地展开。

通过厘清农业现代化的理论阐释、理论借鉴、理论架构、理论导向与理论逻辑，诠析中国式现代化背景下推进农业现代化的理论基础；通过归纳我党有关农业现代化政策的时代特征、价值意蕴及创新发展，阐释中国式现代化背景下推进农业现代化的政策体系；通过分析农业主导产业、农业绿色发展与农业现代化之间的关系，总结上述议题对推进农业现代化的思考，同时选取国家、省域、市域不同维度概括农业现代化的发展现状，并基于政界与学界权威观点建构可参考、可操作、可执行、可落地的农业现代化综合评价体系，归纳中国式现代化背景下推进农业现代化的实践探索；通过梳理部分发达国家、发展中国家以及我国部分地区推进农业现代化的典型案例，概括不同国家或地区推进农业现代化的经验启示，为不同区域推进农业现代化提供案例借鉴与实践参考；进而结合发展需求提出推进农业现代化的价值定位、原则遵循与实现路径，以期为优化完善农业现代化指导体系提供咨询建议与学理逻辑，为加快推动农业现代化进程提供监测工具与决策依据，为持续提升农业现代化质量水平提供实证基础与智慧支撑。本书的技术路线如图 5-1 所示。

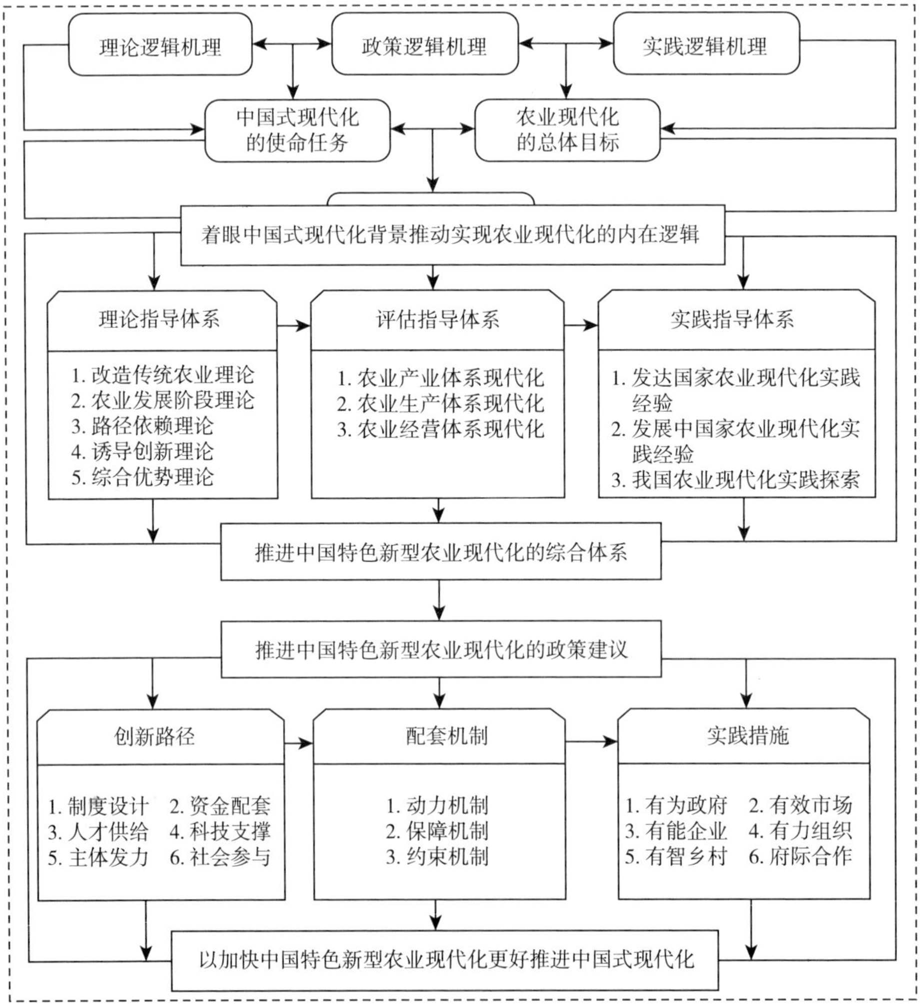

图 5-1 技术路线图

第二节 研究方法

根据研究需要，本书主要采用理论分析与实证分析相结合、定性分析与定量分析相结合、计量统计与实证分析相结合的研究方法。具体研究方法应用如下：

一、文献挖掘与计量分析

通过文献挖掘与计量分析有助于聚焦农业现代化研究的时空演变、前沿图景与逻辑演进，系统全面地揭示与反映农业现代化研究领域的状况与进展、主题与热点、主流与前沿、趋势与远景。拟采用 CiteSpace、NoteExpress 等文献计量分析软件，挖掘与梳理国内外相关农业现代化的权威文献，系统归纳国内外农业现代化相关主题研究与理论范式，厘清已有研究的主要观点以及所形成理论的精华、共性、差异、欠缺与问题，为本书的选题依据探寻新的突破口，为本书的问题提出铺垫逻辑缘起，进而明确研究思路、主题方向以及可借鉴的研究方法，并在已有研究基础上进行理论创新，增强理论研究的科学性。

二、逻辑推理与演绎分析

农业现代化研究离不开多个学科、多个理论的交叉与支撑，不同学科、不同理论都有其相应的研究主题、研究视角、理论基础和研究范式，农业现代化具有其独特的内在逻辑机理。本书在具体工作中，将运用逻辑推理与演绎分析研究方法，结合国情农情区情，运用收集到的反映农业现代化的数据、实例等资料，系统地整理、分析、梳理与本书密切相关的理论；并通过相关基础理论进行逻辑推演，强调不同学科、理论之间的内在关联，整合相关研究成果，形成对农业现代化的系统性评价；对农业现代化发展的具体实践进行实证分析，了解演变规律，回答“是什么”的问题，对农业现代化发展的总体现状进行规范分析，进而提出政策建议及其实现路径，回答“怎么做”的问题，为本书开展科学论证提供依据。

三、实地调研与访谈分析

随着农业现代化进程的加快推进，国内外已有一些推进农业现代化先行先试的典型案例与实践经验，我国东、中、西部的实践路径已探索出一些特色模式，本书通过实地调研、个别访谈、会议座谈、间接观察等研究方法，从不同区域、不同环境、不同模式、不同要素考察农业现代化发展过程，获取第一手数据资料以保障研究所需。根据相关研究内容，结合本书研究区域所需，选取部分地区进行实地调研、个别访谈、会议座谈、间接观察等，调研农业现代化的发展现状及其内在关系，获取实地调研素材与实践证据。

四、计量统计与实证分析

运用计量统计与实证分析相结合的研究方法对有关数据资料进行分析。在农业现代化研究现状、农业主导产业、农业绿色发展，以及农业现代化发展现状等重点问题研究中，借助计量统计与实证分析相结合、定性分析与定量分析相结合的研究方法，总结推进农业现代化的影响因素、问题成因，反映相关问题研究的时空演变与空间差异特征，探寻推进农业现代化的作用路径。通过论证，为理论研究成果提供监测依据与实证证据，确保本书研究的科学性及合理性，提高研究结果解释的空间性与可行性。

五、案例研究与比较分析

在进行计量研究的基础上，本书还将使用案例研究与比较分析的方法，以弥补传统数据研究的缺陷。通过选取典型案例进行比较分析，总结有关推进农业现代化典型案例的成功经验与启示，比较不同国家与地区、不同背景与环境、不同主体与模式下推进农业现代化的典型经验，比较推进农业现代化发展的共性与个性问题，归纳加快推进农业现代化发展的动力因素和阻力因素，找出重点影响要素，总结加快推进农业现代化可供参考的发展思路与模式，为研究加快推动农业现代化高质量发展的政策设计提供经验借鉴。

第六章　可能的创新点

本书在研究视角、研究内容、研究方法、研究场域等方面与既有研究相比较均有所区别，且具有一定的研究特色及创新之处，在补充演化机理与时空格局、创新学理阐释与计量论证、丰富监测工具与评估依据、拓展实践探索与地缘特色等方面有望进一步突破创新。

第一节　研究视角：补充演化机理与时空格局

在研究视角方面，本书着眼时空演变和治理共同体视角，探讨农业现代化的演化机理与时空差异。基于时空演变视角研究农业现代化实践探索等重点问题，弥补现有研究在“时空演变”视角上的分析不足，更好揭示农业现代化的空间演变和空间差异。着眼治理共同体理论分析视角，尝试围绕农业产业体系现代化、农业生产体系现代化、农业经营体系现代化等领域构建具有西南山区地缘结构特点的农业现代化综合评价体系，总结促进农业现代化的现实问题及其发展动因，研究推动农业现代化的影响因素，结合发展需求提出推动农业现代化的政策建议及其实现路径，探索推进农业现代化发展的逻辑价值与共生合力，进而推动研究视角方面的创新。

第二节　研究内容：创新学理阐释与计量论证

在研究内容方面，本书以期推进农业现代化的学理阐释与计量论证。诠析中国式现代化背景下推进农业现代化的理论基础，阐释具有中国特色的农业现代化政策体系，归纳具有中国特色的农业现代化道路实践，总结国内外推进农业现代化的典型案例实践及其经验启示，进而结合发展需求提出推进农业现代化的价值定位、原则遵循与实现路径，构建理论分析模型和计量经济模型，揭示加快推进农业现代化的影响因素，为构建农业现代化的实现路径提供科学依据，进而推动研究内容及其研究观点的创新。

第三节　研究方法：丰富监测工具与评估依据

在研究方法方面，本书以期融合空间与非空间分析，丰富农业现代化研究的监测工具与评估依据。融合交叉多学科理论的研究方法，基于经济学、管理学、社会学、政治学、农学等多学科理论指导与数据挖掘方法，紧扣核心问题，层层展开研究，体现出"宏观—立意、中观—构架、微观—落地"等特色，从全局、整体、空间的维度观测农业现代化的时空演变。促进多种研究方法的有机结合，引入空间分析与非空间分析相结合、定性分析与定量分析相结合、理论分析与实证分析相结合的研究方法，阐释中国式现代化背景下推进农业现代化的内在机理，比较农业现代化有关重点问题的空间格局及演化差异，揭示加快推进农业现代化的影响因素，进而结合发展需求提出推动农业现代化的政策建议及其实现路径，突出方法和工具多元化，为推进农业现代化提供更为直观、更具科学性的依据，进而推动研究方法的创新。

第四节　研究场域：拓展实践探索与地缘特色

在研究场域方面，本书旨在拓展对具有多重地缘结构和民族特色特征的西部山区推进农业现代化的实践探索进行深入研究，分别选取西部山区的省域维度和市域维度，总结分析推进农业现代化的实践探索，并聚焦市域层面构建农业现代化发展水平的综合评价体系，为具有西南山区地缘特点的类似地区推动农业现代化提供案例借鉴与经验参考，补充现有研究较少选择西南山区作为研究区域的不足。着眼我国不同区域在农业资源禀赋、农业产业结构、农业产业韧性、农业发展后劲的较大异质性，充分考虑农业现代化的动态性、系统性、发展性、区域性，结合资源禀赋、地缘结构和民族特色等多重叠加属性，拓展对西部山区农业现代化问题的关注，赋能区域层面因地制宜加快推进农业现代化的新动力，探寻农业现代化政策建议及其实现路径，推动区域方面研究的创新。

第二篇

理论基础

第七章　农业现代化的理论阐释

理论阐释是农业现代化理论基础的重要组成部分和首要基础支撑。本章聚焦本质、基础、标志、重点、关键等问题阐释农业现代化的核心要义，聚焦以产出优质产品为导向、以促进农民增收为目标、以优化产业结构为纽带、以强化科技服务为手段、以保障绿色生态为主题等维度阐释农业现代化的实质内涵，聚焦农业产品质量高、农民收入水平高、农业科技含量高、生产组织形式高、农民综合素质高、绿色发展程度高等方向阐释农业现代化的构成要素。

第一节　农业现代化的核心要义

本书围绕农业现代化的本质、基础、特征、重点、关键等五个层面，聚焦实现农业高质量的发展、实现结构优化的发展、实现全面系统的发展、实现绿色生态的发展、实现因地制宜的发展对农业现代化的核心要义进行阐释。

一、本质：实现农业高质量的发展

“务农重本，国之大纲”的重要性阐明了农业是一个国家的立国之本、兴国之本、强国之本。农业在国民经济建设中的重要基础和地位直接决定了农业高质量发展奠定了加快农业现代化进程的“纲”和“本”，也决定了推动农业高质量发展必然成为实现农业现代化的价值本质（黄厅厅等，2023）。首先，推动农业的高质量发展，根本在于激活农业经济的内生力、增长力、竞争力和创新力，需要着眼“创新发展、协调发展、绿色发展、开放发展、共享发展”的视角促进农业发展观念的转变，推动“优质、高效、低耗、安全”的农业产出模式的转型。其次，推动农业的高质量发展，关键在于立足农业经济、产业、企业等多维互动层面，审时度势把握农业经济发展阶段、农村社会文化环境、农业政策法律环境的变化，巩固农业要素禀赋、创新动力、科技支撑、产品质量等基础条件，拓宽农民增收致富的渠道，同步实现物质富裕与精神富有，不断满足农村人民日益增长的美好生活需要。同时，推动农业的高质量发展，基础在于坚持提升农业绿色全要素生产率，综合提高农业劳动生产率、土地产出率和资源利用率，既围绕农业产业、生产、经营等多个维度促进农业充分均衡地发展，也围绕发展方式、发展过程、发展结果等多个维度促进农业系统协调地发展，以农业高质量发展的“结构性”适配构筑农业现代化的本质要求与应然特征。

二、基础：实现结构优化的发展

农业现代化是一项循序渐进、不断发展的过程，涵盖了“点—线—面”多维结构的发展，这决定了不同区域需要着眼结构优化的发展思维推进农业现代化。第一，推进农业产业要素的结构优化。坚持质量第一、效益优先，以供给侧结构性改革为主线，促进农业产业选择、农民培训、技术支撑、资金筹措、组织形式、产销对接、利益联结、党建服务等要素的交叉与融合，推动经济性因素、制度性因素和技术性因素在农业产业要素结构之间的循环互动与有机协调，优化调整农业产业经济结构，推动农业经济发展的质量变革、效率变革、动力变革。第二，推进农业产业空间的结构优化。以新发展理念为统领，推动创新成为农业产业空间结构优化的第一动力、协调成为农业产业空间结构优化的内生特点、绿色成为农业产业空间结构优化的普遍形态、开放成为农业产业空间结构优化的必由之路、共享成为农业产业空间结构优化的根本目的，进而一体促进农业高质高效、农村宜居宜业、农民富裕富足。第三，推进农业产业体系的结构优化。加快健全完善农业现代化经济体系，优化完善现有农业产业结构体系，优化完善科学合理的农业产业发展体系，优化完善实体经济、科技创新、现代金融、人力资源协同发展的农业产业体系，着力构建市场机制有效、微观主体有活力、宏观调控有度的农业农村经济体制，不断增强农业经济的核心竞争力和持续创新力。

三、特征：实现全面系统的发展

农业现代化是实施乡村振兴战略的总目标，坚持农业农村优先发展的总方针，执行产业兴旺、生态宜居、乡风文明、治理有效、生活富裕的总要求，必然成为加快推进农业现代化的题中之义。着眼全面系统的发展维度促进乡村产业、人才、文化、生态、组织“五个”振兴，是加快推进农业现代化的必要根据和重要基础。第一，推动乡村产业振兴全面系统地发展。处理好乡村产业经济增长“速度”与“质量”的关系，乡村产业经济发展“短期利益”与“长期利益”的平衡，科学应对国内国际环境、经济新常态、社会主要矛盾、生产要素、资源环境等一系列环境变化，主动适应新的发展环境、发展条件和发展阶段对乡村产业振兴提出的新要求，聚焦经济转型、结构调整、动力优化、风险可控、增收富裕等目标促进乡村产业全面系统地发展。第二，推动乡村人才振兴全面系统地发展。处理好乡村人才队伍组建“强优”与“培新”的关系，通过情怀感召、政策激励、事业凝聚，“在地”与“外引”培育一批愿意扎根乡村、服务农业、带动农民的新型农业经营主体带头人体系，培育有文化、懂科技、善经营、会管理的高素质农民体系（黄厅厅等，2022）。第三，推动乡村文化振兴全面系统地发展。处理好乡村文化传承“守正”与“创新”的关系，着眼解决乡村社会、文化环境发展中突出的不平衡、不充分问题，建立健全乡村公共文化服务体系，完善配套乡村公共文化资源配置与乡村公共文化服务的供给，将乡村文化元素融入乡村发展中，实现服务资源整合、达到供需有效对接。第四，推动乡村生态振兴全面系统地发展。处理好乡村生态环境“保护”与“发展”的关系，始终坚守“绿水青山就是金山银山”的理念，坚定不移走可持续发展之路，推进构建乡村生态环境保护体系，促进乡村生产生活生态同步改善，把乡村生态效益更好地转化为乡村经济效益与社会效益（黄厅厅等，2020）。第五，推动乡村组织振兴全面系统地发展。处理好乡村组织建设“强基础”和“添活力”的关系，充分发挥政府的“服务性”功能和“守夜人”角色，构筑服务于农业现代化的“GO＋NGO＋NPO＋EO＋AMO”的“组织共同体”，将制度优势转化为加快农业农村现代化的治理效能，提升面向农业农村现代化、适应农业农村现代化、引领农业农村现代化的新能力（黄厅厅等，2022）。

四、重点：实现绿色生态的发展

推动农业绿色生态发展是世界各国促进农业可持续发展的应有之义，

不仅是实现农业现代化的必然要求，也是实现农业现代化的重点内容。伴随着我国农业发展面临耕地质量退化、水土资源约束、农业面源污染、农产品质量安全等多重风险压力，如何在促进农业农村现代化、农业农村可持续发展实践中推动农业绿色生态发展，意义重大，任务艰巨。第一，实现绿色生态农业发展是推进农业现代化的迫切需要。一要把握实现农产品生态安全的“底线需要”，加强农业生产污染综合治理，加快改善农业产地生产条件和生态环境；二要把握农业环境资源安全的“目标需要”，合理推动农业资源和环境资源的可持续开发利用与保护；三要把握保障国家粮食安全的“战略需要”，促进粮食高产高效高质同步提升。第二，实现绿色生态农业发展是农业科技创新支撑体系的动力之源。高度重视农业科技是实现绿色生态农业发展、助推农业现代化的第一生产力，把强化耕地质量提升、保护性耕作制、农业面源污染治理、重大病虫害绿色防控、生物肥料农药科学使用、旱作节水农业技术推广等农业绿色科技创新作为基础工程，持续提升绿色生态生产关键技术的研究示范与应用推广能力，积极推动农业向低碳绿色生态转变，巩固完善具有中国特色的绿色农业科技支撑体系。第三，实现绿色生态农业发展是践行同步坚守“发展”和“生态”的生动实践。农业现代化本质要推动农业实现全面的高质量发展，意味着实现绿色生态农业发展，需要着眼长远兼顾农业可持续发展，兼顾农业发展战略，兼顾生态环境保护战略，兼顾乡村振兴战略，推动绿色生态农业发展从“有没有”向“好不好”“优不优”转变，科学践行“发展”和“生态”的协调关系。

五、关键：实现因地制宜的发展

中国“人多地少”“大国小农”“区域差异”的国情农情区情决定了农业现代化需因时而新、因需而进、因地而异。第一，坚持因地制宜和统筹规划。结合当地城乡发展规划、产业发展规划，坚持发挥优势、突出特色、因地制宜、避免重点产业和发展模式趋同化的原则，优化完善农业现代化发展规划和实施计划，因地制宜地为发展现代农业产业搭建平台，创新实施农业绿色发展先行区、生态农业集群发展示范区、特色农产品优势区、标准化原料基地、优质农产品集散地、乡村旅游集散中心、乡村人才培养高地等规划布局。第二，坚持因地制宜和分类推进。科学把握农业农村发展的差异性，分类指导，分地施策，久久为功，因地制宜地考虑不同区域特点、水源条件、地形情况、作物类型和管理水平等综合因素，推动种业科技创新、农机农技融合，依托家庭农场、农民专业合作社、农业产业化龙头企业等新型农业经营主体，发展多种经营业态，提升农业资源利用率和产业化水平，推动农业技术集成示范推广应用。第三，坚持因地制宜和突出特色。不同区域可结合自然优势，突出区域特色，在深入调查、摸清实情的基础上，针对区域位置、经济基础、自然条件、交通条件等差异，发展优势特色农业主导产业，因地制宜建立健全具有地方特色的现代农业产业技术体系、现代农业全产业链标准体系、农业社会化服务体系，健全完善农业现代化产业体系、生产体系、经营体系，因地制宜创新完善“农业产业化龙头企业带动＋农民专业合作社联动＋家庭农场推动＋专业大户主动”的新型农业经营组织“联合体”（黄厅厅等，2019、2020），因地制宜发展地方特色产业，拓展农业多元化功能，提升农业立体化价值，因地制宜、循序渐进走好中国特色农业现代化道路。

第二节　农业现代化的实质内涵

本书将农业现代化的实质内涵主要概括为以产出优质产品为导向、以促进农民增收为目标、以优化产业结构为纽带、以强化科技服务为手段、以保障绿色生态为主题等五个阐释维度。

一、以产出优质产品为导向

农产品质量是农业高质量发展的基础支撑，产出优质农产品是农业现代化的目标之一。农业发展质量如何，最终还是要取决于农产品自身质量，取决于终端农产品的优质安全、拥有产品附加值、彰显产品个性、有效满足需求等。毫无疑问，农产品质量好是农业高质量发展的最主要、最直接的目标。因此，生产高标准的优质农产品，经营高效益的农业产业，构建高效率的生产经营体系，提升高品质的国际竞争力，是实现农业高质量发展、推进农业现代化的必由之路。农产品质量好不仅包括农产品本身的口感性、感官性、质感性，还包括农产品的安全性、营养性、受益性等。改革开放以来，我国农产品数量在取得突出成就的同时，农产品的人均占有数量和质量均有明显提高，与此同时，农产品质量安全的保障性也得到极大提升。但是，现有农产品数量和质量与消费者的需求相比较起来，仍存在一定的差距。随着时代的发展和社会的进步，人民群众的收入水平不断提高，相应地对农产品质量的安全性、营养性、受益性等要求也就越高，如何持续产出优质农产品，保障吃得更好、吃得更健康、吃得更安全，依然是以产出优质农产品为导向推进农业现代化的重要目标。

二、以促进农民增收为目标

促进共同富裕，最艰巨最繁重的任务仍然在农村。促进农民增收是推动农业农村现代化的中心任务（黄厅厅等，2023），是带动农民农村共同富裕的必然选择。近年来，我国农村居民收入得以稳步增长，农民增收渠道不断拓宽，农村居民人均可支配收入增长与国内生产总值增长基本同步，城乡居民收入差距持续缩小（国务院，2022）。然而，如何促进农民持续增收、加快推动农业农村现代化仍然面临着诸多压力。城乡居民收入在时空上、人群中、区域间的差距仍然较大，支撑农民持续增收的新兴动能亟待激活与培育，尤其是脱贫地区如何促进脱贫群众的持续增收问题仍然十分严峻，其农业产业发展基础、致富的内生动力、自我发展的能力亟需提升。因而，把促进农民持续增收、维护农民群众根本利益、推动农民共同富裕作为加快农业现代化的出发点和落脚点，并保持农村居民收入增速快于城镇居民收入增速，是推进农业现代化的重要途径。首先，坚持“立农为农”，因地制宜发展乡村产业。把带动农民增收作为乡村产业发展的基本导向，探寻促进农民持续增收的有效方法，促进镇村经济联动，加快农村一二三产业融合发展，把农业产业链主体联动留在县域，把就业机会和产业链增值收益空间留给农民，推动实现加工在乡镇、基地在农村、增收在农户。其次，多措并举畅通农民增收渠道。支持农民发展各具特色的现代乡村富民产业，不断完善农民利益联结机制，通过“资源变资产、资金变股金、农民变股东”多元模式，让农民更多分享农业产业增值收益。最后，不断提升乡村公共服务水平。推动构建城乡统一的人力资源市场，完善农民工就业增收的支持配套政策，落实农民工与城镇职工平等就业、同工同酬制度，赋予农民更多财产收益权利，提高农民土地增值收益分享比例。

三、以优化产业结构为纽带

农业产业结构质量优不优是农业高质量发展、推进农业现代化的关键，农业产业结构是否科学合理直接关系到农业发展综合效益高不高等问题。农业产业结构好，体现了在既定的资源要素配置条件下能够取得最佳的农业生产效益，主要表现在以下五个方面。第一，农产品结构好。坚持农业需求侧导向，推动农业供给侧结构性改革，及时调整农产品出现的“严重过剩”和“严重不足”并存的问题，促进农产品结构供给体系、农产品结构规划布局、农产品结构质量发展的优化。第二，农业区域结构好。利用资源禀赋充分发挥农业区域的比较优势、绝对优势和综合优势，推动区域农业适度规模经营，区域经济带动效益比较明显。第三，农业要素结构好。农业要素结构代表着现代农业的发展空间程度，现代农业产业结构是否优化实质上已包含了自然、土地、人力、资本、技术、管理等资源要素的投入比例关系。第四，农业组织结构好。我国历史上就存在比较突出的小农生产组织方式，尤其是西部小农户的规模决定了农业经营组织模式的选择空间，因小农生产在产品规格、标准、质量、安全等方面的局限性，导致难以满足大市场的需求，迫切需要通过优化生产经营组织方式，建立健全家庭农场等新型农业经营组织以带动小农户发展。第五，农业贸易结构好。国际贸易结构的优化有助于国家或区域利用国内国际“两种资源”扬长避短，拓宽市场、资源互补、平衡供需、促进营销、加深合作，推动国内部分农产品大量过剩和部分农产品大量进口的结构性矛盾的化解。

四、以强化科技服务为手段

农业科技进步与创新是加快提升农业生产力的根本动力，是加快推进农业现代化的关键所在。改革开放以来，我国支持农业发展科技的支撑力度越来越大，新一轮科技革命和产业变革深入发展，生物技术、信息技术等加快向农业农村各领域渗透，乡村产业加快转型升级，数字乡村建设不断深入，为推进农业现代化提供了动力支撑。然而，我国农业科技进步贡献率、农业科技创新研发力度、育种科技创新能力、农业抗风险能力等仍有较大的提升空间。第一，亟需加快农业科技进步，强化农业科技和装备支撑，用现代物质技术装备弥补水土资源禀赋的先天不足，推进农业关键核心技术攻关，夯实农业设施装备条件，创制运用新型高效适用的农机装备，健全农业防灾减灾体系，促进农业稳产丰产，实现农业提质增效。第二，坚持农业科技自立自强，更加重视依靠农业科技进步，将现代农业生产要素融入小农户的生产经营中，提升小农户的科技文化素质和技术采纳技能，提升小农户的科技创新水平和生产经营效率，提升小农户采用新技术、新品种的能力，推动农业企业和社会化服务组织发挥带动小农户、促进农业科技进步的引领带动作用。第三，强化农业科技支撑，深入推进农业科技创新，以科学技术为手段，加快推进农业农村发展重点领域和关键环节改革，推动农业科技成果的转化，加快转变农业生产方式，加快农业转型升级，增强农业农村发展后劲。

五、以保护绿色生态为主题

生态振兴是乡村振兴的内在要求和重要支撑。保障农业绿色生态，必然要求牢固树立“绿水青山就是金山银山”的理念，遵循农业生产规律，注重地域特色，推进农业绿色发展，加快形成绿色低碳农业生产方式，促进农业农村可持续发展，走资源节约、环境友好的农业可持续发展道路。第一，重视开展农业标准化建设。建立健全农业高质量发展标准体系，制修订粮食安全、种业发展、耕地保护、产地环境、农业投入品、农药兽药残留等领域标准，探索开展农业标准化示范创建，加快现代农业全产业链标准化，加强绿色食品、有机农产品、地理标志农产品认证与管理。第二，强化农产品质量安全监管。实施农产品质量安全保障工程，完善农产品质量安全监管体系，扩大农产品质量安全风险监测范围，强化农产品基层监管和检验检测队伍建设，加强农业投入品规范化管理，严格食用农产品种植养殖、加工储运环节投入品监管，建立健全农产品追溯体系。第三，提升农业绿色发展支撑力。加强农业绿色发展先行区建设，因地制宜探索不同生态类型的农业绿色发展典型模式，遏制农业面源污染，严控化肥、农药使用量，稳步提高农业资源利用效率，整体提升农村人居环境，促进农村生产生活方式绿色低碳转型。第四，创新农业生态资源保护与利用。传承与保护优秀传统乡土文化，挖掘乡村生态文化的多元融合价值，促进乡村自然资源增值，推动自然生态与村庄发展融为一体，推动传统农耕文化与现代文明融合发展。

第三节 农业现代化的构成要素

本书将农业现代化的构成要素主要概括为农业产品质量高、农民收入水平高、农业科技含量高、生产组织形式高、农民综合素质高和绿色发展程度高等六大构成要素。

一、农业产品质量高

推动数量农业向质量农业转变，生产绿色有机食品，大幅提升绿色优质农产品供给，是农业现代化的本质特征。一方面，随着社会经济的发展和国民素质的提高，人民群众对农产品的质量、口感、种类、颜色、形状、包装、产地等需求不断增长，农产品“质量＋”已经成为广大人民群众的新消费需求，新消费需求倒逼更多优质农产品的供给，个性化的消费需求也赋予农产品多样化的供给，激发农产品的质量、品种、生产、效能与特色进一步凝聚自己的比较优势，以“价廉质优品特”收获更多的竞争优势，不断扩大我国农产品的市场占有率和市场竞争力，进而助推实现农业供需均衡的高质量发展。另一方面，推动高质量的农产品参与国际市场竞争，拓展外向型农业的市场空间，加快优质农产品走出地区、走出国门、走向国内外大市场，推动我国农产品积极参与国际化农业经营合作，构建全方位、多层次、宽领域的农业对外开放新格局，进而扩大我国高质量农产品的社会影响力。

二、农民收入水平高

促进农民收入持续增长，是提高农民生活质量的根本，也是实现农业现代化的永恒课题。农民群体是中国人口的大多数，也是打开消费市场的突破口，显然，消费将反作用于农业生产，进而拉动农业经济增长，推动农业自然再生产和社会再生产的循环互动，因而，农民增收带动农民消费、拉动区域经济增长必然成为一种新常态。换言之，农民持续增收是推动国民经济持续发展和高质量发展的动力源泉，农民只有实现持续增收，才能持续促进消费数量增长和消费质量提升，才能在更多渠道和更大空间创造农民增收致富的无限可能性。所以，需要着眼大局，站在国民经济高质量发展的高度，审视农民增收的基本问题，推动农村居民收入增长速度快于城镇居民收入增长速度，通过促进农民增收，进而提高农民生活质量，并让农业高质量发展的成果惠及广大农民群众。

三、农业科技含量高

科技是推动农业现代化的第一生产力和第一竞争力，现代农业最主要特点之一必然是科技含量高。迈向高质量发展阶段，精准农业、智慧农业、信息农业、设施农业、工艺农业、保健农业、海洋农业等多元化多业态的新型现代农业发展模式不断兴起，这些现代农业发展模式都凝聚了十分重要的共性特点，即其载体明显都是农业科技赋能。改革开放以来，农业科学技术促使中国农产品发生了根本的、长足的发展，在农产品数量与农产品质量、农业产业规模与农业产业结构等领域，科技赋能助推农业发生了“质”的飞跃。当今，科技已经成为农业生产的新手段，高科技的农业机械装备、滴灌与喷灌等自动控制水利设施、空中航化植保技术、高科技自动化的质检与防疫技术等农业科技正极大地提高农业劳动生产率、土地产出率和资源利用率，农业新质生产力赋能农业高质量发展已成必然趋势。

四、生产组织形式高

加快实现农业现代化，需要大力发展农村第二产业和第三产业，深入推进农村第一产业、第二产业和第三产业的深度融合，健全完善现代农业的产业、生产和经营体系，离不开因地制宜融合与丰富农业生产组织形式。农业生产组织形式的融合与丰富需要把握“点、园、线、面、体”等五个关键环节。“点”主要是指发展农业产业化龙头企业等主体，这些企业是推动实现一二三产业融合发展的核心力量，应该发挥农业龙头企业在促进一二三产业融合发展中的“领头羊”作用；“园”主要是指发展农业产业园、科技园、创业园等园区，各大园区要带动其他新型农业经营主体和广大小农户联动发展，集聚农业园区的集群发展效应；“线”主要是指发展融合线，将农业基地、小农户、家庭农场、农民专业合作社、农业龙头企业、农业品牌、农业园区等串联起来，形成农业生产组织“共同体”；

“面”主要是指发展面域，以县域为单元，加强县域间的产业分工合作，共建县域农业特色主导产业；“体”主要是指发展融合体、共同体，推动构建集供销、运输、信息、种子等各种专业化公司的共商共议协调合作机制，推动发展乡村旅游、乡村快递、乡村建筑、乡村养老、乡镇产业园等新产业新业态，提供更便捷、更高效、更惠民的农业社会化服务，实现农业业态多元化、专业化和精细化，充分释放农业发展新功能，拓展农业增值新空间。

五、农民综合素质高

中国式现代化进程中的农民不是传统农业中的农民，而是热爱农业农村、有文化支撑、懂农业科学技术、善经营会管理、农业收入水平较高的复合型新型农民。随着农业生产方式与生活方式的巨大变化，新型农民蕴含了农民较高的专业素质和职业技能，能为支撑并促进现代农业的发展提供不竭动力。农业现代化离不开高水平的新型农民，培育高质量的“新农人”是发展现代农业、助推农业现代化的必然要求。第一，培育有文化、懂技术、善经营的复合型农业人才，尤其是重视青年农业人才的培育，推动农业人才掌握农作物和畜牧专业相关知识技术，掌握市场、管理、物流、法律和环境保护等专业知识。第二，建立健全短期培训、职业培训和学历教育衔接贯通的农民教育培训制度体系，促进农民终身学习，充分发挥农业广播电视学校、农业科研院所、涉农院校、农业龙头企业等作用，引导优质教育资源下沉乡村，推进教育培训资源共建共享、优势互补。第三，以家庭农场主、农民合作社带头人为重点，向青年农场主等带头人倾斜，加强高素质农民培育，加大农村实用人才培养力度，实施农民企业家、农村创业人才培育工程。第四，深化农业职业教育改革，扩大中高等农业职业教育招收农民学员规模，健全完善农业高等院校人才培养评价体系，定向培养一批农村高层次人才。

六、绿色发展程度高

伴随着人口增长和城市化进程的加快，农地与农产品污染不断加重，土地、水、森林等资源不断减少，实现绿色低碳循环发展的任务十分迫切。借助绿色发展、低碳发展和循环发展理念，改善与保护农业自然生态环境，推动农业可持续发展，既是农业高质量发展的题中应有之义，也是加强农业农村生态文明建设的有效途径。农业生产消费等经济活动应与农业农村自然生态环境发展相得益彰、相互促进、互为发展，节约稀缺的农业资源要素，保护耕地质量，尽可能地确保土地产出率、资源利用率的提高。遵循清洁化、减量化、高效化、再利用、再循环原则，采取根本性、综合性、前瞻性治理措施，依靠农业科技创新，提高资源利用率，推动绿色农业的自然再生产和经济再生产，促进农业绿色发展，实现农业经济、社会、文化、生态的和谐发展。

第八章　农业现代化的理论借鉴

理论借鉴是农业现代化理论基础的重要组成部分和重要基础支撑。本章重点借鉴改造传统农业理论、农业发展阶段理论、路径依赖理论、诱导创新理论、综合优势理论等代表性理论的核心观点，并结合本书研究需要提出可借鉴应用的领域及其思考。

第一节　改造传统农业理论

一、核心观点

在20世纪50年代初，经济学家们提出了以工业为中心的发展战略，认为工业化是发展经济的中心，只有通过工业化才能实现经济“起飞”。他们普遍认为，农业是停滞的，农民是愚昧的；农业不能对经济发展做出贡献，最多只能为工业发展提供劳动力、市场和资金。在这种理论的指导下，许多发展中国家致力于发展工业，而忽视了农业发展，有些国家甚至以损害农业作为代价来发展工业。到了50年代后期，这种工业化的发展战略开始暴露出诸多问题。许多发展中国家按照这一发展战略虽然实现了较高的工业增长率，但其经济并没有得到更大的发展，人民的生活没有得到更好的改善，甚至连吃饭问题也没有真正解决。

舒尔茨反对轻视农业的看法，欧洲、日本、墨西哥等国正是通过发展农业而实现了较快的经济发展。但是，舒尔茨也强调，发展中国家的传统农业是不能对经济增长作出贡献的，只有现代化的农业才能对经济增长作出重大贡献。其问题的关键是如何把传统农业改造为现代化的农业，如何把弱小的传统农业改造为一个高生产率的经济部门（西奥多·W. 舒尔茨，2021）。

舒尔茨认为，传统农业是一个经济概念，不能根据其他非经济特征进行分析，而要从经济本身入手分析。传统农业是完全以农民世代使用的各种生产要素为基础的农业。传统农业应该被作为一种特殊类型的经济均衡状态。这种均衡状态的特点就在于：农业生产技术长期保持不变（即所使用的生产要素与技术长期未发生变动），传统农业的生产单位是传统的小农（即生产方式长期基本维持简单再生产的、长期停滞的小农经济），传统生产要素的需求和供给处于长期均衡状态（即获得与持有这种生产要素的动机是长期不变的，人们没有增加传统生产要素的动力）。

同时，舒尔茨还驳斥了两种长期流行而且影响深远的观点：一是认为传统农业中生产要素配置效率低下，二是有名的隐蔽失业理论（“零值农业劳动学说”）。舒尔茨认为，传统农业中的确存在储蓄率和投资率低下、资本缺乏的现象。但其根源并不是农民储蓄少或缺乏企业家，而在于传统农业中对原有生产要素增加投资的收益率低，对储蓄和投资缺乏足够的经济刺激。为了说明这一点，舒尔茨提出了收入流价格理论。舒尔茨用收入流价格理论解释了传统农业停滞落后、不能成为经济增长源泉的原因。他认为，在传统农业中，一方面，由于生产要素和技术状况不变，所以持久收入流来源的供给是不变的，即持久收入流的供给曲线是一条垂直线。另一方面，由于农民持有和获得收入流的偏好和动机是不变的，所以持久收入流来源的需求也不变，即持久收入流的需求曲线是一条水平线。这样，持久收入流的均衡价格就长期在高水平上固定不变。这就说明了“来自农业生产的收入流的价格是比较高的”，即“传统农业中资本的收益率低下”。所以，传统农业的贫穷落后及其不能为经济增长作出贡献的根本原因在于资本收益率低下，在这种情况下，既难以增加储蓄和投资，也难以打破长期停滞的均衡状态。资本收益率的低下，也就是收入流来源的价格高，即“社会所依靠的生产要素是昂贵的经济增长源泉”。因此，改造传统农业的出路就在于寻找一些新的生产要素作为廉价的经济增长源泉。

基于前述分析，舒尔茨提出，改造传统农业的关键是要引进新的现代农业生产要素，这些要素可以使农业收入流价格下降，从而使农业成为经济增长的源泉。

二、借鉴应用

改造传统农业的重要体现在于推动传统农业向现代农业转变，促进粗放型经营方式向集约型经营方式升级。借鉴改造传统农业理论，如何更好推动传统农业向现代农业转变呢，本书提出以下几点启示可供参考借鉴。

第一，建立一套适于传统农业改造的制度。在推动传统农业改造过程中，运用以经济刺激为基础的市场方式，通过农产品和生产要素的价格变动来刺激农民；不需要建立大规模的农场，要通过所有权与经营权合一的、能适应市场变化的家庭农场来改造传统农业；改变农业中低效率的不在所有制形式（即土地的所有者并不住在自己的土地上，也不亲自经营），实行居住所有制形式（即土地所有者住在自己的土地上亲自经营），为现代农业发展提供重要的制度保障。

第二，从供给和需求两方面为现代农业引进现代生产要素创造条件。一方面，从供给来看，需要政府或其他非营利企业研究适用于本国发展条件的生产要素，并通过农业科技推广站等机构推广下去。另一方面，从需求来看，一是促使农民乐意接受这些新生产要素，并促使这些要素真正有利可图；二是向农民提供有关新生产要素的信息；三是使农民学会使用这些新生产要素。

第三，对农民进行人力资本投资。资本不仅包括作为生产资料的"物"，而且还包括作为劳动力的"人"。所以，引进新的农业生产要素，不仅要引进新种子、机械、设备这些"物的要素"，还要引进具有现代科学知识、能运用新生产要素的"人的要素"，坚持对农民进行人力资本投资，包括教育、在职培训以及提高健康水平等，推动农民的技能和知识水平转化为耕作的生产效率。

第四，把握好改造传统农业与发展现代农业的内在关系。一是抓住改造传统农业的核心关键，引进新的现代生产要素（实质是促进农业技术进步），这些要素可以使农业收入流价格下降，从而使农业成为经济增长的源泉。二是激活改造传统农业的主要源泉，有重点、分类别地向农民进行人力资本投资，通过试验学习、在职培训、教育（长期看是最有效的方法）等方式获得新知识和技能。三是增强改造传统农业的内生动力，提高农业劳动生产率、土地产出率和资源利用率。

第二节　农业发展阶段理论

一、核心观点

从传统农业向现代农业转变的过程必然会经历农业发展的不同阶段，

不同学者对农业发展阶段的理解与定义也有所差异，但学者们对农业发展阶段理论的积极探索与深入诠释，丰富与完善了农业发展阶段理论。

梅勒（Mellor）着眼农业技术性质视角，提出农业发展的三阶段理论，认为农业发展的第一阶段为技术停滞的阶段；第二阶段为劳动密集型技术进步的阶段，或被称为低资本技术动态的阶段；第三阶段为资本密集型技术进步的阶段，或被称为高资本技术动态的阶段。同时，梅勒还强调农业发展应尽量避免使用与工业发展相竞争的、具有替代劳动性质的资本投入，而应多使用与劳动力互补的投入，健全农业生产服务体制，建立农业研究机构，提供新的物质投入品，对教育进行投资（Mellor，1966）。

韦茨（Weitz）从传统农业向现代农业的演化规律着眼，将农业发展划分为三个阶段。第一个阶段是传统的自给自足农业阶段。这一阶段，农业科学技术停滞，农产品单一且没有较多剩余，农业要素主要使用土地和劳动力。农业发展遵循着由初级向高级演变发展的规律，在发展农业之初，结合当时的历史条件背景，主要目的是解决农民的吃饭问题，所有农业生产活动重点围绕满足吃饭这一目标而开展，农业发展领域的社会总劳动力与社会总产值两者之间并不成正比，社会生产力水平极其低下。所以解决农民吃饭问题，成为该阶段农业发展的主要目标。第二个阶段是混合的多种经营农业阶段。该阶段是推动传统农业向现代农业过渡的阶段。农业剩余逐步出现，农业资本投入不断增加，农业商品化开始出现。伴随着社会生产力的不断提升，先进的农业科学技术和农业机械设施设备也被积极运用到了农业生产活动当中，借助农业科学技术革新和管理体制改革的全面推行，农民收入得以提高。在这一阶段，由于社会生产力的提升，农业类商品也越来越丰富，为了满足农民群众新需求，农业发展进入混合式多种农业经营和提高农民收入的阶段，这一阶段的农民不再仅仅满足于温饱问题，而是迫切需要增加生活收入来提高生活品质。第三个阶段是专业化、现代化和商品化农业阶段。该阶段，农民向市场出售所生产的所有产品，以获取利润最大化为目标。农业专业化协作越来越强，农业资本投资、农业技术变革处于中游重要地位。在该阶段，伴随着科学技术的不断发展，农业科技新技术不断得到研发和推广，要想实现最佳的经济、社会、生态效益，达到农业发展的理想效果，此时不得不需要借助农业规模化生产来助推农业发展，逐步推动实施农业规模化。可以说，这一阶段最明显的特征是推动农业规模化发展，现代化元素、新科技元素不断融入农业发展进程，农业发展的规模效应逐渐凸显，农民收入渠道也呈现出多元化特点，而且非农收入的比重逐年上升（Weitz，1971）。

蒂默（Timmer）立足不同国家的农业发展实践，将农业的转变发展划分为四个阶段，第一阶段是农业起步的阶段，第二阶段是农业发展成为总增长过程的主要贡献者的阶段，第三阶段是农业部门与宏观经济逐渐结合起来的阶段，第四阶段是工业化经济发展中如何对待农业的阶段（Peter Timmer，1988）。

张培刚先生则从农业与工业化的关系角度，探讨了关于传统农业改造与转型的问题，提出发展农业不仅仅是为了支持和促进工业化，更重要的是要促进乡村社会的转型发展，并认为农业现代化是一个漫长而艰难的过程，要实现农业现代化，就必须首先对传统农业进行改造，要引进新的生产要素，建立保障体系，降低农民进行技术变革的风险，提高农民抗风险能力，从而鼓励农民引进新的农业技术成果；建立农业生产服务体制，建立非营利性农业研究机构，提供刺激性体制，包括建立适合传统农业改造的土地制度、生产组织制度和激励制度（张培刚等，2009）。

二、借鉴应用

从农业发展阶段理论可以总结，从传统农业走向现代农业的过程，需要不断推进农业物质投入的现代化，农业生产技术的现代化，农业生产的专业化、社会化、商业化，农业生产组织管理方式的现代化，农民生活方式的现代化等。对于中国来说，农业现代化基本上是着眼于有限土地，充分利用土地资源投入要素。自20世纪50年代以来，中国农业生产体系不断引入新技术和现代生产要素，大大提高了农业劳动生产率和土地产出率，科技对农业生产的贡献率不断提高。基于中国农业生物化学技术的巨大进步，以及农业体制改革的加快推进，中国粮食单产和总产都取得了举世瞩目的成就，这主要得益于大力开展良种的示范推广工作，积极推广使用农用化工产品，努力建造高质量的农业水利灌溉系统，不断推进农业机械装备总量的持续增长，推动农业机械化作业水平不断提高等。对于我国不同地区而言，把握农业阶段发展规律，因地制宜加快推进农业现代化，需要继续做好以下几方面的工作。

第一，坚持家庭承包经营为基础、统分结合的农村基本经营制度，发挥家庭经营的优势，推行家庭农场等适度规模经营，将农村基本经营制度的优势转化为促进农村生产多样化经营的动力。

第二，坚持将农业生物化学技术进步作为推进农业现代化的基本动力，重视农业科学技术的应用，提升农业科技成果的转化效用，不断提升农业科技化水平。

第三，坚持加强对农民的教育和培训，重视家庭农场主、农业企业能人、新型职业农民等队伍的培育和扶持。

第四，坚持加强农村公共基础设施建设，不断提升乡村公共服务水平，增强乡村公共服务的均衡性、可达度、幸福感。

第五，坚持加强农业市场体系和产业化组织的建设。大力支持培育农业产业化龙头企业、家庭农场、农民专业合作社等新型农业经营主体发展和示范认定工作。

第三节　路径依赖理论

一、核心观点

在我国推进农业现代化发展进程中，随着工业化、城市化、市场化的发展与进步，农业土地等自然资源急剧减少，为了提高农业的生产总值，有必要对传统的、粗放的农业生产经营方式进行改革，从而推进农业集约化、规模化、商品化发展。多年来，我国不断推进对农业生产、产业、经营制度和结构的调整变革，改革进程在推进农业发展、农村进步的同时，也难免会出现路径依赖的正常现象和影响。路径依赖也被称为路径依赖性，主要是指选择了某个体制机制，由于规模经济、学习效应、协调效应、适应预期以及既得利益约束等因素的存在，会导致该体制机制沿着既定的方向不断得以自我强化，倾向于指人类社会中的技术演进或制度变迁均有类似于物理学中的惯性，反映了一个国家或地区农业农村经济发展与其原有农业农村经济基础、制度环境、社会结构和技术特点的密切相关性。

道格拉斯·诺斯（Douglass C. North）创立了制度变迁的“轨迹”概念，研究目的是期望从制度的角度解释为什么所有的国家并没有选择走同样的发展道路，为什么有的国家长期陷入不发达，总是走不出经济落后和制度低效的“怪圈”等问题。诺斯考察了西方近代经济史以后，认为一个国家在经济发展的历程中，制度变迁存在着路径依赖（Path Dependence）现象。诺斯认为，路径依赖类似于物理学中的惯性，事物一旦进入某一路径，就可能对这种路径产生依赖。这是因为，经济生活与物理世界一样，存在着报酬递增和自我强化的机制，这种机制使人们一旦选择走上某一路径，就会在以后的发展中得到不断地自我强化（道格拉斯·诺斯，1991）。诺斯还总结了，制度提供了一个经济体的激励结构，如果制度为人们通过提高生产率的途径获得最高报酬，那么这种制度就会促进增长。路径依赖理论被总结出来之后，常常被广泛应用在选择和习惯等各方面，且都会受到路径依赖的影响。

二、借鉴应用

中国是一个人多地少的国家，同时也是一个社会主义国家，其独特的资源禀赋结构和制度性质决定了必须走出一条具有中国特色的农业现代化道路。然而，因为路径依赖现象的存在，导致我国农业现代化发展进程也会受到影响。

我国国土幅员辽阔，古往今来一直是一个农业大国，农业人口众多，农业人口比重占总人口的比重高。随着时间的推移，精耕细作的传统耕作方式被人们广泛运用，在我国农业生产过程中起到了巨大作用。从这一方面来讲，我国农业现代化发展过程中路径依赖现象出现的原因主要是，我国传统农业内部的学习效应与网络扩散效应将传统的耕作方式传播开来成为我国农业生产经营的主要方式，但是，传统的农业生产经营方式并不利于农业规模化的发展。

从整体来看，我国农民受到的农业专业教育和培训普遍较少，农民的受教育程度与文化水平总体偏低，这导致了我国在传播新的农业生产方式、先进的耕作技术以及新的作物品种时容易受制于人，农民想要学会并应用新的农业科技，就必须要投入高昂的学习费用和宝贵的学习时间，加之精耕细作的小农生产方式在我国已经沿袭几千年，农民们投入了大量的人力、物力和财力成本，但小农户的小农生产模式难以在短时期内被大规模的、高效的农业生产方式所取代，其转变过程难免也会带来路径依赖现象。

中华人民共和国成立后，中央政府主要建设我国的重工业，力争把我国建设成为一个现代化的工业大国，各行各业出现向重视重工业发展与服务的倾斜，把大量的资金支持投入工业领域，在这个过程中，农业的发展不仅没有得到足够的资金支持，还要向工业领域提供资金和供给服务，农业支持工业现象明显，这在很大程度上导致了我国传统农业生产方式在很长一段时间内尚未发生实质转变和转型升级。

正是基于以上等多方面的影响背景，为当下各地因地制宜发展现代农业、加快推进农业现代化提供了很多启发与思考。

第四节　诱导创新理论

一、核心观点

自然资源作为一种重要的生产要素，是区域经济增长的物质基础。20世纪七八十年代，速水佑次郎和拉坦在《农业发展的国际分析》中提出了技术与制度诱导创新理论（速水佑次郎等，2000）。首先，诱导创新理论认为，农业技术进步和农业制度变革是对一国资源禀赋和产品需求的动态反应，即农业技术进步和制度变迁会随着一国资源禀赋和产品需求的诱导而出现和发生。其次，诱导创新理论假定农民、公共研究机构和私人农业投入品供应商之间存在有效的相互影响机制，农民在土地和劳动的相对价格变化诱导下，寻求能够节约相对稀缺要素的农业生产技术，农民的技术需求激发公共研究机构开发相应的新技术，促使农业投入品供应商生产和供给能够替代稀缺要素的现代技术投入品。同时，诱导型创新是一个不均衡的动态发展过程，不平衡或不均衡的出现是引诱技术变化和经济增长的关键因素。

由于在技术变迁和制度变迁的过程中会出现“路径依赖”现象，技术创新方向和制度创新方向的选择就会显得极其重要。诱导创新理论认为技术进步不是独立于经济发展之外的外生变量，而是内生变量。换句话说，技术创新方向是由经济内部因素决定的，而不是独立的非经济过程。根据决定技术创新方向因素的不同，该理论主要分为两个流派：第一个是以希克斯、速水佑次郎和拉坦为代表的流派。希克斯提出由于要素稀缺引诱技术创新，但该理论观点只局限于对企业范围内的研究，而没有对公共部门进行研究。速水佑次郎和拉坦则在更大范围对希克斯的诱导创新理论进行了补充和完善。第二个是以施莫克勒和格里克斯为代表的流派。施莫克勒和格里克斯提出市场需求诱导技术创新，指出技术进步对现代农业发展的至关重要性。

二、借鉴应用

根据诱导创新理论，在地多人少的国家或地区，现代农业发展道路适合选择走以农业机械技术进步为主的发展道路；在地少人多国家或地区，现代农业发展道路适合选择走以农业生物化学技术进步为主的发展道路；在人地平衡国家或地区，现代农业发展道路适合选择走以农业机械技术和生物技术进步相结合的发展道路。综上所述，诱导创新理论为各地加快推进农业现代化进程提供了丰富的借鉴思路。

第一，针对“人少地多”的国家或地区，可以凭借现代化的工业基础，优先侧重发展农业机械化工业，以农业机器代替劳动力，通过扩大农业规模种植面积以提高农业产量，增加劳均产值，不断提高农业劳动生产率。

第二，针对“人多地少”的国家或地区，主要依靠农业科学技术进步，侧重通过先进的育种技术改良品种，推进现代种业技术创新与突破，探索发展农用化学工业和设施农业，通过提升农业生物技术，加快推进土地产出率的不断提高。

第三，针对“人地平衡”的国家或地区，既要注重发展农业机械化、提高农业劳动生产率，也要重视发展农业生物技术、提高土地生产率，其农业发展道路的本质是促使农业劳动生产率、土地生产率两者并重提高。

第五节 综合优势理论

一、核心观点

提到有关优势的理论，必然会提到比较优势理论（Theory of Comparative Advantage）和绝对优势理论（Theory of Absolute Advantage）。比较优势理论主要是指一个生产者主体以低于另一个生产者主体的机会成本生产一种物品的行为。从经济学的角度来分析，如果一个国家或地区在本国或本地区生产一种产品的机会成本低于在其他国家或其他地区生产该产品的机会成本的话，那么，该国或该地区在生产该种产品上就拥有比较优势。也可以说，当某一个生产者以比另一个生产者更低的机会成本来生产产品时，该生产者在这种产品和服务上就具有比较优势。因此，市场经济主体的比较优势可以带来市场占有率的提升、合作机会的增加、生产成本的降低以及利润率的提高。随着社会的发展、经济增长方式的转变，依靠先天的要素禀赋形成的比较优势将逐步弱化，其作用和地位也逐步递减，依靠后天的学习创新形成较高附加值的比较优势在逐步强化，其作用和地位将逐步递增。绝对优势理论又称绝对成本说（Theory of Absolute Cost）或地域分工说（Theory of Territorial Division of Labor）或绝对利益（Absolute Benefit）。绝对优势理论主要是指在某一类商品生产上，一国或一地区所耗费的成本绝对低于另一国或另一地区生产该产品的成本的优势。同时，该理论将一国或一地区内部不同职业之间、不同工种之间的分工原则推演到各国或各地区之间的分工，从而形成了分工理论（亚当·斯密，2023）。进行分工的原则是成本的绝对优势或绝对利益，同时通过分工可以提高劳动生产率，增加国民财富。

综上而言，无论是比较优势理论，还是绝对优势理论，都为市场主体如何以更小的成本投入换来更高的经济增长奠定了重要的理论基础。那么，本书拟提出农业发展的综合优势理论（Theory of Comprehensive Advantage），涵盖农业资源禀赋优势（包括：制度资源优势、物质资源优势、人力资源优势、金融资源优势、社会资源优势等）（黄厅厅等，2022），农业科技创新优势（包括：农业科技创新战略、乡村公共科技服务等），农业交易效率优势（包括：农业制度效率优势、农业硬件效率优势、农业软件效率优势、农业消费效率优势等）。当一国或一地区拥有较强的农业科技创新优势时，可利用其农业科技创新优势到人力资源禀赋优势的国家或地区去进行投资或贸易，随着外商投资的技术溢出，可使东道国获得农业科技创新和农业资源禀赋的综合优势。当资源禀赋优势差不多时，取决于政府经济发展的农业交易效率的高低，农业交易效率的高低取决于农业制度效率的高低，农业制度效率的高低取决于农业制度框架的有效性。

二、借鉴应用

综合优势理论可以应用到经济学、管理学、社会学、政治学等多学科领域，推动因地制宜选择发展战略。一是探索农业主导产业战略，可以利用本地农业资源禀赋与农业科技创新优势，凝聚农业主导产业发展的农业科技创新核心。二是探索农业多元化和区域协调发展战略，可以利用农业大国的优势，构建农业全产业链。三是探索农业交易效率战略，不断优化农业领域营商环境，扩大内需。四是探索农业产业集群战略，抓住关键少数的高精尖农业产业，补齐短板，突出优势。五是探索农业创新创业型科教战略，促进农业科技创新，提升农业劳动力素质与职业技能，降低劳动力成本，创造“三农”工作人才红利。

具体而言，可以依托农业资源禀赋优势、农业科技创新优势、农业交易效率优势等综合优势不断改善和提升农业发展环境，通过加强自主创新形成较高附加值的农业发展比较优势，并且坚持把农业发展的比较优势转变为农业发展的竞争优势与合作优势，才有可能实现后来居上，实现局部赶超，实现跨越式发展。第一，要多渠道支持拓宽农民的增收渠道，加大对农业的投入，不断提高农民的收入水平；第二，要多举措增强农业经济增长的内生动力，将外部支持力量转化为农业持续增长的发展动力，不断提高农业生产力，进而提升农业的产品品牌力、市场占有力、国际竞争力；第三，要多主体合力支持农业创新发展，政府和企业应有针对性地加大对农业的扶持，促进农业新技术和新品种研发和推广；第四，要多平台优化完善各类农业人才尤其是青年农业人才的职业教育培训，加大对农业教育的投资，提高农民的知识文化水平及其知识应用转化能力；第五，要多路径促进农产品的国内国际贸易，促进国内国际“两个市场”的经济循环互动。

第九章　农业现代化的理论架构

理论架构是农业现代化理论基础的重要组成部分和关键基础支撑。本章围绕农业产业链现代化、农业供应链现代化、农业价值链现代化等维度阐释农业产业现代化体系，围绕农业基础设施一体化、农业机械设备高效化、农业投入物品标准化、农业主导产业规模化、农业生产方式专业化、农业生产过程监管化、农业综合加工精细化、农业生产模式生态化、农业废弃物料资源化、农业科技信息智能化等维度阐释农业生产现代化体系，围绕经营主体市场化、物流体系网络化、市场营销品牌化、项目投资规范化、银行融资便利化、社会服务多元化、发展模式绿色化、转型升级系统化等维度阐释农业经营现代化体系。

第一节　农业产业现代化体系

总体来看，农业产业体系现代化应实现农业产业链的现代化、农业供应链的现代化以及农业价值链的现代化等三个目标。

一、农业产业链现代化

农业产业链现代化应体现以下特征或要求。第一，农业产业链的“长度”“宽度”“厚度”不断增强，精深加工农业在农业产业中的比重不断上升，农产品资源要素在农业产业链条上的分配合理，提升农产品的附加值，提高农产品的资源利用效率。第二，农业产业链的“完整性”“衔接性”“联动性”保障有力，农业是一个综合性产业，蕴含了一产向二产、三产的融合与创新，涉及“产—供—销”完整的农业产业链，保障产业链的完整性、衔接性、联动性，对于我国的农业现代化进程中增强产业后劲至关重要。因而，农业生产环节要做好桥梁的作用，有效衔接和促进生产、加工、销售等各个环节之间资源的合理配置，进而促进农业资源的可持续利用与发展。第三，农业产业链组织化程度逐步提高，加强新型农业经营组织的带动作用，助推农业生产专业化水平、农业生产规模化水平的提升，推动农业发展方式的转型升级。第四，农业产业链的利益协调机制健全完善，促进农业劳动者的利益能够公平合理分配，做到风险共担，利益共享。第五，农业产业链市场主体关系协调紧密，统筹好农业产业化龙头企业、农民专业合作社、家庭农场、小农户等经营主体的合作关系，促进不同农业经营主体之间实现产供销一体、产学研互助。

二、农业供应链现代化

农业供应链现代化应体现以下特征或要求。第一，农业资源要素不断优化配置，完善上下游供应结构的配给。我国长期受到城乡二元经济结构的制约，导致我国农产品产销分离的现象比较明显，农民作为农业生产资料的供应者，依托土地生产出大量的农业生产资料，但却很难成为供应链上的核心利益获得者，往往是供应链上关键风险的承担者，这就需要优化农业供应链上的利益分配机制，赋予农民更多收益机会与福利。第二，农业供应主体之间互助共赢，保持农业供应链条的畅通，将农业生产、分配、流通、消费等各环节的不同参与主体紧密联结起来，做到风险共担、利益共享，让供应链末端的生产者真正享受供应链升级带来的红利，推动农业供给侧结构性改革。第三，农业营商环境持续改进优化，改善农业营商环境的制度设计，促进农业供应链稳定畅通，对不利于供应链畅通的各种因素进行治理，为各类农业经营主体发展创造良好的营商环境。第四，降低家庭农场等新型农业经营主体的融资门槛，重点解决经营主体融资难、融资贵、融资慢等问题，帮助经营主体畅通资金链条，稳定加工贸易的供应链。

三、农业价值链现代化

农业价值链现代化应体现以下特征或要求。农业价值链是集农业产业的生产、销售、物流、设计、品牌等过程进行各种活动的综合体，各环节进行着互不相同但却又相互关联的农业生产经营活动，并构建创造价值的动态过程。第一，推动构建新型农业经营主体之间的联系互动机制，促进农业生产材料供应的计划性、目标性、协调性与农业经营主体的生产制造统一协调，发挥农业经营主体内部的综合优势，实现农业产业价值共创。

第二，推动各项农业生产经营活动为农业经营主体创造有形或无形的价值，在高效提高农业经营主体经济效益的同时，也能有效提升农业经营主体的社会效益和生态效益，持续提升农业经营主体的认可度、信誉度、知名度，进而实现农业产业的价值溢出。第三，农业价值链不仅体现了农业经营主体的内部各链式活动，而且还体现了农业经营主体的外部各环节活动，同步促进农业经营主体与供应商、消费者串联起既相互竞争又相互协作的密切关系，推动农业价值链更具竞争力。

第二节　农业生产现代化体系

综合来看，农业生产体系现代化应体现农业基础设施一体化、农业机械设备高效化、农业投入物品标准化、农业主导产业规模化、农业生产方式专业化、农业生产过程监管化、农业综合加工精细化、农业生产模式生态化、农业废弃物料资源化、农业科技信息智能化等十个维度。

一、农业基础设施一体化

农业基础设施建设主要是指农业农村基础道路建设、水利灌溉工程、农机服务站点、农资销售机构以及农田林网建设等农业领域的设施建设。农业基础设施作为推进农业现代化的必备条件，是政策性强、涉及面广、工作量大的系统工程。推动实现农业基础设施一体化，第一，需要提高发展站位，要充分认识到农业基础设施建设是功在当代，利在千秋的伟业，要将农业基础设施一体化建设当成一项调整农业产业结构、完善农业生产、提高农民收入的根基性、长期性工作常抓不懈。第二，需要增强农业农村基础设施投入，实施改善农业基础设施专项工程，健全完善民间资本共同投资格局。第三，不断提升乡村公共服务水平，扩大乡村公共服务的覆盖面，着力解决广大农民在水利排灌、电力设施、运输通信、销售储藏、科研推广等方面的基础设施建设与维护问题，改善农民生产生活条件。

二、农业机械设备高效化

先进、高效、适用的农机服务可以为农业现代化生产提供强有力的基础保障和支撑。农业机械设备高效化是当下推进农业现代化的发展动力。

然而，不同区域农业发展环境、资源禀赋差异、地缘结构区别、地形地貌差异、农业产业基础、农业发展形式等现实状况为农业机械的实用性、高效性提出了更高要求。推动实现农业机械设备高效化，第一，发挥人才优势和技术优势，在调研农机适用化发展问题的基础上，整合优势资源，突破农业机械关键核心技术的壁垒，持续助推农业科技创新，提升高效农机智能化制造研发水平。第二，通过一定的农机购机政府补贴等政策，向广大农民大力推广先进适用的农机，搭建农户与现代化农机之间的有机衔接桥梁，提升农业生产效能和农业综合生产水平。第三，通过建立“服务站”“推广站”等农机服务站点，持续推广农机化新装备新技术，使高效农机技术服务于产前、产中、产后全过程，并有效满足种植业、养殖业、林果业、农产品加工业、设施农业等多农业领域需求。

三、农业投入物品标准化

在农业生产过程中，大量甚至过量使用农用投入品一直是我国传统农业生产面临的主要问题之一。减少农业投入品的使用，是提高农业投入产出比率、保障农产品品质、改善农业农村生态环境的有效措施。推动实现农业投入物品标准化，第一，在控制农药投入量上，进一步推广精准施药技术和化学农药替代技术，提高农作物抗病虫能力，应用物联网农业技术，实现控药减害，从根本上降低农药对土壤的影响。第二，在控制化肥使用量上，可推广秸秆粉碎及堆沤还田、有机肥替代化肥、耕地轮作等技术实现化肥减量增效。第三，在保护水资源、提升水资源利用率上，推广应用浅埋滴灌、低水高调和水肥一体化等滴灌、喷灌节水措施，实现农业的节水降耗，推动农业集约化发展。

四、农业主导产业规模化

农业主导产业是促进现代农业产业发展的重要力量，应当充分发挥当地的各类资源，推动形成具有地区特色、经济效益显著的农业主导产业，发挥主导产业优势，形成聚集效应。推动实现农业主导产业规模化，第一，地方政府应充分发挥引导作用，积极引进一批农业产业、培育农业产业、扶植农业产业，打造农业产业化龙头企业，并以此推动农业产业化龙头企业加大生产、形成规模、提升效益，实现农业产业化、规模化、效益化。第二，加强以农业产业为方向的农民专业合作社的培育，积极培育各类家庭农场等农业经营主体发展农业主导产业，推动培育数量和培育质量双向增长、共同提升。第三，组建各类农业主导产业的规模化生产共同体、产业协会、主导产业联合体等，探索开展“农业产业联合体+新型农业经营主体+农户”为基础的多种形式，吸引农业经营主体连片种植、规模养殖，不断辐射带动周边农户“抱团”发展，主动融入主导产业，形成聚合效应和规模效应。

五、农业生产方式专业化

生产方式是促进农业生产关系和农业生产力的统一体。推动实现农业生产方式专业化，第一，需要聚焦农业生产关键薄弱环节，探索建立农业企业、专业合作社和农业生产托管等新型专业生产形式，破解“谁来种好地”“怎样种好地”等难题，用“合作”优势提升“专业”水平，解决小农户和农业生产的难题。第二，通过土地托管、代耕代种、联耕联种、病虫害统防统治、秧苗统育统供等服务带动小农生产融入生产链中，推动粗放式生产经营向集约化生产经营转变。第三，提高农业从业者专业化水平，提升农业从业者的职业教育技能和水平，培养具有较强农业专业知识、“一懂两爱”的高素质农民，通过对农业经营管理者进行不定期、多渠道的农业知识培训，全面提升其专业素养和综合水平，促使广大农业从业者适应农业现代化的发展要求。

六、农业生产过程监管化

原料生产基地标准化建设，是推进农产品高质量发展和产业高效发展的必然要求，是促进乡村振兴的重要内容。推动实现农业生产过程监管化，第一，在农业生产区域布局与管控上，基于积温、土壤、水等农业生产基础条件，依托农业主导产业的管理优势，科学合理规划农业生产的过程监管措施，做到全程跟踪、实时指导和有效监管。同时，定期、不定期地对农业生产建设关键环节开展联合检查或随机抽查，有关部门应实时进行跟踪检测和质量监控。第二，在农业生产原料标准化基地建设中，应对基地的建设全过程开展质量监控，在品种选用上应当实行固定种源和统一供应，按照适区种植的原则，杜绝品种“多、滥、杂、劣”等问题，实现优质品种覆盖率的稳步提升。第三，应当加强基地管理，对基地生产种植的农业品种、种植面积、农户清单、布局分布及相关制度实行统一的标准化管理，注重改善农业生产条件和周围环境质量。

七、农业综合加工精细化

对农产品开展精细化加工，可以满足社会不同层次的消费需要，有效提升农产品的附加值。推动实现农业综合加工精细化，第一，充分发展拥有自主知识产权和专利的精细加工方式，提高农产品加工的科学技术含量，制定并提高绿色食品生产加工的地方标准和行业规范。第二，在清洁分拣、干货储存、杀菌消毒、保鲜存储、蔬菜冷切、分级分类、产品包装等业务工序实现精细化运作，发展农产品精深加工，引导大型农业企业不断创新开发食品加工产品和非食用加工产品，进一步拓展农产品加工的增值空间，提高农产品效益。第三，建立现代农业生产加工的物流体系，促进农业生产、加工、物流、研发、示范、服务等农业生产环节相互渗透，开放农产品营销网络，形成产加销一体化发展模式，促进农业产业一体化发展。

八、农业生产模式生态化

农业生产生态化的过程是以生态意识、生态思维和生态技术推动农业生产，实现对资源的合理利用，减少农业生产对环境的破坏和污染。推动实现农业生产模式生态化，第一，着眼政府层面建立生态农业的发展规划，制定推广生态农业的生产标准，加强指导规范经营行为，依托政府和社会等各类有效平台和广阔资源，通过优化农业财税、金融、信贷、营商服务等领域扶持措施支持生态农业发展。第二，对农业生态环境破坏和农业资源浪费等不良现象进行综合治理，设立农业生态环境保护的正面清单和负面清单，鼓励政府、企业、社会等主体为发展生态农业创造良好环境。第三，以市场为导向，推进生态化的农业生产模式，对生态农业产品进行有效的市场引导，形成价格机制，营造良好的生态农业产品市场氛围，促进生态化农业生产持续发展。

九、农业废弃物料资源化

农业废弃物往往“用则利，弃则害”。农业生产经营过程中难免产生大量的农业废弃物，如果能合理回收利用，将对促进土壤重金属治理、改善农村生活环境、改善农业生态环境起到重要作用。推动实现农业废弃物料资源化，第一，加强废弃物收集处置的自觉性，通过广播电视、横幅标语、提示牌等各种手段进行广泛宣传；要合理布点，科学设置废弃物品集中处理站点，为农业生产经营者提供便利，建立健全废弃物收集处置奖惩机制，实现正面引导与反面惩罚同步落实。第二，加大废弃物品回收处理技术研发，依托畜禽粪污综合治理、秸秆综合利用、区域农业生态循环、残膜回收利用等生态类项目，提高畜禽粪便的利用率，开发秸秆机械还田、青贮、微生物分解、固化炭化等新技术，提高秸秆综合利用率和农膜残膜回收率。

十、农业科技信息智能化

农业信息化和智能化是推进农业现代化的未来发展趋势和走向，农业信息智能化是将现代信息技术运用渗透到农业生产、加工、销售等全领域各环节，贯穿于农业经济和农业技术发展中，旨在改变农业的传统模式，提高农业生产效率，助推农业经济发展。推动实现农业科技信息智能化，第一，以政府为主导，通过加大财政资金投入，建立健全农业信息智能化框架体系，以机制的灵活性促进各相关主体发展的创新性，不断壮大农业信息智能化体系建设队伍，从而发挥信息智能优势，提高农业生产效率。第二，面向农业从业者加大技术信息的推广范围和应用领域，不断扩大农业信息智能化的便利性，形成农业发展领域对农业信息技术的有效需求。第三，通过“互联网＋农业”新模式，大力发展农业电子商务，培养一批能够掌握互联网技术的农业人才和服务农产品销售的电商企业，促进各类农业经营主体切实感受到农业信息化和智能化在农业发展中的功能与益处。

第三节　农业经营现代化体系

整体来看，农业经营体系现代化应满足经营主体市场化、物流体系网络化、市场营销品牌化、项目投资规范化、银行融资便利化、社会服务多元化、发展模式绿色化、转型升级系统化等八个方面。

一、经营主体市场化

农业经营主体市场化的关键是要使其真正成为高效有序运行的市场主体，不断提高市场经营效率。推动实现经营主体市场化，第一，农业产业化龙头企业、农民专业合作社、家庭农场等新型农业经营主体要增强市场经营意识，因时因地因需适应市场、融合市场、抢占市场、引领市场，加快推动农业市场化运营。第二，建立灵活高效的农业经营主体市场化经营机制，针对农业产业化龙头企业等发展比较成熟、生产规模较大的经营主体，推进市场化用工管理制度，建立健全农业从业者工资与效益的协同机制，探索推行员工持股等各类中长期激励方式。第三，探索实行农业经营主体市场化的契约化管理，完善利益分配机制，运用市场化手段调节收入分配，对农业经营主体的专业技术骨干采取股份等分配办法和激励形式，丰富收益分配方式。

二、物流体系网络化

物流体系是连接农业生产、加工、销售等农业全产业链各环节的重要纽带。推动实现物流体系网络化，第一，加强农业农村智慧物流网络建设，加快构建物流网络体系，促进现代化信息技术向农业生产物流、采购物流、销售物流等全链条渗透，助力物流业务在线化和流程可视化，提高农业全链条协同管理能力。第二，推动大数据技术与物流大数据的相互融合与充分利用，推动传统物流企业逐步向数字化、智能化、网络化转型，借助智慧物流模式的呈现，全方位提升农业产业的管理效能。第三，依托现代化基础设施，通过数字物流的智能化改造，带动传统物流企业向云端跃迁，促进上下游农业企业能够互联互通、长效促进，协同构建网络化物流体系。

三、市场营销品牌化

产品品牌是加快提升农产品市场营销的重要标识，是消费者识别产品品质的重要依据，是占领销售市场的重要筹码。推动实现市场营销品牌化，第一，强化农业品牌意识，发展农产品核心品牌，积极主动在激烈的市场竞争中保持行业领先地位，注重农业品牌营销，夯实优质农产品品牌的行业领先地位，加强品牌管理和品牌渠道维护。第二，对农产品品牌进行推广，建立品牌知名度，打造农业知名品牌，灌输品牌文化，通过各类营销活动对农产品品牌进行宣传、传播、推广，让广大消费者知晓品牌的基本内涵，了解农产品品牌文化内涵，助推农产品在市场中更好地开展品牌营销活动。

四、项目投资规范化

农业项目投资是促进现代农业发展、助推农业现代化的重要外部力量。推动实现项目投资规范化，第一，结合农业农村发展需求的实际，基于调研考察和充分论证，有针对性、科学性、目标性地实施农业农村项目投资规划，让项目投资真正带动农业农村经济发展，推动项目的实施在农业农村开花结果。第二，村庄要不断提升承接投资项目的吸收能力、转化能力，把项目投资的驱动力转化为带动农业产业发展、带动农户发展经济的内生动力。第三，加强对农业项目实施的监督与检查，掌握农业项目投资规划以及资金来源投入使用明细及其动向，深入调查农业基金投资项目工程建设成效，加大对农业项目完工风险的管控。

五、银行融资便利化

银行融资对促进农业经营主体持续健康发展、带动经济发展具有重要作用。推动实现银行融资便利化，第一，探寻农业经营主体内部制约融资的困境，总结国家及地方层面有关融资的政策措施的影响因素，深入分析农业经营主体在发展过程中面临融资难、融资贵、融资渠道不畅通等问题及其原因，结合问题及成因改进融资条件。第二，银行应该提供便捷化的融资渠道，一是银行等金融机构要不断提高金融服务意识，简化融资审批流程，为各类农业经营主体提供绿色融资渠道。二是利用好互联网、大数据平台，开通线上融资办理便捷渠道，提供丰富的融资产品。三是加快农村金融创新，推出差异化融资产品，满足不同农业经营主体的融资需求，加快农村金融工具和农村金融产品的创新。

六、社会服务多元化

在农业经营体系现代化发展进程中，社会服务多元化是现代农业的一个重要标志。推动实现社会服务多元化，第一，不断深化农业经营体系改革，积极开展农业多样化经营方式探索，总结独具特色的新型农业经营社会化服务模式，按照市场化机制展开运作，采取多元化、专业化发展路线，紧紧围绕服务农业发展需求提升社会服务。第二，推动农业产业化龙头企业、农民专业合作社、家庭农场、农业专业化服务公司、农村经济组织积极参与农业农村社会化服务工作，为农业发展提供优质的农技服务、病虫害防治服务、农机维修服务以及农民培训服务等。第三，不断提高农业农村社会服务的质量，掌握农作物“产前—产中—产后”等环节需求特点，建立覆盖面广、适用性强的社会服务网络，相关机构积极参与农业全程社会化服务工作，为农民提供更加优质的农业农村社会化服务。

七、发展模式绿色化

积极发展绿色农业是实现农业现代化的内在要求。推动实现发展模式绿色化，第一，客观看待我国农业在长期发展进程中普遍存在的粗放型发展的特点，以及资源浪费比较严重的现象，所以，要依靠科学技术进步来对农业生产经营方式进行优化，坚持农业绿色发展模式，必然成为农业农村可持续发展的必然要求。第二，实现绿色农业发展目标，需要在发展的过程中不断提高对环境保护的重视力度，引进使用绿色种植技术，依靠先进的农业科技来不断提高土地使用率和作物产量，实现劳动生产率的快速提升。第三，在发展过程中坚持人与自然和谐发展的理念，在发展现代农业的过程中注重生态文明建设，注重农业发展模式的绿色化，创建农业绿色品牌，提升农产品的市场吸引力。

八、转型升级系统化

转型升级是契合信息技术不断发展的社会背景，是推动农业经营体系现代化的必由之路。推动实现转型升级系统化，第一，聚焦有效实现转型升级系统化的目标，紧紧围绕农业产业发展的现状来展开数字化升级方案的设计，走出一条自主创新的发展之路，尽快建立起功能完善的农业全产业链，将各生产环节密切联系起来，实现农产品的就地深加工。第二，借助农业产业链实现农产品的快速销售，充分利用信息技术提供的便利条件来大力发展农业产业，为农业龙头企业以及经销商、物流企业融入转型升级发展进程创造有利条件。第三，把转型升级系统化作为目前推动农业现代化的关键一环，积极打造融入农业全产业链的服务平台，促使相关资源能够得到有效配置，不断加大资金投入力度助力平台建设，借助规范引导和严格监管为农业全产业链服务平台的平稳运行提供保障，促进农业转型升级目标的实现。

第十章　农业现代化的理论导向

理论导向是农业现代化理论的重要组成部分和主要基础支撑。本章聚焦促进“产前、产中、产后”衔接、驱动“生产、经营、管理”协同、实现“高产、高质、高效”融合、坚持“贯标、补标、提标”主线、推广“品种、品质、品牌”一体等目标导向，阐释农业现代化的理论导向。

第一节　促进“产前、产中、产后”衔接

农业全产业链是涵盖农业种植、生产、加工、储运、销售、品牌、体验、消费、旅游、服务、研发等环节和主体紧密关联、有效衔接、耦合配套、协同发展的有机整体，由“产前、产中、产后”等三个环节进行循序渐进、环环相扣的工作，是夯实农业现代化的重要物质基础。促进农业“产前、产中、产后”衔接，应体现以下几个方面的要求或特征。第一，构建科学合理、安全高效的重要农产品供给保障体系和现代乡村产业体系，强化农业生产、储备、流通产业链供应链建设，农业生产结构和区域布局明显优化，农业物质技术装备条件持续改善，农业规模化、集约化、标准化、数字化水平进一步提高，绿色优质农产品供给能力明显增强，农业产业链供应链优化升级。第二，以完善利益联结机制为纽带，推进农业产业延链、补链、壮链、优链，推动从抓生产到抓链条、从抓产品到抓产业、从抓环节到抓体系转变，贯通产加销、融合农文旅，拓展乡村多种功能，拓展产业增值增效空间，打造一批创新能力强、产业链条全、绿色底色足、安全可控制、联农带农紧的农业全产业链。第三，开展现代农业全产业链标准化试点，面向从事农业适度规模经营的农民，围绕各地农业主导特色产业，分层分类开展种养、加工、销售全产业链培训，探索按产业分类开设专题班，推进农业集约化发展和农产品精深加工，积极培育和引进一批产业链条长、市场竞争力强、品牌影响力大的农业科技企业。第

四，顺应农业产业发展规律，开发农业多种功能和拓展乡村多元价值，推动农业从种养环节向农产品加工流通等二三产业延伸，健全产业链、打造供应链、提升价值链，产业链、供应链和价值链优化升级，农村一二三产业深度融合，农业综合效益不断提高。

第二节　驱动“生产、经营、管理”协同

实行以家庭承包经营为基础、统分结合的双层经营体制，是我国现阶段的农村基本经营制度，这从根本上保证广大农民平等享有基本生产资料，为实现农业现代化奠定了坚实基础。推动农业“生产、经营、管理”协同，应体现以下几个方面的要求或特征。第一，健全完善农业安全生产制度体系，建立完善全过程安全生产管理制度，实施农业安全生产专项整治行动；丰富集体所有权、农户承包权、土地经营权的有效实现形式，发展多种形式适度规模经营；建立健全农产品品种管理制度，强化种业市场监管，提高主要农作物品种审定标准，通过行政与司法协同保护机制，强化育种领域知识产权保护与管理。第二，充分利用现代信息技术，加强农产品的进出库管理，依托大数据平台，对农业生产、经营、管理实施网络化管理，不断完善内部监督和外部监督体制，保障农业生产、经营、管理协同发展工作的顺利开展，提高农业生产、经营、管理部门的公信力；同时，建立和完善农业经营人才的培育体系，为推动农业生产、经营、管理协同发展提供经营人才支撑。第三，坚持培育壮大新型农业经营主体，实施家庭农场培育计划，完善家庭农场名录制度，把农业规模经营户培育成有活力的家庭农场；实施农民合作社规范提升行动，支持农民合作社联合社加快发展；完善新型农业经营主体金融保险、用地保障等政策；建立科研院所、农业高校等社会力量对接服务新型农业经营主体的长效机制；推动新型农业经营主体与小农户建立利益联结机制，推动实现保底分红、股份合作、利润返还。

第三节　实现“高产、高质、高效”融合

实现农业“高产、高质、高效”融合，是贯彻创新、协调、绿色、开

放、共享的新发展理念的重要体现，是推进农业现代化的本质要求。实现农业“高产、高质、高效”融合，应体现以下几个方面的要求或特征。第一，树立绿色发展理念，认真把握核心技术要领，突破农业领域关键技术攻关，积极培育高产优质良种，实施标准化种植，不断提高土壤肥料，减少农药化肥使用，提高病虫害防御能力，提升水利设施和肥料的利用率。第二，发挥区域创新要素集聚优势，大力发展高效农业，建设一批规模化机械化、高产高效的优质生产基地，打造生产基础稳固、产业链条完善、集聚集群融合、绿色优质高效的安全产业基地。第三，挖掘农业特色优势资源，建设现代高效特色农业带，打造特色农产品优势区，完善特色农产品优势区体系，培育一批特色粮经作物、畜产品、水产品、园艺产品、林特产品产业带。第四，加大机械和生物工程技术投入，因地制宜建设高效节水灌溉设施，支持已建高标准农田改造提升，加快研发制造适合丘陵山区农业生产的高效专用农机。第五，积极引进和使用高产优质良种，创新农业生产模式，转变自给自足的农业生产方式，增强农业生产水平，扩大农业生产规模，提高农作物产量与质量，进而提高农业生产效率。第六，强化农产品高产、优质、高效的融合管理，整合利用区域综合优势、彰显特色、协同发展，大力开展绿色优质高效农业示范创建，充分释放农业农村高质量发展潜能，推动现代农业产业体系、生产体系、经营体系全面建立，带动现代高效特色农业带全面建成，促进农业质量效益和竞争力大幅提升。

第四节　坚持“贯标、补标、提标”主线

深入推进农业结构优化调整，推动品种培优、品质提升、品牌打造和标准化生产，不断提升农业标准化生产水平，是实现农业现代化的重要依据。坚持农业“贯标、补标、提标”主线，应体现以下几个方面的要求或特征。第一，坚持贯标、补标、提标相统一的原则，严格贯彻农业优质高效绿色生产体系标准，对未达到标准的地方进行补标，在达标的同时，全面提高农业现代化的标准，健全完善现代农业产业体系、生产体系、经营体系。第二，加快农业标准制修订步伐，构建类别齐全、结构合理、覆盖广泛的农业高质量发展标准体系，完善种植管理技术规程，制定肥料定额

用量和农药减量使用规范，强化生产全过程标准化管理，积极推广标准化生产技术，推进特色农产品生产、畜禽屠宰标准示范，开展现代农业全产业链标准化试点。第三，建立健全农业高质量发展标准体系，制修订粮食安全、种业发展、耕地保护、产地环境、农业投入品、农药兽药残留等标准，强化农产品营养品质评价和分等分级，推广一批农作物生产全过程高质高效技术模式。第四，围绕“藏粮于地”，完善高标准农田管护机制，健全高标准农田改造更新机制，落实管护主体和管护责任，改善机械化生产作业条件，巩固提高粮食综合生产能力，以永久基本农田保护区、粮食生产功能区、重要农产品生产保护区和种子基地为重点，加快建设高标准农田，改造提升现有高标准农田，加强农田宜机化改造，提升土地整治水平。第五，开展农业标准化示范创建，推进农产品标准体系、农业社会化服务标准体系建设，选择作物生产基础好、产业集中度高的区域，建设一批特色农产品标准化生产、加工和仓储物流基地，打造集标准化原料基地、集约化农产品加工、体系化物流配送营销网络于一体的农产品示范园区，建设绿色标准化农产品生产基地，鼓励家庭农场等新型农业经营主体采用先进科技和生产手段开展标准化生产，示范带动经营规模均衡增产增效、提质增效。

第五节 推广“品种、品质、品牌”一体

品种是品质的基本保障，质量是品牌的基本保证，品种、品质、品牌是实现农业现代化的重要元素。推广农业“品种、品质、品牌”一体，应体现以下几个方面的要求或特征。第一，着力保供固安全、振兴畅循环，采用专业品牌营销方式，将农产品品种、品质、品牌三位一体联合推广发展，推动质量兴农、绿色兴农、品牌强农，立足农产品品种品质，加强农产品质量管理和品牌建设，采用标准化、可追溯的生产管理模式，制定品种筛选标准，对农产品品种选育、栽培、生长等过程建立可溯源的农产品信息平台，进行精细化管理。第二，实施农产品品牌建设工程，严格品种管理，提高主要农作物品种审定标准，强化科技支撑、质量控制、品牌建设和产品营销，加强绿色食品、有机农产品、地理标志农产品认证和管理，建立健全农业品牌监管机制；打造国家级农产品区域公用品牌、企业

品牌、农产品品牌，推进品牌整合，培育一批骨干企业和知名品牌；促进特色农产品品牌创建和产销精准对接，推动农村电商基础设施数字化改造、智能化升级，打造农产品网络品牌。第三，强化农产品质量安全监管，实施农产品质量安全保障工程，完善农产品质量安全全程监管体系，扩大农产品质量安全风险监测范围，强化基层监管和检验检测队伍建设，推行网格化监管和智慧监管；加强农业投入品规范化管理，严格食用农产品种植养殖、加工储运等环节投入品监管，健全追溯体系。第四，分产业推进品牌整合，深度挖掘农业非物质文化遗产内涵，鼓励农业生产经营主体开展农产品品质品牌认定，壮大绿色、有机、地理标志农产品生产规模；鼓励乡村特色产业发展，创建农产品示范村镇与乡土品牌等；积极开展优质气候品牌推介，创新农产品品牌营销方式，挖掘农产品品牌的文化内涵，加强宣传推介，提高农产品品牌影响力。

第十一章　农业现代化的理论逻辑

理论逻辑是农业现代化理论基础的重要组成部分和必要基础支撑。理论逻辑是中国式现代化进程中推进农业现代化的“出场依据”。首先，农业现代化的本质是推动农业走向高质量发展，必然要求不断提升农业劳动生产率、土地产出率和资源利用率等，农业高质高效的“结构性”适配必然成为农业现代化的本质要求与应然特征。其次，农业现代化与农村现代化在一体设计、一并推进的进程中互构乡村振兴的内在逻辑，体现了农业发展、农民福祉、农村稳定的“共享性”。农业现代化的综合效益则蕴含了农业经济效益、社会效益、生态效益的循环互动，那么乡村宜居宜业便是农业现代化综合效益“共享”价值目标。同时，推进农业现代化的中心任务应该是回归促进农民的富裕富足，我国“人多地少”“大国小农”的国情农情决定了中国特色农业现代化需要从“小农的现代化”向“农民的现代化”转变推进，推动实现植根农民、立足农民、造福农民，进而凝结农业现代化的“人民性”。

农业现代化促进农业高质高效、乡村宜居宜业、农民富裕富足的理论逻辑，为中国式现代化进程中农业现代化的推进厚植“结构性”“共享性”“人民性”的价值意涵，为地方推进农业现代化提供理论指导并铺垫逻辑基础。推进中国特色新型农业现代化的理论模型如图 11-1 所示。

第一节　适配“结构性”：实现农业高质高效的本质要求

农业作为整个社会的重要组成部分，不仅为农业现代化提供了发展条件，其本身也为农业现代化创造了发展动力（西奥多·W. 舒尔茨，2021），以及提供粮食、原料、市场、要素和外汇等贡献（张培刚等，2009；发展经济学编写组，2019），在国家整体现代化进程中更扮演了不

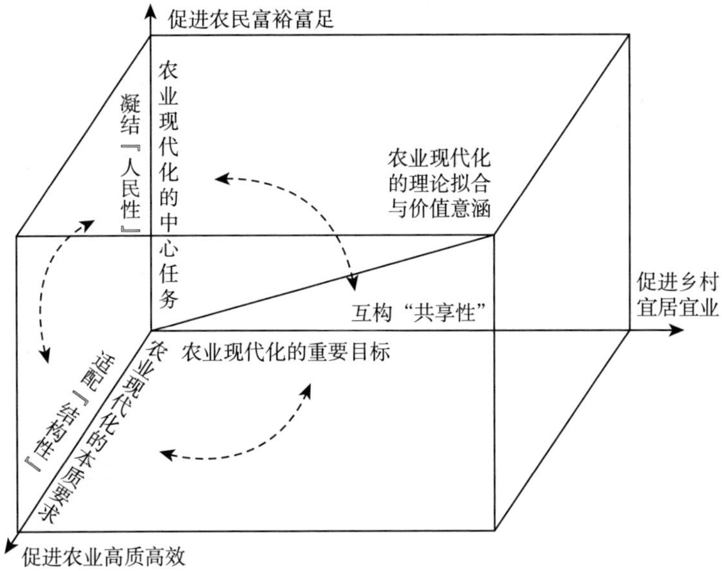

图 11-1 推进中国特色新型农业现代化的理论模型图

可或缺的重要角色。农业现代化的价值本质是推动农业走向高质量发展，必然要求不断提升农业绿色全要素生产率，综合提高农业劳动生产率、土地产出率和资源利用率，农业高质高效的“结构性”适配便成为农业现代化的本质要求与应然特征。不同区域推进农业现代化，需要立足区域特点、地缘结构、民族特色、农业特性等资源基础优势，从供给和需求两方面为农业注入现代化生产要素，促进农业生产方式转变，推动农业发展模式创新，加快农业发展进程提速，推动现代农业发展全面升级。

促进农业高质高效，推动农业现代化，需要着眼不同区域农业产业发展需求，培育区域现代特色高效富民产业，聚力在农业品牌、产业特色、产业链条上深入推进一二三产业融合，发挥第一产业不断融进第二、第三产业，第二、第三产业拉动第一产业融合创新发展的乘数效应。深度把握好农业生产力的性质和水平对农业生产关系的性质和水平的决定性作用，推动农业生产关系不断适应并反作用于农业生产力的发展，促进农业生产力与生产关系相互作用、相生相长，进而加快健全不同区域推进农业现代化的农业产业体系、农业生产体系、农业经营体系，培育打造具有更强韧性、更强创新性、更强附加值、更强竞争力的农业产业链供应链价值链体系，不断推动农业“量的突破”与“质的跃升”、“短期目标”与“远景目标”、“经济效益”与“社会效益”“生态效益”相协调。

第二节　互构“共享性”：实现乡村宜居宜业的重要目标

农业现代化与农村现代化在一体设计、一并推进的进程中互构乡村振兴的内在逻辑，深刻描绘了中国式现代化的底色，体现了农业发展、农民福祉、农村稳定的“共享性”。农业现代化的综合效益体现为农业经济效益、社会效益、生态效益的循环互动，乡村宜居宜业则是农业现代化综合效益的“共享”价值体现。不同区域推进农业现代化需要立足独特性、多元性、动态性、发展性、区域性，将农业现代化与区域内城乡规划相统筹、相协调、相衔接，与涉农专项规划综合考虑、一体布局、协同推进，同区域地缘结构、自然资源、产业基础、乡村建设、公共服务、民族特色、生态环境结合起来（黄厅厅等，2022），促进农业现代化的行动计划与评价体系、顶层设计与基层实践的可持续发展。

促进乡村宜居宜业，推动农业现代化，需要把提升农民的生活质量作为第一要务，把改善乡村现代生产生活条件作为重要目标，将农业综合效益和农业核心竞争力的提高转化为乡村发展的内生动能，加大“城市支持农村、工业反哺农业、东部帮扶西部”的耦合效应，基于农民意愿、农业增长、农村发展实际，平衡乡村公共服务的“需求端”与“供给侧”（黄厅厅等，2023），全面加强农业基础设施建设，健全完善乡村公共服务，带动不同区域农村的全面发展。将“创新＋协调＋绿色＋开放＋共享”的新发展理念融入农业现代化的发展实践中，不仅要让广大脱贫群众真正分享到脱贫攻坚与巩固拓展脱贫攻坚成果的“政策红利”，也要让广大农民群众切实分享到新时代新征程农业现代化改革发展成果的“时代红利”，持续提升农民群众的存在感、获得感、满足感、幸福感、安全感。

第三节　凝结“人民性”：实现农民富裕富足的中心任务

加快推进农业现代化的“中心任务”与“价值导向”是促进农民的富

裕富足，不断满足农民群众日益增长的美好生活需要，努力促进农民成为受尊崇、有体面、创财富的职业，集中凸显“中国要富，农民这个群体必须要富”的价值依归。不同区域推进农业现代化需要以保障和改善农民生计为优先方向，充分尊重农民的意愿，竭力帮助农民获得机会公平、过程公平、结果公平的生存生产生活机会，保护、调动、激发广大农民群众推进农业现代化的积极性、主动性、创造性（黄厅厅等，2022）。我国“人多地少”“大国小农”的国情农情决定了中国特色农业现代化道路需要从“小农的现代化”转变推进，这从本质上而言，加快农业现代化的价值导向是促进“农民的现代化”，进而实现植根农民、立足农民、造福农民。

“强国之路，富民为始”。促进农民富裕富足，推动农业现代化，需要充分认识到我国小农户的数量规模。根据第三次全国农业普查数据显示，我国小农户数量占农业经营主体的98%以上，小农户从业人员占农业从业人员的90%，小农户经营耕地面积占总耕地面积的70%。客观来说，我国当下的农业经营主体依然是小农户，那么，发展现代农业，促进农民富裕富足，推动农业现代化，就必须从“大国小农”的实际出发，着眼小农的生产特点、生产方式、生产性质，为小农户与现代农业的有机衔接探寻农业适度规模经营路径，重点培育与小农户联系最紧密的家庭农场（黄厅厅等，2019）等新型农业经营主体，通过宣传、教育、培训、推广等方法方式，提供更加完善的农业社会化服务等方式，为广大小农户探索“农业＋加工”“农业＋文创”“农业＋旅游”“农业＋流通”“农业＋体验”“农业＋研学”等现代特色高效立体农业的多业态模式，为小农户提供简单、便捷、易学、易懂、易操作的农业生产经营管理措施，为更大力度地改善小农户的生产设施条件做好保障，在农业多链条、多功能、多业态中促进农民增产、增收、增值、增效，拉动不同区域农民的全面进步，进而凝聚农业现代化的“人民性”。

第三篇

政策体系

第十二章　农业现代化政策的时代特征

中央农村工作会议是我国一年一度“三农”领域的最高级别会议，集中反映了我党关于农业农村农民工作的政策部署。党的十八大以来（2012—2023年），我党共召开十二次中央农村工作会议，会议新闻通稿中强调“现代”81次、“现代化”63次、“农业现代化”26次、“农业农村现代化”16次。回望与展望党的十八大以来中央农村工作会议关于加快推进农业现代化的指导意见，字里行间不仅释放了我党对“三农”工作形势任务的综合分析，以及对新一年“三农”工作的研究部署，更重要的是从大国担当与行动自觉的视野，集中彰显了中国特色新型农业现代化的时代特征，生动体现了我党通过深化农村改革、实现全面小康、实施乡村振兴战略，以加快推进农业现代化的使命担当，用“三农”之笔擘画与绘就“时代出卷”“我们答卷”“人民阅卷”的新蓝图新画卷。

第一节　深化农村改革推进农业现代化

深化农村改革是推进中国特色新型农业现代化的强大动力。党的十八大以来，十二次中央农村工作会议出现“改革”一词高达81次。

2012年中央农村工作会议指出“10年农村改革发展的伟大实践，开辟了农业农村发展历史新纪元，初步探索出一条中国特色农业现代化道路，为丰富和发展中国特色社会主义理论作出了重要贡献”；指出“明年农业农村工作的目标任务是：‘保供增收惠民生、改革创新添活力’，就是要确保粮食等重要农产品再获丰收，确保农民收入增长势头不减弱，继续改善农民生产生活条件，进一步消除制约农业发展的体制障碍，激发农村发展活力”；提出“继续深化农村改革，积极创新农业生产经营体制，稳步推进集体产权制度改革，加快推进其他各项改革”；强调“重中之重的战略思想不能动摇、强农惠农富农的政策力度不能减弱、农村改革发展的步伐不能放慢”；强调“举全党全国之力持之以恒强化农业、惠及农村、富裕农民，努力谱写农村改革发展新的篇章，奋力创造城乡共同繁荣新的辉煌”（新华社，2012）。

2013年中央农村工作会议提出“全面分析‘三农’工作面临的形势和任务，研究全面深化农村改革、加快农业现代化步伐的重要政策，部署2014年和今后一个时期的农业农村工作”；指出“习近平在会上发表重要讲话，从我国经济社会长远发展大局出发，高屋建瓴、深刻精辟阐述了推进农村改革发展若干具有方向性和战略性的重大问题，同时提出明确要求”；指出“李克强在讲话中深入分析了农业和农村工作形势，并就依靠改革创新推进农业现代化、更好履行政府‘三农’工作职责等重点任务作出具体部署”；指出“我国改革是从农村起步的，农村改革发展的伟大实践，为实现人民生活从温饱不足到总体小康的历史性跨越、推进社会主义现代化作出了重大贡献，为战胜各种困难和风险、保持社会大局稳定奠定了坚实基础”；要求“全党全国各族人民要紧密团结在以习近平同志为核心的党中央周围，团结一心、扎实工作，改革创新、攻坚克难，认真落实这次会议的各项部署，奋力开辟农业和农村工作的崭新局面”；讨论“《中共中央、国务院关于全面深化农村改革加快推进农业现代化的若干意见（讨论稿）》”（新华社，2013）。

2014年中央农村工作会议提出“研究依靠改革创新推进农业现代化的重大举措，全面部署明年和今后一段时期农业和农村工作”；指出“粮食产量实现‘十一连增’，农民增收实现‘十一连快’，农村民生改善取得重大进展，农村改革加快推进，农村社会和谐稳定，为做好全局工作提供了支撑、增添了底气”；强调“只要符合国家法律和政策，符合改革方向，农民群众欢迎，不管什么形式，都要鼓励和支持”；强调“要加强对‘三农’工作的组织领导，紧紧抓住发展这个第一要务，增强改革创新意识和法治思维，健全和落实责任制度”；指出“要按照稳粮增收、提质增效、创新驱动的总要求，努力完成明年农村改革发展各项任务”；指出“进一步深化农村改革，完善顶层设计，抓好试点试验，确保改有所进、改有所成”；指出“不断增强农村基层服务型党组织的创造力、凝聚力、战斗力，为农村改革发展稳定提供有力保障”；讨论“《中共中央 国务院关于进一步深化农村改革加快推进农业现代化的若干意见（讨论稿）》”（新华社，2014）。

2015年中央农村工作会议强调“深入推进农村各项改革，破解‘三农’难题、增强创新动力、厚植发展优势，积极推进农业现代化，扎实做好脱贫开发工作，提高社会主义新农村建设水平，让农业农村成为可以大有作为的广阔天地”；强调“要着力加强农业供给侧结构性改革，提高农业供给体系质量和效率，使农产品供给数量充足、品种和质量契合消费者需要，真正形成结构合理、保障有力的农产品有效供给”；强调“保障国家粮食安全是农业结构性改革的基本底线，要保稻谷、小麦等口粮，保耕地、保产能，保主产区特别是核心产区的粮食生产，确保谷物基本自给、口粮绝对安全”；强调“要充分发挥多种形式农业适度规模经营在结构性改革中的引领作用，农业支持政策要向规模经营主体倾斜，同时要注重让农民分享成果”；强调“要完善粮食等重要农产品价格形成机制和收储政策，为农业结构性改革提供动力”；强调“要加大涉农资金的整合力度，发挥财政投入对结构性改革的引导作用，撬动更多社会资金投入农业农村”（新华社，2015）。

2016年中央农村工作会议指出“要坚持新发展理念，把推进农业供给侧结构性改革作为农业农村工作的主线，培育农业农村发展新动能，提高农业综合效益和竞争力”；强调“要准确把握新形势下‘三农’工作方向，深入推进农业供给侧结构性改革”；强调“要尊重基层创造，营造改革良好氛围”；要求“要持续抓好‘三农’工作，大力推进农业供给侧结构性改革，加快现代农业建设，积极调整农业结构，发展多种形式适度规模经营”；讨论“《中共中央 国务院关于深入推进农业供给侧结构性改革加快培育农业农村发展新动能的若干意见（讨论稿）》”；指出“农村重要领域和关键环节改革深入推进，农村民生持续改善，农村社会保持和谐稳定”；强调“推进农业供给侧结构性改革，要在确保国家粮食安全的基础上，紧紧围绕市场需求变化，以增加农民收入、保障有效供给为主要目标，以提高农业供给质量为主攻方向，以体制改革和机制创新为根本途径”；指出“推进农业供给侧结构性改革，首先要把农业结构调好调顺调优”；强调“推进农业供给侧结构性改革，关键在完善体制、创新机制，加快深化农村改革”；强调“推进粮食等重要农产品价格形成机制和收储制度改革，深化农村产权制度改革，改革财政支农投入使用机制”；强调“推进农业供给侧结构性改革，是‘三农’领域的一场深刻变革，关系农业的长远发展”（新华社，2016）。

2017年中央农村工作会议认为“农业供给侧结构性改革取得新进展，粮食生产能力跨上新台阶，新型农业经营主体发展壮大，农村新产业新业态蓬勃发展，农业现代化稳步推进”；认为“农村改革取得新突破，农村承包地‘三权分置’取得重大进展，农村集体产权制度改革稳步推进，玉米、大豆、棉花等重要农产品收储制度改革取得实质性成效”；指出“坚持把推进农业供给侧结构性改革作为主线，加快推进农业农村现代化”；指出“坚持不断深化农村改革，激发农村发展新活力”；强调“必须深化农业供给侧结构性改革，走质量兴农之路”；强调“激活主体、激活要素、激活市场，着力增强改革的系统性、整体性、协同性”；强调“深入推进农村集体产权制度改革，深化农产品收储制度和价格形成机制改革”；强调“深入推进农业农村‘放管服’改革，破除一切束缚农民手脚的不合理限制和歧视”；强调“切实提高党把方向、谋大局、定政策、促改革的能力和定力，确保党始终总揽全局、协调各方，提高新时代党领导农村工作的能力和水平”（新华社，2017）。

2018年中央农村工作会议强调“适应国内外环境变化对我国农村改革发展提出的新要求”；强调“要毫不放松粮食生产，深化农业供给侧结构性改革，聚力打赢脱贫攻坚战，抓好农村人居环境整治工作，推进新一轮农村改革”；指出“全面深化农村改革，切实落实强农惠农富农各项政策，着力改善农村基础设施和公共服务，保护和调动亿万农民的积极性创造性，扎实推进农业农村现代化”；指出“要深化农业供给侧结构性改革，夯实粮食生产能力和农业基础，突出优质、特色、绿色等调整优化农业结构，推动农村各产业融合发展”；指出“农村改革深入推进，农村社会保持和谐稳定，‘三农’持续向好形势进一步巩固”；指出“突出抓好‘三农’工作各项硬任务的落实，确保顺利完成到2020年承诺的农村改革发展目标任务”；强调“要全面深化农村改革，进一步深化农村土地制度改革，创新农业经营方式，完善农业支持保护制度”（新华社，2018）。

2019年中央农村工作会议指出“今年以来，农业农村继续保持平稳发展的良好态势，精准脱贫成效显著，粮食总产量创历史新高，农村民生进一步改善，农村改革持续深化，农村社会保持和谐稳定”；强调“要抓好农村重点改革任务，坚持土地承包关系长久稳定，全面推开农村集体产权制度改革试点”（新华社，2019）。

2020年中央农村工作会议指出“改革开放以来，我们党领导农民率先拉开改革大幕，不断解放和发展农村社会生产力，推动农村全面进步”；指出“要深入推进农业供给侧结构性改革，推动品种培优、品质提升、品牌打造和标准化生产”；强调“要深化农村改革，加快推进农村重点领域和关键环节改革，激发农村资源要素活力，完善农业支持保护制度，尊重基层和群众创造，推动改革不断取得新突破”（新华社，2020）。

2021年中央农村工作会议指出“农业农村改革发展取得的显著成效，对开新局、应变局、稳大局发挥了重要作用”（新华社，2021）。

2022年中央农村工作会议强调“要依靠科技和改革双轮驱动加快建设农业强国”；强调“要打造国家农业科技战略力量，支持农业领域重大创新平台建设。深化农村改革，必须继续把住处理好农民和土地关系这条主线，把强化集体所有制根基、保障和实现农民集体成员权利同激活资源要素统一起来，搞好农村集体资源资产的权利分置和权能完善，让广大农民在改革中分享更多成果”；强调“要稳慎推进农村宅基地制度改革试点，深化农村集体经营性建设用地入市试点，完善土地增值收益分配机制”（新华社，2022）。

2023年中央农村工作会议指出“要强化科技和改革双轮驱动，加大核心技术攻关力度，改革完善‘三农’工作体制机制，为农业现代化增动力、添活力”；强调“强化农村改革创新，在坚守底线前提下，鼓励各地实践探索和制度创新”（新华社，2023）。

农村改革之声愈发掷地有声，农村改革步伐愈加蹄疾步稳。回望党的十八大以来深入推进农村改革的这些年，我党自上而下以农村改革之举、用农村改革之措，推动“三农”瓶颈难题不断破解，推动“三农”短板弱项加快补齐，推动“三农”内生动力不断增强，推动“三农”发展优势得以厚植，为加快推进中国特色新型农业现代化进程构筑了历史逻辑、现实逻辑、改革逻辑。

第二节　实现全面小康推进农业现代化

实现全面小康是推进中国特色新型农业现代化的必然要求。党的十八大以来，十二次中央农村工作会议提到“贫（包括扶贫、脱贫、返贫等）”104次、“小康”29次。

2012年中央农村工作会议指出“我国现代化建设中最薄弱的环节仍然是农业现代化滞后，经济社会体制中最突出的矛盾仍然是城乡二元体制障碍明显，全面建成小康社会进程中最严重的制约仍然是城乡发展和居民收入差距过大”（新华社，2012）。

2013年中央农村工作会议指出“为实现人民生活从温饱不足到总体小康的历史性跨越、推进社会主义现代化作出了重大贡献，为战胜各种困难和风险、保持社会大局稳定奠定了坚实基础”；强调“小康不小康，关键看老乡”；强调“农业还是‘四化同步’的短腿，农村还是全面建成小康社会的短板”；指出“要重视农村‘三留守’问题，搞好农村民生保障和改善工作，健全农村留守儿童、留守妇女、留守老年人关爱服务体系，坚持不懈推进扶贫开发，实行精准扶贫”（新华社，2013）。

2014年中央农村工作会议指出“农业现代化是国家现代化的基础和支撑，目前仍是突出‘短板’，全面建成小康社会的重点难点仍然在农村”；要求“继续向贫困宣战，促进区域开发与精准扶贫相结合，加快贫困地区脱贫致富步伐”（新华社，2014）。

2015年中央农村工作会议强调“积极推进农业现代化，扎实做好脱贫开发工作，提高社会主义新农村建设水平，让农业农村成为可以大有作为的广阔天地”；讨论“《中共中央 国务院关于落实发展新理念加快农业现代化实现全面小康目标的若干意见（讨论稿）》”；指出“‘十三五’时期农业农村工作，要坚持创新、协调、绿色、开放、共享的发展理念，牢固树立强烈的短板意识，坚持问题导向，切实拉长农业这条‘四化同步’的短腿、补齐农村这块全面小康的短板”；强调“深入推进精准扶贫、精准脱贫，确保完成脱贫攻坚目标任务”（新华社，2015）。

2016年中央农村工作会议强调“要把发展农业适度规模经营同脱贫攻坚结合起来，与推进新型城镇化相适应，使强农惠农政策照顾到大多数普通农户”；要求“深入推进脱贫攻坚，提高贫困地区和贫困群众自我发展能力”；指出“全年1 000万人的脱贫任务有望超额完成，脱贫攻坚实现良好开局”；指出“发展适度规模经营，优化经营结构，把促进规模经营与脱贫攻坚和带动一般农户增收结合起来”；要求“进一步推进精准扶贫各项政策措施落地生根，确保 2017 年再脱贫 1 000 万人以上”（新华社，2016）。

2017 年中央农村工作会议认为“脱贫攻坚开创新局面，精准扶贫精准脱贫方略落地生效，6 600 多万贫困人口稳定脱贫，脱贫攻坚取得决定性进展”；指出“农业强不强、农村美不美、农民富不富，决定着亿万农民的获得感和幸福感，决定着我国全面小康社会的成色和社会主义现代化的质量”；提出“按照党的十九大提出的决胜全面建成小康社会、分两个阶段实现第二个百年奋斗目标的战略安排”；强调“必须打好精准脱贫攻坚战，走中国特色减贫之路”；强调“坚持精准扶贫、精准脱贫，把提高脱贫质量放在首位，注重扶贫同扶志、扶智相结合，瞄准贫困人口精准帮扶，聚焦深度贫困地区集中发力，激发贫困人口内生动力，强化脱贫攻坚责任和监督，开展扶贫领域腐败和作风问题专项治理，采取更加有力的举措、更加集中的支持、更加精细的工作，坚决打好精准脱贫这场对全面建成小康社会具有决定意义的攻坚战”；号召“迎难而上、开拓进取，为决胜全面建成小康社会、夺取新时代中国特色社会主义伟大胜利作出新的贡献”（新华社，2017）。

2018 年中央农村工作会议强调“2019 年是决胜全面建成小康社会第一个百年奋斗目标的关键之年，做好‘三农’工作对有效应对各种风险挑战、确保经济持续健康发展和社会大局稳定具有重大意义”；强调“对标全面建成小康社会必须完成的硬任务，适应国内外环境变化对我国农村改革发展提出的新要求”；指出“明后两年是全面建成小康社会的关键时期，是打赢脱贫攻坚战和实施乡村振兴战略的历史交汇期”；强调“打赢脱贫攻坚战是全面建成小康社会的底线任务，要切实重点解决好实现‘两不愁三保障’面临的突出问题，加大“三区三州”等深度贫困地区和特殊贫困群体脱贫攻坚力度，增强贫困地区、贫困群众内生动力和自我发展能力，减少和防止贫困人口返贫”；强调“聚力打赢脱贫攻坚战，抓好农村人居环境整治工作”；指出“要聚焦深度贫困地区和特殊贫困群体，落实脱贫攻坚重大举措，提高脱贫质量，巩固和扩大脱贫成果”；指出“2018 年是全面贯彻党的十九大精神的开局之年，农业发展稳中有进，打赢脱贫攻坚战三年行动开局良好，乡村建设迈出新的步伐”（新华社，2018）。

2019 年中央农村工作会议提出“围绕全面建成小康社会和打赢脱贫

攻坚战，研究部署2020年‘三农’工作”；指出“小康不小康，关键看老乡”；指出“脱贫质量怎么样、小康成色如何，很大程度上要看明年‘三农’工作成效”；指出“要坚决打赢脱贫攻坚战，不获全胜决不收兵”；指出“精准脱贫成效显著，粮食总产量创历史新高”；讨论“《中共中央、国务院关于抓好‘三农’领域重点工作确保如期实现全面小康的意见（讨论稿）》”；指出“明年是全面建成小康社会收官之年，必须深刻认识做好明年‘三农’工作的特殊重要性，对标对表全面建成小康社会目标，强化举措、狠抓落实，坚决如期完成脱贫攻坚任务，坚决补上全面小康‘三农’领域短板，切实发挥好‘三农’压舱石作用”；强调“打赢脱贫攻坚战是全面建成小康社会的重中之重，要一鼓作气、乘势而上，集中力量全面完成剩余脱贫任务”；强调“要巩固脱贫攻坚成果防止返贫，及时做好返贫人口和新发生贫困人口帮扶”；强调“要坚持现行脱贫标准，确保稳定实现‘两不愁三保障’”；强调“要保持脱贫攻坚政策总体稳定，抓紧研究接续推进减贫工作”；指出“全面建成小康社会，最突出的短板在‘三农’”；强调“农民增收是全面小康的基本要求，要发展富民乡村产业”（新华社，2019）。

2020年中央农村工作会议强调“巩固和拓展脱贫攻坚成果，全面推进乡村振兴，加快农业农村现代化”；指出“把脱贫攻坚作为全面建成小康社会的标志性工程，组织推进人类历史上规模空前、力度最大、惠及人口最多的脱贫攻坚战”；指出“贫困地区发生翻天覆地的变化，解决困扰中华民族几千年的绝对贫困问题取得历史性成就，为全面建成小康社会作出了重大贡献”；强调“脱贫攻坚取得胜利后，要全面推进乡村振兴，这是‘三农’工作重心的历史性转移”；强调“要坚决守住脱贫攻坚成果，做好巩固拓展脱贫攻坚成果同乡村振兴有效衔接，工作不留空当，政策不留空白”；强调“要健全防止返贫动态监测和帮扶机制，对易返贫致贫人口实施常态化监测，重点监测收入水平变化和‘两不愁三保障’巩固情况，继续精准施策”；强调“对脱贫地区产业帮扶还要继续，补上技术、设施、营销等短板，促进产业提档升级”；决定“脱贫攻坚目标任务完成后，对摆脱贫困的县，从脱贫之日起设立5年过渡期”；强调“合理把握调整节奏、力度、时限，逐步实现由集中资源支持脱贫攻坚向全面推进乡村振兴平稳过渡”；强调“全面实施乡村振兴战略的深度、广度、难度都不亚于脱贫攻坚，必须加强顶层设计”；要求“做好巩固拓展脱贫攻坚成果同乡村振兴有效衔接”（新华社，2020）。

2021年中央农村工作会议指出“乡村振兴的前提是巩固脱贫攻坚成果，要持续抓紧抓好，让脱贫群众生活更上一层楼”；指出“要持续推动同乡村振兴战略有机衔接，确保不发生规模性返贫，切实维护和巩固脱贫攻坚战的伟大成就”；要求“要全面巩固拓展脱贫攻坚成果”；指出“脱贫攻坚成果得到巩固和拓展”；要求“牢牢守住保障国家粮食安全和不发生规模性返贫两条底线”；强调“要巩固拓展好脱贫攻坚成果，加大对乡村振兴重点帮扶县倾斜支持力度，抓紧完善和落实监测帮扶机制，加强产业和就业帮扶，确保不发生规模性返贫”（新华社，2021）。

2022年中央农村工作会议指出“巩固拓展脱贫攻坚成果是全面推进乡村振兴的底线任务，要继续压紧压实责任，把脱贫人口和脱贫地区的帮扶政策衔接好、措施落到位，坚决防止出现整村整乡返贫现象”；要求“巩固拓展好脱贫攻坚成果，扎实推进宜居宜业和美乡村建设，拓宽农民增收致富渠道，加强和改进乡村治理”（新华社，2022）。

2023年中央农村工作会议指出“要确保不发生规模性返贫，抓好防止返贫监测，落实帮扶措施，增强内生动力，持续巩固拓展脱贫攻坚成果”；强调“落实好防止返贫监测帮扶机制，提高产业和就业帮扶实效，推动建立农村低收入人口和欠发达地区常态化帮扶机制”（新华社，2023）。

从党的十八大以来的中央农村工作会议的历史脉络可以总结，只有从根本上解决贫困群众的贫困问题，才能真正实现全面小康；只有从“数量”与“质量”“物质”与“精神”“外生”与“内生”多维结构上解决贫困群众的脱贫问题，才能真正实现全面小康，才能真正加快推进中国特色新型农业现代化。

第三节 实施乡村振兴推进农业现代化

脱贫之后，面临的重要任务是推进乡村全面振兴，但这并不代表脱贫攻坚这项工作的直接结束，而是科学转向做好巩固拓展脱贫攻坚成果同全面推进乡村振兴的有效衔接，为加快推进中国特色新型农业现代化进程稳固农业发展基础、释放乡村发展空间。

2017年中央农村工作会议提出“全面分析‘三农’工作面临的形势和任务，研究实施乡村振兴战略的重要政策”；总结“党的十八大以来我国‘三农’事业的历史性成就和变革，深刻阐述实施乡村振兴战略的重大问题”；提出“对实施乡村振兴战略的重点任务作出具体部署”；指出“也是实施乡村振兴战略、做好新时代‘三农’工作的行动指南，我们要深入学习领会，并深入贯彻到乡村振兴的具体实践中”；指出“实施乡村振兴战略，是解决人民日益增长的美好生活需要和不平衡不充分的发展之间矛盾的必然要求，是实现‘两个一百年’奋斗目标的必然要求，是实现全体人民共同富裕的必然要求”；指出“实施乡村振兴战略，是我们党‘三农’工作一系列方针政策的继承和发展，是中国特色社会主义进入新时代做好‘三农’工作的总抓手”；指出“以更大的决心、更明确的目标、更有力的举措推动农业全面升级、农村全面进步、农民全面发展，谱写新时代乡村全面振兴新篇章”；指出“实施乡村振兴战略，要全面贯彻党的十九大精神，以习近平新时代中国特色社会主义思想为指导”；指出“加快推进农业农村现代化，走中国特色社会主义乡村振兴道路，让农业成为有奔头的产业，让农民成为有吸引力的职业，让农村成为安居乐业的美丽家园”；提出“实施乡村振兴战略的目标任务和基本原则”；明确“实施乡村振兴战略的目标任务是，到2020年，乡村振兴取得重要进展，制度框架和政策体系基本形成；到2035年，乡村振兴取得决定性进展，农业农村现代化基本实现；到2050年，乡村全面振兴，农业强、农村美、农民富全面实现”；提出“实施乡村振兴战略，要坚持党管农村工作，坚持农业农村优先发展，坚持农民主体地位，坚持乡村全面振兴，坚持城乡融合发展，坚持人与自然和谐共生，坚持因地制宜、循序渐进”；强调“走中国特色社会主义乡村振兴道路，一是必须重塑城乡关系，走城乡融合发展之路……二是必须巩固和完善农村基本经营制度，走共同富裕之路……三是必须深化农业供给侧结构性改革，走质量兴农之路……四是必须坚持人与自然和谐共生，走乡村绿色发展之路……五是必须传承发展提升农耕文明，走乡村文化兴盛之路……六是必须创新乡村治理体系，走乡村善治之路……七是必须打好精准脱贫攻坚战，走中国特色减贫之路”强调“实施乡村振兴战略，必须大力推进体制机制创新，强化乡村振兴制度性供给”；

强调“要汇聚全社会力量，强化乡村振兴人才支撑”；强调“鼓励引导工商资本参与农村振兴，鼓励社会各界人士投身乡村建设”；强调“要开拓投融资渠道，强化乡村振兴投入保障”；强调“建立健全实施乡村振兴战略财政投入保障制度，公共财政更大力度向‘三农’倾斜”；强调“提升金融服务乡村振兴能力和水平”；强调“办好农村的事情，实现乡村振兴，关键在党，必须加强和改善党对‘三农’工作的领导”；强调“要建立实施乡村振兴战略领导责任制，实行中央统筹、省负总责、市县抓落实的工作机制”；强调“党政一把手是第一责任人，五级书记抓乡村振兴”；强调“要强化乡村振兴规划引领，制定国家乡村振兴战略规划，部署若干重大工程、重大计划、重大行动”；强调“实施乡村振兴战略是一项长期的历史性任务，要科学规划、注重质量、从容建设，不追求速度，更不能刮风搞运动”；指出“实现农村振兴，我们有习近平总书记把舵定向，有党中央高度重视、坚强领导、科学决策，有全党全国全社会大力支持、积极参与，有社会主义的强大制度优势，有亿万农民的创造精神，有强大的经济实力支撑，有历史悠久的农耕文明，有旺盛的市场需求”；指出“坚定信心、咬定目标，苦干实干、久久为功，扎扎实实把乡村振兴战略向前推进”；讨论“《中共中央 国务院关于实施乡村振兴战略的意见（讨论稿）》”（新华社，2017）。

2018年中央农村工作会议总结交流“各地实施乡村振兴战略经验”；强调“农业农村发展取得了新成绩，粮食再获好收成，乡村振兴开局良好”；强调“落实高质量发展要求，深入实施乡村振兴战略”；强调“强化五级书记抓乡村振兴，加强懂农业、爱农村、爱农民农村工作队伍建设”；指出“深入实施乡村振兴战略，全面深化农村改革”；指出“明后两年是全面建成小康社会的关键时期，是打赢脱贫攻坚战和实施乡村振兴战略的历史交汇期”；强调“要加强党对‘三农’工作的全面领导，把农业农村优先发展落到实处，强化五级书记抓乡村振兴制度保障，选优配强‘三农’干部队伍，切实加大‘三农’资金投入力度”（新华社，2018）。

2019年中央农村工作会议强调“要加强党对‘三农’工作的全面领导，坚持农业农村优先发展，强化五级书记抓乡村振兴责任，发挥好农村基层党组织战斗堡垒作用”（新华社，2019）。

2020年中央农村工作会议强调“全面推进乡村振兴，加快农业农村现代化，是需要全党高度重视的一个关系大局的重大问题”；强调“举全党全社会之力推动乡村振兴，促进农业高质高效、乡村宜居宜业、农民富裕富足”；指出“启动实施乡村振兴战略，推动农业农村取得历史性成就、发生历史性变革”；强调“民族要复兴，乡村必振兴”；强调“脱贫攻坚取得胜利后，要全面推进乡村振兴，这是‘三农’工作重心的历史性转移”；强调“做好巩固拓展脱贫攻坚成果同乡村振兴有效衔接”；强调“逐步实现由集中资源支持脱贫攻坚向全面推进乡村振兴平稳过渡”；强调“全面实施乡村振兴战略的深度、广度、难度都不亚于脱贫攻坚”；指出“各级党委要扛起政治责任，落实农业农村优先发展的方针，以更大力度推动乡村振兴”；指出“县委书记要把主要精力放在‘三农’工作上，当好乡村振兴的‘一线总指挥’”；指出“要建设一支政治过硬、本领过硬、作风过硬的乡村振兴干部队伍，选派一批优秀干部到乡村振兴一线岗位，把乡村振兴作为培养锻炼干部的广阔舞台”；指出“要吸引各类人才在乡村振兴中建功立业，激发广大农民群众积极性、主动性、创造性”；指出“深刻阐释了全面推进乡村振兴、加快农业农村现代化的重大意义、指导思想、总体要求”；指出“围绕优先发展农业农村，全面推进乡村振兴，加快农业农村现代化”；要求“抓紧谋划全面推进乡村振兴，做好巩固拓展脱贫攻坚成果同乡村振兴有效衔接”；讨论“《中共中央、国务院关于全面推进乡村振兴加快农业农村现代化的意见（讨论稿）》”（新华社，2020）。

2021年中央农村工作会议指出“乡村振兴的前提是巩固脱贫攻坚成果，要持续抓紧抓好”；指出“要持续推动同乡村振兴战略有机衔接”；讨论“《中共中央、国务院关于做好2022年全面推进乡村振兴重点工作的意见（讨论稿）》”；指出“全面推进乡村振兴迈出坚实步伐，成绩来之不易”；要求“推动全面推进乡村振兴取得新进展、农业农村现代化迈出新步伐”；强调“加大对乡村振兴重点帮扶县倾斜支持力度”；强调“要加强和改善党对‘三农’工作的领导，落实五级书记抓乡村振兴要求，强化乡村振兴要素保障”；指出“要始终遵循党的农村工作基本经验，加强‘三农’领域作风建设，奋力开创全面推进乡村振兴工作新局面”（新华社，2021）。

2022年中央农村工作会议强调“全面推进乡村振兴、加快建设农业强国，是党中央着眼全面建成社会主义现代化强国作出的战略部署”；强调“要铆足干劲，抓好以乡村振兴为重心的‘三农’各项工作，大力推进农业农村现代化”；强调“把种业振兴行动切实抓出成效，把当家品种牢牢攥在自己手里”；指出“全面推进乡村振兴是新时代建设农业强国的重要任务，人力投入、物力配置、财力保障都要转移到乡村振兴上来”；指出“要全面推进产业、人才、文化、生态、组织‘五个振兴’，统筹部署、协同推进，抓住重点、补齐短板”；指出“产业振兴是乡村振兴的重中之重，要落实产业帮扶政策”；指出“巩固拓展脱贫攻坚成果是全面推进乡村振兴的底线任务”；指出“要坚持五级书记抓乡村振兴，县委书记要当好‘一线总指挥’”；指出“系统阐释了建设农业强国、加快推进农业农村现代化、全面推进乡村振兴的一系列重大理论和实践问题”；表示“习近平总书记的重要讲话是建设农业强国、加快推进农业农村现代化、全面推进乡村振兴的科学指南和行动纲领”；讨论“《中共中央、国务院关于做好2023年全面推进乡村振兴重点工作的意见（讨论稿）》”（新华社，2022）。

2023年中央农村工作会议指出“推进中国式现代化，必须坚持不懈夯实农业基础，推进乡村全面振兴”；指出“锚定建设农业强国目标，把推进乡村全面振兴作为新时代新征程‘三农’工作的总抓手，学习运用“千万工程”经验，因地制宜、分类施策，循序渐进、久久为功，集中力量抓好办成一批群众可感可及的实事”；指出“要提升乡村产业发展水平、乡村建设水平、乡村治理水平，强化农民增收举措，推进乡村全面振兴不断取得实质性进展、阶段性成果”；强调“坚持农业农村优先发展，坚持城乡融合发展，把责任扛在肩上、抓在手上，结合实际创造性开展工作，有力有效推进乡村全面振兴，以加快农业农村现代化更好推进中国式现代化建设”；讨论《中共中央、国务院关于学习运用“千村示范、万村整治”工程经验有力有效推进乡村全面振兴的意见（讨论稿）》；指出“习近平总书记的重要指示，站在党和国家事业全局高度，阐明了推进乡村全面振兴的战略要求和主攻方向”；强调“要学习运用‘千万工程’蕴含的发展理念、工作方法和推进机制，从农民群众反映强烈的实际问题出发，找准乡村振兴的切入点，提高工作实效”；强调“支持农业科技创新平台建设，加快推进种业振兴行动”；强调“统筹新型城镇化和乡村全面振兴，提升县城综合承载能力和治理能力，促进县域城乡融合发展”；强调“完善乡村治理体系，推进抓党建促乡村振兴，坚持和发展新时代‘枫桥经验’，建设平安乡村”；强调“压实五级书记抓乡村振兴责任，落实农业农村优先发展要求，强化政策支持和要素保障”（新华社，2023）。

党的十八大以来的中央农村工作会议，为中国特色乡村振兴道路的目标任务、基本原则、具体要求提供了行动指南和政治保障，为迈向新时代新征程，着眼中华民族伟大复兴战略全局和世界百年未有之大变局“两个大局”，提高全面推进乡村振兴重点工作的政治判断力、政治领悟力、政治执行力，加快中国特色新型农业现代化开新局、应变局、稳大局厚积内生动力。

第十三章　农业现代化政策的价值意蕴

党的十八大以来，中央从强调“农民温饱”、到强调“农民小康”、再到强调“农民富裕”，整个逻辑理路都凸显了“中国要富，农民这个群体必须要富”的价值依归，彰显了加快推进中国特色新型农业现代化的价值意蕴。着眼“三农”问题大历史观的视角，加快推进中国特色新型农业现代化的“初心使命”与“价值导向”也应该是着力促进农民的富裕富足，不断满足农民日益增长的美好生活需要，努力促进农民成为受尊崇、有体面、创财富的职业，持续提升农民的存在感、获得感、满足感、幸福感、安全感。中国特色新型农业现代化的质量与成效，也该由“农民”来“阅卷”、来“打分”、来“评级”。

第一节　坚持“人民性”加快推进农业现代化

“人民性”是社会主义现代化最本质最鲜明的特征。在加快推进中国特色新型农业现代化的进程中，坚持农民的主体地位、践行“以农民为中心”的发展思想，是“为人民谋幸福、为民族谋复兴”最具支撑力的实践证据和最具可信度的评判依据（黄厅厅等，2022）。

党的十八大以来，党和国家始终高度关切民情所需、民声所呼、民意所盼、民心所向、民智所达。从中央农村工作会议新闻通稿和中央1号文件论述内容来看，有关“民”的重要内容被高频关注（图13-1），多次强调“坚持以人民为中心的发展思想”“坚持农民唱主角”“从各地实际和农民需求出发”“从农民群众反映强烈的实际问题出发”“完善农民参与和长效管护机制”“推动解决农民群众反映强烈的问题”“必须继续把住处理好农民和土地关系这条主线”“切实保障农民利益”“让广大农民过上更加美好的生活”“农民获得感、幸福感、安全感明显提高”等有关农民的重要话题，字里行间凸显了在推动建设中国特色新型农业现代化道路上“人民性”的重要性与紧迫性。

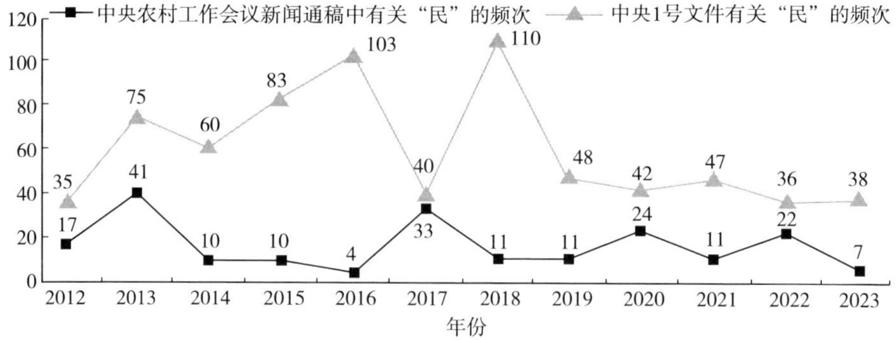

图 13－1　中央农村工作会议新闻通稿中和中央 1 号文件有关“民”的内容频次

我国“人多地少”“大国小农”的国情农情决定了中国特色社会主义农业现代化道路需要从“小农的现代化”转变而推进，这从本质上而言，加快推进中国特色新型农业现代化的价值导向是实现“农民的现代化”，没有“农民的现代化”，中国特色新型农业现代化也是不完整、不真实的，所以加快推进中国特色新型农业现代化，要把为广大农民群众谋福利、谋幸福作为一如既往的重要使命，把植根农民、立足农民、造福农民作为一以贯之的优良传统，充分尊重农民群众的意愿，永远保持同农民群众的血肉联系，尽力帮助农民群众获得“机会公平、过程公平、结果公平”的生存生产生活机会，保护、调动、激发广大农民群众参与推进中国特色新型农业现代化建设的积极性、主动性、创造性，促进农民增产、增收、增值，让广大农民群众更多分享改革发展成果红利，不断实现好、维护好、发展好广大农民群众的根本利益。

第二节　坚持“富足性”加快推进农业现代化

共同富裕是中国特色社会主义的本质要求，“富足性”集中体现了加快推进中国特色新型农业现代化的根本要求。“生活富裕”既是实施乡村振兴战略的总要求之一，也是实施乡村振兴战略的根本所在。“农民富”既构成了实施乡村振兴战略的目标任务之一，也是推进实现中国特色新型农业现代化的美好愿景和重要支撑。那么，促进农民农村共同富裕，必然成为加快推进中国特色新型农业现代化的逻辑必然与时代使然。因而，加快推进中国特色新型农业现代化，需要统筹协调农民农村共同富裕的“物质性”和“精神性”，协调促进广大农民群众的物质富足和精神富有，不断厚植农业现代化的物质基础，持续夯实农民群众幸福生活的物质条件，进而促进农业农村农民“物”的全面丰富和“人”的全面发展。

党的十八大以来，从中央农村工作会议新闻通稿和中央1号文件论述内容来看，有关“富”的重要话题备受讨论（图13-2），多次强调“深入宣传党的路线方针和强农惠农富农政策”“持续加大强农惠农富农政策力度”“把维护农民群众根本利益、促进农民共同富裕作为出发点和落脚点，促进农民持续增收”“促进农民富裕富足”“要坚持把增加农民收入作为‘三农’工作的中心任务”“千方百计拓宽农民增收致富渠道”“强化农民增收举措”“实施农民增收促进行动”“持续壮大乡村富民产业”“实施‘一县一业’强县富民工程”“培育壮大县域富民产业”“增加农民财产性收入”“促进农民就业增收”“拓宽农民增收致富渠道”“带领群众共同致富”“促进共同富裕”等重要内容。可以明显看出，持续促进农民富裕富足、扎实推进农民农村共同富裕，已成为加快推进中国特色新型农业现代化的本质要求。

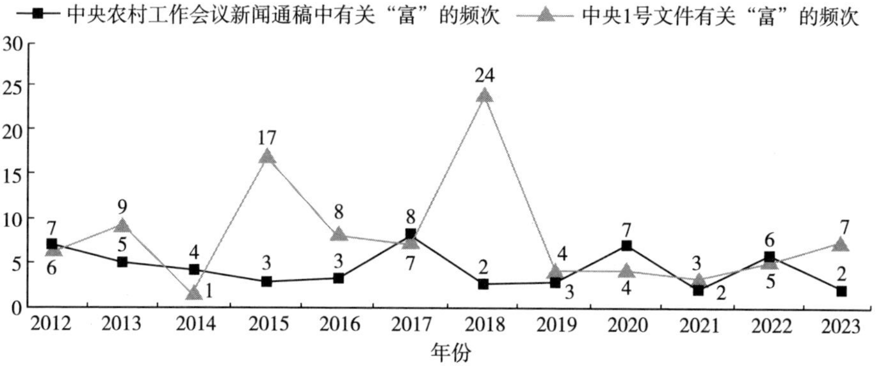

图13-2 中央农村工作会议新闻通稿中和中央1号文件有关“富”的内容频次

坚持“富足性”加快推进中国特色新型农业现代化，需要发挥制度优势与引导作用，推动政策内容与政策优势转化为促进农民富裕富足的内生动力。提高“城市支持农村、工业反哺农业、东部帮扶西部”助推农业现代化的耦合效应，基于农民意愿、农业增长、农村发展实际，平衡助推农业现代化发展的“需求端”与“供给侧”。持续壮大乡村富民产业，强化产业发展联农带农，促进农村劳动力多渠道创业就业，健全新型农业经营主体与带动广大小农户增收挂钩衔接机制。推动提升“有为政府”“有效市场”“有力组织”“有能企业”“有智农民”在推进农业现代化进程中的协同合作与适配效能，健全完善推动农业现代化高质量发展的政策供给机制、要素配套机制、技术赋能机制、能力提升机制、风险防控机制、考核保障机制等，撬动制度资本、人力资本、物质资本、金融资本、社会资本“五类资本”向加快推进农业现代化高质量发展延伸覆盖。

第三节　坚持“服务性”加快推进农业现代化

“服务性”是全党高度重视“三农”工作、农业农村优先发展、加快推进中国特色新型农业现代化的具体体现，是“农之所需，政之所向”的责任担当。在迈向第二个百年奋斗目标的重要历史关头，面临“两个大局”和应对各种风险交织叠加的背景下，加快推进中国特色新型农业现代化关乎大势、关乎全局、关乎根本、关乎长远，既要着眼当下，更要放眼长远（黄厅厅等，2022）。

党的十八大以来，从中央农村工作会议新闻通稿和中央1号文件论述内容来看，总体而言，有关“服”的内容被高频写进中央1号文件（图13-3），多次强调“坚持为农服务宗旨”“把小农户服务好、带动好”“完善公共服务设施”“加强乡村公共服务”“提升农村基本公共服务水平”“强化人才服务乡村”“完善‘三农’金融服务”“鼓励科研院所、高校专家服务农业农村”“加强基层农技推广体系条件建设，强化公益性服务功能”“拓展服务领域和模式”等有关服务的重要内容，集中体现了我党对持续加强“服务性”以加快推进中国特色新型农业现代化进程的高度重视。

党的十八大以来，我国总体坚持“工业反哺农业、城市支持农村、东部帮扶西部”的支农总步调，把农业农村优先发展的总方针始终贯穿到乡村公共服务均等化水平的提升工作中，乡村公共服务均等化成为党的十八大以来中央1号文件的核心议题，其政策内容都反复强调了要大力推动公共事业发展和基础设施建设向乡村延伸覆盖，努力促进城乡资源均衡配置

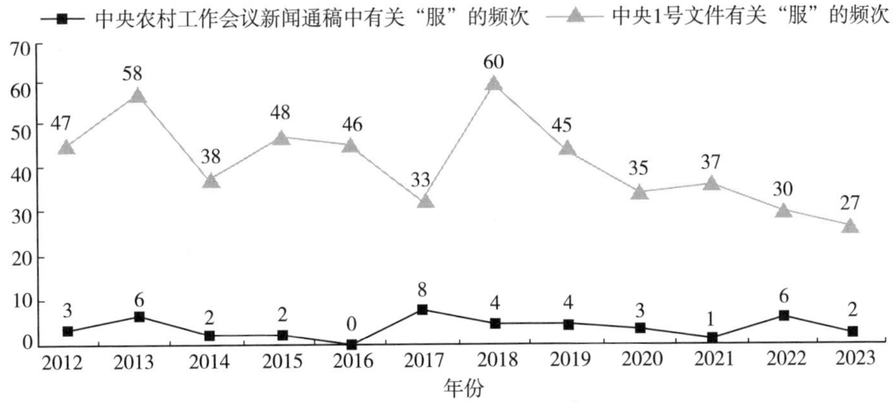

图 13-3 中央农村工作会议新闻通稿中和中央 1 号文件有关“服”的内容频次

和有效整合，奋力缩小城乡差距，促进城乡公共服务均等化水平提升，为全面建成小康社会、全面推进乡村振兴、加快农业农村现代化、促进农民农村共同富裕加快补齐乡村公共服务短板。党的十八大以来，我国乡村公共服务形成了“政府供给＋市场供给＋村庄供给”协同推进的供给模式，构成了“物质形态供给＋非物质形态供给”相互嵌入的服务形态，农业基础设施、农民生活设施、农村社会服务、农村社会管理、乡村公共资源等基本功能全面发力，农民群众的归属感、获得感、幸福感、安全感成为践行以人民为中心发展思想的底线要求和最终目标，推动了乡村公共服务从“有没有”“有什么”“有多少”到“公不公”“好不好”“优不优”的升级换挡，促进了乡村公共服务在“总量间、城乡间、结构间、区域间、人群间、居民间”的协调，乡村公共服务迈向高质量发展（黄厅厅等，2023）。

坚持“服务性”加快推进中国特色新型农业现代化，需要主动增强推进中国特色新型农业现代化的政治意识、大局意识、核心意识、看齐意识，自觉提高推进中国特色新型农业现代化的机遇意识和风险意识，充分发挥政府推进中国特色新型农业现代化的“服务性”功能和“守夜人”角色，构筑服务于中国特色新型农业现代化的“政府组织＋非政府组织＋非营利组织＋农业类经济组织＋农业类管理组织＋农业类社会组织”（简称“GO＋NGO＋NPO＋AEO＋AMO＋ASO”）共生共存共赢的“组织共同体”，将制度优势转化为加快推进中国特色新型农业现代化的治理效能，提升面向中国特色新型农业现代化、适应中国特色新型农业现代化、引领中国特色新型农业现代化的创新能力，着眼国家战略需要、区域发展需求，保持定力、集中精力、增强动力，稳住“三农”基本盘，筑牢“三农”压舱石，夯实农业之基、农村之基、政权之基，用“服务性”思维把握农民所思所想所盼，用“服务性”方法凝聚民心民智民力，践行“从服务中国特色新型农业现代化当中来、到服务中国特色新型农业现代化当中去”的新思想新观念。

第四节　坚持“共享性”加快推进农业现代化

“共享性”既是实现“百年目标”的着眼点，也是促进“共同富裕”的立足点，更是心系“国之大者”的落脚点。加快推进中国特色新型农业现代化、让农民更多分享产业增值收益和分享改革成果蛋糕，是与时代发展需求、与国家前进目标、与人民美好愿景高度一致和一脉相承的，这也深刻体现在公共服务尤其是乡村公共服务和农民公共福祉提升的问题上（黄厅厅等，2022）。

党的十八大以来，从中央农村工作会议新闻通稿和中央1号文件论述内容来看，总体而言，有关“享”的内容多次受到党和国家高度重视（图13-4），多次强调“让农民更多分享改革红利”“建立健全农民分享产业链增值收益机制”“让农民更多分享产业增值收益”“让农民合理分享全产业链增值收益”“让广大农民在改革中分享更多成果”“发展乡村共享经济、创意农业、特色文化产业”“依法平等享受城镇公共服务”“夯实农村共享发展基础”“推进资源开放共享与服务平台基地建设”等有关共享的重要内容，不仅有力彰显了我党立足“共享性”推进中国特色新型农业现代化道路的初衷，而且突出体现了我党推进中国特色新型农业现代化道路也是为了促进广大农民群众更多获得农业农村改革发展成果的“共享性”。

随着高质量发展步伐不断向纵深推进，中国特色新型农业现代化的进程对多层次、个性化、高品质公共服务的供给与需求也提出了新的要求，然而我国当下乡村公共服务发展不平衡不充分问题依然突出，区域间、城乡间、人群间差距仍然明显，尤其是西部民族地区乡村公共产品和公共服务供给普遍缺位（黄厅厅等，2023），加之国内外不稳定性不确定风险因素带来的农业现代化“时”与“势”“危”与“机”的变化，不得不审

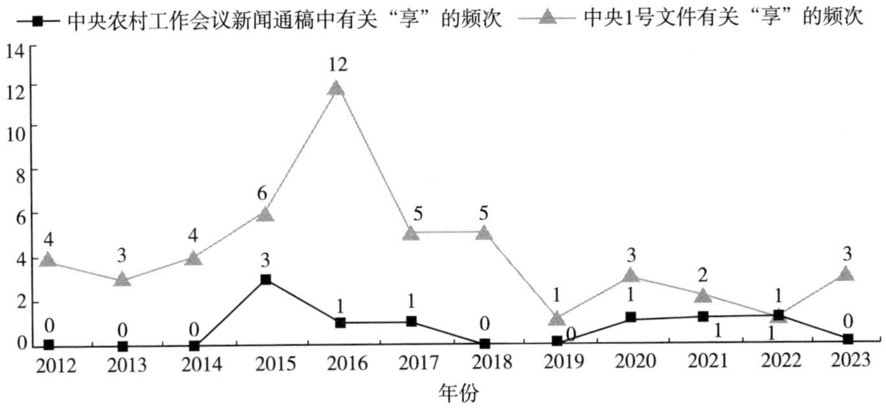

图 13-4　中央农村工作会议新闻通稿中和中央 1 号文件有关“享”的内容频次

“时”度“势”、转“危”为“机”，秉承系统的、联系的、发展的理念和思维，不断完善乡村公共服务体系，推动“学有所教、劳有所得、病有所医、老有所养、弱有所扶、住有所美、居有所通、活有所健、生有所安、产有所助”等乡村公共服务高质量发展，在想问题、做决策、办事情过程中推动广大农民群众共享农业农村改革发展成果。

第十四章　农业现代化政策的创新发展

政策逻辑是中国式现代化进程中推进农业现代化的“根据”。改革开放以来，“三农”问题一直是全党工作重中之重，而推进农业现代化成为其重要命题。农业现代化作为我党高度重视的目标任务，其顶层谋划不断见诸中国共产党历次全国代表大会报告、历年中央1号文件等权威政策中，其顶层设计为加快推动农业现代化迈出新步伐作出了前瞻性思考、全局性谋划、战略性布局，并通过战略部署与话语切换推动农业现代化的创新发展。

中国共产党历次全国代表大会报告和历年中央1号文件已成为中共中央、国务院高度重视“三农”问题的最高级别政策指导文件，其关键词词频云如图14-1、图14-2所示。改革开放以来，中国共产党历次全国代表大会报告（共9次）强调“农业现代化”相关论述20次（表14-1），历年中央1号文件（主要包括：1982—1986年、2004—2024年，共26次）强调“农业现代化”相关论述88次（表14-2）。

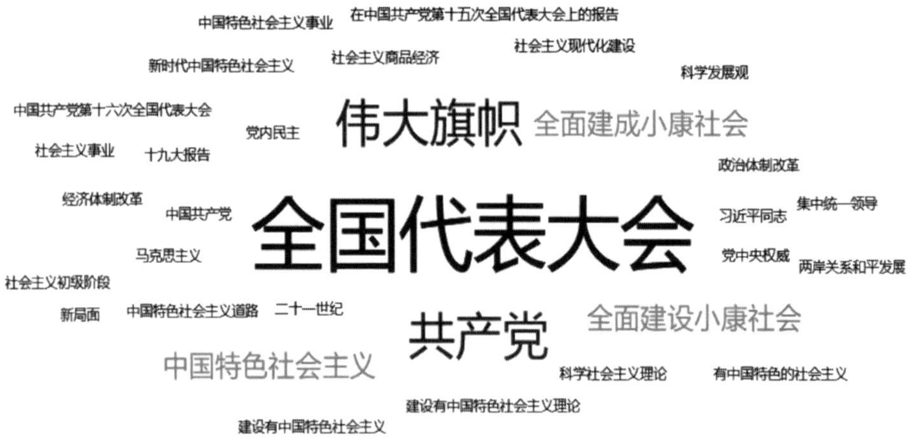

图14-1　改革开放以来党的历次全国代表大会报告关键词词频云图

图 14-2 改革开放以来涉农中央 1 号文件关键词词频云图

党的历次全国代表大会报告和历年中央 1 号文件的指导意见，强调了“三农”问题在中国特色社会主义现代化时期“重中之重”的地位，擘画了中国特色新型农业现代化内容建构的时代蓝图，为各地因地制宜推进中国特色新型农业现代化、构建中国特色新型农业现代化综合评价体系提供了根本遵循、作出了参照依据、明确了研究方向。总体来看，改革开放以来党对中国特色新型农业现代化的顶层谋划与创新发展集中体现了以下三个阶段性特征。

第一节 第一阶段：农业现代化迈出“在地摸索式”步伐

改革开放之初至党的十五大期间，我们党对什么样的农业现代化道路适合中国、中国该如何探寻适合自己的农业现代化道路进行了积极有益的摸索，并作出了“农民富裕不起来，国家富强不起来，四个现代化也就无从实现”等重要论断，并明确提出“逐步实现工业、农业、国防和科学技术现代化”。

党的十一届三中全会召开后，我国农业现代化进程进入全面建设的新时期。我们党对推进农业现代化进行了研究探讨，进一步对农业现代化进行了深刻阐述。首先，开始对农村经济体制进行改革，实行家庭联产承包责任制，该制度的推行大大提高了农民的生产积极性。随后，提出取消农产品统派购制度，允许农产品和农业生产资料进入市场，推动农村经济的市场化进程。同时，乡镇企业不断兴起，加快了农业农村经济的发展步伐，为农村集体经济的发展提供了坚实的物质保障。另外，科学技术在农业领域中的广泛运用，极大提高了农业现代化的综合发展效益，大力发展生物工程技术有效解决了农业领域出现的诸多问题，现代化农业的试验与示范，丰富了农业现代化的理论与实践。

这一时期，我们党高瞻远瞩地提出要把推动我国农业现代化与适应社会主义初级阶段的特征紧密结合起来，要适应农业现代化进程中生产力与生产关系的发展，组建与农业现代化发展相适应的干部队伍，推动农业农村经济的调整和改革，促进自给半自给的农业经济向较大规模的农业商品生产转化，提高农业经济联合的韧性，提升土地利用率和劳动生产率，推动传统农业向现代农业转变，进而才能加速推动实现我国社会主义农业现代化。一方面，要总结与肯定我国传统农业的特色与优势，继续发扬精耕细作、节能低耗、维护生态等传统农业技术改造的优点；另一方面，可以吸收与借鉴现代农业科学技术和先进管理办法的理念与精髓，探索投资省、耗能低、效益高且有利于保护生态环境的现代农业转变之路。这一时期，“四个现代化”取得了阶段性进展，农业在国民经济当中的基础地位不断确立，水利基础设施建设、现代农业技术改造、主要农产品有效供给、农业综合生产能力、乡镇企业快速成长等不断得以加强。但与此同时，我国实施的“工业偏向、城市偏向”的发展战略，呈现出了“农业养育工业、农村支持城市”的发展格局，导致农业现代化发展进程滞后，加之我国不同区域发展实况的差异性，不同地区开始探索实施差异化的农业机械化、水利灌溉等领域改造方案，农业现代化迈出“在地摸索式”步伐。

第二节 第二阶段：农业现代化开拓“乡城融合式”路向

党的十六大以来，我党旗帜鲜明地强调，在推进工业化、城镇化和农业现代化的历史进程中必须长期坚持的一个重大方针就是“坚持把解决好‘三农’问题作为全党工作的重中之重”，其中，农业现代化要坚持的根本就是“把加强农业基础设施建设，加快农业科技进步，提高农业综合生产能力，作为一项重大而紧迫的战略任务。”农业现代化被纳入我国社会主义现代化建设的重大方针和战略任务当中。

随着中国正式加入世界贸易组织，为中国加快推动农业现代化带来诸多发展机遇。这一时段，我国逐步推动“以工促农、以城带乡”的发展战略，强调在推进工业化和城镇化的同时要同步推进农业现代化，重视提高农业科技创新和转化能力，不断改革传统耕作方式，推行农业标准化，发展节约型农业，建设社会主义新农村，发展现代农业，提出了实现中国农业现代化的总体思路和发展措施。总体来看，坚持走中国特色农业现代化道路，是顺应世界农业发展普遍规律、立足我国国情的必然选择，是统筹城乡发展、协调推进工业化和城镇化的必然要求，是建设社会主义新农村、促进农业可持续发展的必由之路。因而，发展现代农业成为这一时段社会主义新农村建设的首要任务，成为践行科学发展观统领农业农村工作的必然要求。

这一时期，以胡锦涛同志为主要代表的中国共产党人，把推进社会主义新农村建设作为加快推进农业现代化的重要目标，把加强农业基础设施建设和改善农业设施装备作为加快推进农业现代化的首要任务，把强化农业科技进步和服务体系建设作为加快推进农业现代化的根本出路，把发展农业产业化龙头企业作为加快推进农业现代化的重要力量，把培育有文化、懂技术、会经营的新型农民作为加快推进农业现代化的动力源泉，把构建发达的物流产业和完善的市场体系作为加快推进农业现代化的重要保障。鼓励有条件的地区要加快农业现代化步伐，在地发展小城镇和县域经济，东部地区加快调整现代农业产业结构，垦区发展现代化大农业，山区发展林特产品、生态旅游和碳汇林业，创新融合传统生产方式与现代农业技术，提高土地产出率、资源利用率和劳动生产率，增加农民收入，积极创建现代农业示范区。这一时期，农业农村发展基础得以进一步夯实打牢，我党对“三农”支持政策的调整促进了“工业反哺农业、城市支持农村”发展格局的形成，促进了“以工促农、以城带乡”长效机制的构建，促进了乡城经济社会发展一体化新格局的树立，农业现代化开拓了“乡城融合式”路向。

第三节　第三阶段：农业现代化聚合“中国特色式”内涵

党的十八大以来，我们党继续深入推进新型工业化、信息化、城镇化、农业现代化同步发展，推动农业现代化向纵深演进、向富民靠近。以习近平同志为核心的党中央审时度势，立足国情农情，顺应时代要求，描绘了中国特色新型农业现代化道路，明确提出要走产出高效、产品安全、资源节约、环境友好的农业现代化道路，走生产技术先进、经营规模适度、市场竞争力强、生态环境可持续的中国特色新型农业现代化道路，让广大农民平等参与现代化进程、共同分享现代化成果。

以质量为导向的新发展思路、以可持续为目标的新发展方式，推动我国农业发展进程进入了一个崭新的发展阶段，农业高质量发展成为我国农业发展的重要前进方向。随着新时代发展步伐的加快、政策的支持，高质量发展已成为农业发展的主题，持续推进农业高质量发展、推进乡村振兴、加快农业现代化已成为这一时期的重要任务。高质量发展呼唤现代农业高质量发展，现代农业高质量发展加快推进农业现代化高质量发展。但与此同时，农业现代化高质量发展对新型农业经营主体的作用发挥赋予了更高的经营管理要求，对广大农民的职业技能素养的提升提出了更高的期待。这一阶段，不断推动传统农业向现代农业转变，注重将新发展理念贯穿、融入、应用到农业农村农民发展领域，推动农产品进行精深加工，注重延长农业产业链、供应链、价值链，不断提升农产品的市场竞争力和国际竞争力。农业发展过程中不再片面地追求农业的发展规模、数量、增长率，而是更加注重农产品品质的提升，更加注重农产品核心竞争力的综合提升和促进农业绿色发展，更加注重追求农产品的经济效益、社会效益和生态效益的同步提升。

这一时期，坚持农业基础地位不动摇，坚守国家粮食安全底线，稳定重要农产品有效供给保障，握牢农业科技关键要害。创新完善农村基本经营制度，支持家庭农场等新型农业经营主体及其服务主体发展成为农业现代化的骨干力量，搭建起小农户与现代农业发展有机衔接的重要纽带。强调农业现代化发展专项资金向粮食和地方优势特色产业倾斜，重点扶持主产区和新型农业经营主体。因地制宜建立健全新型农业经营体系、农业社会化服务体系、现代农业产业技术体系、现代农业全产业链标准体系，健全完善农业现代化产业体系、生产体系、经营体系。不断深化各级现代农业示范区、农业科技园区建设，积极推进农业现代化示范区创建，充分发挥示范区的引领带动效用。可以看出，党的十八大以来，中国特色新型农业现代化道路的先行先试与实践探索取得了举世瞩目的成就，积累了丰硕的成果，“四化同步”协调发展，农业供给侧结构性改革不断深化，乡村振兴战略全面实施，农民收入持续增长，农业现代化示范区梯次创建，中国特色新型农业现代化道路得以加快推进，农业现代化具有“中国特色”内涵。

回溯改革开放这四十余年来，我国农业现代化从迈出“在地摸索式”步伐，到开拓“乡城融合式”路向，再到聚合“中国特色式”内涵，从本质上回答了在党的领导下我国农业现代化进程“何以可行”的必要性与适应性、“何以可能”的互构性与嵌入性、“何以可特”的创新性与发展性，其阐述的时代诉求与发展需求折射出了我国农业现代化的推进进程与实现水平。政策逻辑的缘起、互动、形塑的农业现代化话语体系呼唤评价体系的生成与支撑，以回应农业现代化进程“何以可量”的可及性与异质性，进而推动“为何农业现代化”“何为农业现代化”“如何农业现代化”的有机统一与互动协调。改革开放以来党对农业现代化的顶层谋划与创新发展逻辑如图 14－3 所示。

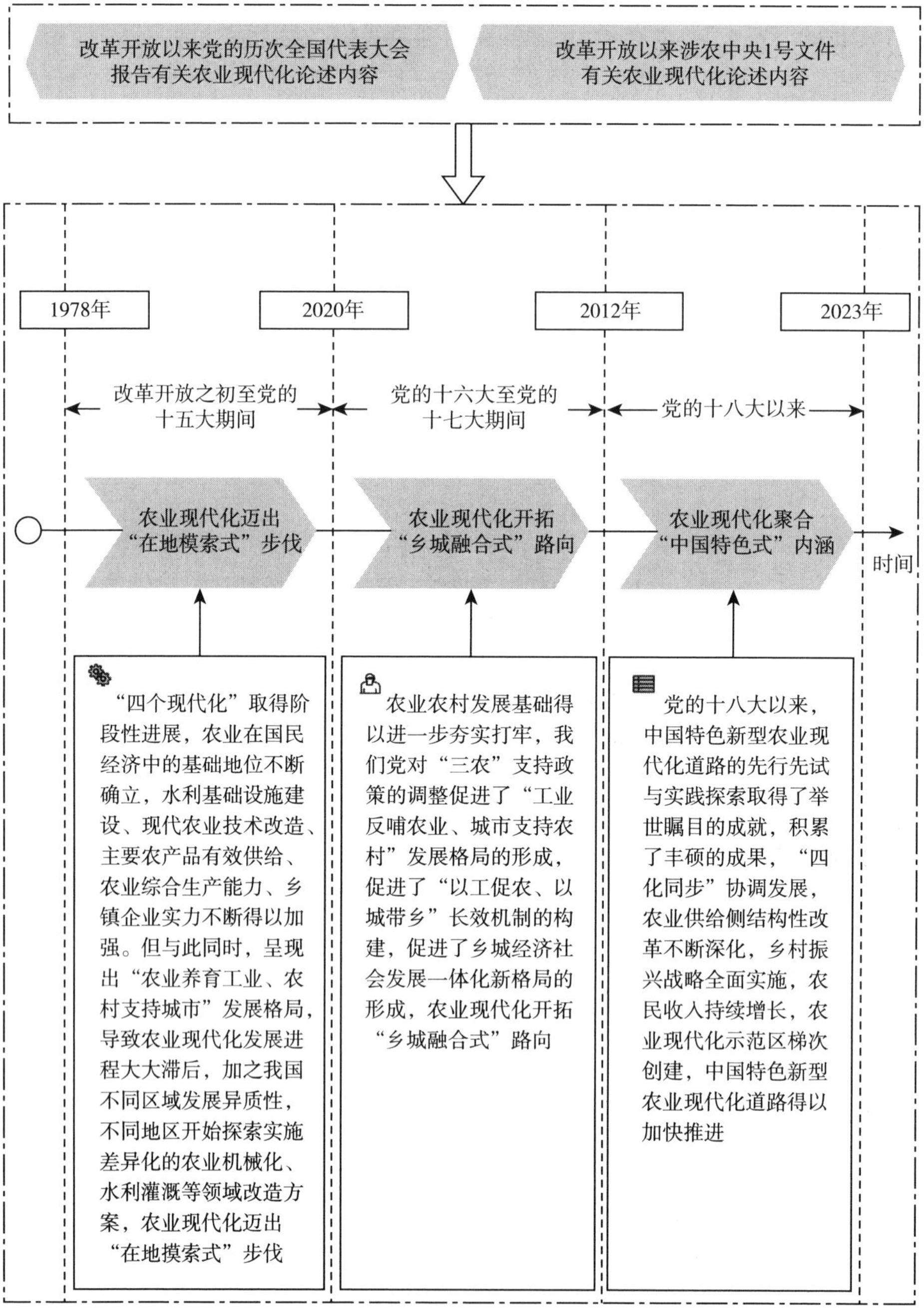

图 14-3　改革开放以来党对农业现代化的顶层谋划与创新发展逻辑图

表 14-1 改革开放以来党的历次全国代表大会报告有关农业现代化论述内容

成文时间	报告简称	报告标题	农业现代化有关内容摘选	频次
1982.09.01	党的十二大报告	《全面开创社会主义现代化建设的新局面》	逐步实现工业、农业、国防和科学技术现代化。（胡耀邦，1982）	1
1987.10.25	党的十三大报告	《沿着有中国特色的社会主义道路前进》	逐步实现工业、农业、国防和科学技术的现代化。	1
1992.10.12	党的十四大报告	《加快改革开放和现代化建设步伐，夺取有中国特色社会主义事业的更大胜利》	（1）乡镇企业异军突起，……，为农村致富和逐步实现现代化，……，开辟了一条新路。（2）积极发展多种形式的农业社会化服务体系。（本书编写组，1992）	2
1997.09.12	党的十五大报告	《高举邓小平理论伟大旗帜，把建设有中国特色社会主义事业全面推向二十一世纪》	（1）社会主义初级阶段，……，是由农业人口占很大比重、主要依靠手工劳动的农业国，逐步转变为非农业人口占多数、包含现代农业和现代服务业的工业化国家的历史阶段。（2）推进农业向商品化、专业化、现代化转变。（本书编写组，1997）	2
2002.11.08	党的十六大报告	《全面建设小康社会，开创中国特色社会主义事业新局面》	（1）建设现代农业，发展农村经济，增加农民收入。（2）东部地区要加快产业结构升级，发展现代农业。（本书编写组，2002）	2
2007.10.15	党的十七大报告	《高举中国特色社会主义伟大旗帜 为夺取全面建设小康社会新胜利而奋斗》	（1）走中国特色农业现代化道路。（2）工业化、城镇化和农业现代化快速推进。（3）要更加重视农业现代化。（4）推动工业化、城镇化和农业现代化协调发展。（本书编写组，2007）	4
2012.11.08	党的十八大报告	《坚定不移沿着中国特色社会主义道路前进，为全面建成小康社会而奋斗》	（1）农业现代化和社会主义新农村建设成效显著。（2）坚持走中国特色新型工业化、信息化、城镇化、农业现代化道路，推动信息化和工业化深度融合、工业化和城镇化良性互动、城镇化和农业现代化相互协调，促进工业化、信息化、城镇化、农业现代化同步发展。（本书编写组，2012）	4
2017.10.18	党的十九大报告	《决胜全面建成小康社会 夺取新时代中国特色社会主义伟大胜利》	（1）农业现代化稳步推进。（2）推动新型工业化、信息化、城镇化、农业现代化同步发展。（3）加快推进农业农村现代化。（本书编写组，2017）	3
2022.10.16	党的二十大报告	《高举中国特色社会主义伟大旗帜 为全面建设社会主义现代化国家而团结奋斗》	基本实现新型工业化、信息化、城镇化、农业现代化。（本书编写组，2022）	1

资料来源：作者自制。

表 14-2　改革开放以来中央 1 号文件有关农业现代化论述内容

成文时间	文件简称	文件标题	农业现代化有关内容摘选	频次
1982.01.01	1982 年中央 1 号文件	《全国农村工作会议纪要》	（1）广泛借助现代科学技术的成果。（2）团结和带领农民进行农村经济的调整和改革，为农业现代化做出自己的贡献。（中共中央国务院，2014）	2
1983.01.02	1983 年中央 1 号文件	《当前农村经济政策的若干问题》	（1）从传统农业向着现代农业转化。（2）这种分散经营和统一经营相结合的经营方式……，又能适应农业现代化进程中生产力发展的需要。（3）经济联合……，也是建设社会主义现代化农业的必由之路。（4）逐步建立一支与农业现代化相适应的干部队伍。（中共中央国务院，2014）	4
1984.01.01	1984 年中央 1 号文件	《中共中央关于一九八四年农村工作的通知》	（1）利用价值规律，……，才能加速实现我国社会主义农业的现代化。（2）……，农民富裕不起来，国家富强不起来，四个现代化也就无从实现。（中共中央国务院，2014）	2
1985.01.01	1985 年中央 1 号文件	《中共中央、国务院关于进一步活跃农村经济的十项政策》	—	0
1986.01.01	1986 年中央 1 号文件	《中共中央、国务院关于一九八六年农村工作的部署》	—	0
2003.12.31	2004 年中央 1 号文件	《中共中央　国务院关于促进农民增加收入若干政策的意见》	（1）鼓励有条件的乡镇企业建立现代企业制度。（2）进一步加强产地和销地批发市场建设，创造条件发展现代物流业。（中共中央国务院，2014）	2
2004.12.31	2005 年中央 1 号文件	《中共中央　国务院关于进一步加强农村工作提高农业综合生产能力若干政策的意见》	（1）当前和今后一个时期，要把加强农业基础设施建设，……，就把握了农业现代化的根本。（2）有条件的地区要加快农村水利现代化步伐。（3）……，这是推进工业化、城镇化和现代化历史进程中必须长期坚持的一个重大方针。（中共中央国务院，2005）	3

（续）

成文时间	文件简称	文件标题	农业现代化有关内容摘选	频次
2005.12.31	2006年中央1号文件	《中共中央　国务院关于推进社会主义新农村建设的若干意见》	（1）加快农村全面小康和现代化建设步伐。（2）建设社会主义新农村是我国现代化进程中的重大历史任务。（3）加速推进现代化，必须妥善处理工农城乡关系。（4）推进社会主义新农村建设……，事关改革开放和现代化建设的大局。（中共中央国务院，2006）	4
2006.12.31	2007年中央1号文件	《中共中央　国务院关于积极发展现代农业扎实推进社会主义新农村建设的若干意见》	（1）积极发展现代农业，……，是加快社会主义现代化建设的重大任务。（2）必须把建设现代农业作为贯穿新农村建设和现代化全过程的一项长期艰巨任务。（中共中央国务院，2006）	2
2007.12.31	2008年中央1号文件	《中共中央　国务院关于切实加强农业基础建设进一步促进农业发展农民增收的若干意见》	走中国特色农业现代化道路。（中共中央国务院，2008）	1
2008.12.31	2009年中央1号文件	《中共中央　国务院关于2009年促进农业稳定发展农民持续增收的若干意见》	坚定不移走中国特色农业现代化道路。（中共中央国务院，2009）	1
2009.12.31	2010年中央1号文件	《中共中央　国务院关于加大统筹城乡发展力度进一步夯实农业农村发展基础的若干意见》	（1）协调推进工业化、城镇化和农业现代化。（2）支持垦区率先发展现代化大农业。（中共中央国务院，2009）	2
2010.12.31	2011年中央1号文件	《中共中央　国务院关于加快水利改革发展的决定》	（1）努力走出一条中国特色水利现代化道路。（2）以水利信息化带动水利现代化。（中共中央国务院，2011）	2
2011.12.31	2012年中央1号文件	《中共中央　国务院关于加快推进农业科技创新 持续增强农产品供给保障能力的若干意见》	同步推进工业化、城镇化和农业现代化。（中共中央国务院，2012）	1

（续）

成文时间	文件简称	文件标题	农业现代化有关内容摘选	频次
2012.12.31	2013年中央1号文件	《中共中央　国务院关于加快发展现代农业进一步增强农村发展活力的若干意见》	（1）必须统筹协调，促进工业化、信息化、城镇化、农业现代化同步发展。（2）初步探索出一条中国特色农业现代化道路。（中共中央国务院，2013）	2
2014.01.02	2014年中央1号文件	《中共中央　国务院关于全面深化农村改革加快推进农业现代化的若干意见》	（1）工业化信息化城镇化快速发展对同步推进农业现代化的要求更为紧迫。（2）坚持农业基础地位不动摇，加快推进农业现代化。（3）让农民平等参与现代化进程、共同分享现代化成果。（4）推进中国特色农业现代化。（5）努力走出一条生产技术先进、经营规模适度、市场竞争力强、生态环境可持续的中国特色新型农业现代化道路。（6）加快发展主产区大宗农产品现代化仓储物流设施。（中共中央国务院，2014）	6
2015.02.01	2015年中央1号文件	《中共中央　国务院关于加大改革创新力度加快农业现代化建设的若干意见》	（1）加快推进中国特色农业现代化。（2）推动新型工业化、信息化、城镇化和农业现代化同步发展。（中共中央国务院，2015）	2
2015.12.31	2016年中央1号文件	《中共中央　国务院关于落实发展新理念　加快农业现代化实现全面小康目标的若干意见》	（1）大力推进农业现代化。（2）农村各项改革全面展开，为农业农村现代化提供不竭动力。（3）农业是全面建成小康社会、实现现代化的基础。（4）走产出高效、产品安全、资源节约、环境友好的农业现代化道路。（5）让广大农民平等参与现代化进程、共同分享现代化成果。（6）大力推进农业现代化。（7）推进林业装备现代化。（8）加快农业现代化和农民奔小康。（中共中央国务院，2016）	8
2016.12.31	2017年中央1号文件	《中共中央　国务院关于深入推进农业供给侧结构性改革　加快培育农业农村发展新动能的若干意见》	（1）开创农业现代化建设新局面。（2）协调推进农业现代化与新型城镇化。（3）发展现代化海洋牧场。（4）建设现代化灌区。（中共中央国务院，2017）	4

（续）

成文时间	文件简称	文件标题	农业现代化有关内容摘选	频次
2018.01.02	2018 年中央 1 号文件	《中共中央　国务院关于实施乡村振兴战略的意见》	（1）扎实推进农业现代化和新农村建设。（2）没有农业农村的现代化，就没有国家的现代化。（3）加快推进农业农村现代化。（4）到 2035 年，……，农业农村现代化基本实现。（5）推动新型工业化、信息化、城镇化、农业现代化同步发展。（6）加快灌区续建配套与现代化改造。（7）建设现代化海洋牧场。（8）建设现代化农产品冷链仓储物流体系。（9）加快推进农村流通现代化。（中共中央国务院，2017）	9
2019.01.03	2019 年中央 1 号文件	《中共中央　国务院关于坚持农业农村优先发展做好“三农”工作的若干意见》	推进大中型灌区续建配套节水改造与现代化建设。（中共中央国务院，2019）	1
2020.01.02	2020 年中央 1 号文件	《中共中央　国务院关于抓好“三农”领域重点工作确保如期实现全面小康的意见》	（1）加强现代农业基础设施建设。（2）提早谋划实施一批现代农业投资重大项目。（3）加快建设国家、省、市、县现代农业产业园。（4）加强现代农业产业技术体系建设。（中共中央国务院，2020）	4
2021.01.04	2021 年中央 1 号文件	《中共中央　国务院关于全面推进乡村振兴加快农业农村现代化的意见》	（1）举全党全社会之力加快农业农村现代化。（2）坚持农业现代化与农村现代化一体设计、一并推进。（3）加快农业农村现代化。（4）农业农村现代化规划启动实施。（5）到 2025 年，农业农村现代化取得重要进展，农业基础设施现代化迈上新台阶。（6）有条件的地区率先基本实现农业现代化。（7）加快推进农业现代化。（8）农业现代化，种子是基础。（9）实施大中型灌区续建配套和现代化改造。（10）把农业现代化示范区作为推进农业现代化的重要抓手。（11）围绕提高农业产业体系、生产体系、经营体系现代化水平。（12）形成梯次推进农业现代化的格局。（13）全面推进乡村振兴，加快农业农村现代化。（中共中央国务院，2021）	13

（续）

成文时间	文件简称	文件标题	农业现代化有关内容摘选	频次
2022.01.04	2022年中央1号文件	《中共中央　国务院关于做好2022年全面推进乡村振兴重点工作的意见》	（1）推动乡村振兴取得新进展、农业农村现代化迈出新步伐。（2）在水土资源条件适宜地区规划新建一批现代化灌区。（3）推进农业现代化示范区创建。（中共中央国务院，2022）	3
2023.01.02	2023年中央1号文件	《中共中央　国务院关于做好2023年全面推进乡村振兴重点工作的意见》	（1）举全党全社会之力全面推进乡村振兴，加快农业农村现代化。（2）实施设施农业现代化提升行动。（3）加快大中型灌区建设和现代化改造。（4）深入推进农业现代化示范区建设。（中共中央国务院，2023）	4
2024.01.01	2024年中央1号文件	《中共中央　国务院关于学习运用"千村示范、万村整治"工程经验有力有效推进乡村全面振兴的意见》	（1）以加快农业农村现代化更好推进中国式现代化建设。（2）推进重点水源、灌区、蓄滞洪区建设和现代化改造。（3）推进设施农业现代化提升行动。（4）构建现代农业经营体系。（5）加快打造适应现代农业发展的高素质生产经营队伍。（6）加快构建粮经饲统筹、农林牧渔并举、产加销贯通、农文旅融合的现代乡村产业体系，把农业建成现代化大产业。（中共中央国务院，2024）	6

资料来源：作者自制。

第四篇
实践场域

第十五章　农业主导产业与农业现代化

农业产业兴旺是推动农业现代化的重要基础，是解决农业农村农民一切问题的前提条件，农业主导产业高质量发展构成了农业现代化的本质要求。本章重点聚焦推进农业现代化进程中农业主导产业这一核心问题，厘清农业主导产业与农业现代化的关系，综合论证农业主导产业发展的综合环境、经济效益、品牌推广与对策建议，进而提出农业主导产业助推农业现代化的思考。

第一节　农业主导产业与农业现代化的关系

促进农民农村共同富裕是全面推进乡村振兴、加快农业农村现代化的出发点和落脚点。农民农村共同富裕之路的实践呼唤乡村产业高质量发展，农业现代化步伐的加快呼唤乡村产业振兴。产业振兴是全面推进乡村振兴的重中之重，产业兴旺是全面推进乡村振兴的重要基础，是加快推进农业现代化的必要前提。大力发展农业主导产业、富民产业，可为地方党委和政府全面推进乡村产业振兴、加快农业农村现代化、走具有中国特色的乡村产业振兴道路赋能发展活力。

习近平总书记强调，产业振兴是乡村振兴的重中之重，要立足特色资源，发展优势产业，促进一二三产融合发展；要把茶文化、茶产业、茶科技统筹起来。2021 年、2022 年、2023 年中央 1 号文件强调“推进农村一二三产业融合”“大力发展县域富民产业”“推动乡村产业高质量发展”（中共中央国务院，2021；2022；2023）。国发〔2022〕2 号文件专文支持贵州“发展特色产业”“推进产业振兴”（国务院，2022）。而茶产业正是覆盖范围广、产业链条长、带动能力强的绿色产业、富民产业、特色产业，具有创新能力强、产业链条全、绿色底色足、安全可控制、联农带农紧的农业全产业链特征，为促进农民农村共同富裕提供重要支撑。中国是世界茶叶的故乡，茶产业作为中国的农业特色优势产业，具有链条长、绿色足、生态优、品牌亮、富民显等特征，是乡村产业集群的突出代表，是中国的特色优势农业主导产业，是促进农民增收的富民产业，对于全面推进乡村振兴、加快农业农村现代化、促进农民农村共同富裕具有重要的支撑作用。

迈向新时代新征程，面向高质量发展持续推进茶产业振兴，既是贯彻落实习近平总书记的重要讲话精神以及统筹做好茶文化、茶产业、茶科技这篇大文章重要指示精神的生动实践，也是全面推进乡村振兴、加快农业农村现代化、促进农民农村共同富裕的任务使然。推动茶产业集群发展有助于激活农业全产业链、畅通产业经济“内循环”“双循环”、繁荣区域经济发展，为全面推进乡村振兴、加快推进农业农村现代化、促进农民农村共同富裕提供坚实保障。

鉴于不同区域不同农业产业特点、产业性质、产业结构的差异性，以及各小节研究篇幅的平衡，本章特选择优势比较突出、效益比较明显、品牌比较新颖、市场比较宽阔、链条比较完备、竞争力比较强的茶产业作为农业主导产业进行分析。

第二节　农业主导产业发展的综合环境

中国是茶叶的故乡，贵州是中国茶叶的主要原产地，铜仁是贵州茶的主产区。近年来，贵州茶产业稳居全国第一方阵和第一梯队，关注度、知名度、美誉度大幅提升。同时，茶产业已逐渐发展成为铜仁提高农业综合生产能力、提升农业产业链韧性、推动乡村产业转型升级的突破口。然而，西部民族地区在茶产品开发利用程度、茶科技创新能力广度、茶文化内涵挖掘深度等方面仍然存在不足（农业农村部等，2021）。

农民农村共同富裕之路的实践呼唤乡村产业高质量发展，农业现代化步伐的加快呼唤乡村产业振兴。茶产业作为西部民族地区乡村产业集群的突出代表，亟待立足资源禀赋、发展条件、比较优势等实际，面向高质量发展需求，不断推进延链、补链、壮链、优链的工作，巩固与提升茶产业韧性与发展后劲，为推动西部民族地区乡村全面振兴和农业农村现代化夯实产业根基，为促进西部民族地区农民农村共同富裕注入动力来源。

鉴于此，本章以西部民族地区、茶产业重要主产地铜仁市为研究区域，着眼农业主导产业与农业现代化的关系，通过“线上调研＋线下调研”等多种方式对铜仁市茶产业进行调研，采用“SWOT－PEST”组合模型归纳茶产业发展的总体现状，梳理面临的劣势与挑战；构建实证模型，揭示发展困境，总结影响因素，分析茶产业集群的经济带动效益，讨论茶产业品牌推广建设，进而探寻茶产业高质量发展的实践路径，提出深化要素融合、建立健全茶产业集群发展体系，固化链条衔接、凸显集聚茶产业集群发展优势，强化内生动力、着力夯实茶产业集群发展后劲等政策启示，围绕做深茶叶产业体系、生产体系、经营体系“三融合”，增强茶产业发展体系的“含量”；做强巩固产业集群、畅通经济循环、推动价值延伸“三条链”，增高茶产业比较优势的“增量”；做活凝聚统筹谋划共识、突出政策扶持衔接、转化科技支撑效能“三种力”，增大茶产业支撑保障的“能量”三个方面探讨推进茶产业振兴，提出加快推进茶产业高质量发展的政策建议，为西部民族地区立足新时代新征程，发挥茶产业作为农业主导产业的作用优势和发展效益，进而助推茶产业高质量发展，为全面推进乡村振兴、加快农业农村现代化夯实产业根基，提供政策参考。

一、茶园建设成效显著

铜仁市依托云贵高原、云山雾海、亚热带高原季风贯穿等得天独厚的自然优势，利用“高海拔、低纬度、多云雾、无污染”的优越自然条件，整合与赋能生态茶产业高质量发展的资源优势、生态优势，实现辖区内十个区县最适宜种茶区域全覆盖。近年来，铜仁市按照选好区域、选好地块、选好茶树品种、选好种植主体“四个选好”的基本要求，严格遵循生态茶园种植标准，选择适宜铜仁本地土质环境的国家级茶树良种；严格实行绿色茶园病虫害防控技术，推广使用脂溶性农药、数字化色板和天敌友好型杀虫灯等新材料新技术；严格管护优质茶园基地，在茶叶产地建立茶园物资管理专柜，统一配送茶园专用投入品，从源头管控茶叶质量安全，以最严格的管护标准打造优质茶基地。截至2023年年底，铜仁市建成了一批高标准茶园基地，产业基础不断夯实。拥有生态茶园基地153万亩①，茶园规模位居贵州省第二位，建有高品质抹茶原料基地3万余亩，

① 亩为非法定计量单位，1亩≈667平方米，下同。

形成了印江、松桃、江口梵净山旅游观光茶区，沿河、德江、思南乌江特色茶区和石阡苔茶茶区四大茶叶产业带，形成了以江口县为重点的抹茶生产加工产业集群。茶园管理绿色防控率达到 90%以上。

二、产业主体培育成群

铜仁市深入践行“绿水青山就是金山银山”的发展理念，按照“稳面积、优品种、提单产、强加工、树品牌、兴文化、促销售、增效益”的发展思路，突出梵净山茶“做强优势”，突出梵净抹茶“做大特色”，突出古树茶开发利用“做实高端”，坚定不移把生态茶产业作为绿色产业、富民产业来重点打造，深入推进生态茶产业发展提质增效、转型升级，举铜仁市之力推进生态茶产业发展，基本形成从“基地到加工、市场、品牌、文化、旅游”全产业链发展。截至 2023 年年底，铜仁市成功引进或培育贵茶集团、贵州印江宏源公司、贵州梵锦茶业公司等多家知名茶叶企业，拥有生态茶产业产茶重点县 7 个、乡镇 118 个、村 1 230 个，培育有机茶叶企业 499 家、茶叶专业合作社 478 家，规模以上茶叶企业 54 家，获得直接出口资质的茶叶企业 24 家。建设碾茶初制生产线 30 条，拥有世界最大单体抹茶生产车间，以及全球最先进的抹茶精制生产线 2 条，年产抹茶近 1 000 吨，形成了产业链上下游“多集群”发展的抹茶产业新格局，构筑了“抹茶龙头企业＋碾茶生产企业＋上游联盟企业”的农业经营主体联合体，促进抹茶生产精深加工，带动本土茶业龙头企业集群抱团发展。

三、生产开发技术升级

铜仁市不断建立健全茶产业全产业链标准化生产技术体系，市内生产加工的梵净山茶系列产品，每年经农业农村部及省、市有关检测机构检测，合格率均达 100%。梵净山茶采用传统工艺与现代科技精制而成，经农业农村部茶叶质量检测中心和贵州省农产品质量检验检测中心多年检测，茶叶中水浸出物含量达 38%～47.8%，茶多酚含量达 16.7%～31.5%，氨基酸含量达 3.1%～10.6%，茶香持久、鲜爽醇厚。近年来，铜仁市主动适应多元化市场消费需求，依托铜仁市干净茶、健康茶、有机茶的品质优势，结合本土民族特色，创新开发茶类饮品、茶类食品、茶类化妆品、茶类护肤品、茶类创意产品等系列衍生产品。石阡、江口两县分别获批成为省级

“出口茶叶质量安全示范区”，印江县获得农业农村部命名的首批“国家农产品质量安全县”，思南县获批“国家级茶叶出口质量安全示范区”。

四、品牌文化构筑有力

铜仁市爱茶、嗜茶、种茶、制茶历史悠久，保存了原生态的民族茶食、茶饮、茶俗、茶事、茶礼，现今仍有7万余株珍稀古茶树，其中，拥有成片古茶树林千余亩，拥有千年以上古茶树132余株、五百年以上古茶树6 300株、百年以上古茶树6.4万株。铜仁“梵净山茶”成功打造了由绿茶、红茶、抹茶、白茶、黑茶等系列产品为支撑的区域公共品牌矩阵，并已获得国家地理标志保护产品和中国驰名商标认证，已成为贵州省规模最大的茶叶区域公用品牌。在2022年中国茶叶区域公用品牌价值评估中，“梵净山茶”品牌排名全国第30位，品牌价值35.2亿元。在2023年中国茶叶区域公用品牌影响力指数排名中，“梵净山茶”排名第12位，品牌影响力指数为742.48；“石阡苔茶”排名第37位，品牌影响力指数为627.59。近年来，铜仁市被授予“中国抹茶之都”“抹茶文化研究中心”“中国高品质抹茶基地”，印江、松桃等县被授予“中国名茶之乡”，石阡被授予“中国苔茶之乡”，沿河被授予“中国古茶树之乡”。铜仁市茶叶系列产品在国内各类茶叶评比活动中屡获金奖，品牌竞争力与影响力不断增强，品牌公认度与美誉度大幅提升。铜仁市定期举办梵净山国际抹茶文化节、梵净山抹茶大会等大型茶事活动，被中央电视台、人民网、新华网、中国日报、机场等权威媒体平台宣传千余次。铜仁市依托区域生态环境资源、民族特色等优势，建设“梵净抹茶特色小镇”，打造集抹茶产业、文化创意、购物娱乐、休闲旅游等于一体的中国抹茶特色小镇。

五、产业利益互建互享

铜仁市紧紧围绕“稳面积、提单产、强加工、树品牌、促销售、增效益”的茶产业发展思路，不断延长产业链、拓宽供应链、提升价值链，不断推进传统茶产业转型升级和茶产业高质量发展，优化完善茶产业利益联结机制，以茶叶类龙头企业为引领，建立健全“茶叶类龙头企业＋村集体经济组织＋茶农”“茶叶类龙头企业＋合作社＋茶农”“茶叶类龙头企业＋茶农”等利益联结模式，拓宽茶业订单合作渠道，茶叶类龙头企业按照协议约定提供茶青、劳务和初制产品，获取产品销售收入或劳务收益，带动联盟企业、专业合作社和农户在共促茶产业发展中实现资源优势互补、利益共建共享，带动周边农户就业与增收效果明显。

六、存在的问题与挑战

近年来，铜仁市茶产业为地方经济社会发展带来较为显著的经济效益、社会效益、生态效益，但是，目前茶产业尚未推动铜仁市发展为茶业强市，铜仁市茶产业高质量发展之路仍然面临诸多不足与挑战。鉴于此，创新提出铜仁市茶产业发展“SWOT－PEST”的组合模型（表 15－1），较为清晰、全面、系统地展示铜仁市茶产业在政治、经济、社会、科技各领域所面临的优势、劣势、机遇与挑战。

从外部环境来看，国际贸易市场复杂严峻，疫情防控曾经阻滞市场流通，招商引资困难，茶企融资难、融资贵，社会化服务不够畅达等。从内生因素而言，茶产业市场核心竞争力韧性不足，品牌溢价能力不强，产业结构不协调，产品创新研发力度不够，茶叶资源利用率亟须提高，全产业链亟待优化等。未来要充分发挥茶产业高质量发展的绝对优势与比较优势，抓住时代、政策与市场赋予的发展机遇，加快补足国内国际“双循环”发展大背景下的现有短板，聚力将外部环境挑战转化为高质量发展的内生动力。

表 15－1 铜仁市茶产业发展“SWOT－PEST”组合模型分析

观测指标	政治	经济	社会	科技
优势	①各级党委政府高度重视茶产业发展；②茶产业是农业的重要组成部分，是全球重要的农产品之一，是中国的传统产业和重要出口商品之一；③茶产业是我国的生态产业、特色产业、富民产业；④茶产业是助力乡村振兴、助推农业现代化的农业特色优势产业；⑤地方党委政府积极召开工作会议，出台实施方案研究支持茶产业发展	①茶产业生态经济发展环境优良；②茶产业链赋能经济多环增值；③上级农业支持保护补贴资金扶持；④茶业类农业产业化龙头企业经济带动；⑤茶业类企业培育项目扶持	①中国茶文化源远流长；②茶叶主产区森林覆盖率高，空气质量优良；③茶叶主产区种茶、制茶、饮茶历史悠久；④茶叶主产区生态茶园建设符合国家标准；⑤茶企联盟不断巩固壮大；⑥茶产业惠民带动效应明显	①拥有全球最大的抹茶精制综合单体车间；②拥有世界一流的抹茶自动化生产线；③建有抹茶全产业链标准化生产技术体系；④制定了有机茶叶系列地方标准

（续）

观测指标	政治	经济	社会	科技
劣势	—	①国内国际贸易市场核心竞争力亟待加强；②茶叶品牌溢价能力亟待提升；③茶叶类产品市场占有率有待提高；④茶产业集群亟需强化	①茶产业结构尚待优化；②茶产业社会化服务不够畅达；③茶叶品牌社会竞争力和知名度有待加强	①茶叶全产业链高质量发展技术研究相对滞后；②茶叶系列产品科技含量相对偏低
机遇	①党和国家高度重视“三农”工作；②历年中央1号文件支持；③国家有关部委出台指导意见支持；④茶叶类标准不断健全完善	①东西部结对帮扶；②粤港澳大湾区建设助推合作；③长江经济带发展促进合作；④成渝地区双城经济圈带动合作；⑤黔中城市群夯实经济发展基础	①全民茶饮健康养生理念逐渐深化；②茶文化不断弘扬与传承；③“茶业＋研学”体验活动盛行；④广大消费者认可与热爱	①科研机构长期合作支持茶产业发展；②消费需求多元化刺激茶叶开发技术升级
挑战	①外部环境变化影响茶产业发展战略与规划的调整；②国内国际市场环境波动影响地方对茶产业发展的研判；③支持茶业经营主体高质量发展的思想、观念、格局及公共服务有待进一步打开与拓展	①外部经济环境复杂严峻；②国际市场对国内市场的冲击与波动；③疫情防控及后疫情时代市场环境影响；④招商引资困难；⑤茶企融资难、融资贵	①消费需求结构尚未满足；②茶文旅融合韧性不足；③茶业类经营管理等高端人才缺乏；④茶企发展信心不足	①茶叶资源利用率有待持续提高；②茶叶加工产能亟待大幅提升；③茶叶类衍生产品创新研发力度亟须加大

第三节　农业主导产业发展的效益分析

自党的十八大召开以来，历年中央1号文件关于发展县域富民产业、打造农业全产业链、推进农村三产融合、培育优势特色产业集群的关注度、重视度、落实度越来越高。农业产业集群高质量发展是全面推进乡村振兴的重点根基，是加快推进农业农村现代化的必要前提，是促进农民农村共同富裕的内生动力。离开产业单一谈经济发展与高质量发展都犹如

“无源之水、无本之木”。茶产业是我国的生态产业、特色产业、富民产业，具有链条“长”、资源“富”、优势“显”、绿色“足”、文化“特”的农业全产业链性质，决定了“多方支持、多头参与、多元经济、多维受益”的“共同体”价值向度与实践进路。

在我国已迈向高质量发展阶段，处在“两个大局”交织、“两个一百年”交汇的重要历史时代节点，研究茶产业集群的经济带动效益，有助于激活农业全产业链、畅通产业经济“双循环”、繁荣区域经济发展，为全面推进乡村振兴、加快推进农业农村现代化、促进农民农村共同富裕提供坚实保障。贵州是中国茶叶原产地，铜仁是国家级绿色农业示范区、农业标准化示范区及贵州茶主产区，铜仁市将茶产业集群作为农业产业化百亿级十大集群纳入“2035年远景目标纲要”。本书选取具有案例代表意义与参考价值的铜仁作为研究区域，研究茶产业集群经济带动效益，揭示发展困境，探寻实践路径，将为地方党委和政府推动茶产业集群高质量发展提供政策参考与决策依据，具有理论意义和实践意义。

一、文献回顾

近年来，关于农业产业集群的研究受到学术界与政界的广泛关注，纵观现有各类研究文献可以看出，既有文献在聚焦农业产业集群的发展效益、发展困境、影响指标、发展路径等方面开展了比较丰富的研究，形成了比较统一的观点，这些丰富的研究成果为本小节创新研究视角、补充研究区域、丰富研究内容、优化政策建议提供了比较坚实的理论参考与经验借鉴。

在农业产业集群的发展效益方面，诸多学者普遍认为，发展农业产业集群是推动农业经济高质量发展的重要形式和必然趋势。农业产业集群具有较强的内生性和自组织规律（吕蕊等，2019），能够有效促进乡村经济重构与转型、实现农业品牌价值共创（张月莉等，2022），其中的主要原因是耕地质量决定农村土地产出率，影响农村一二三产的联动效应与可持续发展（黄厅厅等，2017），培育家庭农场等新型农业经营组织能够显著提升农业经济效益（黄厅厅等，2020），同时有效的地方农业产业支持政策也加快了农业产业的集群发展。因而，农业产业集聚能够促进地区农业经济高质量发展。虽然发展农业产业集群会带来许多绝对优势与比较优势，但不同区域在不同发展阶段也会遇到不同发展困境，一些学者关注到政府引导力度不足、生产经营成本较高、物流体系建设不畅、生产管理水平滞后、融资难融资贵、乡村公共服务短缺等瓶颈制约，加之各种风险交织叠加，导致农业产业集群发展竞争优势不明显，处于全球价值体系低端（黎梓生，2021；黄厅厅，2020）。进而，有学者就从不同维度思考农业产业集群发展的影响因素，构建了一些影响指标，考虑到评价指标的选取与构建会影响评价结果的差异程度（黄厅厅等，2017），所以在农业产业集群发展的影响指标方面，下面这些学者就提出宏观政策引导、农业投入水平、农业产出水平、经济发展水平、技术创新水平、城市化率水平、基础设施建设水平、教育发展水平、经济效益水平、社会发展水平、绿色发展环境水平、标准生产技术水平、农业经营规模、市场经营主体规模、经营主体示范认定、经营主体距乡镇距离等都是农业产业集群发展的驱动因素与关键推力（王薇等，2021；黄厅厅等，2023）。基于此，在农业产业集群的发展路径方面，需要统筹协调好农业技术、资本、人力、制度以及基础设施等投入要素（黄厅厅等，2020；2022），推动农户、产业、技术、制度、空间“五位一体”协同演化（李二玲，2020），多渠道激发区域涉农中小微民营企业新动能（黄厅厅，2020），挖掘产业发展空间，突破产业结构升级，丰富产业业态模式（黄厅厅等，2020），促进小农户与现代农业发展之间的有机融合与衔接，进而推动农业经济高质量发展。

综上所述，关于农业产业集群领域研究文献所积累的研究成果，无疑为地方党委和政府推动农业产业集群发展作出了较大的理论贡献，但由于目前研究难以对不同区域促进农业产业集群发展形成针对性强、可信度高、操作性强、可持续性好的政策建议与推进措施，立足新发展阶段，关于农业产业集群选题仍有诸多研究空间，亟待面向高质量发展向纵深推进。鉴于此，本小节在以下几个方面尝试做出新的突破。在研究视角上，现有关于农业产业集群的研究尚未引入“治理共同体”这一研究视角，茶产业是一个拥有全产业链的农业产业，着眼“治理共同体”视域研究茶产业集群经济带动效益，是茶产业发展的时代使然。在研究区域上，过去大多数研究是站在宏观层面研究农业产业集群，选取具有山地地缘特征和民族特性的类似铜仁这样的地级市作为研究区域的文献较少。在研究内容上，截至目前聚焦拥有丰富全产业链的茶产业研究产业集群经济带动效益的文献尚不多见。在政策建议上，鉴于不同区域资源禀赋的差异性决定了茶产业集群高质量发展的差异化路径，由此，提出治理共同体视域下提升茶产业集群经济带动效益的差异化路径，提高决策参考的服务性水平。

二、研究设计

（一）计量模型构建

假定茶产业集群发展是一种新的生产函数，是由多种生产要素组合构成，则可以构建如下函数式：

$$Y = F(X_1, X_2, X_3, \cdots, X_n) \tag{15.1}$$

为进一步实证分析茶产业集群经济发展的影响因素，结合研究区域数据资料的可获得性、可量化性、可代表性，构建茶产业集群经济发展的实证分析模型如下：

$$\begin{aligned} GDP_{i,t} = C_i &+ \alpha(T-TECH)_{i,t} + \beta(T-Scale)_{i,t} + \\ &\gamma(T-Output)_{i,t} + \delta(RT-Output)_{i,t} + \\ &\varepsilon(T-OPR)_{i,t} + \zeta(T-PUB)_{i,t} + \mu_{i,t} \end{aligned} \tag{15.2}$$

在式（15.2）中，$GDP_{i,t}$表示经济发展水平；$(T-TECH)_{i,t}$表示茶产业技术创新能力；$(T-Scale)_{i,t}$表示茶产业面积规模、$(T-Output)_{i,t}$表示茶叶产量、$(RT-Output)_{i,t}$表示精制茶产量、$(T-OPR)_{i,t}$表示从事茶产业经营的新型农业经营主体、$(T-PUB)_{i,t}$表示茶产业品质、品牌宣传推广传播的认可度与影响力；C_i表示常数项；α、β、γ、δ、ε、ζ分别表示各变量影响系数；$u_{i,t}$表示随机扰动项；i表示第i个样本；t表示时期。

考虑到要尽量控制和减少样本数据异方差和量纲问题对实证分析带来的影响，需要对实证变量进行对数化处理，将式（15.2）进一步转换如下：

$$\begin{aligned} \ln GDP_{i,t} = C_i &+ \alpha\ln(T-TECH)_{i,t} + \beta\ln(T-Scale)_{i,t} + \\ &\gamma\ln(T-Output)_{i,t} + \delta\ln(RT-Output)_{i,t} + \\ &\varepsilon\ln(T-OPR)_{i,t} + \zeta\ln(T-PUB)_{i,t} + \mu_{i,t} \end{aligned} \tag{15.3}$$

（二）变量设定说明

一方面，为系统、综合、全面考察茶产业集群的经济带动效益，不仅要看茶产业自身的经济发展水平，同时也应该观测茶产业促进农业产业经济发展的效益，还要放眼茶产业带动地方经济发展的效益。鉴于此，设定如下三类被解释变量。y_1：茶产业产值（$T-Value$），用全年实现的茶产业年产值（单位：亿元）来表示，主要反映茶产业经济发展水平。y_2：第一产业总产值（$AGDP$），用全年实现的农林牧渔业总产值（单位：亿元）来表示，主要反映第一产业经济发展水平。y_3：地区生产总值（GDP），用全年实现的地区生产总值（单位：亿元）来表示，主要反映地区经济发展水平。

另一方面，茶产业集群是一个蕴意丰富的复合概念，贯通茶产业全产业链，不仅体现茶产业种植规模、生产规模、产值规模的变化，茶产业加工尤其是精深加工水平，还涵盖茶产业经营主体的培育壮大及其联盟式发展情况，突出茶产业技术创新发展能力，同时还彰显了茶产业品牌宣传推广的影响力和认可度等。基于此，结合研究区域各变量数据的可获得性和可量化性，选取了以下解释变量。x_1：茶业技术创新能力（$T-TECH$），用茶产业领域制修订的标准数量、发明的专利数量的总数（单位：个）来表示，主要反映茶产业标准建设程度、科技支撑水平、创新发展能力。x_2：茶园面积（$T-Scale$），用年末实有茶园面积（单位：公顷）来表示，主要反映茶产业发展规模。x_3：茶叶产量（$T-Output$），用全年实现的茶叶产量（单位：万吨）来表示，主要反映茶产业生产水平。x_4：精制茶产量（$RT-Output$），用全年实现的精制茶产量（单位：吨）来表示，主要反映茶产业精深精细加工产量水平。x_5：茶业经营主体（$T-OPR$），用从事茶产业经营的新型农业经营主体（单位：个）来表示，包括茶业类农业产业化龙头企业、农民专业合作社、家庭农场等，主要反映茶产业经营主体发展规模。x_6：茶业品牌外宣（$T-PUB$），用全年茶产业领域获奖次数、新闻宣传次数的总数（单位：次）来表示，主要反映茶产业品质、品牌宣传推广传播的认可度与影响力。

（三）数据来源介绍

本小节数据主要来源于 2011—2020 年的《铜仁统计年鉴》《铜仁市国民经济和社会发展统计公报》《铜仁市政府工作报告》《铜仁市农业农村局工作总结》以及铜仁市人民政府官网公布的数据资料。铜仁是 2011 年经国务院批准撤地建市，所以选取 2011—2020 年 10 周年的茶产业相关数据，实证检验铜仁撤地建市 10 年里茶产业集群经济带动效益，既是回望，也是展望，对于下一步地方党委和政府促进茶产业高质量发展、优化茶产业规划布局具有重要决策参考和规划支撑作用。

三、实证分析

（一）变量描述性分析

表 15-2 是茶产业各变量的描述性统计分析结果。总体来看，自 2011 年以来，铜仁市茶业技术创新支撑水平、茶叶产量、茶业经营主体、茶业品牌外宣、茶产业年产值、农林牧渔业总产值、地区生产总值等变量的数据集距均值的偏离程度相对较小，整体变动比较集中和平稳。具体而言，自 2011 年以来，铜仁市茶产业领域制修订的地方标准、发明的专利数量累计达到 158 个，茶产业标准建设程度、科技支撑水平、创新发展能力不断提升。截至 2020 年底，铜仁市年末实有茶园面积为 113 620 公顷，从事茶产业经营的新型农业经营主体达 966 个，且发展规模逐年稳步增多，这说明茶园基地稳步增长，产业基础不断夯实，产业主体逐渐壮大。2020 年，铜仁市全年的茶叶产量为 4.25 万吨，全年精制茶产量为 17 904.8 吨，全年茶产业领域获奖次数、新闻宣传次数超 1 868 次，全年实现茶产业年产值达 119.7 亿元，全年实现农林牧渔业总产值达 497.56 亿元，全年实现地区生产总值达 1 327.79 亿元，且每年都在增长，表明了铜仁市在推动茶叶生产规模趋向稳定增长的同时，茶叶产量稳步增长，茶叶产值不断上升，茶产业产值在第一产业与地区生产总值中的占比不断增高，品牌价值逐年提升，市场拓展成效明显，利益联结受益显著，茶产业品质、品牌宣传推广传播的认可度与影响力不断提升。与此同时，铜仁市茶业技术创新支撑水平、茶产业年产值、农林牧渔业总产值、地区生产总值这四类变量的偏度值略大于 0 为正，数据分布形态略向右偏斜；茶产业发展规模、茶叶产量、精制茶产量、茶业经营主体、茶业品牌外宣这五类变量的偏度值稍小于 0 为负，数据分布形态略向左偏斜。尽管该样本变量数据集的偏度有正有负，但整体都靠近 0，趋近于正态分布。另外，除了茶产业发展规模这一变量的峰度值为正，其他变量的峰度值均为负，表明相比较标准正态分布而言，该样本变量数据集的分布有更轻的尾部。

表 15-2　茶产业有关变量的描述性统计

变量	最小值	最大值	均值	偏度	峰度
T-TECH	37	158	83.10	0.680 8	−0.937 1
T-Scale	51 841	113 620	89 285.00	−0.965 2	1.055 7
T-Output	1.23	4.25	2.97	−0.341 3	−1.149 0
RT-Output	4 163	17 904.8	11 468.01	−0.163 2	−1.122 9
T-OPR	236	966	601.90	−0.047 5	−1.558 8
T-PUB	9	1 868	972.00	−0.295 8	−1.076 6
T-Value	7.79	119.7	60.80	0.003 5	−1.640 6
AGDP	167.3	497.56	320.25	0.102 7	−1.124 8
GDP	357.72	1 327.79	822.87	0.154 5	−1.170 7

（二）变量相关性分析

表 15-3 展示了各变量的相关性矩阵分析结果。由相关性矩阵分析结果可以看出，茶业技术创新支撑水平与茶产业规模、茶业品牌外宣这两个变量通过 5%的显著性水平检验，与茶叶产量、茶业经营主体、茶产业年产值、农林牧渔业总产值、地区生产总值这五个变量通过 1%的显著性水平检验，且方向都为正，表明在其他条件不变的情况下，茶业技术创新支撑水平的提高能够显著促进茶产业规模、茶业品牌外宣影响水平、茶叶产量、茶业经营主体、茶产业年产值、农林牧渔业总产值、地区生产总值的提高。茶产业规模与精制茶产量通过 5%的显著性水平检验，与茶业技术创新支撑水平、茶叶产量、茶业经营主体、茶产业年产值、农林牧渔业总产值、地区生产总值这六个变量通过 1%的显著性水平检验，且方向都为正。意味着在其他条件不变的前提下，茶产业规模的增长会显著提升茶业技术创新支撑水平、茶叶产量、茶业经营主体规模、茶产业年产值、农林牧渔业总产值、地区生产总值。茶叶产量与茶业经营主体、茶业品牌外宣、茶产业年产值、农林牧渔业总产值、地区生产总值挂钩。精制茶产量和茶业品牌外宣通过 5%的显著性水平检验，方向为正，说明加大生产精制茶，可以从某种程度上促进茶业品牌的影响力。茶业经营主体与茶业品

表 15-3 茶产业有关变量的相关性矩阵

变量	*T-TECH*	*T-Scale*	*T-Output*	*RT-Output*	*T-OPR*	*T-PUB*	*T-Value*	*AGDP*	*GDP*
T-TECH	1								
T-Scale	0.675 022 *	1							
	(0.032 225)								
T-Output	0.806 957 **	0.925 166 **	1						
	(0.004 778)	(0.000 125)							
RT-Output	0.258 555	0.747 555 *	0.621 200	1					
	(0.470 728)	(0.012 931)	(0.055 245)						
T-OPR	0.970 370 **	0.820 091 **	0.882 882 **	0.452 904	1				
	0.000 003	(0.003 666)	(0.000 713)	(0.188 703)					
T-PUB	0.759 379 *	0.920 795 **	0.915 655 **	0.660 841 *	0.873 322 **	1			
	(0.010 841)	(0.000 156)	(0.000 200)	(0.037 496)	(0.000 964)				
T-Value	0.948 420 **	0.854 095 **	0.888 614 **	0.494 999	0.995 452 **	0.881 592 **	1		
	(0.000 029)	(0.001 656)	(0.000 588)	(0.145 774)	(0.000 000)	(0.000 744)			
AGDP	0.984 085 **	0.776 547 **	0.868 760 **	0.363 628	0.990 493 **	0.824 858 **	0.981 290 **	1	
	(0.000 000)	(0.008 246)	(0.001 104)	(0.301 659)	(0.000 000)	(0.003 313)	(0.000 001)		
GDP	0.983 529 **	0.785 326 **	0.880 924 **	0.382 638	0.994 028 **	0.852 193 **	0.984 032 **	0.994 114 **	1
	(0.000 000)	(0.007 106)	(0.000 76)	(0.275 139)	(0.000 000)	(0.001 740)	(0.000 000)	(0.000 000)	

注：“*”表示在 0.05 水平（双侧）上显著相关；“**”表示在 0.01 水平（双侧）上显著相关。

牌外宣、茶产业年产值、农林牧渔业总产值、地区生产总值均通过1%的显著性水平检验，方向均为正，表明在其他条件不变的情况下，培育壮大茶业类新型经营主体，能够有效促进茶业品牌影响力、茶产业年产值、农林牧渔业总产值、地区生产总值的提升。茶业品牌外宣与茶产业年产值、农林牧渔业总产值、地区生产总值均通过1%的显著性水平检验，方向均为正，说明在其他条件不变的情况下，提升茶产业品质、品牌宣传推广传播的认可度与影响力，能够显著快速提高茶产业年产值、农林牧渔业总产值、地区生产总值。茶产业年产值、农林牧渔业总产值、地区生产总值各双变量之间均通过1%的显著性水平检验，方向均为正，这意味着在其他条件不变的情况下，促进茶产业产值的增长，能够显著推动第一产业及地方经济发展水平的提高。

（三）实证结果与分析

1. 茶产业集群带动茶业经济效益分析

表15-4是茶产业集群带动茶业经济效益的实证结果。从总体数据分析结果来看，各回归模型中变量的标准误差都普遍较小，说明变量样本平均数比较接近总体平均数，离散程度偏小，分析结果精密度比较高。具体来看，在“1a”回归模型中，茶业技术创新支撑水平变量通过显著性检验，说明在其他条件不变的情况下，茶业技术创新支撑水平能够显著促进茶产业产值提高。在“1b”回归模型中，茶业技术创新支撑水平、茶园面积变量通过显著性检验，说明在其他条件不变的情况下，茶业技术创新支撑水平、茶园面积均能显著促进茶产业产值提升。在“1c”和“1d”两个回归模型中，茶业技术创新支撑水平、茶园面积、茶叶产量均通过了显著性检验，但茶叶产量这一变量的符号为负，说明在茶业技术创新支撑水平、茶园面积促进茶叶产值增长的同时，茶叶生产得越多，并不代表茶叶销售得越快越好，不代表茶叶产值越高。出现这个现状的可能原因有，2011—2020年这十年里，铜仁市茶叶主要销售到省外和国外，可能受到国内经济格局调整、国际经济贸易摩擦，加之疫情突然暴发与不稳定态势等多重原因叠加，引致茶叶产量出现不同程度的剩余，未能正向影响茶产业产值的提升。与此同时，在“1f”回归模型中，茶业经营主体这一变量通过5%的显著性检验，表明茶业经营主体能够显著提升茶叶产值。

表 15－4 茶产业集群影响茶产业经济效益的实证结果

变量	(1a)	(1b)	(1c)	(1d)	(1e)	(1f)
	T－Value	*T－Value*	*T－Value*	*T－Value*	*T－Value*	*T－Value*
T－TECH	15.48***	11.15***	12.88***	13.59***	−1.464	−16.33
	(1.829)	(1.072)	(1.076)	(1.096)	(7.542)	(6.389)
T－Scale		38.12***	59.56***	51.57**	16.21	−9.875
		(6.376)	(9.952)	(10.61)	(19.49)	(13.80)
T－Output			−1.071*	−1.114*	−0.396	0.498
			(0.434)	(0.398)	(0.476)	(0.393)
RT－Output				3.164	−0.413	−3.358
				(2.153)	(2.461)	(1.676)
T－OPR					25.37	51.82*
					(12.63)	(11.08)
T－PUB						−0.975
						(0.314)
_*cons*	−14.93***	−101.3***	−156.1***	−144.7**	−75.46	−30.72
	(2.664)	(14.50)	(24.78)	(23.97)	(39.31)	(26.36)
adj. R^2	0.887	0.979	0.988	0.990	0.994	0.998

注：括号内为标准误差；“*”表示 $P<0.05$，“**”表示 $P<0.01$，“***”表示 $P<0.001$。

2. 茶产业集群促进一产经济效益分析

表 15－5 是茶产业集群促进第一产业经济效益的实证结果。整体来看，各回归模型变量的标准误差均较小，某种程度上说明样本平均数的离散程度较小。具体来看，在“2a”回归模型中，茶业技术创新支撑水平变量方向为正，通过显著性检验，表明在其他条件不变的情况下，茶业技术创新支撑水平能够显著促进第一产业产值增加。在“2b”回归模型中，茶业技术创新支撑水平、茶园面积符号为正，说明茶业技术创新支撑水平和茶园面积能够显著促进第一产业增长。在“2c”和“2d”两个回归模型中，茶业技术创新支撑水平均通过显著性检验，方向为正，意味着在其他条件不变的情况下，提高茶业技术创新支撑水平，加快茶产业领域地方标准的制修订和专利的发明，进一步提高茶产业标准化建设程度、科技支撑水平和创新发展能力，能够高效推动第一产业产值的增长。

表 15－5 茶产业集群影响第一产业经济效益的实证结果

变量	(2a)	(2b)	(2c)	(2d)	(2e)	(2f)
	AGDP	AGDP	AGDP	AGDP	AGDP	AGDP
T－TECH	5.868***	5.038***	5.130***	5.053***	1.837	−5.277
	(0.375)	(0.280)	(0.395)	(0.475)	(4.341)	(5.196)
T－Scale		7.311**	8.453	9.320	1.763	−10.72
		(1.667)	(3.653)	(4.600)	(11.22)	(11.22)
T－Output			−0.057 0	−0.052 4	0.101	0.529
			(0.159)	(0.173)	(0.274)	(0.319)
RT－Output				−0.343	−1.107	−2.517
				(0.933)	(1.416)	(1.363)
T－OPR					5.421	18.08
					(7.269)	(9.010)
T－PUB						−0.467
						(0.255)
_cons	2.908***	−13.66**	−16.58	−17.81	−3.014	18.39
	(0.546)	(3.790)	(9.095)	(10.39)	(22.63)	(21.44)
adj. R^2	0.964	0.989	0.988	0.986	0.984	0.990

注：括号内为标准误差；“*”表示 $P<0.05$，“**”表示 $P<0.01$，“***”表示 $P<0.001$。

3. 茶产业集群推动地区经济效益分析

表 15－6 是茶产业集群推动地区经济效益的实证结果。总体来看，各回归模型变量的标准误差较小，说明样本平均数的集中程度较好，表明分析结果的精密度比较高。具体而言，在“3a”回归模型中，茶叶技术创新支撑水平方向为正，通过显著性检验。在“3b”回归模型中，茶业技术创新支撑水平、茶园面积符号为正，且均通过显著性检验，说明茶业技术创新支撑水平、茶园面积能够显著促进地区生产总值增长。在“3c”和“3d”两个回归模型中，茶业技术创新支撑水平均通过显著性检验，表明促进茶产业标准化、规范化建设，提高茶产业技术创新水平，能够显著助推地区生产总值的增高，有效促进地方经济快速发展。同时，在“3e”回归模型中，茶叶产量、茶业经营主体两个变量方向为正，且均通过 5%的显著性检验，表明在其他条件不变的情况下，茶叶产量、茶业经营主体均

能够显著促进地区生产总值提高，说明茶产业作为铜仁市特色优势主导农业产业，其产量规模、经营主体规模会显著影响地区经济发展水平。

表 15-6　茶产业集群影响地区经济效益的实证结果

变量	(3a)	(3b)	(3c)	(3d)	(3e)	(3f)
	GDP	*GDP*	*GDP*	*GDP*	*GDP*	*GDP*
T-TECH	7.152***	6.057***	5.986***	5.988***	−2.035	−3.770
	(0.465)	(0.278)	(0.394)	(0.480)	(2.372)	(3.907)
T-Scale		9.643***	8.771	8.749	−10.10	−13.15
		(1.655)	(3.644)	(4.650)	(6.131)	(8.436)
T-Output			0.043 6	0.043 5	0.426*	0.530
			(0.159)	(0.175)	(0.150)	(0.240)
RT-Output				0.008 57	−1.898	−2.242
				(0.943)	(0.774)	(1.025)
T-OPR					13.52*	16.61
					(3.972)	(6.774)
T-PUB						−0.114
						(0.192)
_*cons*	2.880**	−18.98**	−16.75	−16.72	20.20	25.42
	(0.677)	(3.764)	(9.072)	(10.50)	(12.37)	(16.12)
adj. R^2	0.963	0.993	0.992	0.990	0.997	0.996

注：括号内为标准误差；“*”表示 $P<0.05$，“**”表示 $P<0.01$，“***”表示 $P<0.001$。

四、研究讨论

基于前述研究，得出如下研究结论。

第一，茶业技术创新支撑水平、茶园面积、茶叶产量、茶业经营主体、茶业品牌外宣、茶产业年产值、农林牧渔业总产值、地区生产总值等变量整体分布比较集中，变量间存在不同程度的显著相关性；回归模型估计结果的精密度比较高，但各被解释变量对茶产业产值、第一产业产值、地区生产总值的影响系数及其显著性存在一定差异性。

第二，茶业技术创新支撑水平、茶园面积、茶业经营主体在不同模型假定情况下，能够显著促进茶产业产值的提高，进而推动第一产业产值的提升，助推地区生产总值的增长。虽然铜仁市茶产业已逐步形成产业集群，但产业链衔接还不够稳固，供应链合作还不够顺畅，价值链集成还不够高端，各变量的影响出现不均衡性，茶产业集群经济带动效益仍有较大提升空间。

第三，茶产业产值、第一产业产值、地区生产总值等解释变量尤其是茶叶产值容易受到国内国外各类风险挑战交织叠加的干扰影响，诸如国内经济格局调整、国际经济贸易摩擦、疫情等突发公共事件暴发等影响因素的制约，尤其是在新冠疫情等危机影响下所受到冲击的深度与广度更大。

第四节 农业主导产业发展的品牌推广

基于前述茶产业发展现状分析、问题分析、效益分析，探索铜仁市茶叶品牌推广的实践路径，充分发挥茶叶品牌所蕴含的增值、促销、信誉、形象、旗帜、利益、价值、文化、个性等重要属性，强化茶叶品牌对于联农带农强农的引领作用，亟需在品牌“宽度”推广上塑造品牌知名度，在品牌“深度”推广上提升品牌认同度，在品牌“高度”推广上筑牢品牌效益度，推动各级各类农业经营主体在共享资源、共建链条、共用品牌中更多分享茶叶品牌推广带来的增值收益。

一、在品牌“宽度”推广上孜孜不倦，塑造品牌知名度

树立良好的企业形象、产品形象、品牌形象，建立起品牌知名度，是品牌推广的重要基础和首要任务。塑造铜仁茶叶品牌知名度，需要载体先行、品牌树立，实质上是要创响茶叶品牌以获取市场上的流量广度，增强茶叶品牌的传播力和吸引力，群策群力在品牌“宽度”推广上见实效。铜仁市茶叶品牌“宽度”推广实践路径模型如图 15－1 所示。

（一）宣传媒体广覆盖，增强品牌推广的“可及性”

媒体应立足受众所需、受众所想、受众所用，贴近区域茶产业发展需求导向，树立“受众在何处，宣传工作的着力点和落脚点就要放在何处”的服务定位，厚植区域茶叶品牌特色，增强媒体推广的“可及性”。整合新旧媒体搭配，构建“官方媒体＋第三方媒体”的宣传矩阵，发挥“中央媒体、省级媒体、市级媒体、县级媒体”四级媒体中心融合的联动作用，

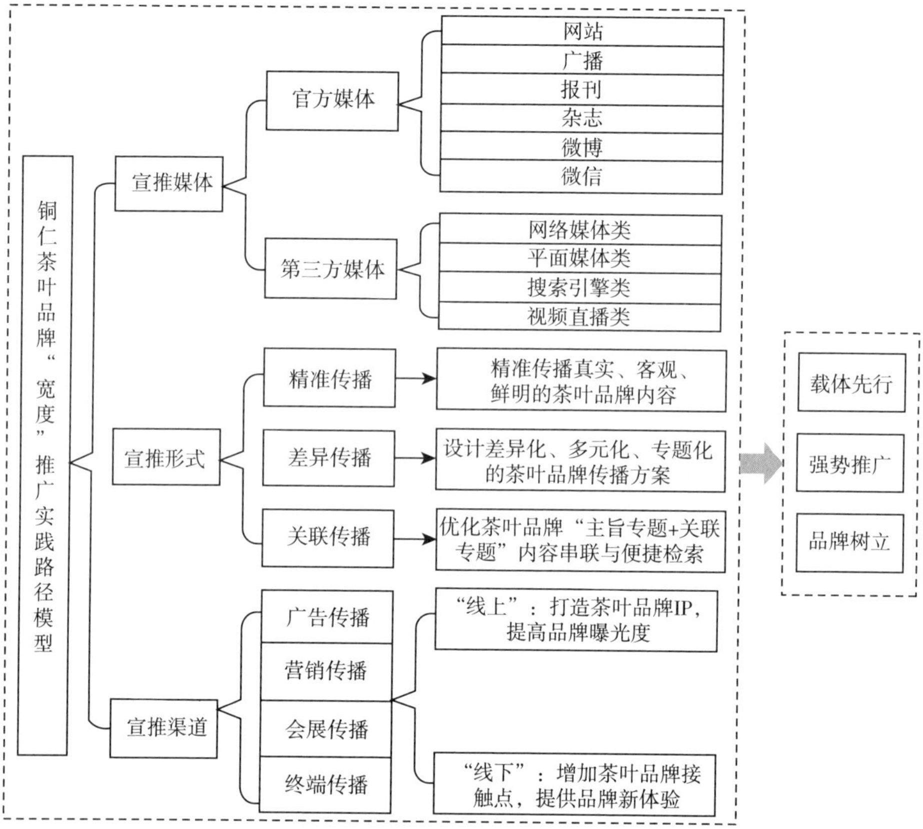

图 15-1　铜仁茶叶品牌“宽度”推广实践路径模型

围绕节点、突出重点、打造亮点，充分运用图片、文字、视频、实物、模型、互动、体验等多种展示手段和元素，全方位、多角度、全景式地宣传、展示、呈现铜仁茶叶品牌的名称、定位、特色及其标志产品，在社会上掀起推广铜仁茶叶品牌的热潮，通过茶叶品牌推广的舆论与流量快速获取受众的认知与信任，进而塑造铜仁茶叶品牌知名度。

（二）宣传形式分层次，增强品牌推广的“共享性”

第一，推动“精准传播”。发挥主流舆论的导向、旗帜、引领作用，精准传达市委、市政府关于茶叶品牌推广系列部署的重要精神，精准传播真实、客观、鲜明的茶叶品牌内容，引导公众精准获取茶叶品牌价值信息。第二，推动“差异传播”。统筹兼顾受众“能用、会用、常用”媒体的实际，发挥“报、网、端、微、屏”多平台资源聚合的媒体方阵优势，设计差异化、多元化、专题化的铜仁茶叶品牌传播方案，提升个性化制作、可视化呈现、互动化传播的共享空间。第三，推动“关联传播”。促进“平台—用户—内容”融为一体、合而为一，优化铜仁茶叶品牌“主旨专题—关联专题”的内容串联与便捷检索，整合茶叶品牌信息资源的优化配置，拓宽信息传播的可达面与共享面。

（三）宣传渠道立体化，增强品牌推广的“连通性”

宽渠道、分众化、立体化营造好宣传推广铜仁茶叶品牌发展的软环境，注重茶叶品牌宣传“面上”广度拓展、“线上”分类引导、“点上”示范带动。定位目标区域，通过拓展“线上＋线下”多渠道与博览会、交易会、展览会等多平台，连通“广告传播（媒介广告、网络广告、消费广告等）、营销传播（节日营销、事件营销、文化营销等）、会展传播（展销会、品鉴会、发布会等）、终端传播（门店、超市、电商等）”立体化宣推渠道，通过“线上”社交属性打造铜仁茶叶品牌 IP，提高品牌曝光量，通过“线下”互动接触增加铜仁茶叶品牌接触点，提供品牌新体验，进而营造浓厚的茶叶品牌宣传声势，满足受众的多元化需求。

二、在品牌“深度”推广上绵绵用力，提升品牌认同度

增强品牌美誉度和品牌忠诚度，提升品牌认同度，是品牌推广的核心要义和根本任务。提升铜仁市茶叶品牌认同度，需要口碑相传、流量驱动，促进茶叶品牌深入受众之心，提升茶叶品牌在受众心中的影响程度，进而提升品牌美誉度、品牌忠诚度，增强茶叶品牌的竞争力和公信力，笃定笃行在茶叶品牌“深度”推广上求突破。铜仁市茶叶品牌“深度”推广实践路径模型如图 15－2 所示。

（一）嵌入地域文化元素，升华品牌内涵与外延，强化品牌推广的“共情力”

以铜仁茶叶品牌文化为宗旨，建立茶叶品牌和受众之间的情感联结因素，积极推动茶叶品牌推广与铜仁民族、乡村特色文化产业发展相结合，在茶叶品牌推广中嵌入铜仁农耕文化、民族文化、饮食文化、红色文化等元素，挖掘与丰富茶叶品牌在“茶品”“茶文”“茶教”“茶艺”“茶技”“茶理”“茶道”中的内涵与外延，加快茶叶品牌在优秀文化传承中的转化和开发，嵌入地域文化元素、色彩巧妙搭配、图形奇特设计以优化包装设

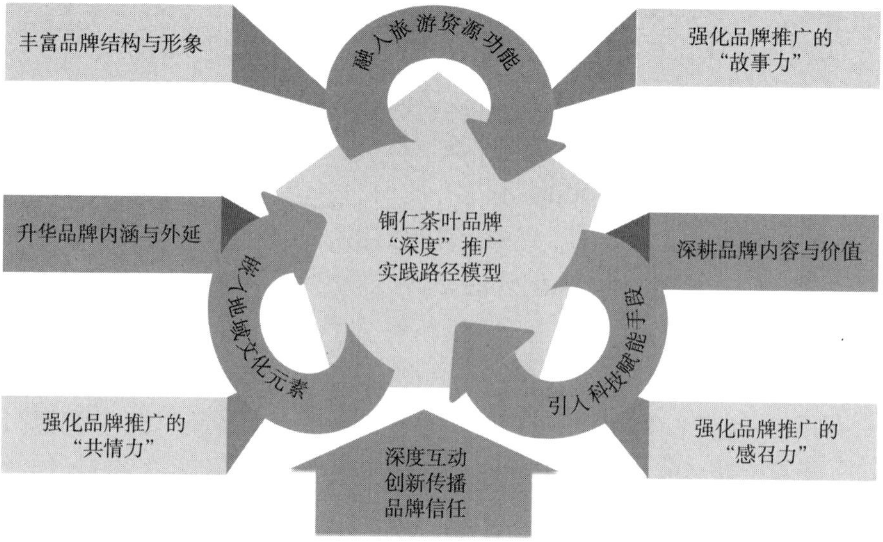

图 15－2 铜仁茶叶品牌“深度”推广实践路径模型

计，丰富集聚地域文化创意的茶叶品牌，通过宣传、传播、推广品牌文化，让广大受众了解、知晓、熟悉、满意、认同铜仁茶叶品牌的内涵，进而提升受众口碑，培育具有广泛“共情力”的茶叶品牌。

（二）融入旅游资源功能，丰富品牌结构与形象，强化品牌推广的“故事力”

依托铜仁旅游产业发展规划与趋势，发挥旅游资源的历史、环境、文化、休闲、餐饮、购物等多维功能，激发旅游资源活力，带动茶叶品牌推广转型，推动茶叶品牌进景区、进展厅、进会场、进酒店、进车站，扩大资源供给，配置、协调对茶叶品牌推广的贡献。结合市场需求变化，调整与优化茶叶产品品牌结构与形象，讲好铜仁茶叶品牌系列故事，传播茶产业作为民生产业所带来的正能量，塑造能打动受众、获得受众信赖和认同的茶叶品牌故事，促使铜仁茶叶品牌故事生动、形象、丰富起来，使之广为流传，赢得人心，赢得市场。

（三）引入科技赋能手段，深耕品牌内容与价值，强化品牌推广的“感召力”

坚持以“多元化开发、多层次利用、多业态融合、多环节增值”为目标导向，引导号召铜仁茶企加快茶业技术集成应用，加快研发技术升级与突破，推进精深精细加工，提升茶叶系列产品附加值；加强品牌合作与联盟，促进茶叶品牌在三产融合中的互动，推动茶叶品牌在科技、教育、文化、研学、康养、旅游等领域的深度融合与拓展运用；提升茶叶品牌增产、增值、增效的转化空间，增强茶叶品牌的流通效率，扩大茶叶品牌市场占有份额，增强茶叶品牌可持续发展的内生动力；实现茶叶产品内容化、茶叶品牌价值化，通过与受众深度互动，让受众从内心深处体验、认可、接受、赞美铜仁茶叶品牌，增强铜仁茶叶品牌的满意度和信任度。

三、在品牌“高度”推广上久久为功，筑牢品牌效益度

基于品牌知名度和品牌认同度，提高品牌效益，是品牌推广的最终目的和关键任务。筑牢铜仁市茶叶品牌效益度，需要加强管护、提升效益，提高茶叶品牌销售力，提升茶叶品牌溢价能力，增强茶叶品牌的创造力和发展力，善作善成，在茶叶品牌“高度”推广上下功夫。铜仁市茶叶品牌“高度”推广实践路径模型如图15－3所示。

（一）优化完善茶叶品牌管护的顶层设计

第一，制定铜仁茶叶品牌战略规划，明确茶叶品牌战略定位，倡导“区域公用品牌＋茶企品牌＋茶叶产品品牌”发展共同体理念，完善“政府负责引导、部门具体指导、行业组织监管、使用主体维护、社会积极参与”的茶叶区域公用品牌管护机制，支持制定茶叶品牌相关地方标准，参照食品安全金字塔和茶叶产品质量评价体系，建立茶叶品牌质量评价体系，深入推进区域公用品牌推广的制度设计与运行监管，加大区域公用品牌保护力度，规范品牌保护范围，严格品牌授权管理。第二，优化铜仁茶叶品牌推广配套政策，引导资金、技术、人才、信息、组织等资源保障要素与茶企品牌推广联动、向茶叶品牌推广倾斜，设立茶叶品牌推广扶持基金，组建茶叶品牌推广专家顾问团队（智库），将品牌使用主体关于品牌维护的具体表现纳入茶业经营主体茶叶基地开发、茶叶厂房建设、加工设备购买、关键技术研发、产品创新开发等发展项目的奖补范围，纳入茶业经营主体各类“评级评奖评优”、参展参赛、产销对接、进修培训等茶事活动的推荐条件，对贡献突出的茶业经营主体在财政金融、专家咨询等方面给予重点支持。第三，健全铜仁茶叶品牌推广体系，依托铜仁地缘特色优势与文旅融合形象，培育打造“小而精”“小而美”“小而特”的铜仁茶

图 15-3　铜仁茶叶品牌"高度"推广实践路径模型

叶品牌，推动区域公用品牌彰显"辐射力"、茶企品牌突出"影响力"、茶叶产品品牌集聚"竞争力"，着力构筑地域特色突出、功能属性独特的铜仁茶叶区域公用品牌体系。

（二）创新提升茶叶品牌推广的转化效能

第一，提振茶业经营主体关于茶叶品牌推广、品牌维护的信心和决心，使其清晰认识到推广品牌、保护品牌的重要性和紧迫性，积极主动扮演好宣传推广茶叶区域公用品牌的“宣传员”“代言人”“守护者”，共同维护好茶叶区域公用品牌形象。提升茶叶品牌服务意识，为受众提供良好的茶叶专业知识咨询和产品售后服务。强化茶叶品牌的知识产权保护意识，严厉抵制假冒伪劣茶叶区域公用品牌等不正当竞争行为，全力维护好铜仁茶叶区域公用品牌的市场形象。第二，构建“龙头企业＋农民合作社＋家庭农场＋茶农”的茶叶品牌推广联合体，通过产业关联度高、辐射带动力强、发展效益好的多元融合主体凝聚铜仁茶叶品牌推广的强大势能，推动茶叶品牌推广的外部力量转化为茶业经营主体发展的内生动能，为创新拓展茶叶品牌销售渠道、形成线上线下联动营销网络创造条件，进而实现提升茶叶品牌销售力的目的。第三，按照“有标采标、无标创标、全程贯标”要求，严格将茶叶品种质量标准、产地环境标准、农业投入品标准、生产技术规程、产品质量标准等系列标准纳入“全过程、全环节、全链条”标准化管理，通过品牌标准化建设带动品牌合作基地的孵化，依托地方科研院所、园区、企业等平台或主体，打造集“生产＋加工＋科技＋营销＋品牌＋体验”于一体的茶叶品牌创新创业孵化实训基地，创新开拓茶叶品牌推广渠道，推动茶叶品牌发展效能转化。

（三）丰富拓展茶叶品牌溢价的提升空间

第一，重视挖掘茶叶品牌所富含的经济、社会、文化、生态、康养等价值，创新铜仁茶叶品牌产品研发，探索“茶叶＋饮品”“茶叶＋食品”“茶叶＋文创”“茶叶＋刺绣”“茶叶＋纺织”“茶叶＋体验”“茶叶＋调味品”“茶叶＋保健品”“茶叶＋洗护品”等系列创新产品开发，提高茶叶资源利用率，丰富茶叶系列产品类型及其价值集成，扩大市场消费需求。第二，通过树立良好的茶叶品牌形象、厚植新的茶叶品牌内涵，推动铜仁茶叶区域公用品牌系统建设，发挥“农业产业化龙头企业引领、家庭农场和农民专业合作社跟进、广大茶农参与”茶业经营主体发展梯队的区域经济带动能力，完善茶企品牌发展战略，开发产品品牌体系，创新品牌推广组合，提升品牌溢价能力，创造更大品牌价值，巩固与拓展国内国外“两个”市场，畅通茶叶品牌经济“双循环”，推动铜仁茶叶品牌走出山区、进入城市、迈出国门。第三，通过“基地共建、技术共研、订单共商、服务共享、管理共治”多元化方式，以及“育种加、产供销、内外贸、农文旅”一体化模式，合力塑强铜仁茶叶品牌推广体系，建立健全分工协作、优势互补、联系密切的茶叶品牌利益共同体，推动铜仁茶叶品牌实现效率最优化和效益最大化。

第五节　农业主导产业发展的对策建议

结合研究结论，提出以下政策启示。

一、深化要素融合，建立健全茶产业集群发展体系

立足新发展阶段推动茶产业高质量发展，需要坚持问题导向，客观看待当下各区域茶产业的产量与销量、品质与品牌、结构与特色之间存在的差距，清晰认识茶产业占有国内国际“两个”市场份额还不充分、不均衡，及活力不够集聚等不足，亟待推进茶叶产业、生产、经营三大体系优化完善。

（一）面向高质量发展建立健全茶叶产业体系，助推“产业结构融合”

创新推动茶产业与地域文化、山地旅游、生态康养、研学培训、保健食品等深度融合，拓展茶产业功能与作用，覆盖茶叶研发、生产、加工、储运、销售、品牌、体验、消费、服务等农业全产业链各环节，丰富“茶业＋文创＋旅游＋康养＋研学＋保健”等茶产业业态，推动茶产业在衔接一二三产结构上深度融合，提高茶产业加工转化率，增大茶产业加工产值在农业总产值中的占比。

（二）面向高质量发展建立健全茶叶生产体系，助推“生产动能融合”

全面推行绿色生产，深入推进优质茶树品种、绿色防控、茶叶专用肥推广行动，优化高品质茶叶生产结构，大力推广应用茶业新技术、新肥料、新机械和新材料，以高品质绿茶为主，推进茶叶精深加工，加快发展精制茶和饮料，推动茶多酚、茶氨酸、茶皂素等有效成分提取，研发抹茶系列衍生产品、茶类饮品、茶类食品、茶类保健品、茶类护肤品、其他茶类日用品等创新产品，提高茶叶资源利用效率，促进茶产业提质增效。

（三）面向高质量发展建立健全茶叶经营体系，助推“经营主体融合”

统筹布局与实施推动茶叶类农业产业化龙头企业联农带农工程、家庭农场示范培育工程，营造支持鼓励“茶业龙头企业带动＋农民合作社联动＋家庭农场推动＋小农户参与”实现价值共创的政策环境与市场环境，建立健全分工协作、优势互补、联系密切的利益共同体，赋能有爱农情怀、有工匠精神、有创新意识、有社会责任感的新型农业经营主体融合发展，推动茶产业联合体的效益最大化和效率最优化。

二、加强链条衔接，凸显集聚茶产业集群发展优势

依托高海拔、低纬度、多云雾“三要素”的产茶优势，以茶产业高质量发展为突破口，坚守发展和生态两条底线，坚持“生态茶产业深度融合、茶产业业态丰富提升”的发展理念，走“低碳、有机、精品、高端”的特色化、差异化、品牌化茶产业发展路径，不断推进传统茶产业转型升级，构筑茶产业高质量发展新格局。

（一）壮大产业集群，延长“产业链”

结合茶产业战略规划与发展定位，充分发挥茶产业上下游龙头企业、农民专业合作社、家庭农场、行业协会等引领带动和桥梁纽带作用，完善茶叶全产业链条支撑体系，增强茶产业可持续发展措施的执行力，巩固茶产业部门之间的经济技术关联，充分发挥茶产业上下游龙头企业、农民专业合作社、家庭农场、行业社会组织等引领带动和桥梁纽带作用，推动关键技术在茶产业领域的应用与转化，创新开发茶产品内部结构的拓展空间，创新茶产品创意设计与开发，创新开发茶叶系列特色食品、衍生产品，优化茶产品结构，强化茶业“产业链”。

（二）畅通经济循环，拓展“供应链”

拓展“数字经济”在茶产业链条中的转化升级服务，推动生产商、供应商、消费者、服务端等形成有机循环，深化东西部合作，打通茶产业市场经济循环供应环节的堵点，补齐专业化程度不强、综合性服务不足的短板，促进茶叶精深精细加工增值、增产、增效的转化，提升茶产品的生产效率与流通效率，推动茶产业由“初散加工”向“精深加工”转变，由“数量密集型”向“质量效益型”提升，由“传统喝茶”向“现代吃茶”延伸，拓展茶产业“供应链”。

（三）推动价值延伸，提升“价值链”

推动茶产品精深加工环节的标准化体系建设与专业化生产，促进茶叶在产品要素投入与产业价值分工中不断提升附加值水平，集聚茶产品新的规模经济与竞争优势，以“茶产业+”为主题，构建集休闲度假村、特色小城镇等模式于一体的多层次复合型山地生态茶产业体系，增强生态茶产业体系、生产体系、经营体系的层次感、复合度、互构性，提升茶产业“价值链”。

三、强化内生动力，着力夯实茶产业集群发展后劲

凝聚产业发展自信与共识，集中力量在“质量立茶、科技兴茶、品牌强茶、文化传茶”的茶产业高质量发展道路上下功夫，巩固乡村发展，稳定“三农”的基本盘。牵头单位、责任部门、配合机构等要建立健全联席联动机制，聚合推进茶产业高质量发展的合力，优化完善支撑保障。

（一）强化统筹协调，增强茶产业发展“凝聚力”

优化茶产业领导小组工作专班工作机制，健全完善“农业农村部门牵头抓总、相关部门协调配合、茶业类经营主体积极支持、社会力量和农民群众广泛参与”的推进机制，提高任务的执行效率。构建“智库共同体”，引导支持专家学者围绕茶叶等“三农”发展全局、战略规划、重点难点问题积极建言献策，发挥好智库决策咨询功能，为茶产业高质量发展出思想、谋战略、提对策。挖掘典型案例并宣传推广，着力营造推动茶产业高质量发展的“软环境”，推动茶产业高质量发展的“示范性”转化为发展的“生产力”。

（二）强化政策扶持，增强茶产业发展“引领力”

提升政策建议与扶持对策的前瞻性、科学性、可持续性，把茶产业作为推进乡村振兴加快农业农村现代化的主要力量，作为民生工程来抓，确保逐步完善土地、资金、人才等要素支撑的政策措施，加强政策设计内容之间的衔接性与密切度，突出目标考核、项目评估、奖惩机制的合理性与科学性，增强工作的积极性与创造性，发挥好考核工作的导向、激励和约束作用，形成有效推进茶产业可持续发展的聚合力量。

（三）强化科技支撑，增强茶产业发展“竞争力”

抓住茶产业发展生产力与创造力的关键，探索建立“茶企为主体、市

场为导向、政产学研互助”的茶业技术协同创新支撑体系，发挥乡村公共服务平台支撑农业产业发展的作用，强化科研项目扶持与科技人才服务的“力度”与“温度”，不断提高茶业绿色全要素生产率和技术利用效率，加大科研项目扶持与科技人才服务力度，加强茶业类科技成果的转化与应用，做优茶产品品质提升关键技术的研究与示范（黄厅厅等，2022）。加快茶产业全产业链高质量发展技术研发，丰富“茶品”“茶文”“茶教”“茶艺”“茶技”“茶理”“茶道”的内涵与外延，不断巩固提升茶产业全要素生产率和技术利用效率。

第六节 农业主导产业助推农业现代化的思考

一、打造基地建设“责任田”，增强发展致富的内生动力

坚持以“绿色化、规模化、标准化、优质化”为核心原则，以茶产品为主线，以全程质量控制为核心，按照“专种专收专储专加专用、优产优购优加优储优价”（农业农村部，2021）的要求，建设“投入生态化、管护专业化、茶源优质化”的原料基地，向有机标准和欧盟标准看齐。首先，高要求加强茶园基地管护，逐步淘汰老旧茶园、改造低产茶园、提质新建茶园、建标示范茶园，提升茶园良种的专用化水平和覆盖面，降低管护成本，提高管护质量，提升茶园效益，着力改造、打造一批高标准茶园基地，夯实茶产业发展的生产基础。其次，高效能提升茶叶基地设施装备数字化、智能化、便捷化管理水平，加强标准优质绿色原料基地管网建设，试点配套茶叶高效机械设施和智能化生产设备，探索物联网、大数据、节水灌溉、生物防治等新兴农业科技并以此为支撑服务于茶园管护，进而推动乡村公共服务水平提升和效益共享。

二、把好经营主体“方向盘”，提高发展致富的执行力

坚持以“龙头引领、主体联盟、抱团发展、共享利益”为发展思路，依托区域资源优势和产业基础，推进茶产业串珠成线、连块成带、集群成链（农业农村部，2021），培育区域茶产业集群主体，促进茶叶生产经营集约化、专业化、组织化、社会化，引导资金、技术、人才、信息、组织等资源保障要素向茶产业集群聚集，推动茶叶系列特色延伸产品走出山

区、进入城市、迈出国门，巩固与拓展国内国外“两个”市场，使茶业经济“双循环”更加畅通。一是做大做强茶叶龙头企业，围绕区域特色优势、基地建设、加工转化、品牌建设、市场营销等重点，搭建茶产业新型农业经营主体发展梯队，打造茶产业高质量发展“新雁阵”。通过基地共建、技术共研、订单共商、服务共享、管理共治等多元方式为茶农提供引带服务，壮大茶叶龙头企业，合力塑强品牌，提升茶叶龙头企业在乡村产业振兴中的引带能力。二是因地制宜培育“农业产业化龙头企业引领、家庭农场和农民专业合作社跟进、广大小农户参与”的茶叶产业化联合体，在“育种加、产供销、内外贸、农文旅”等领域拓展茶产业一体化经营模式，完善茶叶全产业链条支撑体系，建立健全分工协作、优势互补、联系密切的利益共同体，推动茶产业联合体的效益最大化和效率最优化。三是围绕茶产业的建链、补链和强链，通过“外部引进＋本土培育”的“内外互动”模式，大力引进带动辐射能力强的茶叶龙头企业，努力培育本土有发展潜质的茶叶企业，整合资源集聚要素，拓展茶市场主体发展空间。

三、牵稳生产加工“牛鼻子”，强化发展致富的拓展力

坚持以“多元化开发、多层次利用、多业态融合、多环节增值”为目标导向，引导茶叶龙头企业加快农业技术集成应用，推进精深精细加工生产，实现研发技术升级与突破；采用专用原料，配套专用设备，研制专用配方，促进茶产品多次加工，赋能多环节增值。一是加快建构、完善茶叶全产业链标准化生产体系，引导茶生产加工企业建设清洁化、智能化、高效化综合利用生产线，推动茶产业在科技、教育、文化、研学、康养、旅游等领域的深度融合与拓展运用，支持打造聚合研发、生产、加工、冷链、营销、品牌、体验、消费等为一体的茶叶全产业链经营业态，推进提升茶叶精深精细加工转化为增值、增产、增效的循环空间，增强茶产品的生产效率与流通效率，扩大茶叶市场占有份额，健全完善茶叶全产业链标准综合体，提升茶叶可持续发展内生动力。二是加快建构茶叶产业链标准化加工体系，推动茶生产设备由传统非清洁化能源加工机械向现代清洁化能源加工机械转变，扩大茶叶生产加工产能，切实做好茶叶标准化厂房及生产线建设工作，使茶叶生产线的生产加工能力得到大幅提升，确保茶产品量优、质优、价优，提高茶叶生产率、产出率、利用率。三是加快建构

茶叶全产业链标准化技术体系，推行标准化生产，提升茶叶精深加工技能与生产方式延展能力，推动传统式、经验式的生产加工方式逐步向现代机械化、标准化、智能化、规模化的生产加工方式转变，推动茶园整理、茶树修剪、高效植保、机械采摘、精深加工等先进技术及设备的研发推广与示范运用。

四、强化品牌效应“动力源”，扩大发展致富的影响力

坚持以“省级公共品牌＋市级（区域）公用品牌＋企业品牌＋产品品牌”为重点内容，深入推进茶叶品牌目录的制度设计与运行监管，严控品种培优、品质提升、品牌打造和标准化建设，着力打造品质优良、特色鲜明的公用品牌体系，规范品牌授权管理，加大品牌营销宣传与推广，提高品牌影响力和带动力。一是以省级公共品牌为引领，依托区域海拔、纬度、云雾、生态、气候、文化等的地缘特色优势与城市文旅融合形象，挖掘茶叶在“茶品”“茶文”“茶教”“茶艺”“茶技”“茶理”“茶道”中的内涵与外延，推动市级区域公用品牌彰显“辐射力”、企业品牌突出“影响力”、产品品牌集聚“竞争力”，培育打造出“小而精”“小而美”“小而特”的茶叶品牌体系，建立健全茶叶高质量发展的品牌顶层设计体系。二是优化茶叶公共品牌标准，按照“有标采标、无标创标、全程贯标”要求，完善茶叶“从茶园到茶杯”全过程、全环节、全链条的品种培优、品质提升、品牌打造和标准化生产，形成由“政府负责引导、部门具体指导、行业组织监管、使用主体维护、社会积极参与”的茶叶区域公共品牌培育管控机制。三是创新茶品牌产品研发，结合市场消费需求和区域特色，探索“茶＋食品”“茶＋饮品”“茶＋菜肴”“茶＋文创”“茶＋刺绣”“茶＋纺织”“茶＋体验”“茶＋调味品”“茶＋保健品”“茶＋洗护品”等创新产品研发模式，扩大茶产品规模，丰富茶产品类型，满足市场消费需求，提高茶叶资源利用率。

五、激活产能融合“一池水”，汇聚发展致富的竞争力

坚持“政策集成、要素集聚、企业集中、功能集合、利益集结”的协同机制，支持聚焦茶产业元素与主题，发展关联度高、辐射带动力强、参与主体多的融合模式，促进资源共享、链条共建、价值共创，形成“政府

主导、企业主体、农户参与、科技支撑、金融支持、社会关注”的茶产业发展新格局。一是打造好富有内涵的抹茶特色田园村镇，建设集茶产业、餐饮住宿、文创研学、购物娱乐、生态康养、体验旅游、民族文化等于一体的中国抹茶特色小镇，通过功能拓展带动业态融合，通过业态融合促进效益提升，通过拓宽就业释放富民空间。二是培育好以“茶叶龙头企业＋农民合作社＋家庭农场＋小农户”等茶叶产业联合体，定期开展茶产业经营主体的示范性建设活动，推广有关示范主体的典型案例，促进利益分配机制的优化完善，探索创新“订单收购＋农民分红”“农民入股＋保底收益＋按股分红”等利益联结模式，扩大茶产业经济的辐射半径。三是营造好支撑茶产业高质量发展的软环境，实现高层次、宽渠道、多角度、全方位的品牌宣传与推广；通过传统媒体、新媒体、融媒体、自媒体等多元形态，及博览会、交易会、展销会、品鉴会、发布会等多类平台，讲好茶叶品牌系列故事，传播茶叶作为民生产业所带来的正能量，提升茶叶品牌溢价能力。四是助推好“政—产—学—研—用”深度合作，打造服务区域经济社会发展的新型高校智库和工程技术研究中心，为区域“三农”高质量发展出思想、谋战略、提对策，依托复合型、专业性、高层次人才支撑，加快茶产业全产业链高质量发展技术研发，深入开展抹茶指纹图谱、固色保鲜、特征风味、特色产品研发等领域的联合研究，为茶产业高质量发展提供科技支撑。

第十六章　农业绿色发展与农业现代化

实现农业绿色发展是推进农业现代化的重大命题，也是推动农业供给侧结构性改革的重要抓手，构成了农业现代化的内在要求和重点要素。本章重点聚焦推进农业现代化进程中农业绿色发展这一核心问题，厘清农业绿色发展与农业现代化的关系，综合讨论农业现代化进程中农业绿色发展的几个议题、农业绿色发展的研究设计、农业绿色发展的时空分析及农业绿色发展的实证分析，进而提出农业绿色发展助推农业现代化的思考。

第一节　农业绿色发展与农业现代化的关系

迈向新时代新征程，推进农业现代化是实现社会主义现代化不可或缺的重要组成部分，是实现全体人民共同富裕的必然要求，是践行以人民为中心发展思想的基层实践，事关战略全局、事关长远发展、事关农民福祉。没有农业的现代化，就没有国家的现代化，农业现代化的水平与成效决定了国家整体现代化的质量与成色。自改革开放以来，解决好农业、农村、农民问题一直是党和国家发展工作的重中之重，加快农业现代化作为做好“三农”工作的核心问题近年来都被提上重要议事日程。党的十八大以来，党的历次全国代表大会报告和历年中央1号文件都有强调要加快推进农业现代化，并对加快推进农业现代化取得重要性进展作出了阐述、明确了要求。《“十四五”推进农业农村现代化规划》提出：“到2025年，梯次推进有条件的地区率先基本实现农业农村现代化”（国务院，2022）目标内容，为基层加快推进农业现代化提供了根本性遵循、前瞻性思考、全局性谋划、战略性布局。

实现农业绿色发展是实现农业可持续发展目标的重要保障，是实现“碳达峰碳中和”重要目标的必由之路（郭海红等，2022）。推进农业绿色增长，加快农业现代化，已成为实现农民农村共同富裕的必要前提，是落实以人民为中心发展思想的基层实践（于法稳等，2022）。我国自古以来就大力提倡坚持农业绿色发展的思想，并通过采取一系列措施指导地方推进农业绿色生产，追求农业经济发展与农业绿色发展同向同行。改革开放以来，党和国家始终高度重视农业绿色发展，把促进农业绿色增长、加快农业现代化作为做好“三农”工作的核心问题（国务院发展研究中心农村经济研究部课题组等，2021）。我国已迈向高质量发展阶段，然而，农业绿色增长水平和农业现代化进程仍然面临许多矛盾和挑战，尤其是在西部山区促进传统农业向现代农业转变的任务依然繁重，农业发展的综合效率效果效益效能仍旧不强，例如，农业绿色技术的示范推广与应用、农产品贸易、粮食安全、乡村公共服务的均衡性、新型农业经营主体高质量发展等问题亟待关注和解决（彭超等，2020；钟真等，2021；黄厅厅等，2023；2023），这些问题都直接或间接影响和决定了农业绿色增长水平和农业现代化进程的短板弱项。因此，推进农业绿色增长、加快农业现代化被赋予了时代担当，成为时代进步、国家富强、区域发展、人民富裕的迫切需要。铜仁市地处黔湘渝三省市接合部，属于武陵山片区腹地，是贵州向东开放的门户和桥头堡，是国家级绿色农业示范区、农业标准化示范区及省级现代高效农业示范园区，是贵州省委、省政府定位的绿色发展先行示范区，选取具有山地地缘特色、绿色生态优势的地级市铜仁市作为主要研究区域，着眼中国式现代化背景，聚焦研究传统农业 GDP 与绿色农业 GDP 的时空比较、农业传统全要素生产率（以下简称“TFP”）与农业绿色全要素生产率（以下简称“GTFP”）的时空比较、农业 GTFP 及其来源分解的时空比较，刻画与揭示铜仁市推进农业现代化高质量发展的时空差异与演变规律，并通过计量模型、立足省域层面对贵州省各地级市农业 GTFP 及其来源分解的影响因素进行实证分析，总结与研讨省域农业绿色全要素生产率的关键影响因素，为下一步提出适用于推进区域农业现代化高质量发展的政策建议奠定逻辑缘起与实证基础，这对同步推动全面建成社会主义现代化强国、实现全体人民共同富裕、践行以人民为中心发展思想而补齐短板，具有重要且长远的时代意义与实践价值。

第二节　农业现代化进程中农业绿色发展的几个议题

根据本章的研究目的与研究内容，纵观既有的理论与实践，国内外关于农业现代化进程中农业绿色发展的研究文献也比较丰富，这些研究成果为本章的研究视角、研究思路、研究内容、研究方法提供了理论指导与经验借鉴，拓展了研究空间与实践路向。

关于农业现代化进程中农业绿色发展的推进问题研究。如何实现农业绿色增长，推进农业现代化，一直面临着许多历史和现实的问题，这些问题备受学术界的关注和探讨。早期就有学者提出，推动传统农业向现代农业转变的核心问题是不断引入新的现代生产要素，其本质是要促进农业技术的进步（西奥多·W. 舒尔茨，2021）。众所周知，农业生产因区域差异也会带有明显的区域特征，不同地区在农业要素投入、农业科技研发、农业生产方式、农业绿色发展要求等方面也存在着差距（高鸣等，2022）。这样一来，基于农业技术同质性和异质性的农业绿色全要素生产率变化具有时间、空间和区域差异（刘亦文等，2021）。同样，我国在推进农业绿色增长和农业现代化进程中，也面临着许多发展不平衡不充分的问题。农村基本公共服务和社会事业发展滞后（彭超等，2020；黄厅厅等，2023），人力资本水平相比发达国家存在较大差距（黄庆华等，2016），农业机械化程度影响农业转型发展、农户规模经营、农村劳动力流动、农村生态环境（田晓晖等，2021），尤其是受制于地形条件，山区农业机械化水平直接引致农业绿色增长、农业现代化进程的严重滞后（张宗毅，2020）。总体而言，上述文献突出了农业绿色增长在农业现代化进程中的薄弱环节和滞后进程，反映出农业劳动生产率、土地产出率、资源利用率不高的实质所在。然而，目前着眼农业现代化视角关注山区农业绿色增长的研究文献普遍较少。

关于农业现代化进程中农业绿色发展的水平测度研究。一些学者关注了农业绿色发展的评价指标体系构建，并选取了农业投入、农业增长、农业碳排放总量、农业绿色生产水平、自然环境基础、资源环境质量、农业政策支持、经济发展水平、科技创新能力、基础设施投资、劳动力质量等衡量指标（黄庆华等，2016；明翠琴，2021）。此外，还有其他学者设置了农业机械化、农业科技化、农业专业化、高标准农田占比、粮食综合生产能力、畜禽粪污综合利用率、农业科技进步贡献率、农作物耕种收综合机械化率、农田灌溉用水有效利用系数、粮食综合生产能力、农产品加工业产值、高标准农田占比、畜牧业产值、水土保持、耕地质量、劳动者素质、农民生活质量等核心量化指标（国务院发展研究中心农村经济研究部课题组等，2021；杜宇能等，2018；黄厅厅等，2017、2023）。从农业绿色发展水平测度的研究方法选取来看，大多数文献集中在采用农业监测评价方法、熵值法、TOPSIS方法、AHP方法、回归分析法、动态面板门槛模型、超效率DEA模型、综合指数测度模型等方法进行测度（刘云菲等，2021；田野等，2021）。可以看出，这些文献充分表明了要围绕农业生产现代化、农业产业现代化、农业经营现代化等维度构建农业绿色发展综合评价体系。但是，纳入农业绿色全要素生产率这一核心指标来阐释农业现代化高质量发展的研究文献目前尚少。

关于农业现代化进程中农业绿色发展的提升路径研究。许多学者得出了相对一致的结论，即要重视人与自然的和谐共生，追求发展的可持续性（冯丹萌等，2021），将农业绿色发展视为一项系统工程和艰巨任务（于法稳等，2022），设计合理的环境政策，提高绿色技术创新补贴（黄庆华等，2018），构建支持农业绿色发展的政策体系和市场环境。对于我国而言，必须基于中国国情农情的实际和不同区域农业发展条件，要将生物化学技术进步作为促进农业绿色增长、推进农业现代化的基本动力，促进传统农业转变为现代农业（张培刚等，2009；发展经济学编写组，2019），走中国特色社会主义农业现代化道路，采用分阶段、分地区、分产业、分主体的分类式推进战略（魏后凯等，2022），因地制宜创新完善“农业产业化龙头企业带动＋农民专业合作社联动＋家庭农场推动＋专业大户主动”的新型农业经营组织“联合体”，提供专业化、差异化、多元化、普惠化、均等化、优质化、数字化、信息化、智能化、社会化的“三农”服务。总之，如上文献从宏观层面为农业现代化进程中农业绿色发展提升路径的选择提供了理论借鉴与实践思考。然而，不同国家、不同区域的国情农情、资源禀赋差异决定了农业现代化发展道路的独特性、差异性，聚焦西部山区探索促进农业绿色发展、推进农业现代化的道路也亟待加快探索。

综而述之，既有文献对农业现代化进程中农业绿色发展的推进问题、水平测度、提升路径等问题展开了广泛的研究，形成了丰富的研究成果，为本章提供了较为扎实的理论借鉴与实践参考。但是截至目前，聚焦农业现代化高质量发展与农业绿色全要素生产率相结合的研究较少。迈向高质量发展阶段，在农业现代化不平衡不充分发展问题的现实挑战下，关于促进农业绿色发展、推进农业现代化高质量发展问题的研究亟待向纵深发展。农业绿色全要素生产率充分兼顾到生态环境保护，正契合促进农业绿色发展、推进农业现代化高质量发展所向。鉴于此，本章着眼农业现代化高质量发展研究视角，聚焦绿色农业 GDP、农业 GTFP 及其来源分解进行时空比较，并采用计量模型对其影响因素进行实证分析，这是对既往关于农业现代化研究的补充与完善。

第三节　农业现代化进程中农业绿色发展的研究设计

在加快推进农业现代化的时代背景下，发展现代农业并不等同于已经实现农业现代化，相比较现代农业而言，农业现代化的内涵与外延更加丰富。基于此，本章将聚焦绿色农业 GDP、农业 GTFP 及其来源分解、农业 GTFP 及其来源分解的影响因素，并结合数据的可获得性、可量化性、可持续性进行研究设计。

一、研究方法

（一）绿色农业 GDP 核算方法

绿色农业 GDP 是一种更加注重生态环境保护、关注可持续发展的农业产值测算方法，是基于传统农业 GDP 扣除环境资源流失成本与生态环境损失成本的剩余部分。由此，可以构建绿色农业 GDP 核算公式如下。

$$AGGDP_{i,t} = \sum_{i=1}^{n} AGDP_{i,t} - \sum_{i=1}^{n} ERC_{i,t} - \sum_{i=1}^{n} EIC_{i,t} \qquad (16.1)$$

在式（16.1）中，*AGGDP* 表示绿色农业 GDP；*AGDP* 表示传统农业 GDP；*ERC* 表示环境资源流失成本；*EIC* 表示生态环境损失成本；n 表示样本数量；i 表示样本区域；t 表示时间。结合样本及其变量设定的实际，进一步将式（16.1）核算公式转换如下：

$$AGGDP_{i,t} = \sum_{i=1}^{n} AGDP_{i,t} - \sum_{i=1}^{n} SLC_{i,t} - \sum_{i=1}^{n} TNEL_{i,t} - \sum_{i=1}^{n} TPEL_{i,t} - \sum_{i=1}^{n} CODEL_{i,t} \quad (16.2)$$

在式（16.2）中，SLC 表示土壤流失成本；$TNEL$ 表示总磷环境损失成本；$TPEL$ 表示总氮环境损失成本；$CODEL$ 表示 COD 环境损失成本。

（二）农业 GTFP 测算方法

参考胡江峰等（Hu et al.，2018；Hu et al.，2021）、黄庆华等（2018）、陈燕翎等（2021）学者既有文献的研究做法，综合构建农业绿色全要素生产率测算方法如下：

$$MLAGTFP_t^{t+1} = \frac{1}{2}\left\{\left[\overrightarrow{S_a^t}(I^t, E^t, U^t; G) - \overrightarrow{S_a^t}(I^{t+1}, E^{t+1}, U^{t+1}; G)\right] + \left[\overrightarrow{S_a^{t+1}}(I^t, E^t, U^t; G) - \overrightarrow{S_a^{t+1}}(I^{t+1}, E^{t+1}, U^{t+1}; G)\right]\right\} \quad (16.3)$$

在式（16.3）中，I 表示投入；E 表示预期产出；U 表示非预期产出；G 表示预期产出与非预期产出在既定投入情况下依据相同比例进行增减变化的方向向量；S_a 表示方向性距离函数；t 表示时期。当 $MLAGTFP$ 大于 0 时，则意味着农业绿色全要素生产率的上升与进步；当 $MLAGTFP$ 小于 0 时，则反映了农业绿色全要素生产率的下降和退步。

（三）农业 GTFP 来源分解

结合式（16.3），农业绿色全要素生产率可以进一步分解为农业技术利用效率（以下简称为“EFFCH”）和农业技术进步率（以下简称为“TECH”），即有分解公式如下：

$$MLAGTFP_t^{t+1} = MLEFFCH_t^{t+1} + MLTECH_t^{t+1} \quad (16.4)$$

$$MLEFFCH_t^{t+1} = \overrightarrow{S_a^t}(I^t, E^t, U^t; G) - \overrightarrow{S_a^{t+1}}(I^{t+1}, E^{t+1}, U^{t+1}; G) \quad (16.5)$$

$$MLTECH_t^{t+1} = \frac{1}{2}\left\{\left[\overrightarrow{S_a^{t+1}}(I^t, E^t, U^t; G) - \overrightarrow{S_a^t}(I^t, E^t, U^t; G)\right] + \left[\overrightarrow{S_a^{t+1}}(I^{t+1}, E^{t+1}, U^{t+1}; G) - \overrightarrow{S_a^{t+1}}(I^t, E^t, U^t; G)\right]\right\} \quad (16.6)$$

在式（16.4）、式（16.5）、式（16.6）中，当 $MLEFFCH$ 大于 0 时，

则表明农业技术利用效率提高；当 *MLEFFCH* 小于 0 时，则表明农业技术利用效率降低。当 *MLTECH* 大于 0 时，则表示农业技术进步；当 *MLTECH* 小于 0 时，则表示农业技术退步。

二、变量设定说明

促进农业绿色发展、推进农业现代化的过程，必然关系到农业的投入环节、发展过程、产出结果等密切相关的影响因素。在测度农业绿色全要素生产率之前，需要明确农业投入与农业产出的指标及其内容。本章设定农业的预期产出（*E*）、非预期产出（*U*）和投入（*INPUT*）变量。实证变量主要选取城市化率（*RUP*）、经济发展水平（*PGDP*）、人口密度（*DP*）、环境规制（*ER*）、技术创新水平（*Patent*）和外商直接投资（*FDI*）。

（一）农业投入变量（*INPUT*）

学界主要将农业投入分为劳动投入（*N*）、土地投入（*L*）、机械投入（*M*）、化肥投入（*F*）等变量。

（1）劳动投入（*N*）。主要采用农业就业人数作为劳动力投入，但由于现有统计资料没有将农业从业人员数据从农林牧渔从业人员数据中区分开，因此本章以农业总产值占农林牧渔总产值的比重作为权重，进而将农业就业人数分离出来。

（2）土地投入（*L*）。为反映复种套种、补种改种和移植作物等情况，本章用农作物总播种面积表示土地投入情况。

（3）机械投入（*M*）。主要采用农机总动力来表示农业机械投入情况。

（4）化肥投入（*F*）。主要以每年实际用于农业生产的化肥施用量的折纯量表示化肥投入，包括氮肥、磷肥、钾肥和复合肥等投入量。

（二）农业产出变量（*OUTPUT*）

学界主要将农业产出划分为预期产出（*E*）和非预期产出（*U*）等变量。

（1）预期产出（*E*）。主要采用农业总产值（*Y*）来衡量。

（2）非预期产出（*U*）。主要通过总磷（*TP*）、总氮（*TN*）和化学需氧量（*COD*）等指标来反映。

（三）城镇化率（*RUP*）

随着农村人口不断向城镇转移，人口的大量流动也会对城镇化进程的演变带来影响。农村人口的转移很有可能缓解我国农村紧张的人地关系，有利于农业全要素生产率的提升；但是，农村人口的转移或许只是某一区域推进城镇化进程的一种结果，城市扩建必然会占用大量土地，对农业用地的侵占必然制约农民在有限的土地上从事农业生产，进而抑制粮食综合生产能力的提高，与此同时，如果片面臆想施用大量化肥以期望提升粮食产量，则将会陷入误区加重农业面源污染。因此，城镇化率是影响农业绿色发展、推进农业现代化进程的重要变量。这里以非农人口与总人口之比作为城市化率（RUP）指标。

（四）经济发展水平（*PGDP*）

现有研究一般采用人均GDP来表示地区经济发展水平，并认为更高的经济发展水平将有利于获得更丰富的农业生产要素和更先进的农业技术支撑，进而能够改善农业生产条件（Hu et al.，2021），提高农业综合生产能力。因此，区域经济发展水平是影响农业绿色发展、推进农业现代化进程的重要变量，这里以人均地级市GDP与总人口之比来表示经济发展水平（PGDP）指标。

（五）人口密度（*DP*）

从现实来看，城市人口过剩，将会带来大量的失业人口和流动人口并存，进而导致公共资源利用不足，会带来资源消耗过度、交通拥堵、耕地占用、供水短缺等一系列社会问题，从而为生态环境保护带来诸多连锁影响。基于此，人口密度是影响农业绿色发展、推进农业现代化进程的重要变量。这里以每平方千米人口数量（人/平方千米）表示人口密度（DP）指标。

（六）环境规制（*ER*）

客观来看，环境规制强度实施的大小将会带来两方面的影响：一方面，环境规制强度将会挤占正常的投资环境，从而不利于一国或一区域产业的市场环境投资概率和竞争力的提升。另一方面，环境规制强度也有可能会激发技术创新，改善投资环境，进一步促进绿色全要素生产率的提高（Hu et al.，2020）。因此，环境规制强度是影响农业绿色发展、推进农业现代化进程的重要变量。这里以年末机构总数（个）表示环境规制（*ER*）指标。

（七）技术创新水平（*Patent*）

农业技术创新是解决农业经济发展与环境污染矛盾的关键变量（Hu

et al.，2020)，是提升农业生产力的根本来源，对提升农业绿色全要素生产率具有正向的影响和促进作用。因此，技术创新水平也是影响农业绿色发展、推进农业现代化进程的重要变量。这里以国内专利申请受理数（件）作为技术创新水平（*Patent*）指标。

（八）外商直接投资（*FDI*）

实践表明，外商直接投资对发展中国家的绿色发展具有双向影响。一方面，外商直接投资会将发展中国家作为“污染避难所”，从而恶化东道国的生态环境质量。另一方面，外商直接投资通过技术溢出效应和相对严格的环保标准，有助于东道国绿色全要素生产率的提升，即出现“污染光环假说”（Hu et al.，2022)。基于此，外商直接投资也是影响农业绿色发展、推进农业现代化进程的重要变量。这里以外商直接投资额（万美元）作为外商直接投资（*FDI*）指标。

综合以上分析，人口城市化率（*RUP*)、经济发展水平（*PGDP*)、人口密度（*DP*)、环境规制（*ER*)、技术创新水平（*Patent*)、外商直接投资（*FDI*）等指标对农业绿色全要素生产率有着不同程度的影响，并提出了以下研究假设。

研究假设 1：人口城镇化率（*RUP*）对农业绿色全要素生产率的影响是不确定的，其影响可能是正向的，也可能是负向的。

研究假设 2：经济发展水平（*PGDP*）对农业绿色全要素生产率具有正向影响。

研究假设 3：人口密度（*DP*）对农业绿色全要素生产率的影响是负向的。

研究假设 4：环境规制（*ER*）对农业绿色全要素生产率的影响是不确定的，其影响可能是积极的，也可能是消极的。

研究假设 5：技术创新水平（*Patent*）对农业绿色全要素生产率具有正向影响。

研究假设 6：外商直接投资（*FDI*）对农业绿色全要素生产率的影响可能是双向的，其影响可能是正向的，也可能是负向的。

三、数据来源介绍

本章的相关参考数据资料主要来自《中国城市统计年鉴》《中国县域

统计年鉴》《中国统计年鉴》《中国农村统计年鉴》以及各地方统计年鉴，采用的实证数据主要来源于1996—2017年贵州省省级面板数据及其八个地级市（州）的面板数据（其中，毕节市因数据缺失原因尚未纳入分析），以便于进行数据的时空演变分析与横向比较。为保证数据的连贯性，针对部分地级市部分指标数据存在缺失问题，本章采用以下方法进行补齐：第一，将县域层面的数据加总到市级层面；第二，采用线性拟合、移动平均法和均值等补齐；第三，根据地级市与省级层面的比值，将省级层面的数据分解到地级市层面；第四，剔除仍然存在缺失值的样本。

第四节　农业现代化进程中农业绿色发展的时空分析

一、传统农业GDP与绿色农业GDP的时空演变

图16-1刻画了铜仁市1996—2017年传统农业GDP、绿色农业GDP和资源环境成本的变化趋势。总体来看，铜仁市1996—2017年传统农业GDP和绿色农业GDP保持了整体增长的态势，尤其是在2005—2014年，传统农业GDP和绿色农业GDP总量实现了快速增长；2014—2015年，传统农业GDP和绿色农业GDP总量出现了急剧下滑，传统农业GDP总量和绿色农业GDP总量之间的差距有所缩小。同时，也明显看到铜仁市1996—2017年资源环境成本的变化基本保持在比较低且比较平稳的水平线上。尽管传统农业GDP总量一直略高于绿色农业GDP总量，但两者差距也在缓慢缩小，且总体资源环境成本也比较小。

表16-1统计了铜仁市1996—2017年绿色农业GDP与传统农业GDP比值详细变化情况。从表中数据来看，铜仁市在1996—2017年，传统农业GDP由16.920 8亿元上升到24.688 4亿元；土壤流失成本由0.596 8增加到1.006 1；总氮环境损失由0.213 6增加到0.432 7；总磷环境损失由0.020 1变为0.027 4；COD环境损失由0.002 5变为0.004 3；总资源损失成本由0.833 0变为1.470 4；绿色农业GDP由16.087 8亿元上升为23.218 0亿元。绿色农业GDP与传统农业GDP的比值总体都保持在95%的水平上稍有波动。这说明了铜仁市在1996—2017年这段时期内传统农业得到进一步改造，绿色农业发展取得明显的成效，带动农业总产值的增长。

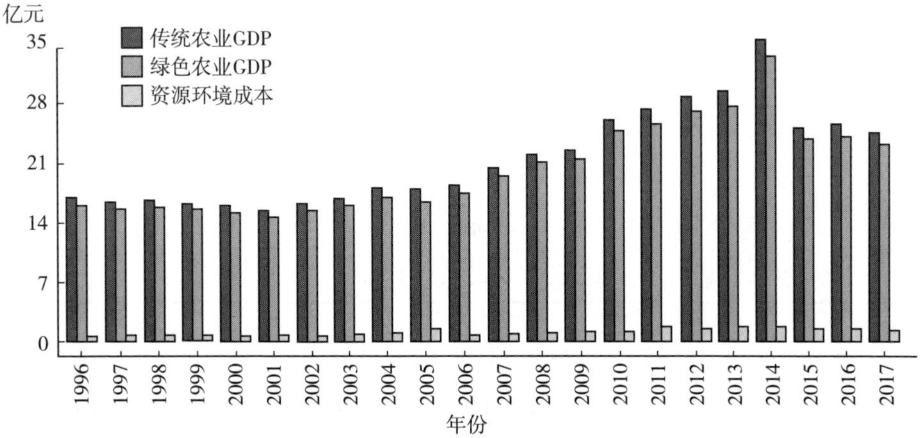

图 16-1 铜仁市传统农业 GDP、绿色农业 GDP、资源环境成本变化趋势

表 16-1 铜仁市绿色农业 GDP 与传统农业 GDP 的比值

年份	传统农业 GDP	土壤流失成本	总氮环境损失	总磷环境损失	COD 环境损失	总资源损失成本	绿色农业 GDP	绿色 GDP/传统 GDP
1996	16.920 8	0.596 8	0.213 6	0.020 1	0.002 5	0.833 0	16.087 8	0.950 8
1997	16.544 4	0.587 7	0.224 1	0.012 5	0.002 3	0.826 6	15.717 8	0.950 0
1998	16.697 9	0.587 9	0.213 9	0.011 6	0.002 4	0.815 8	15.882 1	0.951 1
1999	16.392 2	0.575 7	0.202 6	0.011 2	0.002 5	0.7920	15.600 2	0.951 7
2000	16.043 4	0.560 3	0.2019	0.011 2	0.002 6	0.775 9	15.267 5	0.951 6
2001	15.533 4	0.570 2	0.206 3	0.011 8	0.002 8	0.791 2	14.742 2	0.949 1
2002	16.265 9	0.561 7	0.206 6	0.011 7	0.002 7	0.782 6	15.483 3	0.951 9
2003	16.876 0	0.592 5	0.230 4	0.012 9	0.003 0	0.838 7	16.037 3	0.950 3
2004	18.137 8	0.844 1	0.226 5	0.013 6	0.004 5	1.088 7	17.049 1	0.940 0
2005	18.037 5	1.289 7	0.274 4	0.016 7	0.006 7	1.587 5	16.450 0	0.912 0
2006	18.418 9	0.677 6	0.200 0	0.013 3	0.003 5	0.894 4	17.524 5	0.951 4
2007	20.516 3	0.699 6	0.266 5	0.016 1	0.004 5	0.986 8	19.529 4	0.951 9
2008	22.162 2	0.734 2	0.259 8	0.015 6	0.003 9	1.013 6	21.148 6	0.954 3
2009	22.640 1	0.782 3	0.332 8	0.019 5	0.006 7	1.141 2	21.498 9	0.949 6
2010	26.162 6	0.864 3	0.370 9	0.021 1	0.007 6	1.263 8	24.898 8	0.951 7
2011	27.475 9	1.220 8	0.490 0	0.029 2	0.009 0	1.749 1	25.726 8	0.936 3
2012	28.844 5	1.076 2	0.476 7	0.026 2	0.009 2	1.588 2	27.256 2	0.944 9
2013	29.575 2	1.193 1	0.532 3	0.028 8	0.009 9	1.764 0	27.811 2	0.940 4

（续）

年份	传统农业GDP	土壤流失成本	总氮环境损失	总磷环境损失	COD环境损失	总资源损失成本	绿色农业GDP	绿色GDP/传统GDP
2014	35.609 3	1.275 3	0.5819	0.033 3	0.005 3	1.895 8	33.713 5	0.946 8
2015	25.288 3	1.010 8	0.479 2	0.027 2	0.004 2	1.521 4	23.766 8	0.939 8
2016	25.644 3	0.985 7	0.476 4	0.028 1	0.004 3	1.494 5	24.149 7	0.941 7
2017	24.688 4	1.006 1	0.432 7	0.027 4	0.004 3	1.470 4	23.218 0	0.940 4

图16-2描绘了铜仁市与贵州省（不含铜仁市）在1996—2017年绿色农业GDP与传统农业GDP比值的时空变化趋势。总体来看，第一，铜仁市绿色农业GDP与传统农业GDP的比值、贵州省（不含铜仁市）绿色农业GDP与传统农业GDP的比值总体上都保持在93%以上的水平，在一定程度上说明铜仁市与其他市州的绿色农业发展向好。第二，铜仁市绿色农业GDP与传统农业GDP的比值总体上略高于贵州省（不含铜仁市）绿色农业GDP与传统农业GDP的比值，说明铜仁市绿色农业的产值份额在全省区域内比较高。第三，值得注意的是，铜仁市绿色农业GDP与传统农业GDP的比值分别在2005年和2011年出现了2个非常明显的下降拐点，这在某种程度上表明绿色农业GDP与传统农业GDP的比值相比前一阶段出现下滑，绿色农业发展很有可能受到属地自然资源的损耗、资源

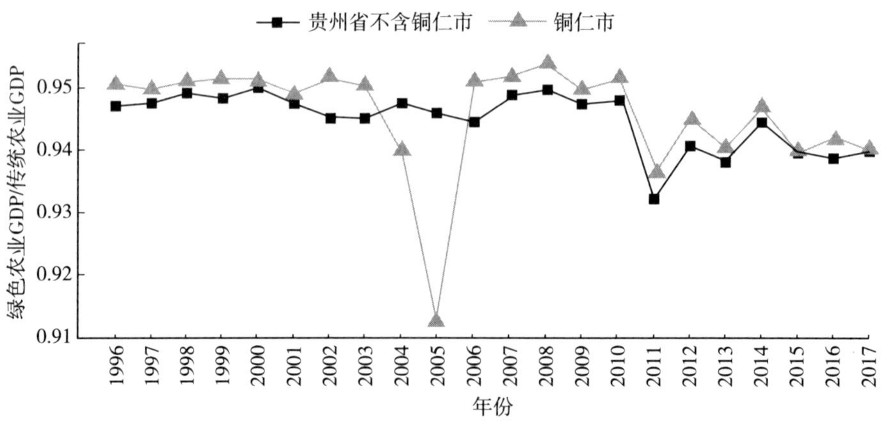

图16-2　铜仁市与贵州省（不含铜仁市）绿色农业GDP与传统农业GDP比值的时空演变

环境的污染等负面影响，制约生态资源环境的保护及其可持续发展，进而引致绿色农业 GDP 的比值发生变化。但是，铜仁市在 2011 年后，绿色农业 GDP 与传统农业 GDP 的比值整体上逐步回升，这可能与铜仁市在 2011 年经国务院批复同意撤销铜仁地区设立地级铜仁市有一定关联，这也预示着铜仁市委、市政府树立绿色发展理念，推动经济社会绿色发展转型，注重保护环境与资源的综合利用，农业综合生产能力得到提高，绿色农业发展步伐得以加快。

图 16－3 进一步刻画了铜仁市与贵州省其他市州绿色农业 GDP 与传统农业 GDP 比值的时空比较。从各雷达图来看，当所处数值点越靠近中心点位置，表明绿色农业 GDP 与传统农业 GDP 的比值就越小；当所处数值点越靠近边缘线位置，表明绿色农业 GDP 与传统农业 GDP 的比值就越大，绿色农业发展越好。对比 1996—2017 年的数据分析及呈现，相比较其他各市州而言，铜仁市绿色农业 GDP 与传统农业 GDP 的比值总体上均高于大部分市州的比值，这也意味着铜仁市的绿色农业发展在全省的发展水平较高，其绿色发展与可持续发展示范效用发挥较好。

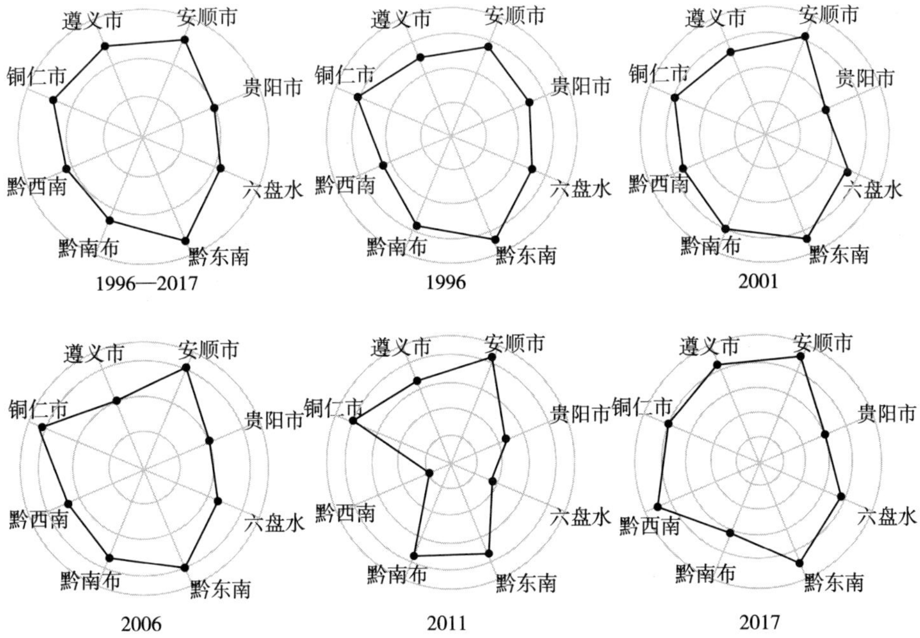

图 16－3 贵州省各市州绿色农业 GDP 与传统农业 GDP 比值的时空比较

二、传统农业 TFP 与农业 GTFP 的时空关联

图 16-4 刻画了铜仁市 1996—2017 年传统农业 TFP 与农业 GTFP 的时空演变趋势。从总体演变趋势来看，铜仁市农业全要素生产率总体上呈上涨态势，农业绿色全要素生产率出现了缓慢下滑的趋势。1996—2002 年这一时段和 2007 年这一年，铜仁市农业全要素生产率和农业绿色全要素生产率基本保持相当的水平，但其余时段均出现不同比率的差距，且在 2011 年以后，铜仁市农业全要素生产率和农业绿色全要素生产率的差距在快速扩大，也即农业全要素生产率要远远高于农业绿色全要素生产率。这些时空变化趋势基本表明了，在其他条件不变的情况下，铜仁市在 1996—2017 年，农业劳动投入和资本投入的增长率有所下降的同时，农业产出增长率在不断提高；农业劳动投入和资本投入的增长率保持不变的同时，农业产出增长率也在不断提高；农业劳动投入和资本投入的增长率有所上升的同时，农业产出增长率增长的幅度更大。

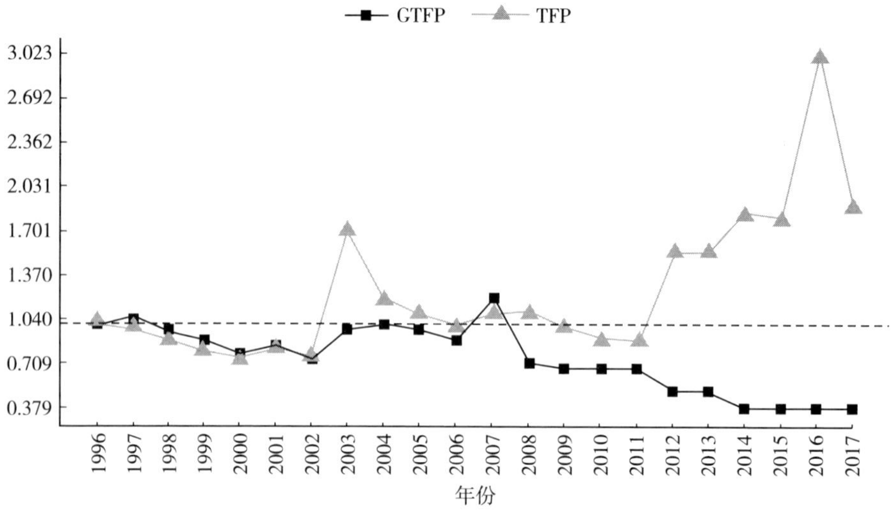

图 16-4 铜仁市传统农业 TFP 与农业 GTFP 的时空变化

三、农业 GTFP 及其来源分解的时空比较

图 16-5 描绘了铜仁市 1996—2017 年农业绿色全要素生产率及其来源分解的时空演变态势。从图中总体变化趋势来看，铜仁市农业绿色全要

素生产率呈现了比较明显的波动幅度。1997—2000 年，铜仁市农业绿色全要素生产率受到农业技术利用效率显著下降和农业技术有所退步的影响出现了明显的下滑趋势。2002—2007 年，铜仁市农业绿色全要素生产率与农业技术利用效率变化和农业技术进步三者之间呈现了较大的变化差异，这一时段农业绿色全要素生产率可能因为农业技术进步较快而整体呈现上升趋势，并在 2007 年达到最高值。2007—2017 年这一时段，农业绿色全要素生产率因为农业技术出现退步、农业技术利用效率增长十分缓慢而出现下降。

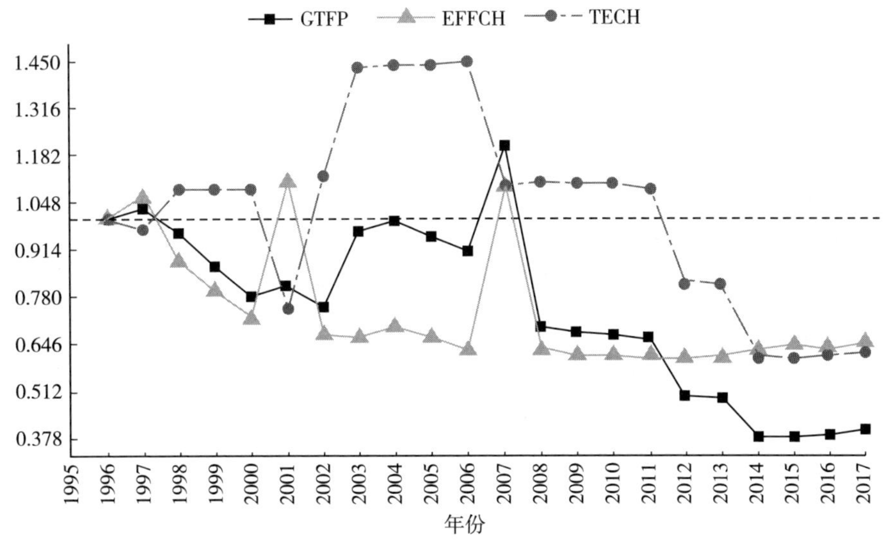

图 16－5 铜仁市农业 GTFP 及其来源分解的时空演变

铜仁市与贵州省其他城市在 1997 年和 2017 年的农业绿色全要素生产率的排名变化如表 16－2 所示，可以反映 20 年间（1997—2007 年）各城市农业绿色全要素生产率的时空演变情况。从表中可以清楚地看出，在 1997 年，农业绿色全要素生产率排名前三位的是黔南、铜仁和黔东南三个市（州），排名倒数三位的是遵义、六盘水和安顺三个市。2017 年，农业绿色全要素生产率排名前三位的是六盘水、黔南和黔西南三个市（州），排名倒数三位的是铜仁、遵义和安顺三个市。显然，与贵州省其他七个市州相比较而言，铜仁市农业绿色全要素生产率在 1997 年排名第二，但在 2017 年却下滑到第八名，下降了 6 个名次和 3.02 个百分点。

表 16-2　贵州省各市州农业 GTFP 的排名变化

城市	1997 年排名	2017 年排名	排名变化	GTFP 变化（百分点）
黔南布依族苗族自治州	1	2	1	6.440 0
铜仁市	2	8	6	−3.020 0
黔东南苗族侗族自治州	3	5	2	2.130 0
贵阳市	4	4	0	2.180 0
黔西南布依族苗族自治州	5	3	−2	3.790 0
安顺市	6	6	0	0.540 0
六盘水市	7	1	−6	7.520 0
遵义市	8	7	−1	−1.380 0

表 16-3 统计的是铜仁市与贵州省其他市州农业绿色全要素生产率及其来源分解的比较。从全要素生产率来看，全要素生产率水平位列各市州第一位的是铜仁市，其次是六盘水市、黔西南布依族苗族自治州。从农业技术利用效率变化和农业技术进步两个分解指标来看，铜仁市的排名并不理想，都处在各市州末端，这也导致了铜仁市农业绿色全要素生产率水平与其他各市州比较相对靠后。

表 16-3　贵州省各市州农业 GTFP 及其来源分解的比较

城市	TFP	GTFP	EFFCH	TECH
黔南布依族苗族自治州	0.878 8	1.481 3	0.857 7	1.743 7
黔东南苗族侗族自治州	0.771 8	1.310 0	0.927 4	1.416 0
六盘水市	1.050 8	1.229 8	1.120 0	1.101 4
贵阳市	0.327 3	1.141 6	1.126 8	1.028 0
黔西南布依族苗族自治州	0.963 5	1.124 3	0.928 8	1.230 2
安顺市	0.729 7	0.977 3	0.862 1	1.145 2
遵义市	0.822 7	0.808 2	0.747 6	1.099 9
铜仁市	1.263 6	0.747 3	0.735 1	1.018 4

第五节　农业现代化进程中农业绿色发展的实证分析

一、描述性统计分析

表 16－4 是贵州省农业绿色全要素生产率影响变量的描述性统计分析结果。从样本数据的均值、标准差、最小值、下四分位数、中位数、上四分位数、最大值的统计结果来看，总体上大部分变量分布都比较集中，离散程度较小。但同时也发现，机械投入和技术创新这两个指标离散程度偏高，均值与中位数之间的差距较大，标准差也偏大，这说明在样本数据中机械投入和技术创新水平这两个变量存在一定的差异性。

表 16－4　贵州省农业 GTFP 有关变量的描述性统计

变量	样本	均值	标准偏差	最小值	25%位数	中位数	75%位数	最大值
Y	168	17.17	10.577	4.934	9.234	14.365	20.929	66.574
TN	168	9 919.593	5 058.705	4 214.72	6 898.753	7 978.485	10 193.01	27 836.39
TP	168	300.855	142.509	83.672	210.087	273.936	333.535	896.104
COD	168	11.318	9.155	4.66	6.44	7.519	9.72	44.905
L	168	476 167.1	287 699.8	223 720	251 340	422 883.3	520 496.8	1 302 150
N	168	157.389	54.254	17.454	125.701	161.823	211.583	213.344
M	168	1 428 948	951 713.9	195 000	635 947.2	1 206 554	1 911 725	4 575 300
F	168	79 052.7	40 066.39	29 426	56 100.5	65 843.5	79 780.8	227 310
GTFP	168	0.758	0.244	0.343	0.61	0.682	0.863	1.599
RUP	168	33.483	12.527	11.369	26.776	31.791	37.538	86.06
PGDP	168	0.31	0.302	0.055	0.114	0.206	0.388	1.632
PD	168	273.102	136.135	0	238.3	263.4	321.6	1 148
ER	168	326.218	70.858	223	272	294	398	455
Patent	168	6 234.571	7 693.647	774	986	2 674	8 351	25 315
FDI	168	105.791	68.735	48.828	67.389	73.166	110.285	308.889

二、估计结果与分析

表 16－5 是贵州省农业绿色全要素生产率的实证模型估计结果。从各变量对农业绿色全要素生产率的影响来看，城市化率、经济发展水平、技

术创新水平这三个变量分别通过了5%、1%、5%的显著性水平检验，且方向都为正，系数分别为0.192 2、0.247 8、0.677 0。这意味着在其他条件不变的情况下，城市化率、经济发展水平、技术创新水平的提高能够显著促进农业绿色全要素生产率的提高，特别是提高技术创新水平能够显著快速提升农业绿色全要素生产率。同时，人口密度也通过了1%的显著性水平检验，系数为−0.071 5，为负向，表明城市人口密度越大，反而不利于促进农业绿色全要素生产率的上升。从各变量对农业技术进步水平的影响来看，城市化率、经济发展水平分别通过了1%、5%的显著性水平检验，方向都为正，系数分别为0.287 5、0.124 3，这说明了在其他条件不变的情况下，城市化率、经济发展水平对农业技术进步水平的提高有着显著的正向促进作用。同样，人口密度（−0.049 1）通过了1%的显著性水平检验，将会显著制约农业技术进步水平的提高。从各变量对农业技术利用效率变化的影响来看，经济发展水平、技术创新水平、人口密度、环境规制都通过了5%的显著性水平检验，但经济发展水平（0.125 0）、技术创新水平（0.779 4）的方向为正，人口密度（−0.022 1）、环境规制（−3.621 5）的方向为负，这表明了在其他条件不受影响的情况下，经济发展水平、技术创新水平的提高有助于提升农业技术利用效率，人口密度（DP）越大、环境规制强度（ER）越高，越会阻碍农业技术利用效率的上涨。

表16-5 贵州省农业GTFP及其来源实证模型估计结果

变量	Ln*GTFP*	Ln*TC*	Ln*EC*
	(1)	(2)	(3)
RUP	0.192 2**	0.287 5***	−0.095 7
	(0.096 4)	(0.078 1)	(0.094 8)
PGDP	0.247 8***	0.124 3**	0.125 0**
	(0.059 6)	(0.048 3)	(0.058 6)
DP	−0.071 5***	−0.049 1***	−0.022 1**
	(0.010 3)	(0.008 3)	(0.010 1)
ER	−2.548 4	0.444 3	−3.621 5**
	(1.773 8)	(1.437 2)	(1.744 6)
Patent	0.677 0**	0.081 4	0.779 4**
	(0.332 9)	(0.269 7)	(0.327 4)

（续）

变量	Ln*GTFP*	Ln*TC*	Ln*EC*
	(1)	(2)	(3)
FDI	−0.411	−0.227 5	−0.344 2
	(0.373 3)	(0.302 5)	(0.367 2)
Constant	10.633 7	−2.648 9	16.153 5**
	(6.997 0)	(5.669 1)	(6.881 6)
Year	Yes	Yes	Yes
City	Yes	Yes	Yes
N	168	168	168
R^2	0.544 4	0.526 6	0.305 7

注：括号内为稳健标准误；***、**、* 分别表示在1%、5%、10%显著性水平下显著。

第六节　农业绿色发展助推农业现代化的思考

推动农业绿色发展已成为加快农业现代化进程不可或缺的重要内容，成为实现农民农村共同富裕的必要前提，成为高质量发展阶段贯彻以人民为中心发展思想的基本实践。本章重点对绿色农业 GDP、农业 GTFP 及其来源分解进行时空比较，并总结和讨论影响农业 GTFP 的关键因素，比较了绿色农业 GDP、农业 GTFP 及其在时间、空间上的来源分解，着眼农业现代化进程的视角揭示了其中的演变规律和发展趋势，并提出农业现代化进程中农业绿色发展的政策建议，为促进农业绿色发展、加快农业现代化提供经验依据和决策参考。

一、研究结论

许多学者对农业绿色发展的推进问题、水平测度和路径选择进行了较为深入的研究。然而，关于如何立足农业现代化进程背景促进农业绿色发展，以及如何将绿色农业 GDP 与农业 GTFP 及其来源分解相结合的研究却比较少见。为完善这一研究不足，本章重点对绿色农业 GDP、农业 GTFP 及其来源分解进行时空比较，并总结和讨论影响农业 GTFP 的关键因素。基于前述分析，将研究结论总结如下：

第一，铜仁市 1996—2017 年传统农业 GDP、资源损失总成本、绿色农业 GDP 总体呈上升趋势，绿色农业 GDP 与传统农业 GDP 的比值略高于贵州省其他市州的水平，其绿色农业产值份额在全省区域内较高，绿色农业发展持续向好。上述结果与地方党委、政府重视绿色发展理念有一定关系，注重推动经济社会绿色发展转型，保护环境与资源的综合利用，农业综合生产能力得到提高，绿色农业发展步伐不断加快。

第二，农用化肥、农业机械、农业用地等投入变量的离散程度相对较高，总氮的数据分布存在一定差异性。农业投入变量和农业产出变量的变化共同影响着农业绿色全要素生产率的波动幅度及其来源分解。农用化肥施用量，总磷、总氮和化学需氧量的排放，农业机械化、农作物总播种面积等综合变量将直接影响农业生态环境，进而影响农业绿色全要素生产率。

第三，铜仁市农业全要素生产率和农业绿色全要素生产率呈现出不平衡、不稳定的变化格局，并且这一差距在 2011 年后呈现上升趋势，这可能受到农业劳动力投入、农业产出等因素的影响。铜仁市农业绿色全要素生产率与农业技术利用效率、农业技术进步的变化存在较大的时空差异，易受农业技术利用效率和农业技术进步波动的影响。

第四，与现有文献相比，许多文献主要关注农业绿色全要素生产率对农业绿色增长的测度，但较少对农业绿色全要素生产率及其来源分解进行测度分析。本章重点研究了各类变量对农业绿色全要素生产率、农业技术利用效率和农业技术进步的影响，并据此关注农业绿色发展。

同时，通过研究结论发现，人口城镇化率的提高可以显著促进农业绿色全要素生产率的提高和农业技术的进步，但制约了农业技术利用效率的提高。因此，研究假设 1 得到了验证。经济发展水平越高，农业绿色全要素生产率的增长、农业技术利用效率的提高和农业技术进步就越显著。因此，研究假设 2 得到了验证。人口密度越大，就越容易阻碍农业绿色全要素生产率的增加、农业技术利用效率的提高和农业技术的进步。因此，研究假设 3 得到了验证。环境规制强度与农业绿色全要素生产率、农业技术利用效率呈负相关，但在一定程度上会促进农业技术进步。因此，研究假设 4 得到了验证。值得注意的是，一些文献表明，环境规制强度对绿色全要素生产率的影响是显著的，但在本章中，环境规制强度对于农业绿色全要素生产率的影响并没有通过显著性检验，这表明在一定程度上研究区域的环境政策尚未有效地促进农业绿色全要素生产率的可持续增长。因此，应特别关注环境政策与农业绿色增长之间的关系。技术创新水平的提高可以显著提高农业绿色全要素生产率和农业技术利用效率。因此，研究假设5得到了验证。外商直接投资与农业绿色全要素生产率、农业技术利用效率和农业技术进步贡献率呈负相关，但无显著相关性。因此，研究假设6得到了验证。但需要指出的是，曾有一些研究文献已经证明，我国中部地区的外商直接投资与农业绿色全要素生产率之间存在显著的正相关关系。然而，本章的外商直接投资并没有显著促进农业绿色全要素生产率的提高，这与研究区域属于中国西部山区有一定的关联，相对而言，与东部和中部地区相比，西部山区的国际贸易环境和对外投资环境相对滞后。下一步要因地制宜调整外贸结构，形成有利于农业绿色发展的外贸环境。

二、政策启示

基于以上研究结论，提出以下几点政策启示。

第一，重视保护农业生态环境，实施农业绿色发展行动计划，完善农业绿色发展的标准体系，严格控制农用化肥施用量，以及总磷、总氮和化学需氧量的排放，以生物化学技术和农机技术的进步作为促进农业绿色发展、农业绿色全要素生产率提升的基本动力，同步提高农业技术利用效率，加大农业科技试验示范力度，促进绿色农业科技创新水平的提高。

第二，坚持节约农业用地和更新农业机械设备，尽快开发适合山区和坝区作业的多功能、复合型农业机械设施设备，提高农业水利灌溉系统和农业机械设施设备运行的利用率、转化率和生产率。推动制定有利于农业、农村、农民的公共服务政策和支持措施，加快补齐乡村公共基础设施建设服务的短板，提高农业机械装备质量和农业机械化作业水平，提高乡村公共服务均等化水平和质量。

第三，人口城镇化率、经济发展水平、技术创新水平、人口密度与农业绿色全要素生产率之间存在着显著关系。一方面，在促进经济发展水平提高的同时，科学统筹与协调城镇化进程，增强技术创新水平的支撑作用，合理控制人口密度过快增长带来的负面影响。另一方面，统筹协调经济发展与绿色发展的关系，建立适当的激励约束机制。根据不同区域不同发展阶段的不同特点，灵活调整环境监管力度，积极引导外商直接投资，营造良好和谐的营商环境，促进农业绿色贸易发展，进而提升农业绿色全要素生产率。

第四，重视农业科学技术进步，提升农业种业科技水平，侧重通过先进的育种技术改良品种，发展农用化学工业和设施农业，通过农业生物技术提高单位土地生产率，推广和使用良种、农用化工产品等。努力突破农业内部单一种植、养殖的限制，向精深加工和多元市场延伸，把封闭的、自给的、停滞的传统农业转变为开放性的、市场化的、可持续增长的现代农业，拓展农业全产业链，扩大农民的增产、增收、增值空间。

第十七章　农业现代化的实践发展透视

实践发展作为基层探索与真实写照，体现了农业现代化的推进程度与实现水平，既是推进农业现代化的根本动力，也是推进农业现代化的最终目的。本章立足全国、省域、市域纵向维度，总结归纳农业现代化发展的总体成效、创新之处、现实困境、趋势研判等概况，进而立足亟须关注的西南山区层面，创新建构农业现代化的综合评价体系。

第一节　全国农业现代化发展概况

在我国发展进入战略机遇和风险挑战并存、不确定难预料因素增多的背景下，农业农村作为经济社会稳定“压舱石”的重大意义自然凸显。党的十八大以来，我国主动适应经济发展新常态，坚持稳中求进工作总基调，坚定不移贯彻新发展理念，紧扣“三农”工作重点任务，积极推进相关政策的落实落地，以推进农业供给侧结构性改革为主线，不断完善农业支持保护政策体系，持续深化农业农村改革，发展壮大新型农业经营主体队伍，推动农业质量变革、效率变革、动力变革，推动实现传统农业改造向现代农业建设转变，推动实现细碎分散经营向适度规模经营转变，推动实现粗放发展向绿色生态可持续发展转变，促使我国农业现代化推进工作取得了令人瞩目的历史性成就。本小节数据资料主要来源于农业农村部官网、国家统计局官网以及笔者调研获取，同时主要围绕总体成效、创新之处、现实困境等维度归纳全国农业现代化的发展概况。

一、全国农业现代化发展的总体成效

（一）农业农村改革成效显著

近年来，我国不断推动健全种粮农民收益保障机制和粮食主产区利益补偿机制，稳妥探索解决承包地细碎化的有效机制，推进农村宅基地改革

和管理，开展农村产权流转交易规范化建设试点等。用好全国农村改革试验区平台，积极创新方式开展试点试验，鼓励地方大胆探索解决“三农”面临的疑难问题。一是深化农村经营体制改革。坚持深化农村产权制度改革，大力培育新型经营主体，促进小农户与大市场的有效衔接，坚持产业兴农、质量兴农、绿色兴农，打造多功能、多元化和多价值农业产业，完善联农带农机制，实施农民增收促进行动。二是深化农村土地制度改革。推进农村宅基地制度改革和农村集体经营性建设用地制度改革，完善土地增值收益分配机制，加强耕地保护和建设，建立健全耕地数量、质量、生态“三位一体”保护制度体系，探索完善高标准农田管护体制机制。三是深化农村要素配置改革。建立健全城乡融合发展体制机制和政策体系，推动人口城市化，保障农民发展权利，优化村庄布局、产业结构、公共服务配置，实施农村人居环境整治提升行动，大力推进农村基础设施建设。

（二）农业综合生产水平大幅提升

近年来，我国农业综合生产能力不断提高。全国上下深入实施“藏粮于地、藏粮于技”战略，严守耕地保护红线，全面落实永久基本农田特殊保护制度，坚决扛稳国家粮食安全重任，粮食连年丰收，产量站稳 1.3 万亿斤①台阶，人均粮食占有量远超世界平均水平，重要农产品供应充足且种类丰富。把农田建设作为重点支持领域，投入资金逐年增长。围绕普查收集、安全保存、精准鉴定、开发利用等环节，顺利推进农业种质资源保护利用。不断壮大农机大户、农机合作社等服务组织，丰富拓展订单服务、承包服务、跨区作业等服务方式，创新发展生产托管、机农合一等服务模式。不断推进品牌强农、绿色兴农、文化润农，把农业品牌建设作为加快农业现代化的抓手，系统推进品牌打造，农业品牌建设政策体系日趋完善，有效提升农业竞争力。坚持推进化肥农药减量增效和畜禽粪污、秸秆资源化利用。深入挖掘乡村历史地理、饮食文化等题材，灵活运用传统工艺、创意设计、民俗体验等方式，建立产业文化博物馆、体验馆等，促进农业产业与文化遗产、民间技艺、乡风民俗等融合，丰富现代农业的内涵和底蕴。

---

① 斤为非法定计量单位，1 斤＝500 克，下同。

（三）农业产业发展成绩斐然

近年来，我国农业农村产业形态日益增多，种植业、畜牧业、渔业等产业对象不断丰富，农产品加工业、乡村休闲旅游业、乡村特色产业等乡村产业不断发展，都市农业区、优势农产品生产区、特色农产品生产区等区域类型不断巩固。充分发挥区域资源多样化优势，出台特色农产品优势区建设规划纲要，分批认定中国特色农产品优势区和省级特色农产品优势区，推动资源优势向产品优势、经济优势加快转变。乡村一二三产业不断融合发展，有效拓宽农民增收空间，乡村休闲旅游业与种植业交互融合，农产品加工业与种养业交互融合，打通了农业全产业链，畅通了“产加销、农工贸、农文旅”一体化发展格局。农业机械化水平、农业设施装备水平、农业生产效率不断提升。不同地区依托县域等区位优势，加大农业产业扶持力度，因地制宜发展都市型农业、城郊型农业、科技型农业、公园型农业、体验型农业、研学型农业等业态，丰富产业模式，稳定农产品供给。

（四）农民持续增收空间拓展

近年来，我国坚持把增加农民收入作为“三农”工作的中心任务，千方百计拓宽农民增收致富渠道。在国家各项强农惠农富农政策的推动下，不断稳定农业基本盘、拓宽农民增收面、提升农村增收点，挖掘农业内部增收潜力，提升一二三产业融合增值空间，激发新产业新业态发展活力。在保障基本生产性收入、劳务性收入的基础上，加大针对乡村振兴相关政策补贴力度，增加农民政策性收入。持续推进农村土地、房屋和林权等所有权、经营权和收益权的转让和挂靠，扩充农民财产性收入。加大对农民提供技术、市场、资金等支持力度，丰富农民经营性收入。拓宽农民增收渠道，大力发展带动能力强、就业容量大的县域富民产业，多措并举促进农民工稳岗就业，挖掘经营增收和务工增收潜力。完善联农带农机制，加大惠农富农政策力度，提高农民的社会保障水平，注重把产业增值收益留给农民。持续巩固脱贫攻坚成果，继续增加农民收入，努力拓宽农民增收致富渠道。根据中华人民共和国 2021—2023 年国民经济和社会发展统计公报，近三年，全国农村居民人均可支配收入逐年增高，跑赢了城镇居民收入增速。2021 年农村居民人均可支配收入为 18 931 元，比上年增长 10.5%，扣除价格因素，实际增长 9.7%。农村居民人均可支配收入中位数为 16 902 元，增长 11.2%。全年脱贫县农村居民人均可支配收入为 14 051元，比上年增长 11.6%，扣除价格因素，实际增长 10.8%。2022 年农村居民人均可支配收入为 20 133 元，比上年增长 6.3%，扣除价格因素，实际增长 4.2%。农村居民人均可支配收入中位数 17 734 元，增长 4.9%。全年脱贫县农村居民人均可支配收入为 15 111 元，比上年增长 7.5%，扣除价格因素，实际增长 5.4%。2023 年农村居民人均可支配收入 21 691 元，比上年增长 7.7%，扣除价格因素，实际增长 7.6%。农村居民人均可支配收入中位数 18 748 元，增长 5.7%。全年脱贫县农村居民人均可支配收入 16 396 元，比上年增长 8.5%，扣除价格因素，实际增长 8.4%，农民的获得感幸福感显著提升。

（五）产业融合业态多元丰富

近年来，我国大力促进农业要素跨界配置与融合，推动释放农业产业融合的乘数效应，催生出大量的新产业、新业态、新模式，形成“多模式推进、多主体参与、多机制联结、多要素发力、多业态打造”的乡村产业融合发展格局，为引领乡村产业转型升级提供新动能、新形式、新力量，乡村产业不断融合发展。新型农业经营主体不断壮大，形成“农业产业化龙头企业带动＋农民专业合作社引领＋家庭农场推动＋农业专业大户参与＋小农户加入”的新型农业经营组织“联合体”的融合格局。同时，伴随着我国乡村旅游发展迅速，农业功能价值不断拓展，乡村业态更加丰富多元，农业多种功能不断得以拓展与融合，呈现出“农业＋”多业态的融合发展趋势。例如，“种植＋农林牧副渔”循环类农业，“农业＋加工流通”延伸类农业，“农业＋教文体旅康”体验类农业，“农业＋科技信息”智慧类农业；丰富“种养综合”“林下种养”“稻渔共生”等产业模式；拓展创意农业、功能农业、数字农业、智慧农业、共享农业、体验农业等产业形态；挖掘观光游览式、生态休闲式、农业体验式、农业采摘式等产业业态；塑造特色小城镇等产业载体。另外，各类农业经营主体不断建立健全契约式、分红式、股权式等利益联结机制，推动构建风险共担、利益共享、命运与共的“农业经营主体联合体”。

（六）乡村生态保护持续深入

近年来，我国农业生态系统建设稳步推进，统筹山水林田湖草系统治理，推动农业生态系统养护与修复，实现农业生态系统更加稳定、农业生态服务能力不断提高。农村生态保护修复持续强化，长江十年禁渔成效明显，水生生物多样性逐步恢复，黄河流域农业生态环境保护取得积极进展。农村人居环境、村容村貌明显改善，扎实推进农村厕所革命，建立健全农村厕所建设与管护机制，集成推广一批适宜不同区域的农村改厕模式，着力抓好农村厕所粪污无害化处理与资源化利用。统筹推进农村污水治理与粪污处理，实行县域农村生活污水治理统一规划、统一建设、统一运行、统一管理，加强农村黑臭水体治理。全面推进农村生活垃圾收运处置体系建设，积极推动农村生活垃圾分类，农村生活污水治理水平不断提升，开展村庄清洁行动，基本实现村庄干净整洁。农业生产绿色转型不断加快，农村生态系统稳定性持续增强，三大粮食作物化肥、农药使用量连续下降，农业面源污染治存量、遏增量取得积极进展。农业生产“三品一标”扎实推进，积极创建国家农业绿色发展先行区，探索不同生态类型农业绿色发展典型模式。乡村建设有序推进，农村面貌持续改善，深入实施乡村建设行动，指导各地编制乡村建设任务清单，完善县级乡村建设项目库，农村设施服务持续改善。

二、全国农业现代化发展的创新之处

（一）保障国家粮食安全有创新

我国始终把解决好吃饭问题作为治国理政的头等大事，清晰认识到粮食安全关系到国计民生，关系到社会稳定，关系到国家安全。自我国施行粮食安全省长责任制以来，各地坚持提高政治站位，切实增强落实粮食安全责任的思想自觉和行动自觉，把牢粮食安全主动权，把稳强国复兴主动权，积极推动重点工作，有效破解难点问题，粮食安全保障有力有效。主动按照中共中央、国务院关于粮食安全决策部署和粮食安全省长责任制要求，认真落实总体国家安全观和国家粮食安全战略，进一步提升粮食生产能力、储备能力、流通能力，加快构建更高层次、更高质量、更有效率、更可持续的粮食安全保障体系。逐步建立健全中央和地方的多级粮食储备体系，深化粮食流通体制改革，完善粮食价格形成机制，健全粮食主产区的利益补偿机制，加大对粮食主产县的资金奖励补助。我国粮食安全形势持续向好，为加快构建新发展格局、着力推动高质量发展提供了有力支撑，为国家长治久安奠定了坚实的物质基础，为维护世界粮食安全作出了积极贡献。

（二）土地经营管理制度有创新

土地是农业生产、农民生活的基本要素。我国农村土地经营制度变革逐步释放了对土地的束缚。推动农村耕地由两权分离转变为三权分置，土地承包关系保持长久不变。改革开放初期实行的家庭联产承包经营责任制，土地所有权归集体所有，农户拥有经营权，实现了两权分离。随着农业适度规模经营的推进，农村土地经营管理逐步演变成在坚持农村土地集体所有的前提下，农村土地所有权、承包权、经营权三权分置，允许经营权流转的格局。推动农村宅基地的盘活，增加农民财产性收入。完善农村宅基地制度，探索宅基地有偿使用和自愿有偿退出机制，逐步探索农民住房财产权抵押、担保、转让的有效途径。推动农村集体建设用地与国有建设用地享有同等权利改革，允许其出让、租赁、入股，农村土地经营管理制度改革始终坚守土地集体所有性质不改变、耕地红线不突破、农民利益不受损的底线和方向（蒋和平，2018），激发了土地生产要素的活力。

（三）农业农村科技进步有创新

我国农业科技进步成果显著，重大农业科技研发成果取得突破。农业农村科技组织方式不断创新，农业科技发展势头强劲，强化农业科技和装备支撑，着力推动关键核心技术攻关，农业科技进步贡献率超过63%，为农业高质量发展提供强劲动能。国家现代农业产业科技创新中心，凝聚产业上中下游的力量，推动科技与产业、企业、人才、金融等“五个融合”，为现代农业打造“农业硅谷”和区域经济增长极。加快推进种业振兴行动，农作物自主选育品种面积占比超过95%。启动农机装备补短板行动，一批重要标志性机具研制取得突破，农机装备补短板工作取得重要阶段性成效，一批标志性整机装备成功研制应用，丘陵山区一些关键领域开始了从“无机可用”到“有好机用”的跨越。

（四）农业农村发展方式有创新

我国重视发挥科技作为第一生产力的效用，依托农业科技支撑，改善农业生产条件，高标准农田建设、土壤污染防治、农产品品种更新换代、农业生产机械化扎实推进，推动依靠农业种养规模扩大向依靠科技创新和推广应用转变。大力推行农业标准化、品牌化、可溯源化建设，促进农业生产调结构、提质量，统筹农产品初加工、精深加工和副产物综合利用，增加农产品市场绿色食品、有机食品，提高消费者对高质量农产品的认可程度与购买程度，推动依靠农业产量提高向依靠农产品品质提升转变。积极促进种苗繁育、加工销售、仓储流通、旅游观光等多环节一体化经营，大力发展特色农业、休闲农业，拓展丰富农事体验、观光采摘、特色乡宿、研学科普等新业态，推动依靠单一产业发展向依靠产业融合转变。推行耕地轮作休耕制度，逐步提升耕地质量，建成农作物种质资源保护体系，在生态环境容量和资源承载力的约束条件下，注重保护环境资源，严控化肥农药的投入量，实行低碳循环生产方式，提高资源利用率，推动依靠化肥农药投入向依靠绿色技术发展方向转变。

（五）新型农业经营主体有创新

新型农业经营主体适应了我国现代农业发展的需要。近年来，我国深入实施新型农业经营主体提升行动，突出抓好农民合作社和家庭农场两类农业经营主体发展，新型农业经营主体保持良好发展势头，发展效益稳步提高，带动效应持续增强。截至 2023 年年底，纳入全国家庭农场名录管理的家庭农场近 400 万个，依法登记的农民合作社 221.6 万家，组建联合社 1.5 万家。全国超过 107 万个组织开展农业社会化服务，服务面积超过 19.7 亿亩次，服务小农户 9 100 多万户。累计培育全国县级以上农业产业化龙头企业超过 9 万家，其中市级以上龙头企业近 7 万家、省级龙头企业近 2 万家、国家重点龙头企业 1 952 家，市级以上龙头企业带动稳定就业约 1 400 万人。积极创新联农共富机制，推行“龙头企业＋合作社＋家庭农场＋基地＋农户”等订单农业模式，主动与农户建立稳定产销对接关系，积极创新产业融合发展机制，推进农业全产业链优化升级，支持家庭农场、农民合作社和中小微企业等发展农产品产地初加工，引导大型农业企业发展农产品精深加工，提升农产品多元增值能力，形成了“农业＋”多类型产业业态。

（六）统筹城乡融合发展有创新

我国牢牢把握城乡融合发展正确方向，树立城乡一盘棋理念，突出以工促农、以城带乡，构建促进城乡规划布局、要素配置、产业发展、基础设施、公共服务、生态保护等相互融合和协同发展的体制机制。强化统筹谋划和顶层设计，增强改革的系统性、整体性、协同性，着力破除户籍、土地、资本、公共服务等方面的体制机制弊端，为城乡融合发展提供制度供给。考虑不同地区城乡融合发展阶段和乡村差异性，稳妥把握改革时序、节奏和步骤，尊重基层首创精神，充分发挥地方积极性，分类施策、梯次推进，试点先行、久久为功，形成符合实际、各具特色的改革路径和城乡融合发展模式。合理处理改革发展稳定关系，守住土地所有制性质不改变、耕地红线不突破、农民利益不受损的底线，守住生态保护的红线。发挥农民在农业现代化进程中的主体作用，充分尊重农民意愿，切实保护农民权益，调动亿万农民积极性、主动性、创造性，推动农业全面升级、农村全面进步、农民全面发展，不断提升农民获得感、幸福感、安全感。在实践中逐步形成“以工促农、以城带乡、工农互惠、城乡一体”的新型工农城乡关系，通过实行“工业反哺农业、城市带动乡村”的方式，逐步缩小城乡居民收入差距。不断提升乡村公共服务水平，初步建立城乡融合发展体制机制，基本打通城乡要素自由流动的渠道，不断健全乡村治理体系。

三、全国农业现代化发展的现实困境

（一）农业资源环境承载力过重

随着我国经济的增长，农业发展面临的资源短缺和环境污染的压力持续增大。我国耕地人均占有量少且质量总体偏低，耕地后备资源不足。我国人均耕地面积不到世界人均水平的40%，中低产田占比较高，耕地退化严重，不少土地资源并不适合粮食生产。目前，我国部分耕地受重金属污染较为严重，粮食安全生产已受到影响。水资源开发利用模式不可持续，我国许多地区尤其是华北和西北地区水资源过度开发问题较为突出，全国高效节水灌溉面积占耕地面积的比例较低。农业生产过程产生了面源污染问题，不少地方为了追求农业高产，大面积过量使用化肥、农药、农膜等农业投入品，导致地表水和地下水污染严重等现象依然存在。

（二）农业保护体系支撑不足

随着农业农村经济发展主要矛盾发生改变，农业支持保护体系精准性不足、针对性不强、执行不到位、资金整合力度不足、基础设施投入少等问题日益突出。农业支持政策解决问题的聚焦性、针对性、应用性、落地性不足。农业补贴资金使用的执行与监管不到位，我国现行农业补贴涉及面广、补贴环节多，财政支农资金往往分散于多个部门，交叉重合部分多，整合规划能力不足，监督监管不到位，难以使有限的财政资金发挥出最大的应用效果和价值。乡村公共服务供给机制不健全，农田水利基础设施等乡村公共服务能力依然薄弱，粮食主产区利益补偿与风险分担机制不够完善。

（三）高质量农产品供给不足

随着我国粮食产量逐年稳定增长，重要农产品供给越来越丰富。然而，伴随着生活质量的提高，人民群众对于农产品的需要不再局限于吃得“饱不饱”，而是吃得“好不好”、吃得“健不健康”，人民群众对于美好生活的向往促进了农产品消费结构的升级，反过来要求农产品供给要满足个性化、多样化、生态化、多功能性的消费需求。另外，改革开放以来，我国农业生产经营主体产权意识得以加强，尤其是对土地承包权、经营权等意识日益强化，但是，如何在增强农业生产经营积极性、主动性的同时，同步促进农业供给更好地适应市场需求等方面仍然不足，农业供给侧仍然没有完全转到满足市场需求侧升级上来。

（四）农业单位生产成本较高

尽管我国农业综合生产能力取得了长足进步，但我国农业仍为弱势产业的现状仍未完全改变。“四化同步”中，农业现代化仍为短板。随着我国推进土地适度规模经营，农业土地成本上升问题日益凸显，在我国主要粮食作物平均生产成本中，土地成本增速已超过人工成本增速。与世界主要农产品出口国相比，我国单位生产成本较高，其生产成本高主要来自劳动力成本（自家劳动力的机会成本）上升。过去，农业生产者主要依靠自身劳动力在自己土地上从事农业生产，不必给家庭（成员）支付工资或缴纳租金。然而，随着土地流转加速、新型农业经营主体增加，新型农业经营主体要适当雇工和租入土地，必然会产生劳动、租金等财务成本。农业单位生产成本偏高导致了农业生产经营利润空间不断被压缩，也造成了农产品市场竞争乏力。

（五）农民持续增收动力不足

实现农民收入持续增长、提高农民生活水平仍然是推进农业现代化的最大难题。传统小农户经营仍然面临诸多问题，例如，市场信息不畅通，抵御自然风险和市场风险的能力较弱，自给自足式的单一生产方式仅满足家庭基本生活需要，却难以大幅增加农民收入，更难以维系农民可持续家庭生产生活需要。由于从事农业的效益比较低，农民务农收入在农民总收入中所占比重也偏低。外出务工的农民工由于文化水平较低、专业技能掌握不足，一般只能从事劳动密集型行业，其工资性收入相对较低。由于土地流转市场不够完善、不够规范，农民通过土地流转获得的土地租金也较低。农村宅基地、集体经营性建设用地等资产尚未完全激活，农民财产性收入与城镇居民相比增加幅度极其有限。

第二节　省域农业现代化发展概况

本小节选取贵州省作为研究案例。贵州省地处中国西南腹地，东毗湖南、南邻广西、西连云南、北接四川和重庆，是中国西南交通枢纽，是世界知名山地旅游目的地和山地旅游大省，是国家生态文明试验区，是内陆开放型经济试验区，是全国首个国家级大数据综合试验区，是国家农村信息化示范省，是一个山川秀丽、气候宜人、民族众多、资源富集、发展潜力巨大的省份。由于特定的地理位置和复杂的地形地貌，促使贵州的气候和生态条件复杂多样，立体农业特征明显，农业生产的地域性、区域性较强，适宜农业整体综合开发，适宜发展特色农业。以贵州省推进农业现代化的实践作为省域案例进行分析，对于丰富拓展农业现代化在中国西部山区的呈现，有助于推动农业现代化的整体性、全面性、协调性，提供案例经验与发展思考。本小节数据资料主要来源于贵州省农业农村厅官网以及笔者调研获取，同时主要围绕总体现状、现实困境、趋势研判等三个维度归纳省域农业现代化的发展概况。

一、贵州省农业现代化发展的总体现状

（一）现代农业发展推动综合生产能力提升

近年来，贵州以发展农业为抓手，产业兴旺为关键，打好产业振兴硬仗，有效促进了农业综合生产能力提升，农业提质增效，农民增收致富。贵州位于云贵高原，属于典型的喀斯特地貌，主要由高原、山地、丘陵及盆地等交错构成，境内地势西高东低，因其地势的特殊性，农作物种类多样复杂，不同市县镇的农业种植情况也有所差异。贵州省农作物种类丰富，粮食作物、油料作物、纤维植物和其他经济作物品种繁多，粮食作物

以水稻、玉米、小麦、薯类为主，经济作物以辣椒、菌菇、烤烟、中药材、茶叶、油料为主，经济林木以油桐、核桃、板栗、杨梅、柚子、椪柑、乌桕以及漆树为主，形成了中药材、辣椒、油茶、生态渔业、刺梨、竹、特色水果、石斛、生态畜牧、蔬菜、食用菌、茶等十二大农业特色主导产业。持续完善农业全产业链技术标准，增加绿色有机和名特优新农产品供给，开展全国名特优新农产品收集，不断挖掘全省农业绿色发展潜力，进一步提升优质农产品供给能力，不断满足人民群众对优质特色农产品的消费需求。通过提升技术和机械化水平，进一步解放和发展了农村社会生产力，切实提升了农业综合生产能力，农村发展方式正在从传统低效分散方式向现代高效集约方式转变。农机专业合作社成立并迅速发展壮大，促进了大批新型农业机械化作业服务形式产生。推进跨区机耕、机收，农机大户、农机合作社、农机合作联社、农机作业公司等新型农机服务实体发展迅速，农机大户和农机合作社多元发展，服务范围不断扩大，从耕整地、播种、植保、施肥到收获，并向其他领域多元发展，在提升农业综合生产能力、促进农业机械化等方面发挥了很强示范作用。

（二）农业产业调整助推产业结构优化升级

近年来，贵州立足资源禀赋，将发展乡村特色产业纳入全省“四化”（新型工业化、新型城镇化、农业现代化、旅游产业化）主战略一体推进，着力打造农业产业规模，提升农业产业效益，辣椒、刺梨、天麻、太子参、红托竹荪、李子、皂角、薏仁、蓝莓、石斛、黄精等种植面积全国第一。农产品加工业产业结构持续改善，深入实施农产品加工业提质增效行动，立足农业资源优势和产业基础，支持建设仓储保鲜、分等分级、烘干包装等初加工设施，积极发展精深加工产业，打造基地在村、加工在镇、增收在户的产业格局。农产品加工业空间布局持续优化，依托现有工业园区、规模化种养基地和农业产业化龙头企业，遴选产业集聚发展、辐射带动明显、示范作用较强、发展经验丰富、推广价值较高的县域农产品加工集聚区，以集聚区为载体构建农村一二三产业融合发展体系，促进农产品加工企业集聚集约集合发展。通过调减低效农产品，种植高效经济作物，推动农业产业提质增效。十二个农业特色产业发展取得一定成效，积累了重要经验，逐步形成一批基地和主产区，初步建成一批面向国内外市场的“菜篮子”基地，农产品的规模和产能进一步提升，具有山地特色的优势产业体系正在加快形成。

（三）要素集聚激发农业农村内在潜力释放

近年来，贵州通过积极引导人才、资金、技术、信息、组织等要素向农业农村集聚，全面提升推进农业现代化的要素保障水平，强化农业现代化资源要素配置，把农业农村作为一般公共预算优先保障领域，进一步激发农村资源要素活力，产生一定聚集效应，促使农业农村发展呈现质的飞跃。健全城乡融合发展体制机制和政策措施，畅通城乡要素流动，加快城乡融合发展。提高土地出让收益用于农业农村的比例，县域新增贷款主要用于支持乡村振兴，为推进农业现代化加大农业保险保障力度。完善农村新增建设用地保障机制，满足乡村产业、公共服务设施和农民住宅用地合理需求。加大财政和金融资金扶持，创新金融支农产品和服务，推动资金要素聚集，坚持“总量持续增加、比例稳步提高”原则，提高纳入统筹整合的中央和省级财政农业生产发展等涉农专项资金的使用效率。健全完善支持新型农业经营主体发展的政策体系，加快培育多元化农村产业融合主体，实施家庭农场示范工程、龙头企业壮大工程，积极创设政策、加大扶持、助企纾困，充分发挥基层组织队伍力量，将职业教育培训服务作为推动要素集聚的新载体进行落实，组织农业科技人员深入到田间地头扎实开展服务培训，推动人才要素聚集，为乡村产业振兴提供有力支撑。截至2023年6月底，全省省级以上龙头企业达1 200家，其中，国家级龙头企业50家，上市企业4家，35家省级重点龙头企业纳入贵州省上市挂牌后备企业资源库；进入名录系统的家庭农场达3.57万家；农民专业合作社达6.42万家。

二、贵州省农业现代化发展的现实困境

（一）农业发展基础薄弱

贵州典型而特殊的喀斯特地貌直接或间接地对其发展的生态环境、发展条件、农业生产与经济社会发展带来一定影响。贵州的农业生态环境比较脆弱，地表崎岖破碎，山多陡峭，石漠化严重，耕地土层浅薄，水土流失严重，生态环境敏感度高、脆弱性强、稳定性低且旱涝灾害频繁，导致农业耕地面积“散、小、偏”且难以达到集中连片经营，耕地质量受影响，以至于农业生产经营规模小，土地单位产出率较低，劳动生产率较

低，农业机械化水平不高，不利于农作物生长发育，不利于农业经济的规模发展，不利于现代农业的高质量发展。贵州虽然属亚热带季风气候，降水丰沛且地跨长江和珠江两大水系，但水土流失严重且水利基础设施匮乏，加之乡村交通不便和资金困难等问题，使得大量的水库、输水工程技术落后，抗洪防涝保障能力不强，导致工程性缺水、干旱缺水问题频发。特殊的地形地貌与匮乏落后的农田水利设施使得农业抗灾减灾能力薄弱，农业生产力不强。近年来，虽然贵州十二个农业特色产业发展取得了一定成效，但仍然存在地方主导产业选择不准、产业链条较短、市场化程度不高等问题和挑战。加之贵州人多地少，小农户规模较大，以小农经营和兼业经营为主且农民恋土情结严重，农业科技支撑不足，劳动力观念难以跟上发展需求，都在一定程度上制约了农业现代化的发展进程。

（二）科技投入转化率较低

贵州大力强化科技兴农，加大农业科技投入，实施农业科技项目，开展关键技术攻关，助力农业企业科技创新发展。但总体上，全省农业科技投入强度较低、投入增速放缓、农业科技产出转化率并不高。贵州作为中国唯一一个没有平原支撑且山地众多的省份，特殊的地理地貌导致全省的农业机械化推广难度大，农机总动力以及农业机械化水平也远低于其他省份。调研中发现，贵州着力发展的辣椒、茶叶、食用菌、薏仁米等特色山地农业产业虽然已形成了一定的种植规模，但现有的农业机械化水平远远达不到规模化发展的需要，尤其是辣椒与茶叶的采摘主要依靠手工采摘，生产成本居高不下，与其他省份低成本的辣椒、茶叶竞争不具备价格优势，严重限制了特色农产品“走出去”。此外，贵州属于山区，大多数农村依然延续着原始的、传统的农业耕作方法，对农作物生长状况没有系统化的研判与标准化的管理，很难统筹保障农业的持续稳定增长与发展，农民群众的现有知识文化水平制约了对新技术新知识的学习、应用与转化。

（三）品牌开发利用不足

贵州把农业品牌化作为实现农业高质量发展、农业现代化的关键环节，创建了许多富有特色的名特优产品种类。但是，知名农产品品牌的数量仍然较少、区域公用品牌影响力并不高、品牌效应较弱且分散等问题依然存在。在贵州众多农产品中，仅茶叶与酒拥有较高知名度，特色果业知名度仍然较低。同时，贵州农业还是以小农经济为主，小农户品牌意识与维权意识薄弱，从而导致贵州农产品能在国内市场形成一定知名度和影响力的品牌数量偏少。虽然贵州大力促进特色农业产业发展，相比于过去有了一定程度上的突破，但多为单一种植和单一养殖方面，对加工、储存、保鲜、运输等多环节多链条的衔接性并不强，没有形成完整高效协调的运行体系，导致在激烈的市场竞争中难以实现利益最大化。另外，区域内农产品品牌主体各自为战，难以形成利益联结、关系密切的利益发展共同体，农业龙头企业在市场开拓、营销渠道巩固等方面发展能力不足，极大限制了其基地和农户的辐射带动效应，以至于本土品牌效应难以扩散。

（四）经营管理人才缺乏

贵州的农业发展不仅亟需现代化的基础硬件设施等公共服务的供给与配套，更亟需一大批懂经营管理、懂种植生产、懂园艺栽培、懂农业科技、懂加工销售、懂市场拓展、懂品牌推广的复合型农业经营管理人才做支撑。然而，当下贵州农业科技创新力量水平一直比较滞后，农业科技人才团队小且不集中，复合型的农业经营管理人才较为缺乏，始终只能帮助到小部分农户或农业企业。农业科技运作体系落后，推广模式较为单一，农产品生产线流程的完整性不高，科技成果转化率低。贵州大部分青壮年外出务工现象频繁，大量青壮年劳动力转移，不仅导致农村出现土地闲置、荒废、耕地质量下降等问题，还会导致农村留守人群难以胜任农业生产需要，也难以培育本土化的复合型农业经营管理人才，使得农业劳动生产率较低，农业生产水平滞后。

三、贵州省农业现代化发展的趋势研判

（一）补齐基础设施配套短板是前提

提高水资源利用效率和增强农业抗灾减灾的重要措施，加快补齐农业基础设施配套短板，提升乡村公共服务水平，是贵州加强农业水利设施建设、增强农业灌溉与抗灾减灾能力、解决基础设施配套等系列问题的根本。下一步，需要有针对性地加大对水利建设方面的资金投入力度，提高对农田水利的贷款支持比重，加强骨干水利枢纽的建设，为农业灌溉用水提供可靠的保障，更新改造大型灌区和重点中型灌区的水利配套设施。加强农业生产基地建设，鼓励农业产业化龙头企业整合资源，加强与农民合作经济组织等主体共同建设农业生产基地，完善农业水利设施以及配套的

基础设施。加强耕地质量保护与提升，促进退耕还林还草工作，改善农业生产条件，促进产业集中发展，增强农业综合生产力，提高土地产出率，促进农业可持续发展。

（二）加强农业科技转化应用是关键

农业现代化的核心竞争力是农业科技现代化，贵州的农业科技投入、转化应用需要进一步提升加强。农业科技投入不仅能激发农业创新活力，实现农产品多样化，满足市场需求，还能提高农业投入产出效率，降低农业项目成本。贵州多山地，因此要重视适用的、高效的山地农业机械设备的投入和使用，开发出更为高效的山地机械化系统，例如，山地耕地机、播种机、收割机等，通过改造提升农业机械设备的作业效率，进一步提高农业生产效率。坚持以市场为导向，以科技创新为支撑，以质量效益为目标，加强农业机械化技术的研发，发展资源节约、环境友好、优质高效、生态安全的特色农业产业，形成一套完整的、专业的农业科技成果储备。加强农业科技支撑规划指导，增强各区域的分工合作，协调粮食作物、种植业、养殖业发展关系，重点发展茶叶、中药材、特色林果、森林繁殖和其他节约土地和劳动密集型的农业产业，充分依靠现代科学技术，既要继承地方特有品种和优质特色品种，也要加大名优新品种的引进、选育和推广，提高农业生产科技水平。

（三）发展地域特色农业产业是重点

贵州的山地地缘结构影响耕地集中规模经营，因此，基于山地农业定位，应发挥山地农业特色，做大做强山地特色产业，建设山地农业品牌，打造现代山地特色高效农业。因地制宜，大力发展以茶叶、中药材、特色林果与林下养殖为主的特色农业，推动农业提质增效，提高农业整体经济效益。推动农村土地制度创新，在尊重农民意愿的前提下保障土地合法顺利流转，引导土地流向新型农业经营主体，发展适度规模化农业。集中统筹产业规划，改善农业发展环境，改善农业生产条件，促进产业集中成片发展，提高农业产出能力，促进农业的可持续发展。以发展现代山地特色高效农业为目标，全力推进农业供给侧结构性改革与农业产业结构调整。在农业品牌化建设上给予相应的政策支持，投入专项资金，用于支持农产品进行品牌化建设。加大农业品牌化的宣传力度，提高农户对农产品品牌化的认知水平，让农户知道品牌化是提高农产品质量、增强农产品市场竞争力和提高收入的重要保障，促使农户自觉、自愿参与建设与维护农产品品牌化的工作中。加强政府与新型农业经营主体、小农户的联动，结合地域资源条件，发展山地特色高效农业，推动规模化生产，打造区域性特色农业品牌。

（四）着力深化农业农村改革是核心

稳定完善农村基本经营制度，严格规范农村土地管理制度。完善农业支持保护制度，深化农村金融制度改革，创新农村金融体制。鼓励发展适合农村特点和需求的各种微型金融服务，允许有条件的农民专业合作社开展信用合作。建立健全农业社会化服务体系，包括发展多种形式的农村专业合作组织，深化农业科技推广体制和供销社改革。建立健全农产品市场体系和农业支持保护体系，切实抓好各级政府新增财力向农业现代化投入倾斜，形成不断增长的农业投入机制。完善新型农业经营主体经营管理机制，发挥农业龙头企业在全产业链布局中的关键作用，坚持产前、产中、产后有机衔接，促进一二三产业融合发展，培育农业产业与其他产业融合发展新业态、新模式，促进立体化、复合式的农业全产业链发展，推进不同类型农业产业链延伸，实现农业产业融合，提升农产品加工业增加值，巩固农业农村新业态，多渠道促进农民持续增收，促进农业产业链整体竞争力提升。

第三节　市域农业现代化发展概况

本小节选取铜仁市作为研究案例，铜仁市地处黔湘渝三省市接合部、武陵山区腹地，东临湖南、北接重庆，是西南地区连接中部和东部的桥头堡，素有“黔东门户”之称。铜仁地处云贵高原向湘西丘陵过渡的斜坡地带，以梵净山为主峰的武陵山脉成为该市东西部的分水岭，喀斯特地貌发育典型。市域聚居着汉、苗、侗、土家、仡佬等29个民族，少数民族占总人口的71.75%，是国家卫生城市、国家森林城市、全国民族团结进步示范市、平安中国建设示范市、首批全国市域社会治理现代化试点市。拥有世界自然遗产梵净山，培育有百亿级产业集群（生态茶、蔬菜、生猪）3个、国家级农业产业化龙头企业5家，建有生态食品饮品药品产业对外贸易合作高质量发展基地、农业国际贸易高质量发展基地、国家农业绿色发展先行区、国家级农业科技园区、全国村庄清洁行动先进县、中国蜜都、中国抹茶之都、中国油茶之乡等，获批国家现代农业产业园项目、产业集群项目、产业强镇项目以及国家级农业标准化示范区项目等。以铜仁市推进农业现代化的实践作为市域案例进行分析，对于丰富拓展农业现代化在中国西南山区的呈现，有助于推动农业现代化的整体性、全面性、协调性，提供案例经验与发展思考。本小节数据资料主要来源于铜仁市人民政府官网、铜仁市农业农村局官网以及笔者调研获取，同时主要围绕综合环境、基本情况、评价体系、现实问题等四个维度归纳市域农业现代化的发展概况。

一、铜仁市农业现代化发展的综合环境

（一）铜仁市农业现代化发展的优势

一是自然生态条件得天独厚。铜仁处于武陵山脉西段，由于地质地貌复杂，地势起伏较大，地下与地面组成物质均呈纷繁多样的特点。特殊的地理环境，孕育着肥沃的土地资源、丰富的矿产资源、充裕的水资源和生机勃发的生物资源。境内雨热同季，空气质量优良，水质清洁，动植物资源丰富，被誉为地球同纬度唯一的原始绿洲和动植物基因库。县县有穿城秀水、乡乡有青山绿水、村村有田园山水，有利于发展绿色有机农特产品。

二是交通运输十分便捷。铜仁位于贵州最东部，山连巴蜀，水接湘渝，聚水陆空铁于一体，航空、水运、高速、高铁“四位一体”现代交通网络逐渐完善，铜仁凤凰机场正式对外开放，黔北（德江）机场开工建设。乌江水运全线复航，高等级航道里程数居全省第二。高速公路总里程突破 1 000 千米，密度居全省第二。沪昆高铁、渝怀铁路穿境而过，铜玉高铁直通主城，铜吉高铁即将开工。与周边大中城市形成 1 小时航空经济圈、4 小时高速公路圈和 2 小时快速铁路圈，为推动铜仁农产品“黔货出山”提供了物流支撑。

三是产业发展已成规模。铜仁以生态文明引领经济社会发展，充分发挥特色优势强农业，乡村振兴战略深入实施，在人、财、物上投入力度持续加大，农业发展规模有所突破，开创了经济增速快、脱贫成效实、城乡变化大、发展后劲足、政治生态好的良好局面。2022 年，农产品加工转

化率达61.4%，同比增长9.6个百分点，居全省第三。2023年，培育有百亿元级农业产业集群（生态茶、蔬菜、生猪）3个、亿元级农业企业20家，成功申报认证粤港澳大湾区菜篮子基地12个、总量达27个，农产品出口总额超2亿元，同比增长69.03%。农业产业发展形成规模优势。

四是品牌体系基本形成。铜仁生态环境优越，物种资源丰富，品质独特，培育形成以“梵净山珍·健康养生”为公共品牌的优质特色农产品品牌体系，拥有珍珠花生、白水贡米、德江天麻、思南黄牛、沿河白山羊等33种地理标志产品；拥有被誉为“世界茶中珍品”的梵净山茶、石阡苔茶；拥有被誉为“人间仙果、李中茅台”的空心李；拥有被誉为“西南药材库”的梵净山道地药材，梵净冷水鱼产量占全省的45%；梵净山饮用水、梵净山食用菌等特色品牌享誉全国。

五是发展环境较为优越。坚持以高质量发展统揽全局，全力推进自然生态、经济生态、城镇生态、文化生态、社会生态、人才生态、政治生态“七个生态”建设，实施产业强市工程，大力发展新型功能材料、大数据、现代能源、生态食品饮品药品、生态林业、生态旅游“六大主导产业”，为农业产业发展奠定环境优势。招商引资实行“一个项目、一名领导、一个团队、一抓到底”的工作机制，荣获“营商环境质量十佳城市”等荣誉，为农业龙头企业来铜发展提供重要保障。

（二）铜仁市农业现代化发展的劣势

一是农业产业发展韧性不强。虽然铜仁长期以来大力发展农业主导产业，农业产业“小、散、弱”现象有所好转，但是，在某一农业产品上优势不突出，造成了农业产业“大而不强”“多而不优”的尴尬局面，与市场期盼还有差距，有样品有礼品而无产品无商品的现象时有发生。具有极强地方特色的优势农产品种类及其规模较小，农业产业发展存在一定的同质性。

二是适度规模经营主体不强。铜仁农业企业规模小、经营散、积累少、管理弱，新技术应用能力差，企业发展资金短缺，企业与基地、农户利益联结方式单一，产业链较短，导致新型农业经营主体整体实力不强，市场竞争力不够强劲，并且缺乏一批具有一定规模、发展效益高、市场竞争力强、带动能力强的农业产业化龙头企业，农业规模经营主体实力亟待加强。

三是一二三产业融合程度不深。铜仁农产品普遍加工程度低，精深加工产品较少，产业链不长，产品附加值不高，一二三产业融合程度低，距离农业强市仍有较长距离。例如，农旅融合转化程度较低，存在配套设施服务差异较大、特色项目少、经营简单雷同、农耕文化等地方特色项目较少等问题，难以吸引外来游客消费。

四是农产品产销体系不健全。农产品产后处理方式落后、管理经营粗放，造成一些农产品损失较重。冷链物流建设严重滞后，“有市无货”“有市慢货”等现象时有发生。农产品加工业产值与农业总产值的比值有待提高。农产品物流和电商体系薄弱，农业产前产中产后未形成有效衔接，农业社会化服务体系不健全，农产品流通企业缺乏，产前缺少定期发布的农业产业投资指南，产中涉农部门和农技推广等机构尚未与相关中介机构建立良性合作关系，产后未健全完善农产品产销公共服务平台。

五是农产品品牌影响力不强。铜仁虽有梵净山茶、石阡苔茶、德江天麻、玉屏油茶、梵净蘑菇等著名商标，但是大多数区域特色农产品没有形成标准化的品牌。产业规模总体偏小，例如，中药材、生态畜牧业、生态果蔬业、生态油茶、生态渔业等具有地域优势的农产品产业化、品牌化经营尚处于雏形阶段。农业生产与经营者市场意识淡漠，建立山地生态品牌意识尚未完全植根于农业生产与经营者大脑深处。

六是农业基础设施建设滞后。铜仁境内山脉众多，重峦叠嶂，绵延纵横，山高谷深，地块零碎分散，不适宜农业机械化大生产，农机与农艺深度融合不够，农机化技术助推农业产业化发展的作用未能充分彰显。同时，农业基础设施建设投入不足，在中低产田改造、直通田间地头的产业路与沟渠的建设投入更少。农业基础设施管护不到位，“重建设、轻管理”“有人建、无人管”的问题较为突出。特别是在部分坝区，存在缺乏大棚育苗设施、分拣烘干设施、冷库设施等问题，严重制约着蔬菜等产业发展。

七是生产要素支撑力度不够。银行信贷多数采用工业和商贸企业的评价指标体系，对种植、养殖这些前期投入大、回报周期长、经营风险高的农业企业来说，普遍存在贷款难、还款难的问题。农业保险体系、农业风险补偿体系、农业担保体系尚未完全建立，保险机构对开展农业保险业务积极性不高。农村土地市场不完善，部分农户因为对政策不熟悉、对市场不了解、对未来发展的不确定，不愿将土地流转出来，致使农业产业化、规模化、标准化发展受到很大限制。对发展现代农业重视不够，投入不足。由于地方财政困难，农业基础设施建设满足不了生产发展需要，对现代农业发展机制体制创新的扶持引导资金投入少，不足以调动社会资金投入农业。

八是农业专业技术人员不足。铜仁普遍缺乏懂经营、会管理、善决策的农业经营管理人才。较多农业产业化龙头企业缺乏专业技术人才，一定程度导致农业企业自我创新发展的能力不足。种植类产业技术指导人员匮乏，种植专业技术人员在数量和业务素质上不能满足产业快速发展的需要。例如，蔬菜种植要求较高的技术水平，蔬菜产业技术服务相对滞后，菜农的蔬菜栽培技术主要是靠传统经验和自己摸索，在百亩以上的规模化基地内普遍缺乏有经验、懂技术的蔬菜专业技术人员。

（三）铜仁市农业现代化发展的机遇

农业现代化发展面临千载难逢的政策机遇。农业现代化是实施乡村振兴战略的总目标，是新时代做好“三农”工作的总抓手。一方面，特别是党的十八大以来，习近平总书记多次就推进农业现代化系列工作发表重要讲话、作出重要指示，中央农村工作会议、党中央、国务院多次出台政策意见，对推进农业现代化工作作出全面部署，为各地因地制宜推动农业现代化提供根本遵循。另一方面，地方政府高度重视农业现代化发展，并千方百计提供坚实保障。铜仁市委、市政府，先后制定出台关于全面推进乡村振兴加快农业农村现代化、大力推动农业现代化促进农业高质高效发展、特色优势农业产业发展等系列实施意见和实施方案，大力推进农业现代化，始终坚持质量兴农、绿色兴农理念，以农业供给侧结构性改革为主线，加快构建现代农业产业体系、生产体系、经营体系，巩固拓展脱贫攻坚成果同乡村振兴有效衔接，持续发展现代山地特色高效农业，做大做强农业特色优势产业，提高农业质量效益和竞争力，推动农村一二三产业融合发展，不断提高农业创新力、竞争力和全要素生产率，为推进农业现代化高质量发展提供了政策保障，带来了发展机遇。

（四）铜仁市农业现代化发展的挑战

一是农业现代化发展面临不平衡不充分的严峻挑战。从国际发展形势来看，自然灾害、新冠疫情冲击、贸易摩擦、市场垄断、金融风险等多重因素叠加影响。从国内发展情况来看，东部地区交通便利，对外贸易活跃，海上条件优越，资源丰富，劳动力充足，气候温和；而西部地区深居内陆，交通不便，资源不易开发，自然环境恶劣。全国城乡收入相对差距不断缩小，但绝对差距仍在扩大。中国经济从高速增长转向中高速增长，农业发展的外部条件和内部动因也发生了深刻的变化，常规措施难以保持农业的持续发展，难以寻求到新增长点。从全市发展情况来看，虽然经过长期发展，铜仁市农业农村面貌已发生翻天覆地的改变，农村常住居民人均可支配收入逐渐增长，但是，城乡二元结构问题依然突出，农村常住居民人均可支配收入远低于城镇常住居民人均可支配收入，均低于全国、全省、湘西自治州、怀化等地农村常住居民人均可支配收入。

二是城镇化快速发展导致农业现代化面临新的矛盾。城乡要素加速流动，导致农业副业化、农户兼业化、劳动力弱质化、农村空心化问题凸显，在城镇化深入推进背景下，农业现代化面临诸多新的矛盾。铜仁市非农化程度低，第一产业产值比例居高不下，不利于农业产业结构的调整，第二产业长期以来发展不足，第三产业发展相对较好，但是难以带动农业产业结构调整。受人工和土地等农业生产成本上升的影响，农民增收遭遇规则瓶颈，农民家庭经营性收入增长形势不乐观，财政转移性收入增长空间受限，城乡融合的体制机制和政策体系尚不完善，农民的土地、房屋等财产权利不完整、权益不平等。农村基础设施建设资金不足、投入标准低、配套设施不完善，人居环境条件不佳，基础设施建设落后的情况没有得到根本扭转，农业基础设施重建设、轻管护的现象突出，管护技术标准缺乏，管护队伍素质不高，补短板任务仍十分艰巨。

三是农产品供给质量和效率难以满足快速升级的消费结构。近年来，伴随着我国人口数量的持续增加和居民收入的快速增长，居民对农产品的实际消费能力将明显增强，农产品消费总量在持续扩张的同时，农产品消费结构面临加快升级的局面，农产品的供给质量和效率难以满足快速升级的消费结构。从当前情况看，我国已进入农产品消费结构重大阶段性变化时期，个性化、体验化和高端化已成为农产品消费需求增长的重点，而现阶段，铜仁优质化、多样化、专用化农产品发展相对滞后，部分农产品供求结构性失衡的问题日益突出。此外，伴随着人们收入水平的不断提高，生活质量也逐步提高，对农产品的质量水平提出了更高的标准化要求，铜仁如何进行生产源头控制、生产过程标准化、风险防控和产品质量监管等，进而全方位提升农产品质量水平，这是当前铜仁农产品质量安全面临的一项重大问题。铜仁农产品供给“多而不优”，优质专用高端产品紧缺的矛盾较为突出，迫切需要把增加绿色优质农产品供给放在更加突出的位置，使农产品供给品种和质量更加契合消费者需要，让农业供需关系在更高水平上实现新的平衡。

（五）铜仁市农业现代化发展环境综合分析

通过对铜仁市农业现代化发展面临的优势、劣势、机遇和挑战等情况进行分析，结合国际国内发展形势趋势和铜仁市实际，对铜仁市当前及今后一段时间高质量推进农业现代化发展综合分析如下。

第一，持续推进农业供给侧结构性改革，补齐农业现代化发展市场短板。在确保粮食安全的基础上，紧紧围绕农产品市场需求变化，有序持续深入推进农业供给侧结构性改革，构建适应市场需求的农产品品种结构，积极发展优质农产品、专用农产品和特色农产品，在保证农业生产能力的基础上使其更加适应市场需求，努力追求农产品总供求的平衡。进一步优化农业产业结构，加快发展农产品加工业，建设一批专业化、规模化、标准化的原料生产基地，积极发展农产品产地初加工，推动农产品精深加工发展。不断提升农产品质量安全水平，着重从源头控制、标准化生产、品牌带动、风险防控和质量安全监管等多个方面保证农产品质量安全。

第二，转变农业生产经营方式，激发农业农村现代化发展活力。全面推进铜仁市农村生产方式变革，构建现代农业生产经营方式，充分利用现代互联网技术，构建以农产品消费为主导、生产与消费一体化的农业生产方式，积极推进农村电商发展，建立适应铜仁市农产品电商发展的标准体系，推动新型农业经营主体、加工流通企业与电商企业的全面合作，支持农产品电商平台和乡村电商服务站点建设。推动大数据信息技术融入农业生产过程，实现农业生产的自动化、智能化和精准化，对生产过程进行科学管理，提高农业生产效率，实现农业有序、高效发展。进一步加强农村物流体系建设，完善农产品流通骨干网络，全面实施信息进村入户工程，鼓励条件适宜的区县积极发展电商产业园，推进“互联网＋”现代农业行动。

第三，把握两个市场两种资源，提升农业对外开放层次和水平。统筹用好国内国际两个市场两种资源，提升铜仁市农业对外开放层次和水平，积极推进农业科技对外合作水平，通过引进先进技术装备和全球农业技术领先的企业、机构和管理团队，提升农业的国际国内竞争力。进一步完善农业对外合作服务体系，统筹农业对外合作渠道，建设农业对外合作公共信息服务平台。进一步优化农业对外合作布局，分析和把握农产品供求格局和投资政策环境，统筹利用国际国内农业资源，强化进口农产品检验检疫监管，支持促进优势农产品出口，巩固铜仁特色农产品的产业优势。

第四，推动城乡融合发展，调动农民参与现代化建设的积极性。在快速推进城镇化和城市日渐繁荣的同时，如何让城乡居民共享经济社会发展成果，促进城市与农村在人口流动、公共服务、资源开发，环境共享等方面的双向互动关系，是实现铜仁市农业农村现代化的迫切要求。因此，应进一步重视机制体制和政策体系层面上的城乡融合发展体系构建，以城乡关系现代化推动农业农村现代化。进一步努力培养造就一批懂农业、爱农村、爱农民的“三农”工作队伍，力争唤醒农民对农业现代化建设的主人翁地位和意识，努力调动农村的内生动力，进一步调动农民参与农业现代化建设的积极性。

二、铜仁市农业现代化发展的基本情况

（一）农业产业体系基本建立

重要农产品生产稳定，农业产业体系基本建立。截至 2023 年年底，一是农业产业集群发展。培育了百亿元级农业产业集群（生态茶、蔬菜、生猪）3 个。二是产业基地大力培育。认定 2023 年生态食品饮品药品产业对外贸易合作高质量发展基地 10 个，成功申报国际贸易合作高质量发展基地（贵州印江宏源农业综合开发有限公司）1 个。三是农产品加工转化率较高。根据 2022 年数据，铜仁市农产品加工转化率为 61.4%，同比增长 9.6 个百分点，居全省第三。四是农业产业化龙头企业强势培育。认定市级农业产业化龙头企业 61 家。铜仁市市级以上农业产业化龙头企业达 463 家，其中国家级农业产业化龙头企业 5 家，省级农业产业化龙头企业 159 家，市级农业产业化龙头企业 299 家。推荐申报国家级农业产业化龙头企业 2 家。认定 2023 年铜仁市生态食品饮品药品骨干龙头企业 16 家。认定 2023 年铜仁—东莞东西部消费协作生态食品饮品药品重点供应

链企业14家。培育超亿元级企业20家。五是粤港澳大湾区菜篮子基地不断夯实，成功申报认证粤港澳大湾区菜篮子基地12个、总量达27个，新申报15个。六是农产品出口取得新突破。2023年铜仁市农产品出口总额超2亿元，同比增长69.03%。七是农产品品牌全力培育。“梵净山珍·健康养生”、梵净山茶等9个区域公用品牌被列入第一批贵州农产品区域公用品牌目录。贵福菌业“蘑菇家”鹿茸菇被列入《中国农业品牌目录2022年农产品品牌名单》。八是农业产业招商取得新进展。2023年谋划生态三品招商项目217个、项目总投资424.08亿元，新引进项目122个，签约资金99.14亿元、到位资金27.22亿元。九是农业产业争资争项取得新成绩。2023年争取省农业农村厅省级以上重点龙头企业联农带农奖补资金、贵州省引领型龙头企业贷款贴息资金、贵州省农产品出口补贴资金、农产品品牌标准建设补贴资金等各项资金1 200万元直达企业。

（二）农业生产体系不断巩固

农业基础设施环境配套有序推进，农业生产体系不断巩固。一是大力推进高标准农田建设取得新成效。截至2020年年底，铜仁市已建成高标准农田119.09万亩，占总耕地面积的22.31%。永久基本农田中已建成高标准农田46.68万亩，占永久基本农田面积的13.34%。“两区”（粮食生产功能区及重要农产品生产保护区）耕地面积建成高标准面积为38.34万亩，占“两区”耕地面积的19.47%。二是推进农业机械化发展水平大幅提升。制定印发《铜仁市农机购置补贴实施方案》，将粮食、生猪等重要农产品生产所需机具全部列入补贴范围，部分重点机具补贴额从30%提高到35%。认定2022年市级农机专业合作社示范社35个，市级财政统筹东西部协作资金1 000万元用于扶持市级农机专业合作社示范社建设。铜仁市农机总动力累计达312.2万千瓦，新增农机总动力2.05万千瓦，实施机耕面积达452.36万亩，机播、机插面积达38.03万亩，机收面积达168.13万亩，2023年主要农作物耕种收综合机械化率达50.5%（机耕率达90%以上），比2021年提升6个百分点以上。三是助推铜仁市农业现代化实现高质量发展。2022年，铜仁市全年粮食种植面积完成388.22万亩，占省级下达任务数的100.32%；粮食总产量110.03万吨，同比增加0.26万吨；生猪出栏301.77万头，同比增长20.21%；家禽出栏

2 786.04万羽，同比增长 14.87%；禽蛋产量 13.51 万吨，同比增长 39.39%；食用菌产量 50 万吨，同比增长 11.49%；蔬菜产量 412.77 万吨。铜仁市茶园总面积排全省第二，抹茶发展规模居全国前列，食用菌产业规模居全省第一梯队，林下经济综合排名全省第一，特色冷水鱼产量占全省 45%、排全省第一。

（三）农业经营体系持续完善

制定《铜仁市家庭农场管理办法》等指导文件，推动新型农业经营主体不断发展壮大。2022 年，铜仁市市级家庭农场总数达 4 109 家，家庭农场总收入 13.57 亿元，带动 5.29 万人就近就业。铜仁市 346 个家庭农场通过农产品质量认证，注册商标 179 个；沿河县盛鸿畜禽家庭农场入选第二批全国家庭农场典型案例名单。2023 年，铜仁市新增市级家庭农场 5 228家，年底前共计 9 337 家。2021—2023 年分别使用市级东西部协作资金 490 万元、1 010 万元、2 000 万元扶持培育市级、省级示范家庭农场发展，三年分别增加市级示范家庭农场 87 家、202 家、400 家，调动各界参与发展家庭农场的积极性，铜仁市家庭农场农业适度规模化发展水平得到有效提升。截至 2023 年年底，铜仁市市级以上农业产业化龙头企业达 463 家，其中国家级农业产业化龙头企业 5 家，省级农业产业化龙头企业 159 家，市级农业产业化龙头企业 299 家。林业经营主体达 560 家，省级林业龙头企业达 25 家，林业经济由原来的以保护生态为主、经济效益为辅的初级阶段，逐步过渡到“林”“业”并举，“发展”“生态”并重的全新阶段。规模以上生态食品饮品药品企业累计达到 133 家，“梵净山茶”在 2023 年中国茶叶区域公用品牌影响力指数排名第 12 位，2023 年 1—10 月，铜仁市生态食品、饮品、药品产业分别完成产值 428.82 亿元、143.75 亿元、28.71 亿元，生态潜能持续崛起，产业链条不断延展，生态品牌价值全面提升。持续开展“两品一标”认证工作，以提质增效为发展目标，以树立“两品一标”公信力为核心，积极开展各类相关认证工作。2022 年以来，共申报绿色产品 5 个，完成绿色产品现场检查和续展 8 个，获得农产品地理标志保护工程（石阡苔茶）1 个。认证绿色食品 41 个、有机农产品 109 个、农产品地理标志保护产品 12 个。新型农业经营主体不断培育壮大，农业规模化发展水平有效提升，为促进农民增收、推动农业现代化发挥了重要作用。

三、铜仁市农业现代化发展的现实问题

（一）农业农村制度资本供给“效率度”不高

制度资本被理解为有利于促进农业交易市场容量最大化和农业经济深化的制度性资本。只有顶层设计具有全局性、稳定性、持续性，才能管根本、管方向、管长远，才能落地、才能操作、才能见效，才会在山地农业现代化推进过程中发挥主导作用。但调研发现，涉农政策设计与安排的科学性与合理性跟不上农业现代化的发展要求，机制衔接与联动的指向性与操作性跟不上农业现代化的前进步伐，措施配套与保障的具体性与持续性跟不上农业现代化的利益方向。具体表现在，领导换届导致农业发展政策转变，带给农企发展长期困扰与短期苦恼；县域农业主导产业政策不聚焦不稳定影响主管部门及干部的思路与定力；多部门对农产品不定期重复检查造成企业经营压力和负担；农业发展规划研究制定不接地气；人才引进与保障政策不够灵活；涉农小微企业扶持政策较少；等等。

（二）农业农村物质资本生产“黏合度”不佳

物质资本被理解为一定时期内货币投入后转化的农业生产资料，包括用来生产其他支撑农业的消费品或资本品的耐用品。需要坚持推动物质投入现代化和生化技术现代化相结合，才能使得山地传统农业逐步向山地现代农业转变，增强物质资本的生产与再生产能力。但囿于地域性、季节性和周期性，铜仁市农业生产资料供给不足，农业基础竞争力缺乏。基础设施配套、生产要素配置、土地整治实施等因素难以突破分散的小农经济束缚，难以吸引各类生产要素向农业现代化集中并发挥集聚效应。如调研反映，大部分农企难以获批土地使用权，牵制企业发展规划与建设；农田灌溉设施配套不足，综合有效灌溉率不高，且维护成本高昂；农机装备支撑乏力，山地农用机械研发不够，山地“宜机化”配套设施缺口大；尚有闲置大棚未综合利用；等等。

（三）农业农村人力资本支撑“受益度”不显

人力资本被理解为“三农”工作队伍依靠所掌握的知识、技术、智慧和经验等在农业经济活动中获得收益的能力。山地农业现代化的顺利推进，最关键的因素仍然是人才队伍，仍然亟需一支懂农业、爱农村、爱农民的“一懂两爱”人才队伍，构建配套起“吸引人才到农、留住人才在

农、激发人才建农”的软环境。但是从实际情况来看，农业现代化人才梯队搭建困难，人才支撑效益尚未充分彰显。既未建立健全有爱农情怀、有工匠精神、有创新意识、有社会责任感的“四有”农业人才队伍体系，也未构建配套“吸引人才下乡、留住人才在乡、激发人才建乡”的软环境。如调研发现，有文化、懂科技、善经营、会管理的新型职业农民普遍缺乏；农业龙头企业亟需高端科技研发人才、产业专技实用人才、综合管理人才；地方技术储备跟不上发展需求，在关键领域、“卡脖子”的地方下功夫不够；区域或产业发展缺乏专业人才规划；科研成果转化应用率不高；产品标准亟待专人制修订并统一规范；等等。

（四）农业农村金融资本扶持“投入度”不够

金融资本被理解为扶持“三农”发展的进出金融市场的货币、金融工具或金融资产等。只有践行落实“为农服务”的宗旨，量体裁衣持续深化农村金融的机制改革，因地制宜加大县域金融机构的支持力度，推动农村金融机构回归本源，才能实打实解决新型农业经营主体“贷款难”“贷款贵”“贷款繁”等难题。但从实践来看，这些“老大难”问题依然存在，普惠型农村金融服务创新相对滞后，政策资金依然存在供给与需求错位的问题，无论是需求紧迫性和产品适用性都难以满足农业现代化发展的资金需求。金融信贷服务对农业企业的倾斜性不大，保险支农范围较狭窄，难以满足多元化主体的金融需求，难以覆盖更多农业产业、主体和品种。具体体现在，大部分农企运营成本很高，且资金周转困难，出现“老贷款还不上、新贷款难获批、投产运维艰难”困境；很多涉农扶持资金安排在不具体抓产业发展的部门，导致扶持资金使用效率不高；农业市场波动大、风险高，小微经营主体保险意识不强、保费支付能力不足，基层农业保险业务人员短缺，存在保险覆盖面不够、赔付效率低的“双重困境”，保险服务难以覆盖农业生产经营全过程；等等。

（五）农业农村社会资本服务“规范度”不强

社会资本被理解为服务于“三农”与之相关的社会组织服务、社会网络、社会规范、社会信任、人际关系、人的信誉等无形资本。只有发挥农业社会化服务在实现小农户和现代农业有机衔接过程中的重要桥梁与纽带作用，才能激发小农户生产经营积极性与创造性，构建完善现代山地农业产业体系、生产体系、经营体系，并转变为推进山地农业现代化的隐性资本力量。然而，铜仁的农业社会化服务组织起步晚、起点低，缺乏覆盖产前、产中、产后全环节全过程的农业社会化服务组织与平台，难以为农业经营主体提供全程化、精准化、个性化的指导服务。农村公共资源配置与基本公共服务供给薄弱，管理服务便捷化、农业信息智能化、物流网络体系化、市场营销品牌化、全程服务社会化较滞后。如调研发现，市内农业企业未能抱团发展；“龙头企业＋”利益联结模式运转过程中面临多种挑战；梵净山茶公用品牌亟待统一管理和治理；红薯等农产品地理标志未放开使用影响市场价格；市级媒体及宣传平台对本地主导农业产业宣传推广不够；政务、法务服务农业企业的“力度”与“温度”不够；等等。

第四节　农业现代化综合评价体系创新建构

实践逻辑是中国式现代化背景下各个区域推进农业现代化的“在场明据”。农业现代化的理论逻辑与顶层谋划，为构建具有区域地缘结构特色的农业现代化综合评价体系奠定了理论逻辑与政策逻辑基础。但是，立足新时代新征程，面对区域农业现代化不平衡不充分发展问题的现实挑战，关于区域层面农业现代化综合评价的实践逻辑亟待向纵深发展。有鉴于此，本小节特选取具有山地地缘结构特征的西南民族地区作为案例区域，立足市域层面农业现代化的内涵特征和地缘实际，遵循评价指标设置的科学性、代表性、连续性、量化性、可持续性等原则（黄厅厅等，2017；Huang et al.，2022），以党的权威文件和学界的权威观点为主要参考依据，构建涵盖三大目标层（一级指标）、十类要素层（二级指标）、三十项指标层（三级指标）的市域农业现代化综合评价体系（表 17－1），并据此提出实践评测依据，以及农业现代化发展进程评分结果及其阶段属性的划分建议（黄厅厅等，2023），为类似地区推动农业现代化进程提供监测依据和评价指南。

一、“农业产业体系现代化”的实践指标阐释

农业规模化、农业标准化、农业品牌化水平是西南山区农业现代化的必然要求与应有之义，本研究设置农业规模化、农业标准化、农业品牌化水平三类二级指标集中体现农业产业体系现代化水平。从西南山区农业现

表 17-1 农业现代化综合评价体系（西南山区市域层面）

一级指标		二级指标		三级指标			评分依据
编码	目标层	编码	要素层	编码	指标层	分值	
TL1	农业产业体系现代化（40 分）	EL01	农业规模化水平（16 分）	LL01	粮食生产稳定度	4	年度粮食产量与过去五年粮食平均产量之比。≥90%计满分，<90%按比例计分
				LL02	养殖业产值占第一产业总产值比重	2	年度养殖业产值与第一产业总产值之比。≥50%计满分，<50%按比例计分
				LL03	种植业产值占第一产业总产值比重	2	年度种植业产值与第一产业总产值之比。≥50%计满分，<50%按比例计分
				LL04	农产品加工业产值与第一产业总产值之比	2	年度农产品加工业产值与第一产业总产值之比。按比例计分
				LL05	农林牧渔服务业增加值占农林牧渔业增加值比重	2	年度农林牧渔服务业增加值与农林牧渔业增加值之比。按比例计分
				LL06	农业土地产出率	4	年度农业土地产出率增减幅度。≥20%计满分，<20%按比例计分
		EL02	农业标准化水平（12 分）	LL07	农业“三品一标”基地面积占种养业总面积比重	4	农业“三品一标”基地面积与种养业总面积之比。按比例计分
				LL08	农业主导产业标准体系制定情况	4	农业主导产业标准体系健全计 4 分，制定有标准体系但不健全计 2 分，未建立标准体系计 0 分
				LL09	农业主导产业标准体系宣贯及推广应用情况	4	农业主导产业标准体系宣贯及推广应用规模与产业总规模之比。≥80%计满分，<80%按比例计分
		EL03	农业品牌化水平（12 分）	LL10	农产品加工转化率	4	年度农产品加工转化率。按比例计分
				LL11	农产品商品化率	4	年度农产品商品化率。按比例计分
				LL12	农产品品牌培育打造	4	年度区域农产品公共品牌评估价值同比增长 10%以上且年度内在市内外目标市场主办、承办或组团参加品牌宣推活动 3 次以上计满分，低于 10%、少于 3 次按比例计分

（续）

一级指标		二级指标		三级指标			评分依据
编码	目标层	编码	要素层	编码	指标层	分值	
TL2	农业生产体系现代化（30分）	EL04	生产专业化水平（6分）	LL13	农业社会化服务组织建设	3	农业社会化服务组织实现乡镇（街道）全覆盖计满分，未实现全覆盖按比例计分
				LL14	农业社会化服务面积占种养业总面积比重	3	年度农业社会化服务面积与种养业总面积之比。≥80%计满分，<80%按比例计分
		EL05	农业机械化水平（6分）	LL15	农业耕种收综合机械化率	6	年度农业耕种收综合机械化率。≥80%计满分，<80%按比例计分
		EL06	农业科技化水平（6分）	LL16	良种良法良机推广应用面积占种养业总面积比重	3	年度良种良法良机推广应用面积与种养业总面积之比。按比例计分
				LL17	农业科技进步贡献率	3	年度农业科技进步贡献率。按比例计分
		EL07	农业资源化水平（6分）	LL18	农业资源资产利用比例	3	年度农业资源资产利用比例。≥90%计满分，<90%按比例计分
				LL19	畜禽粪污综合利用率	1.5	年度畜禽粪污综合利用率。按比例计分
				LL20	农作物秸秆综合利用率	1.5	年度农作物秸秆综合利用率。按比例计分
		EL08	农业生态化水平（6分）	LL21	测土配方施肥技术覆盖率	2	年度测土配方施肥技术覆盖率。按比例计分
				LL22	农药化肥减施增效比例	2	年度农药化肥减施增效比例。减施量同比减少10%以上且增产增效同比增长≥5%计满分，减施量同比减少10%以内且增产增效同比增长<5%按比例计分
				LL23	农膜使用回收率	2	年度农膜使用回收率。按比例计分

（续）

一级指标		二级指标		三级指标			评分依据
编码	目标层	编码	要素层	编码	指标层	分值	
TL3	农业经营体系现代化（30分）	EL09	主体市场化水平（12分）	LL24	市级以上农业龙头企业占区域内农业企业总数比重	4	市级以上农业龙头企业与区域内农业企业总数之比。≥80%计满分，<80%按比例计分
				LL25	市级以上农民专业合作社占区域内农民专业合作社比重	4	市级以上农民专业合作社与区域内农民专业合作社总数之比。≥80%计满分，<80%按比例计分
				LL26	市级以上家庭农场占区域内家庭农场比重	4	市级以上家庭农场与区域内家庭农场总数之比。≥80%计满分，<80%按比例计分
		EL10	农民富裕度水平（18分）	LL27	村集体经济年经营收入增长比例	4	村集体经济年经营收入同比增长比例。≥15%计满分，<15%按比例计分
				LL28	农村常住居民人均可支配收入增长比例	5	农村常住居民人均可支配收入同比增长比例。≥10%计满分，<10%按比例计分
				LL29	农业增加值增长比例	4	年度农业增加值同比增长比例。≥6%计满分，<6%按比例计分
				LL30	农业劳动生产率	5	年度农业劳动生产率同比增减幅度。≥15%计满分，<15%按比例计分

注：该评价体系合计100分。评分结果及其阶段属性建议如下：①总评分<60分，视为农业现代化初始发展阶段；②60分≤总评分<70分，视为农业现代化起步加速阶段；③70分≤总评分<80分，视为农业现代化转型跨越阶段；④80分≤总评分<90分，视为农业现代化基本实现阶段；⑤90分≤总评分≤100分，视为农业现代化全面实现阶段。

代化的特征来看，现代农业产值要快速增长，粮食生产需稳步增长，养殖业产值、种植业产值、农产品加工业产值在第一产业总产值中要占到一定比重，农林牧渔服务业增加值在农林牧渔业增加值中要占到一定比重，单位耕地的亩均产值要达到相当水平。鉴于此，因地制宜设置粮食生产稳定度、养殖业产值占第一产业总产值比重、种植业产值占第一产业总产值比重、农产品加工业产值与第一产业总产值之比、农林牧渔服务业增加值占农林牧渔业增加值的比重、农业土地产出率等6个三级指标，以反映农业规模化发展水平。无公害农产品、绿色食品、有机农产品、农产品地理标志的认证是我国传统农业向现代农业转变的重要标志，积极主动制定和完善农业主导产业全产业链标准有利于促进农业标准化发展。因而设置农业“三品一标”基地面积占种养业总面积的比重、农业主导产业标准体系制定情况、农业主导产业标准体系宣贯及推广应用情况等3个三级指标，来反映农业标准化水平。促进农产品加工转化，提高农产品商品化率，延长产业链、提升产品附加值是农业现代化的重要特征，西南山区可推动农业特色优势产业与第二产业、第三产业在不同维度与空间进行深度融合，丰富农业产业业态（黄厅厅等，2020），促进农产品品牌化发展。因此，设置农产品加工转化率、农产品商品化率、农产品品牌培育打造等3个三级指标，来反映农业品牌化水平。

二、“农业生产体系现代化”的实践指标阐释

生产专业化、农业机械化、农业科技化、农业资源化、农业生态化水平都是西南山区推进农业现代化的重要标志和典型特征，本研究设置生产专业化、农业机械化、农业科技化、农业资源化、农业生态化水平五类二级指标集中反映农业生产体系现代化水平。农业社会化服务组织建设、农业机械化生产、农业良种良法应用都是降低农业生产成本、促进农业高质量发展的重要举措，农业社会化服务组织通过社会服务可以加快推进农业新品种、新技术、新设备等普及应用，提升农业科技和农业生产体系建设水平，加快农业现代化发展步伐。从西南山区农业现代化的发展实际和发展趋势来看，现代农业要快速发展，农业社会化服务组织建设亟须加快，农业社会化服务的规模要达到一定比重。鉴于此，因地制宜设置农业社会化服务组织建设、农业社会化服务面积占种养业总面积的比重2个三级指

标，来反映农业生产专业化水平。设置农业耕种收综合机械化率反映农业机械化发展水平。设置良种良法良机推广应用面积占种养业总面积的比重、农业科技进步贡献率 2 个三级指标，来反映农业科技化水平。农业资源资产有效盘活利用、农业绿色生态化发展是促进农业资源资产高效利用、现代农业绿色高效持续健康发展的有效手段。因此，设置农业资源资产利用比例、畜禽粪污综合利用率、农作物秸秆综合利用率等 3 个三级指标，来反映农业资源化水平。设置测土配方施肥技术覆盖率、农药化肥减施增效比例、农膜使用回收率等 3 个三级指标，来反映农业生态化水平。

三、“农业经营体系现代化”的实践指标阐释

农业经营主体发展水平、农民富裕度水平是西南山区农业现代化的重要内容与动力源泉，本研究设置农业经营主体发展水平、农民富裕度水平两类二级指标集中彰显农业经营体系现代化水平。农业产业化龙头企业、农民专业合作社、家庭农场等新型农业经营主体是加快推进农业现代化进程不可或缺的重要力量，是衔接小农户与现代农业、链接农产品与大市场的重要平台。因此，设置市级以上农业龙头企业占区域内农业企业总数的比重、市级以上农民专业合作社占区域内农民专业合作社的比重、市级以上家庭农场占区域内家庭农场的比重等 3 个三级指标，来反映农业主体发展水平。同时，还考虑到农业现代化发展的最终目标与价值旨归是要推动实现农民农村的共同富裕。因此，设置村集体经济年经营收入增长比例、农村常住居民人均可支配收入增长比例、农业增加值增长比例、农业劳动生产率等 4 个三级指标，来反映农民富裕度水平。

第五篇

案例启示

第十八章　发达国家推进农业现代化的经验

发达国家在推进农业现代化领域已取得非常丰富的经验成果。本章选取美国、法国、日本等国家，总结归纳以上国家分别推进农业现代化的实践经验与发展启示，进而为加快推进农业现代化提供实践参考。

第一节　美国：推进农业现代化的实践经验

美国土壤较为肥沃，其温带大陆性气候比较适合农业生产。但是，该国劳动力成本较高。这促使美国政府采取以政府干预为手段、以农场经营管理为方式、以现代农业科学技术为支撑、以农业机械化为途径、以提高劳动生产率和资源配置效率为目的的农业现代化发展道路。该发展道路体现了“政府保护＋市场机制＋规模化生产”的发展模式。美国推进农业现代化的实践经验主要表现为以下几个方面。

一、发挥政府调控作用

美国政府重视宏观调控在农业现代化发展过程中扮演的重要角色，为农业现代化发展提供基本保障。政府积极制定相关政策保障支农惠农工作的顺利实施，对农产品价格、农业土地调整、农业保险、农业金融与信贷、农业基础设施建设、农业技术与咨询服务、农业市场行情、农业科研、病虫害防治、农业合作社、农业劳动力、农产品生产、加工、流通、储藏与销售等环节细化政策支持意见。通过经济调控手段帮助农业生产经营者在产前、产中、产后各环节获得一定的经济支持；通过农业公共物品的供给、各类农业补贴政策的扶持、税收减免与贴息方式的实施等，大力提高农业生产经营者的积极性；通过行政干预手段对农产品的价格进行干预和管制，进一步管控农产品的最高和最低价格，保护国内农产品的市场价格，调节农产品的规模变动情况，促进农产品的进出口，进而保证农民的收益。

二、建立农业合作组织

美国政府重视农业合作组织的社会力量，积极发挥农业合作组织作为市场风险的承担者、农民利益保护的有效载体的作用，促进农业合作组织风险共担、利益共享。在美国，农业合作化的组织形式多样、类别较多，其中，发挥作用比较突出的合作化组织称为合作社，合作社大多是农场之间的自发组织组建，且为非营利性的自治组织。一方面，农民合作社通过向农业生产经营者提供生产、加工、流通、储藏与销售等各个环节的服务来提高合作社社员的生产收益。另一方面，农民合作组织也向农业生产经营者提供市场行情分析、病虫害防治信息分享、新的农业科技成果转化等服务项目。农业合作组织在美国推进农业现代化的发展进程中发挥了核心力量。

三、强化科学技术作用

美国政府重视农业科学技术作为生产力的作用。可以说，美国农业现代化的发展离不开工业化的助推作用。美国在第二次世界大战之后，大力发展工业化，伴随着工业化发展进程的加快，也催生了农业科技成果的出现。美国依靠农业生物技术、设施农业技术、农业信息技术、转基因技术等高新科学技术，尤其是依托以卫星定位、遥感、生物工程为主的科学技术的支撑，促进先进科学技术在农业领域的转化应用，激发了先进的农业管理经验与方法的掌握，带动了农业的机械化、规模化发展，在很大程度上有效提高了美国的土地产出率，提高了农产品产量和质量，增强了农业生产效率与效益，促进了农业科技的可持续发展。

四、培养专业技术人才

美国政府重视培养农业专业技术人才队伍。结合农业现代化发展需要，通过以政府为主体的管理单位、以农业协会等为主体的农业合作组织，带头对高文化素质、高职业技能的农业生产主体进行职业技能培训，激发其农业技术创新能力。针对新型职业生产经营管理者这类主体，通过定期参与农业部门的职能培训，不断提高其生产经营管理知识与技能。通过与地方知名高等农业院校的技术类相关专业合作，引导高校专家教授定期采取“线上＋线下”（主题演讲、专题讲座、方法示范等）多种方式，向农业经营者传授专业知识与技能。成立相关人才输出保障机构，同时制定相关福利政策，吸引农业生产经营管理领域的大学生以及专家积极落户以服务农业现代化。

五、完善支农配套措施

美国政府重视支农政策措施的配套与完善，为农业现代化发展提供政策保障。美国把土地要素作为发展农业现代化的内在动力与外在推力，不断完善土地租赁与改革制度，有效激发和释放了农业部门的劳动力潜能，大力发展农业机械化，不断提高农业经营规模化水平。美国制定农业保险制度，出台支农惠农政策，完善农业保护有关法律法规等，政策措施、法律的配套性、成熟性与专业性保障了农业现代化的发展。美国不断完善交通网络以及互联网方面运行机制，为农业现代化发展畅通基础设施的软硬件服务网络保驾护航。

第二节 法国：推进农业现代化的实践经验

法国的土地面积、地理结构与区位优势为其推进实现农业现代化发展提供了良好的环境条件，这也为法国农业确定“以牧为主、农牧并重”的发展定位奠定了重要基础。同时，法国的农业支持政策也促使其农业现代化发展程度居世界领先水平。法国推进农业现代化的实践经验主要表现为以下几个方面。

一、注重土地规模化经营

为实现农业规模化经营，法国政府制定了一系列政策保障措施，推动土地的集中化、规模化使用。采用多种行政干预措施积极应对农村劳动力剩余问题，推行土地制度改革促进农业用地的集中化，为农业经营者、农场主、合作社等提供低息贷款和降税补贴，对自发进行土地合并的生产者实行减免税费措施，这些政策措施的有效执行激发了农业生产者的积极性，也推动了农场规模的不断扩大。一方面，土地制度改革促使土地得以集中规划使用和管理，促进农业机械化操作，有利于提高农业生产效率和农业生产者的积极性。另一方面，在土地得以集中生产的同时，也践行了增强土地多功能性、减少水土流失、维护生物多样性、保持生态平衡、保护生态环境等社会责任。

二、健全农民合作社功能

法国政府鼓励农民合作社发展，制定相关法律法规及政策措施，采取税收减免等方式，积极鼓励农业生产者在自愿的原则上加入农业互助合作组织发展。政府从宏观上把握农业发展趋势，合作组织从微观上推动农业实际生产，政府与农业合作组织的协作程度共同影响农业生产的积极性。经过农民合作社的推行试验与快速发展，法国的农业经营者基本上都成了农民合作社社员，农业经营者的农业生产资料投入、农业技术、农业政策、农业咨询、大部分农业信贷等服务基本上是由农民合作社提供，通过农业合作社销售农产品的市场份额占了农产品市场的大部分。

三、加大财政扶持投入力度

法国政府加大财政扶持力度，以政府补贴的形式对农户自建的交通设施、水利灌溉、土地整治等工程拨付一定比例的补贴额度，对农户产前购置农具、购买种子等生产投入资料进行补贴。通过行政手段，对农产品价格实行保护政策，干预市场上的农产品数量，管控农产品的波动价格。当农产品量多而价格过低时，通过补贴形式，发放一定资金缓解农户的损失，同时收购一定数量的农产品进行储藏。健全科研教育与科技成果研发投入机制，细化农业的资金保障与政策保障措施，为助推农业规模化、农业专业化、农场专业化发挥主导作用。

四、重视科研与教育力量

法国政府高度重视农业科研的作用，建立覆盖国家、地方到农场的科研体系，利用高新技术节约生产资料的投入，提高农产品的产出。在工业化发展进程中加快促进农业技术的进步，加快农作物品种和生物技术的更新速度，推进农业新成果的扩散与采用。重视农业生产者的专业素质和技能，积极鼓励私立企业机构与国家共同兴办农业教育，支持鼓励专业人才投身于农业生产实践活动。重视农业科技推广的作用和功能，在全国范围内设立农技推广站，设立农技推广经费，将农业科技成果推广到实际生产中，促进农业科研成果的及时转化。

五、完善社会化服务体系

法国政府支持组建农业社会化服务组织，为农业生产者提供“种养加、产供销”等一体化服务，也提供生产、科研、实验、教育、质量认证等服务。可以说，法国的农业现代化发展离不开多层次、多元化的社会化服务体系。在政府的扶持下，各类私人企业与农民自发组织了覆盖产前、产中、产后的农业合作组织，形成了由政府主导的农户、协会和企业的农业社会化服务体系，带动农村构建了丰富的、高效的农业订单销售网络、农业服务网络，促进了农业生产的专业化、规模化、商品化。

第三节　日本：推进农业现代化的实践经验

日本国土面积较小，山地偏多，耕地分布较分散，人均耕地占有量小。境内属于海洋性温和气候，气候类型适合多种农作物的生长发育，尤其适合水稻种植。但其土壤肥力不足，山地较多，且分布在山上的梯田占据耕地面积较大比重，对农业机械化耕作、规模化经营具有较大影响。自然条件的制约促使日本大力发展农业现代化。为提高土地生产效率，日本积极发挥市场和政府的干预手段，大力引进高新技术，构建农协组织和自组织体系，重视技术创新与资本投入，形成了“农协组织＋政府保护＋小农经济”的农业现代化发展模式。日本推进农业现代化的实践经验主要表现为以下几个方面。

一、发挥农协管理作用

日本高度重视农协组织发展，其农协是具有完善的农业社会化服务功能的公益性服务组织，且深受农业生产经营者支持与认可。因农协能够解决农业生产者在生产与生活中遇到的大部分问题，大部分农业从业者都加入了农协。例如，在产前环节，农协主要为农业生产者提供种子、农膜等生产资料购买以及农业机械设备服务；在产中环节，农协主要为农业生产者提供生产资料追加、技术指导、科技成果示范；在产后环节，农协主要为农业生产者提供运输、加工、储藏、销售、推广等服务；在整个产业链过程中，农协还为农业生产者提供市场行情分析、农业低息信贷、产销一体化等服务。政府对农业实行高补贴政策，并通过农协去具体落实资金及政策方面的扶持。农协在日本农业发展中占据了不可撼动的地位，提高了农民的组织化程度，加速了日本的农业现代化进程。

二、引进先进科学技术

日本的地域特点以及固有的小农经济属性，决定了其必然要求依靠科学技术来提升农业生产效率。同时，由于日本土地价格过高，导致难以实现土地的连片规模化生产，必然需要利用各种先进的农业机械和先进科学技术来提高农业生产水平。引进小型的拖拉机并加以改造，在进行试点试验成功后便进行推广使用。进口水稻插秧机，再根据生产地的实际情况进行改良并推广普及。在前期农业现代化发展中，主要以引进先进农业机械设备为主、改良农业机械设备为辅。当农业现代化发展到一定阶段的时候，研究应用先进的农业机械、生物技术等来发展精细农业，提高农业生产效益与效率。

三、完善农业销售体系

日本的农业销售渠道多样化，销售体系健全，形成了以实体店销售方式为主、物联网销售为辅的农业销售网络体系。日本农产品销售方式主要有以下方式：产销联合体的直销方式、专业配送到户的宅配方式、农协加配送方式、专柜的大卖场方式、连锁专卖店方式、超市与农场订单销售方式、食品加工厂与农场订单销售方式等。多种形式的销售渠道为日本农产品的生产、加工、销售一体化服务提供了坚实的网络保障，提高小农户的经济效益与社会综合效益。

四、兼业化促进现代化

随着经济高速发展，日本出现了大量农业部门劳动力向城市转移的现象，转移的劳动力为避免农村土地荒废，便选择在农忙时节回流到农村进行种植，农闲时再转移到城市就业。农业部门劳动力的大量转移与流动，不仅导致了农业部门劳动力出现兼业化与专业化共存，也导致了城市就业人口过剩与农村剩余劳动力不足并存的现象。政府为适应经济高速发展趋势，积极出台相关政策措施干预农业兼业化对农业现代化的不利影响，让农村劳动人口在家门口就业，同时从事农业生产，以兼业化推动农业现代化。

五、增加农业投资

随着农业生物化学技术的快速发展，农用化肥等成为提高耕地肥力、提升土地产出率的主要手段。日本政府除了加大农业固定资产的投资外，还大力推进农业生物化学技术的广泛利用，以增加粮食的产量。同时，日本加大农业基础设施建设投资，建立健全农业灌溉体系，提高耕地灌溉率，使单位产量居于世界领先水平。

第十九章　发展中国家推进农业现代化的经验

发展中国家在推进农业现代化领域已树立了很多典型案例。本章选取印度、巴西、俄罗斯等国家，总结归纳以上国家推进农业现代化的实践经验与发展启示，进而为加快推进农业现代化提供实践参考。

第一节　印度：推进农业现代化的实践经验

印度平原面积较广阔，可耕地面积大，森林覆盖率高，光热水资源充足。但是，印度人口规模大，人均资源占有量少。经历半个多世纪的发展，印度农业既取得了明显成效，也积累了成功经验。如今，印度的农业在整个国民经济中占有较大的比重，也提供了大量的就业机会，仅农业部门就解决了印度整个国家三分之二劳动力的就业问题，成为国民生存之本，为工业生产提供原材料，为国家外汇等做出巨大贡献。印度推进农业现代化的经验主要表现为以下几个方面。

一、建设高等农业教育体系

印度政府将农业教育视为发展农业不可分割的重要部分，并逐步形成了具有自身特色的高等农业教育体系。政府督导大学教育委员会与农业研究理事会等部门成立，并将印度的农业教育从已有的大学教育中分离出来，建立农业大学，组建专门从事农业研究的工作小组，与国外农业大学签订促进印度农业教育的合作协议，加快印度的农业教育、农业科学研究和农业技术推广的步伐，为国内其他大学的建立树立了典范。到 21 世纪初，印度基本形成比较完善、规模宏大、结构完整的高等农业教育体系，高等农业院校所含专业丰富，为印度农业现代化进程提供了有力的智慧支撑。

二、积极发挥政府主导作用

印度把发展农业作为政府亟须完成的艰巨任务。为促进农业现代化的发展，政府积极发挥主导作用，提出新阶段农业发展的主要目标，要增加粮食产量，保证粮食供给，让农业成为工业化发展的重要基础等。印度政府将农业部门的剩余劳动力逐渐转移到第二、三产业进行就业，不断增加农业劳动力就业机会，为农民群众创造更高收入等。同时，实施农业补贴政策，切实保障农民利益，通过完善政府配售制度、规定粮食的购销价格等措施来稳定农民收入。

三、改善农业生产配套设施

印度政府强调加大农村基础设施建设力度，集中资源加快建设有利于农业发展的配套设施设备。例如，建设农村公路网，健全农村通信网络，发展农村计算机互联网设施，推广转基因技术解决农业生产力低下的难题，多方面促进农村各行业的进步和发展。对农业生产中的电费缴纳采用差异化的核算办法。在化肥、农药、农业机械等生产资料价格方面，政府也给予农民一定的优惠政策。同时，出台农业扶持政策保护农民利益，极大地促进农业农村发展，不但解决了人口大国的粮食供应问题，还带动了其他相关产业的发展，对国民经济产生了积极而深远的影响。

四、发展农业信贷合作系统

印度的农业贷款主要来源于农业信贷合作社系统、地区农业银行、商业银行和私人放贷等平台。在印度发展早期，农业贷款主要以私人放贷为主要来源，但是，从长远来看，该贷款方式并不利于农业农村发展。为了遏制该现象，印度政府采取相应措施促进正规的农业信贷机构发展，由农业和农村发展银行领导的农业信贷合作社和商业银行构成的信贷系统，履行向农户提供低息贷款的职责和义务，优先向农户和农村小规模工业企业提供贷款。相比较而言，该农业信贷系统拓宽了农业资金的来源，激发了农户对先进技术应用的积极性，推动了农业现代化的发展。

五、实施农业经济扶贫计划

随着印度经济的快速发展，国家经济发展规划和扶持政策主要倾向于支持工业化发展，农业领域支持相对减少，导致农业领域问题逐渐暴露，并影响到其他产业的发展。政府及各界人士意识到农业对于工业发展、国家发展的基础性和重要性，于是提出了在农村实施新经济计划和扶贫计划，加快改善农村的生产生活条件，大力发展种植业、农村工业、商业等产业来提高农民的收入，注重培养农业生产者的专业技术能力，为农业生产者创造良好的生产环境与条件，促进农业现代化的发展。

第二节　巴西：推进农业现代化的实践经验

巴西自然条件得天独厚，土壤肥沃，气候炎热，光照充足，水源丰沛，多数地区地势较平坦，耕地和草场面积广阔，地理区位及自然条件为农作物生长与农业发展提供了丰富的优势条件。巴西农村人口比重相对较小，农村居民人均耕地面积相对较大，耕地集中程度高，私人大庄园与雇佣关系十分典型。巴西是一个农牧业比较发达的发展中国家，但是其农业资源利用率较低，广阔的土地资源和茂密的森林资源还没有完全被开发，农业发展具有较大潜力。巴西推进农业现代化的经验主要表现为以下几个方面。

一、加大农业基础设施建设

巴西政府重视农业基础设施建设，在进行农村基础建设之前，综合优先发展农村交通，减少农产品的生产和运输成本。在西部地区建立综合开发基地及企业，重点研究热带经济作物，为落后地区农业开发奠定基础。统筹考虑公共基础设施受气候的影响，加强联邦和地方政府之间的协调，进一步加强公共基础设施的规划与投资，降低与长期基础设施项目相关的风险，吸引并促进更多的私人投资和国际融资。

二、重视农业技术研发推广

巴西农业部门积极推进农业科研与农业推广工作，并在全国设立技术推广站。一方面，积极推进品种改良工作，进行大豆等品种的改良、高产品种的培育，成功培育出适合本国气候和环境生长条件的小麦、胡萝卜、马铃薯等农作物新品种，不仅大幅度提高农产品产量，而且有效降低对小麦进口的依赖程度。另一方面，积极推进稀树草原的综合开发和利用，鉴于稀树草原对农业发展的重要性，专门成立相关研究中心，研究该地区资源合理利用和开发问题，成功开发与培育出高产牧草技术，成为巴西农牧业生产的主要依托。另外，成功研发出半干旱土壤改造新技术，增加了农业用地面积，激发了农业发展潜力，推动了巴西传统农业向高产、优质、高效的现代农业转变。

三、立足市场调整农业结构

巴西政府制定农业政策积极调整农业产业结构，采取扶持与投资的形式，鼓励激发更多的农场顺应国际市场的需求，优先种植经济作物，转变自给自足的小农经济发展面貌，把大多数土地用以发展经济作物，部分粮食选择从国外进口。在粮食作物基本满足国民需求的基础上，大力发展出口创汇型农产品，优先发展市场需求较大和利润高的农产品。促进农产品的生产、加工和销售集为一体的企业发展，提高农业生产专业化的程度，促进农村市场经济的快速发展，实现农业经营者的利益最大化。

四、充分利用相关优势资源

为加快促进农业现代化，巴西政府设立地方开发银行及专款专项基金，增加开发区的资金投入。同时积极出台一些优惠政策，激励私有企业向落后地区投资。加快完善各个地区的交通运输条件及相关配套基础设施，为农业发展提供条件。在进行开发时，合理利用国外的优势资源，加大招商引资力度。采取为农业生产经营者提供信贷服务及减免土地税等措施，进一步激发农民群众从事农业经营的积极性。

五、扶持合作社和协会的发展

巴西政府制定相关政策法案来鼓励农业生产合作化。如今，农业合作社和合作社协会在巴西各州已呈现出一定规模。巴西的农业合作社是一个主要向社员提供加工、流通、销售、市场、信息等一体化服务的联合体，向农业生产经营者提供农业技术指导、金融贷款优惠、惠农政策咨询等服务，不以营利为目的。农业合作社的运行资金除了政府的优惠贷款和自身经营所得外，还来自批发价和零售价之间的差价及提供服务时收取的费用。农业合作社的有效运营，促进了巴西现代农业的快速发展。

第三节　俄罗斯：推进农业现代化的实践经验

俄罗斯拥有广阔的耕地、平坦的地形、肥沃的土壤和充足的水源，国土跨寒带、亚寒带和温带三个气候带。境内以平原和高原为主，地势南高北低，东高西低，自然资源十分丰富，种类多，储量大，自给程度高，森林覆盖面积居世界第一位。该国是耕作业与畜牧业发展并重的国家，其粮食作物主要有小麦、大麦、玉米、水稻等，经济作物主要以亚麻、向日葵和甜菜为主，粮食、小麦、葵花子、马铃薯的产量均居世界前五位，鸡蛋、牛奶、羊毛产量也位列世界前列。总体来说，俄罗斯农业发展具备十分优越的条件。俄罗斯推进农业现代化的经验主要表现为以下几个方面。

一、发挥土地资源优势

俄罗斯是世界上国土面积最大的国家，拥有着得天独厚的自然条件和丰沃的黑土地资源。俄罗斯一直致力于开垦世界上面积最大的黑土带，逐步扩大农业种植面积。低廉而富庶的土地成本，成为俄罗斯农产品全球竞争的巨大优势。进入 21 世纪以来，俄罗斯对农业的投资力度不断加大，对土地制度进行改革，允许自由买卖农用土地，土地制度的改革不仅促进了农业的较快进步，还掀起了投资农业设备、农用化肥的新浪潮，推动了诸多闲置土地用于农业耕作。

二、出台农业法规政策

农业是俄罗斯经济最重要的部门之一。为了稳定和促进农业生产，俄罗斯政府陆续出台了一系列促进农业发展的政策法规，采取多种保护农业的政策措施，加大对农业的支持保护，并将发展农业确定为政府的优先发展方向之一。俄罗斯根据形势实施阶段性出口的限制措施和保护国内农业的政策，为农业生产者提供带有政府补贴性质的农作物保险，设立农产品价格稳定基金，旨在通过“丰收年收储、歉收年放储”的运营方式，平抑农产品价格波动对市场价格的影响，进而稳定提高农产品的市场竞争力。

三、增加农业优惠贷款

为促进农业较好较快发展，俄罗斯政府不断加大对农业的国家资金扶持力度，对农业企业采取优惠贷款的政策，向农业提供多类优惠性贷款和投资性贷款，并规定对农业企业的年贷款最高利率。针对农产品生产和加工企业的短期优惠贷款利率，恢复发放一定期限的优惠投资贷款，并允许农产品运输组织和企业申请该贷款以购买冷藏集装箱运输易腐产品，同时提高农业抵押贷款金额。优惠贷款的扶持为俄罗斯推进农业现代化提供了资金保障。

四、发挥农业现代技术的作用

进入 21 世纪以来，俄罗斯高度重视农业现代技术的推广应用。俄罗斯大部分地区地形比较平坦，土壤较为肥沃，非常适合于农业机械化作业。农用拖拉机通过配载 GPS 全球定位系统，可以进行全天化的连续作业。无土栽培农业技术的深度发展，促进了农产品产量规模与品质等级的同步提升。同时，农业现代技术的应用也推动农业从业人员不断提高自身的专业素质、专业技能和专业知识水平。农业机械设备的现代化为推动农业现代化发挥了重要助推作用。

五、实施农业出口战略

俄罗斯的粮食作物和经济作物均十分丰富。近年来，俄罗斯的农业生产得到了快速发展，其农业出口平稳快速增长，农产品和食品出口成为拉动俄罗斯农业经济增长的一大亮点。进入 21 世纪以来，俄罗斯开始大规模出口小麦等粮食作物。截至 2023 年 6 月，俄罗斯农业出口的地理范围覆盖全球近 160 个国家。在农业领域，中俄农业合作不断加强，农产品贸易在中国和俄罗斯两国的对外贸易中都占有重要地位，农产品贸易已经成为中俄贸易经济新的增长点。

第二十章　我国部分地区推进农业现代化的经验

近年来，我国在农业基础设施、农业科技支撑、现代农业产业体系、现代农业生产体系、现代农业经营体系等推进供给侧结构性改革，依靠科技和改革双轮驱动，不断进行深入的改革与探索，取得了十分显著的成绩，为中国式现代化建设提供了强有力的支撑。本章选取我国台湾、江苏、重庆、贵州等省份，总结归纳我国不同地区分别推进农业现代化的实践经验与发展启示，进而为同步推进农业现代化提供实践参考。

第一节　台湾：推进农业现代化的实践探索

台湾夏季高温多雨，冬季温暖湿润，常年水资源丰富，土壤肥沃，交通便利，劳动力丰富，种植多分布在其西部的平原地区，农耕面积约占土地面积的四分之一。地理区位与自然条件的优势为农业发展奠定了基础。该地农业生产效率很高，盛产稻米，稻米种植面积和产量均占农业生产的首位，也是中国主要水稻产区之一。主要经济作物有樟脑、蔗糖、茶、凤梨（菠萝）、香蕉、莲雾等。蔬菜品种超过 90 种，栽种面积仅次于稻谷。水果种类繁多，素有“水果王国”的美称。花卉产值也相当可观，蝴蝶兰闻名世界。出口高质量的猪肉、蔬菜、糖、甘蔗、茶叶、大米和热带及亚热带水果。在全球贸易自由化的趋势下，该地推动“生产型农业”向“新价值链农业”转变，在“智慧农业”“创新农业”等方面取得了较好的成绩。台湾推进农业现代化的实践探索主要表现为以下几个方面。

一、优化调整发展理念

20 世纪 90 年代以来，台湾积极调整农业发展理念，出台相应的制度措施来辅导农民生产，坚持以农民为核心，以改善农民生活水平、增加农业生产、提高农村生态环境为主导，大力促进农业发展转型升级，农民生活得到进一步改善，农业的功能也得到充分的发挥，为现代农业发展创造了条件、带来了机遇。进入21世纪后，随着休闲农业、精致农业的不断兴起和发展，台湾将农业发展理念转向重视农业发展价值，为提升农业的基础性地位，全面打造新农业，大力开发农业的其他新功能，例如，乡村旅游与度假、乡村文化传承、乡村生态环保等，多途径多方式促进农业与其他产业融合发展。同时，基于耕地数量有限、以传统小农经营模式为主的实际情况，积极用科技、文化塑造农业生产，创造农业价值，以提升农业的竞争力。

二、兴建农业服务组织

支持鼓励兴建农业组织，通过农业组织对农业的经营加强管控，进而营造良好的农业发展环境。在台湾推动农业发展的进程中，农业组织主要体现为农会（包括省农会、县农会、乡镇农会等）、渔会、林业协会、果蔬产销会、产销班、农业合作社等组织形式，其中有官方组织的，也有民间自发组织的。农业组织不仅是政府和农民之间建立沟通互动的渠道，也是维护农民权益、推广农业科技成果、提供产销服务的桥梁。农会向入会的会员提供农业经营技术指导、除草剂或农药、农业机械推广等各种便利服务，产销班通过统一购买生产资料、统一进行农业生产、统一进行农产品销售等组织农民生产与销售，推动实现农业经营一体化。各部门相互协调，共同发展，完善保障机制与服务体系，发挥了非常重要的作用，加快了农业经济的改造进程，为农业现代化的发展提供了助力。

三、推进土地规模经营

自台湾推进土地制度改革之后，小农户扩大了农业生产规模，调动了农民的生产积极性与主动性，提高了粮食产量，增强了农业生产效益，农业发展呈现稳定上升的态势。随着市场经济和对外贸易的快速发展，为促进小农经济适应市场发展，跟上农业现代化发展步伐，台湾对土地采取农地重划、共同经营、委托经营等举措，促进了农业的规模生产，拓展了农业多功能化，为推进农业现代化奠定了坚实的土地规模经营基础。

四、建立农业金融体系

为保障农业更好发展，台湾不断建立健全农业金融体系，推动农村金融发展，农村金融体系逐步得到完善。设立农业信保基金和农村再生基金等，通过专款专用的方式投入农业农村建设与发展中，给予农户在资金方面的保障，促进农业农村经济发展。同时，鼓励非政府私人企业及银行等发挥信贷及农业补贴功能，建立多方共同合作的农业金融服务体系，各部门之间及企业相互合作，促进了农村金融体系的进一步完善，为推动农业现代化保驾护航。

五、产学研结合促发展

为加快农业现代化的发展进程，台湾提倡与各高校及其专家教授团队加强产学研合作，并在各个地区设立专业高等院校主导农业教育中心和农业推广站的建设。聘请地方大学、研究中心等相关涉农科研院所作为建设农业生物技术园区的技术支持单位，为农业生物技术园的建设提供政策及资金支持，合力建设农业生物技术园，对现代农业相关发展理念与模式进行前沿探索、推动新品种和农业技术推广、促进农业产业融合，通过产学研合作共同推动农业现代化的发展。

第二节　江苏：推进农业现代化的实践探索

江苏地处中国大陆东部沿海地区中部，长江、淮河下游，以平原为主，属于暖温带向亚热带过渡型气候，气候温和，雨量适中，四季分明，是中国地势最低的一个省区，是长江三角洲地区的重要组成部分。江苏既是一个经济大省又是农业大省，生态类型多样，农业生产条件得天独厚，素有“鱼米之乡”的美誉。玉米、花生、油菜及多种杂粮、杂豆等特色粮经作物遍布全省，园艺蔬菜是全省第一大经济作物，地方畜禽种质资源丰富。在农业发展进程中，江苏取得了许多建设性的成就和成绩，创造了作为中国人口密度最大的省份“口粮自给、略有盈余”的奇迹。江苏推进农业现代化的实践探索主要表现为以下几个方面。

一、完善政府政策设计

江苏坚持以更高站位理解把握推进农业产业高质量发展、加快农业现代化的重要性和紧迫性。充分发挥政府主体作用，为农业发展强化政策设计和保护措施。完善农业制度体系，在推进农业现代化的进程中，建立有利于农业发展的财政支持体系、农业管理体系、农业技术推广体系、中介服务体系等制度体系，为促进农业生产活动提供政策保障。加大对农业的扶持力度，增加财政对农业、农民的各项补贴力度，降低农业生产风险，减少农民的损失，激发农民的生产积极性。深化土地流转制度改革，完善农村土地承包制度，积极培育多元化的农业规模经营主体。细化粮食安全保障机制，确保粮食的有效供给和质量安全，守住耕地红线，促进粮食安全生产，进而推进江苏的农业现代化。

二、强化农业产业体系

江苏大力推进现代农业产业化体系建设，激发农业发展新活力。坚持高质量发展不动摇，准确把握构建现代农业产业体系的目标定位和重点任务，以农业全产业链建设为主线，以一二三产业融合发展为路径，一产稳总量增效益，二产强龙头提品质，三产重融合兴业态，加快构建特色鲜明、结构合理、安全稳定、规模效益的农业产业体系。坚持以农为本，全面落实耕地保护和粮食安全党政同责，夯实粮食和重要农产品有效供给基础，组织实施粮食单产提升行动。树立大食物观，多途径开发食物资源，构建多元化食物供给体系。强化现代产业发展理念，更加注重农业全产业链协调发展，突出农业产业集群集聚、项目驱动、融合发展、科技引领和改革创新，在打造特色产品、特色产业、特色链条上，在培优品种、提升品质、做强品牌上，在增项目、增规模、增收入上下功夫。

三、丰富农业发展业态

江苏主动顺应农业发展形势，做精休闲农业、做优农村电子商务、做大农业生产性服务业，积极培育农业新产业新业态。充分彰显特色、注重质量、打造品牌，立足资源禀赋做足做活“土特产”文章，加快发展具有当地特色的休闲观光农业、智慧农业等新兴产业，把江苏打造成为全国最重要的农业新兴产业区。大力发展农产品的精深加工及附加产业，提升农产品的价值，加快促转型、提质态，注重抓质量、抓安全，着力补短板、强支撑，增强农业竞争优势。为农业发展完善配套体系，加强农业种源的创新繁育工作，完善产学研结合的现代种业体系；加快培育以龙头企业、农民专业合作社、农户为代表的新型农业经营主体，完善新型农业经营体系，完善利益联结机制。

四、加强农村人才培养

江苏重视实用型、复合型农村人才的开发力度，加大农村人才的培养和农村人才队伍建设的干预力度，加强农业部门的人才队伍建设，保障农村有充裕的人力、财力、智力，多渠道多形式培养农业农村领域专业人才。与涉农高校、职业院校、农技培训学校等平台联合，开展农业农村技能培训，邀请高校知名专业教授进行专业技能的试验示范。建立健全农业农村人才引进机制，加强人才管理，吸引技术高、素质好、专业强、实践经验丰富的人才投身到建设农业现代化的人才干部队伍中，充分发挥人才队伍的带动作用。

五、因地制宜推进农业现代化

因省域内各个地区差异明显，江苏根据不同区域的实际特点，结合不同区域的发展优势，合理安排各类作物生产，优化农产品布局，生产地域特色明显的农产品，建立具有特色的农业现代化发展模式，满足农业经营主体对农业新技术、农业机械化、产品多样化的需求，促进农业的最优产出。以治水改土为目标，推动大规模的水利灌溉工程建设，促进农田建设和耕作制度改革，提高了江苏农业生产的抗风险能力，提高了农作物的产量。强化农业生产专门化程度，提高农业商品化、专业化、市场化程度，促进了农业现代化的发展。

第三节　重庆：推进农业现代化的实践探索

重庆地处中国西南部、长江上游地区，其北部、东部及南部分别有大巴山、巫山、武陵山、大娄山环绕，地貌以丘陵、山地为主，坡地面积较大，有“山城”之称，冬暖春早，夏热秋凉，四季分明，空气湿润，降水丰沛。重庆是西部大开发的重要战略支点，处在“一带一路”和长江经济带的联结点上，也是长江上游生态屏障的最后一道关口，依托长江黄金水道、中欧班列、西部陆海新通道、“渝满俄”国际铁路等构建起东西南北四向对外开放通道。重庆农业发展作为我国山区农业现代化发展的典型代表，以保障农民利益为出发点，大力发展山地特色效益农业，“三峡柑橘”“涪陵榨菜”“石柱黄连”等县域富民产业不断壮大，农业现代化产业体系加快构建，走出了一条具有重庆特色的可持续发展农业现代化之路，为我国山区现代农业发展树立了标杆。重庆推进农业现代化的实践探索主要表现为以下几个方面。

一、加强农村基础设施建设

重庆地处中国中部和西部地区的结合部，铁路、水路、公路、航空、管道运输等运输方式发展很快，是中国长江上游地区唯一汇集水、陆、空交通资源的超大型城市，是西南地区综合交通枢纽，为农业发展夯实了交通基础。在推进农业现代化发展的背景下，进一步完善农田、道路、农村交通网络及水利灌溉等基础设施建设，统筹安排山区田间道路、农业用水用电、水利设施设备、耕地整理等，最大限度提升山区各类农村基础设施设备的使用效率。

二、推广应用现代农业机械

重庆不同区域海拔差异大，地理地势复杂，山地农业特色明显，由于特殊的山地地缘结构等客观原因，现代农业机械推广和应用相对滞后。为加快推进山区农业机械化进程，重庆根据山区的土壤类型和地理地势差异，科学有效地推广应用符合山区特点的现代农业机械，采用现代农业机具、现代农业技术、现代农业模式，有序发展现代农业农机服务组织，有效地引导农机进行跨区域作业。同时，因地制宜发展山地设施农业，实现山地设施、栽培技术与管理模式的密切结合，有效地提升重庆山区农业现代化水平。

三、推动土地资源集中使用

重庆在遵循“自愿、有序、有偿”原则的基础上，将土地资源集中到农业企业、科技能手、种养大户手中，进一步促进山区农业经营规模的扩大。在村集体与社区的干预下，农村能人组建农业生产合作社等相关组织，把兼业农民和分散的、荒废的土地进行集中使用，发挥农用土地的最大化功能。坚持以土地经营权流转为基础，以规模利用为手段，以农田综合种养为目标，实现“一田多产、一水多用”，土地收益增长明显。同时，政府对于出资的农民合作社或者龙头企业等给予一定的资金补贴，并提供相应的就业岗位，多渠道提高农民收入。

四、拓展农业多元功能市场

重庆市科学有效地拓展现代农业的多元功能，极大地推动山区农业产业结构调整与转换升级。借助先进农业科学技术的高度集成以及资金的密集投入，在有限的山区土地上最大限度地发挥出良好的自然条件优势以及生物潜能，从而获取最佳的经济效益。引进农业现代化相关科技成果，推广应用各类新品种、新技术、新机械，切实加强山区农业现代化的创新。依托高校、科研院所在农业人才、农业技术支撑等方面的优势，建立科研产业合作基地。鼓励和引导企业、民办技术服务组织加入到山区农业现代化建设进程之中，科学有效地推动现代农业科技成果的转化。不断培养和引进一批具备较强综合素质的农业现代化经营、研究、销售、管理领域的人才，切实为重庆山区农业现代化建设提供雄厚的人力储备。

五、发展山地特色效益农业

重庆深入推进成渝现代高效特色农业带建设，围绕渝西地区一体化高质量发展，打造西部地区农业现代化发展示范区，全力稳定粮食和重要农产品生产，加快发展食品及农产品加工业，培育壮大火锅食材、粮油等千亿级生态特色产业链。大力发展山地特色效益农业、食品及农产品加工产业，培育壮大乡村民宿经济、生态康养经济、后备箱经济和民俗文化经济等，把产业增值环节更多留在农村、增值收益更多留给农民。基于重庆山区集“大城市、大农村、大山区、大库区”于一体的区域特点和特有的农业资源基础，通过发挥山区在区位、生态、资源、文化等各方面的比较优势，促进特色效益农业与二、三产业发展密切联系，走“一产接二连三”的互动协调发展路径和山区农业现代化高质量发展路径。

第四节 贵州：推进农业现代化的实践探索

贵州复杂多样的生态环境，蕴藏着极为丰富的生物资源，生物多样性优势突出。栽培的粮食、油料、经济作物有30余种，水果有400余种，可食用的野生淀粉植物、油脂植物、维生素植物主要种类有500余种，天然优良牧草有260余种，畜禽品种有37种，有享誉国内外“地道药材”32种，是中国四大中药材产区之一，也是茶叶的原产地之一。同时，高海拔气候特征使贵州整体具有冷凉性，昼夜温差大，有利于干物质等营养成分的积累，具备发展夏秋蔬菜等独特优势。境内河流纵横交错，深度切割，地表落差大，病虫灾害相对较少。生态环境良好，耕地、水源、大气污染较少，具有发展畜、蔬、茶、薯、果、药等特色农业的优势和潜力。近年来，贵州逐步形成全国重要的“菜篮子”生产基地。本小节数据资料的调研截止时间为2021年年底。贵州推进农业现代化的实践探索主要表现为以下几个方面。

一、农业产业化龙头企业带动模式

（一）GC集团：“1+N+X联盟”

GC集团（以下简称“该集团”）是一家集茶树种植、研发、生产、加工、经营、销售、品牌、消费、进出口贸易、茶旅融合为一体的茶业全产业链现代企业，以“让天下人喝干净茶”为使命，坚持以高标准打造一杯好茶的品格，坚守生态与发展两条底线，着眼国内和国际两个市场，推动企业可持续发展。2003年创造性地以一芽二、三叶精制出色香味形俱佳的贵州高原好茶“绿宝石”；2006年“绿宝石”荣获第三届CTE金奖；2008年“绿宝石”荣获第五届CTE金奖、世界茶联合协会金奖并正式进入国际视野；2012年“绿宝石”荣获贵州省著名商标；2013年以一芽二、三叶精制贵州高原红茶“红宝石”；2016年“绿宝石”“红宝石”荣获有农食行业奥斯卡之称的德国农业协会金奖（DLG）；2017年该集团入选中国茶行业品牌500强；2018年通过雨林联盟（RA）认证；2019年被评为首届中国茶产业T20峰会成员单位；2020年通过AIB认证、荣获全国农业企业品牌推荐茶叶类优秀企业品牌、第三届贵州省省长质量奖提名奖；

2021 年荣获第四届中国质量奖、首批农业国际贸易高质量发展基地、贵州“100 强品牌”、贵州省首批高成长企业、贵州十佳茶叶企业、贵州省脱贫攻坚先进集体等荣誉。作为国家级、省级、市级农业产业化龙头企业，该集团是贵州茶叶基地建设规模化、加工集群标准化的代表，通过带动上下游企业建构“产业链”、开拓国内外市场建强“供应链”、研发多样化产品建深“价值链”助推地方经济社会发展。该集团通过农业产业化龙头企业带动模式、助推农业现代化的实践探索。

第一，组建产业联盟，带动上下游企业建构茶业“产业链”。茶产业是覆盖范围广、产业链条长、带动能力强的绿色产业、富民产业、文化产业和健康产业，是山地农业的特色优势生态产业。为解决要素活力不足、产业链条较短、融合层次较浅等不足，该集团着眼于加快茶业全产业链的培育与发展，于 2015 年牵头组建“GC 联盟”，创新建构“龙头企业＋联盟企业＋农户”的发展模式，截至 2021 年 9 月，发展了 61 家联盟成员企业，辐射贵州省 22 个县（市、区），带动 16 个贫困县、47 个贫困乡、260 个贫困村、十多万户茶农脱贫增收，累计解决直接就业人数 1 750 人，年季节性用工 15 000 人，累计带动贫困户 11 500 户，人均年收入 5 700 元。“GC 联盟”坚持“联农带农”，带动上下游企业和小农户发展专业化、标准化、规模化、集约化生产，推动茶业在第一产业环节向后端加快延伸，在第二产业环节向两端稳固拓展，在第三产业环节向高端创新开发，不断建立健全农业产业化龙头企业利益联结机制，着力推动山地乡村产业成功转型升级，为巩固拓展脱贫攻坚成果同乡村振兴有效衔接、加快推进山地农业农村现代化、助推地方经济社会可持续发展贡献了龙头企业的担当与作为。

第二，培育优秀品牌，开拓国内外市场建强茶业“供应链”。品牌具有潜在的溢价能力和市场竞争能力，加强品牌培育和打造，是提升产品附加值和产业影响力的动力来源。该集团在茶业全产业链各环节严格管控品种培优、品质提升、品牌打造和标准化生产，推行“林中有茶、茶中有林”的生态建园模式，拥有高原生态茶园 14 多万亩，从“源头”到“舌头”严格按照欧盟标准控制茶叶质量，与国际权威检测机构共建质量管理体系，确保内销和外贸的品质，在近年历次检查抽查中，均未出现重金属和农残超标的茶样，是名副其实的洁净茶、安全茶、放心茶，已获欧盟、美国、日本等国际市场有机认证，以及道德茶叶合作联盟 ETP、雨林联盟、AIB 等认证，旗下品牌产品“绿宝石”“红宝石”“欧标抹茶”定期销往北京、上海、广州等 30 多个大中城市，成功进入美国、澳大利亚、德国、沙特阿拉伯、新加坡等多个国家及地区，持续适应和满足国内外不同类型客户的差异化、多样化需求，以过硬的产品质量，赢得国内外众多国家及地区消费者的认可与青睐，品牌影响力和带动力得到提高，不断在国内外市场抢占制高点。

第三，追求创新融合，研发多样化产品建深茶业“价值链”。茶产业具有衔接传统农业与现代产业要素跨界配置的优势效能，有利于高效促进一二三产业创新融合，大幅拓展茶产业增值增效空间。该集团是贵州开创抹茶产业的先河，深耕于抹茶及抹茶衍生品的生产和销售，已将抹茶应用于饮、食、妆、药等多个相关领域。创新研发抹茶饮料、抹茶化妆品、抹茶食品等符合现代市场消费的茶叶系列衍生品，适应个性化、多元化需求；结合本土特色小吃，创新研发抹茶米豆腐、抹茶面条、抹茶糕点等抹茶系列产品，实现从传统“喝茶”向“吃茶”转变；创新研发梵净欧标抹茶新露罐装茶道用抹茶粉、梵净欧标抹茶昔绿罐装品鉴抹茶粉、梵净欧标抹茶餐饮用抹茶粉等食品级高端抹茶产品，满足高端市场需要。依托抹茶产业，助推地区荣获“中国抹茶之都”“中国国际茶文化研究会抹茶文化研究中心”“中国高品质抹茶基地”。

（二）SC 公司：“龙头企业＋合作社＋农户”

SC 公司（以下简称“该企业”）是一家国有控股有限责任公司。适应国家关于巩固脱贫攻坚成果、全面推进乡村振兴的发展要求，根据“本土培育、区域配套、全链构建”的产业发展思路和“高成长性、高带动性、高技术性”的产业选择原则，确立以山茶立体种养为基础产业，以食用茶油和精炼茶油加工为战略产业，以商贸会展和研发孵化为配套产业，以文化旅游、康养度假为延伸产业，致力于打造包括油茶育苗、种植、研发、茶油及关联产品的精深加工、销售、增值服务拓展的油茶全产业链现代高新农业企业。2020 年被评为“贵州省农业产业化省级重点龙头企业”“全国油茶百强企业”等荣誉称号。项目入选全国文化和旅游投融资项目，助推地方经济社会发展的贡献较大、成效显著。该企业通过农业产业化龙头企业带动模式、助推农业现代化的实践探索。

第一，致力“三产融合”打开市场空间。该企业重视产业链的延展以持续提升市场价值并获取市场占有空间。一是规范建设绿色油茶生产示范基地和优质油茶种苗繁育基地，并在油茶基地中实施林下套种套养。二是加强建设高标准高端茶油精深加工厂，建设完成集鲜果处理、冷榨冷提、精深加工、研发组培为一体的现代化综合厂房，年生产规模达 3 000 吨，生产能力明显提升。三是促进山茶文旅延伸，建设打造原始村落改造、NGO 发展基地、石茶盆景公园、山茶小镇、康养中心、生态循环农业种养园。四是拓展茶油销售空间，承担“梵净山”系列茶油及茶油衍生品的销售任务，结合产品属性和区域市场情况，推行区域代理及办事处管理模式，销售渠道覆盖省内外。

第二，丰富“组织联合”联结农民利益。该企业以“龙头企业＋合作社＋农户”组织方式高标准打造示范基地。一是完善农民作为种养主体的利益联结机制，充分尊重农民的意愿，充分发挥农民在油茶生产过程中的主动性、创造性，促进农民持续增收。截至 2021 年 9 月，通过土地流转、育苗培育、油茶新造和管护、林下种养殖等方式带动专业合作社 36 家、农户超 8 043 户、建档立卡贫困户超 1 800 户，促进 2 000 多人就业、5 000 人增收，平均带动每位贫困户创收约 7 000 元。二是加强与退伍军人事业管理局深度合作，该企业入职退伍军人 10 余人，鼓励各个乡镇退伍军人参与专业合作社管理，目前已经形成了一定的管理模式。三是始终坚持探索“以短养长、长短结合”的管护模式，鼓励有条件的地方开展“反租倒包”，激发合作社及农户的积极性，在有条件的地方实施林下经济，鼓励和支持有条件的合作社开展油茶附属小产业的开发和经营。

第三，创新“科研聚合”建设企业品牌。该企业着力在油茶精深加工、科技研发等方面取得突破，以推动产品品质与品牌同步提升。一是建设完成集鲜果处理、冷榨冷提、精深加工、研发组培为一体的现代化综合厂房，年生产规模达 3 000 吨，推动实现油茶的精深加工。二是加强对外交流，积极寻求油茶科技研发人才，与清华大学、江南大学、北京林业大学、大连民族大学、贵州科学院等多个科研院校合作，成立油茶产业技术创新研究院，研发茶油系列产品，通过科技创新手段，推动油茶三产融合发展。三是组建销售子公司保障茶油产品品牌销售工作，在产品质量认证、品质鉴定、产品追溯等方面精耕细作，其茶油产品品牌在市场上有了有机产品、原产业产品、气候认证等标识，为巩固品牌建设、完善品牌体系构建作出相应贡献。

(三) JL 公司:“农业全产业链带动”

JL 公司（以下简称“该企业”）规划占地面积约 120 亩，建有淀粉生产车间、产品生产车间、包装车间及淀粉产品库房等 GMP 标准厂房 25 000平方米，红薯科研、试验、示范基地 2 000 亩和占地 12 亩的红薯渣再利用烘干厂 1 座，已开发红薯产品 20 多个，形成了从红薯种选育、种植、淀粉加工、生产粉丝（条、饼）、产品开发、销售、薯渣烘干利用等全产业链。获得“中国淀粉工业淀粉专业委员会第二届理事会副会长单位”、贵州省第十一批农业产业化重点龙头企业、全省农产品深加工成长企业等荣誉称号。该企业通过农业产业化龙头企业带动模式、助推农业现代化的实践探索。

第一，建立健全红薯种植体系，强化原料供应保障。该企业通过集中育苗、发展订单生产、推广科学栽培技术，全力提升原材料供应能力。一是建立集中育苗基地。通过建立低海拔育苗基地和高海拔育苗基地，可实现不同季节的育苗工作。二是发展订单红薯基地。实行五统一发展模式（统一种植规划、统一良种供给、统一技术指导、统一集体管理、统一价格收购）种植商品红薯，按照 1 元/千克收购，现已形成以所属县为核心，辐射带动周边 10 余个市县的原材料基地。2020 年发展订单红薯 4.5 万亩（其中县内 2.8 万亩、县外 1.7 万亩），收购加工红薯 7 万吨，生产淀粉 1.5 万吨，实现加工产值 1.2 亿元。三是加强薯藤薯叶利用。红薯基地每亩可产苕叶尖（绿色时令蔬菜）500～1 000 千克，产值 1 500 元以上；每亩可收割苕藤（青储饲草）1 800 千克以上（按藤薯比 1∶0.6 计算），产值 360 元以上。四是开发红薯品种。为了保证原材料的品质，与贵州省农科院、河南工业大学、贵州大学、茅台学院签订了战略合作协议，建立科研、试验、示范基地，开展高产量、高淀粉、多抗新品种红薯育种工作。五是配套仓储设备。新建红薯配套储藏窖。六是推广栽培技术。制定《红薯高产栽培技术要点》，对苗床选址、苗床管理、播种开沟、合理密植、虫害防治、适时采收等技术问题进行了梳理和解答。

第二，建立健全红薯加工体系，拓宽产品增值半径。该企业在已建成的厂区基础之上，引进建有淀粉生产线、粉丝粉条生产线、包装生产线、薯渣烘干厂等加工设备，可年生产各类酸辣粉1亿桶，销售淀粉1.3万吨，粉丝粉条6 000吨，薯渣1.5万吨，合计销售产值可达3亿元以上。其中，淀粉生产线日加工鲜红薯1 500吨，从原料到成品仅需7分钟就可完成，年加工鲜薯能力达15万吨，可年产淀粉2.5万吨，实际加工能力全国最大。粉丝生产线加工能力达1.2万吨，同时配套年产1亿桶的酸辣粉包装生产线，每天可以生产成品酸辣粉50万桶。该企业在距离加工厂1.5千米处还配套建有占地1.2万平方米的薯渣烘干厂1座，1 000吨鲜薯的薯渣可生产200吨薯渣饲料，年生产饲料能力达2万吨（1年加工100天），已全部实现订单生产。

第三，建立健全CS品牌体系，提升核心竞争能力。该企业坚持以品质为核心，着力打造“纯天然、无添加”的优质红薯系列产品，重点创建“CS”品牌。一是所有产品已通过质量管理体系认证、食品安全管理体系认证、HACCP认证。二是经权威机构检测，本地红薯加工的红薯淀粉中富含多种微量元素，其中叶酸、铁、钙含量高于国家红薯淀粉检测标准100多倍。这是全国所有的红薯淀粉都不具备的品质优势。三是加强产品开发。已成功开发红薯粉条（丝）、土豆粉条（丝）、南瓜粉条（丝）、胡萝卜粉条（丝）、紫薯粉条（丝）、菠菜粉条（丝）、抹茶粉，酸辣粉、酸汤粉、麻辣粉、菌汤粉、香辣粉、红薯酒、红薯干、红薯片等红薯休闲食品及精品礼盒20多个产品，并陆续推出“CS”牛肉粉、“CS”辣鸡粉等蕴含贵州元素的新产品。四是拓宽销售渠道。加快开拓省内等市场及销售渠道，建立机场、高铁站、超市、门店等销售流通渠道，开通多个电商平台渠道，省外已建立多家销售渠道。同时，不断拓展海外市场，促进产品走出国门、走向世界。

（四）KL公司：“公司＋合作社＋集体经济＋农户”

KL公司（以下简称“该企业”）主营产品为牛肉干，其他产品有酱卤牛肉、红烧牛肉、牛肉干锅、牛肉汤锅等，“赵氏牛肉”餐饮连锁店已有40余家，是肉制品SC获证企业。自2014年起连续两年获“守合同重信用”荣誉，2018年获得“贵州食品安全诚信建设示范企业”，2019年获得“食品行业十佳产品”“中国绿色健康食品”“中国十佳诚信企业”“中国驰名品牌”“国家3·15诚信单位”“消费者放心满意产品”，2020年该企业生产的牛肉干产品被评为县级“十大农特产品”“示范小吃”。该企业通过农业产业化龙头企业带动模式、助推农业现代化的实践探索。

第一，依托优势资源，整合组织模式。该企业依托区域丰富的黄牛特色资源优势，发展集牧草种植、肉牛养殖、食品研发、生产加工、餐饮服务，自产自销于一体的多元化、现代化企业，把资源优势转化为经济优势。该企业以“公司＋合作社＋集体经济＋农户”的合作模式，统一为农户提供农资（种子、种苗、农药、化肥）、运输工具、贮藏农产品场地等需求，共享价格信息资讯，培训疫病防治常识、探寻销售渠道、保价回收生产原料，协助农户贷款、办理保险等多举措带动农户共同发展。实现区域化布局、专业化生产，扩大发展规模，提高社会经济效益。

第二，优化生产布局，严控质量管理。一是强化基地建设，拥有净化生产车间及现代化、标准化的牛舍、办公室、饲料库房、消毒室、发酵池、隔离室等配套基础设施，形成养殖、生产、加工一体化的发展模式。二是加强产品质量管理，对牛肉产品原料质量严格控制，严格把控加工环节，确保产品质量的最大化。三是延长产业链，根据市场经济发展动态，积极研发新产品，提高产品多样化，拓宽市场，满足市场消费需求。有效提高产品附加值和农户积极性，带动当地及周边黄牛养殖基地的发展，形成养殖、加工、营销一体化的良性循环，促进农村经济全面快速发展。

第三，注重市场需求，完善销售体系。一是通过对区域市场的调研，寻找优秀的经销商，例如，通过大中型卖场及连锁超市、批发市场、景点、酒店等，“赵氏牛肉”远销省内外。二是布建销售网络，利用线上线下销售平台，结合县域旅游业迅速发展形成了固定有效的营销方式，牛肉干产销率达到99%。三是完善企业销售服务体系，以服务促销售，让消费者满意、放心，增强企业的信誉，提高企业诚信，打造企业品牌。

（五）TM公司：“龙头企业＋合作社＋家庭农场＋农户”

TM公司（以下简称“该企业”）主要从事茶叶、大米基地建设生产加工、购销业务。通过多年的努力，公司各方面都取得了较快发展，得到了上级部门的充分肯定。2016年被授予“贵州省农业产业化经营重点龙头企业”称号，2020年被授予“贵州省扶贫龙头企业”。该企业通过农业产业化龙头企业带动模式、助推农业现代化的实践探索。

第一，强化基础建设。该企业厂区占地面积10 000平方米，设计安装有多套名优茶生产线，设计茶叶年加工能力200吨以上。年产西部皇粮贡米 8 000 吨以上。通过签订合同，发动群众建立核心茶园 3 000 亩，由企业统一规划种植品种，统一规范生产管理，统一标准保底收购。无偿为农户提供谷种发放、生产管理技术服务，配备专业技术人员对茶园建设管理进行全程跟踪指导。辐射带动周边茶农新建良种茶园上万亩。截至 2021 年 9 月，建有育苗基地 50 亩，示范茶园 2 000 亩，西部皇粮贡米基地 5 000 亩，合作社青钱柳基地 4 000 亩。

第二，强化产业融合。该企业围绕产业融合发展这一条主线，依托县域资源禀赋、产业特色通过订单生产、股份合作等利益联结手段，形成了以龙头企业为主体的“龙头企业＋合作社＋家庭农场＋农户”互相合作的全产业链条，向上延伸至农产品加工、生产资料供应和技术研发，向下扩展至销售服务流通等领域，实现农工贸一体化、产加销一条龙农业产业化联合体发展模式。企业强化引领带动作用，不断提高合作社、家庭农场、农户的组织化程度和产业化经营水平，推进优势农业产业化基地建设，促进农业增效、农民增收和乡村振兴。

第三，强化利益联结。该企业带动各类生产基地 1.2 万亩，参与产业化经营农户 3 000 余户，户均增收 3 000 多元，带动就业上千人，利用商标品牌及产品生产许可证等相关证件解决了合作社产品市场流通资质证件不齐的问题。整个生产销售环节关联紧密，农户负责基地管护，合作社负责把控质量关收购农户基地初加工产品，龙头企业收购合作社初加工产品负责精制加工包装销售。结合本地区相关特色农产品的优势，企业在自身发展的同时，时刻不忘带动周边乡镇其他产业，产业链从最初单一的茶叶加工销售，拓展到西部皇粮精制贡米生产销售，以及降糖神茶青钱柳产品深加工销售，销售区域从省内扩展到全国各地。

二、农民专业合作社带动模式

（一）RJZ 合作社：“六共机制”

RJZ 合作社（以下简称“该合作社”）深入贯彻落实省委、市委关于“村社合一”工作部署，以村为“试验田”，充分发挥村党支部引领作用，探索“组织共建、决策共商、优势共扬、全民共股、社会共治、成果共享”的“六共机制”，有效破解村级组织薄弱、村级集体经济发展困难和村社“两张皮”等难题，实现村级集体经济资产从 2016 年 0 元增长为

2019 年 2 280 万余元的嬗变。该合作社通过专业合作助推农业现代化的实践探索。

第一，组织共建，强发展主体。该合作社按照“村集体＋合作社＋农户”的方式，“村支两委”以集体资产、资源为依托，领办创建农民专业合作社，由村党支部书记兼任集体经济合作社理事长（法人），村民委员会主任兼任集体经济合作社社长，村民委员会指派人员担任合作社理事会理事，并通过法定程序实行双向进入、交叉任职，实现村级管理职能与合作组织的生产经营活动有机结合，构建村党支部、村委会、合作社“三块牌子、一套人马”的组织架构，将富民强村的责任牢牢地压在“村支两委”及村干部肩上，同时按照组织共建模式成立专业合作社。

第二，决策共商，谋发展项目。该合作社按照“发挥优势、因村制宜、形式多样、宜旅则旅、宜农则农、宜商则商”的原则，从村级发展、村民致富的角度思考谋划产业发展项目。同时，通过召开群众会、合作社推进会、村集体会等会议，共同协商产业发展、投资方向、股权占比和利益分配等方面的“金点良策”，找准各方利益的最大公约数，推动富民强村。结合本村资源优势，找准产业发展突破口，在原有黄桃、青脆李、稻田养鱼等特色种植养殖产业的基础上，大力发展了八月瓜（三叶木通）、肉蜜柚、黄金柚、矮晚柚等绿色生态产业，以短养长，集中力量抓产业发展，彻底解决了“如何集资、怎样入股、怎么分红”等问题。截至 2020 年年底，水厂已建成并顺利投产，实现年销售量 40 余万桶，销售额突破 400 万元；发展精品水果 1 800 余亩，产业发展效果良好。

第三，优势共扬，增发展合力。该合作社借助“村支两委”组织、政策、资源等优势，采取定期或不定期开展技能培训、主动编制申报项目，吸纳资金进入合作社等方式，为合作社发展做好人力支撑、土地流转、市场拓展等服务。截至 2020 年年底，已成功争取到项目资金 402.8 万元，吸收邻近村的村集体资金 216 万元，并通过成立“妇女互助队”，帮助流转土地 670 余亩，解决该村在册劳动力 130 余人就业难题。专业合作社充分发挥市场营销、企业管理、生产技术等优势，通过整合人力、资金、土地等生产要素，谋划推动企业发展，同时与贵州轻工业研究所、贵州大学开展技术合作，推动八月瓜、黄桃等产业向八月瓜精油、八月瓜果酱、八月瓜口红、黄桃罐头等衍生品转化，提高产业附加值。八月瓜鲜果及其八月瓜果酱、八月瓜茶等系列精加工产品销售额不断增长。

第四，全民共股，激发展动能。该合作社将政府项目资金和其他村集体资金注入专业合作社，村干部以“大股东”身份领办和参与经营管理，群众以“股东”身份自觉参与产业发展，形成“一荣俱荣、一损俱损”的利益格局，有效破解村干部在产业发展中责任心不强等问题。通过政府投入和村干部示范带动，组织引导农户采取土地租金折价入股或现金入股方式参与，实现农民变“股东”，有效破解村民在产业发展中参与积极性不高等问题。

第五，社会共治，稳发展环境。该合作社建立积分激励管理机制，制定《村民积分制管理办法》，以每户 100 分为基础，实行村民道德行为 18 项加分和 4 项扣分管理，激励村民积极参与集体产业生产劳动及村级公益事业，约束滥办酒席、不孝敬父母等不文明行为，同时将积分作为村集体产业效益分红的重要依据，对年终总分 100 分以下农户，在当年集体经济分红中按照 1 分 10 元进行扣除；对年终总分 60 分以下农户，评为“不诚信户”，并取消当年集体产业分红资格；对年终总分 100 分以上的农户，按照 1 分 10 元的兑现方式，兑现奖励，并在全村进行通报表扬。坚持“十户一代表”原则，组建村民管理委员会，负责对公益劳动、矛盾纠纷等《村规民约》议定事项进行计分跟踪，并通过村民小组推荐、合作社评议、“村支两委”审核的方式进行评先选优，有效破解村级民主决议不透明、管理考核无依据、兑现奖惩不及时等问题。自《积分制管理办法》出台后，邻里矛盾纠纷发生率显著下降。

第六，成果共享，显发展初心。该合作社在“村社合一”组织引导下，将合作社经营的桶装水厂、八月瓜基地等产业发展项目延伸到低收入户，探索创建“2422”（20%全村分红，40%滚动发展资金，20%管理者报酬，20%低收入户二次分红）、“7%”（扶贫资金量化入股专业合作社和企业，不低于 7%的资金分红给群众）分红模式，让村社干部与低收入户精准对接，实现村社干部、低收入户和合作社多方共享收入。立足土地、水等自然资源禀赋和特点，发展精品水果、蔬菜、中药材等特色产业，壮大村级集体经济，带动当地农户参与务工，获得劳动报酬。2020 年，合作社共带动当地群众务工达 7 000 余人次，累计发放务工费 60 余万元，该村人均务工工资达到 2 100 元。

（二）BYP 合作社："村集体＋干部＋群众"

BYP 合作社（以下简称"该合作社"）以"粮食为主、果蔬配套"为发展思路，集加工、仓储、展示、办公、销售、景观旅游于一体，被评为贵州省省级农民合作社示范社。坚持高标准推进基本农田基础设施建设，合力推进稻田资源、资金投入、技术支撑、病虫防治、农机服务、生产加工、市场拓展等环境要素整合，经营范围拓展为大米种植、加工、销售，农机耕种、销售，观光农业，收购和销售成员生产的产品，提供大米种植技术指导和服务等，建有标准化加工厂房、烘干房、包装室、仓储室、机具库房、展厅、停车场、员工食堂等。引进全自动加工包装设备流水线 1 条，日加工能力 50 吨；购置低温循环式干燥设备 1 套，单次可烘干稻谷 6 吨；购置农耕机具 14 套，原值达 90 余万元。该合作社通过农民专业合作社带动模式、助推农业现代化的实践探索。

第一，突出山地优势，推广立体绿色农业。该合作社以全力打造特色农产品"白水贡米"全产业链为目标，探索实施"集体股份经济合作社＋专业合作社＋种植户"模式，按照统一提供良种、统一技术培训、统一绿色防控、统一收购价格、统一加工包装、统一品牌打造、统一订单销售等"七个统一"种植管理理念，因地制宜将地方农民有序、合理地组织起来，推动坝区"白水贡米"产业抱团发展，探索推广立体绿色农业模式，试验示范"稻鸭共作""稻鱼共作"等技术，集中连片打造"白水贡米"品牌，推动产品变商品、商品变精品，既有效提高生产经营的组织化水平，也高效提升产品附加值和知名度。2020 年，该合作社种植优质水稻 10 000 亩，实现产值近 7 000 万元，亩产值 5 500 元以上。

第二，探索生产托管，推进农事社会化服务。该合作社设立农机服务部，推行"全程机械化＋综合农事"服务方式，利用水稻机械化耕作、生产、收割、烘干等设备，为本乡镇及周边社区提供农业社会化服务，做到服务链条向耕种管收、产地烘干、产后加工等"一条龙"农机作业服务延伸，服务内容向农资统购、技术示范、咨询培训、产销对接等"一站式"综合农事服务拓展。该合作社定期组织群众开展技能培训，带动农户改变传统农耕习惯，为坝区建设、合作社经营管理输送人才，推荐辖区劳动力就近到坝区务工，真正实现群众就近就地就业。

第三，聚焦社员利益，推动成果共赢共享。该合作社的资金构成来自政府项目资金和其他村集体经济等资金的注入，村干部以“大股东”身份领办和参与经营管理，根据章程对盈利部分按照“532”模式进行分配，其中50%分配于合作社滚动发展、30%分配到股东分红、20%分配在合作社日常管理支出。该合作社盈利覆盖全体社员，实现风险共担、利益共享。针对扶贫项目资金，该合作社严格按照“保底分红+效益分红”的方式进行股份分红，且保底分红资金不低于扶贫项目资金的5%，并逐年递增，切实推动合作社与社员的利益联结。

（三）ZJB合作社：“东西扶贫协作”

ZJB合作社（以下简称“该合作社”）距镇政府所在地5千米，距县政府所在地25千米。2017年，在结对帮扶村的大力支持下，通过争取政策、资金、项目、人才等，大力建设基础设施、发展农业产业。2021年，收获茶青8 000千克，毛收入110万元，集体创收50余万元。积极带动本村与邻村劳动力参与务工，真正让老百姓有工可务，有增收门路。该合作社通过农民专业合作社带动模式、助推农业现代化的实践探索。

第一，抓基层组织建设，培养致富“领头羊”。该合作社依托所属基层党组织在阵地建设、队伍建设、制度建设上做文章，不断增强党支部的凝聚力和战斗力。一是选优配强干部队伍，为助推乡村产业振兴和农业现代化提供人才保障。二是发挥桥梁纽带作用，驻村干部队伍全身心融入基层党组织建设、发展村级集体经济、带领群众发家致富。三是调动党员队伍积极性，结合党员队伍自身业务能力，发挥带头作用和先锋模范作用，激发带动群众勤劳致富的内生动力。

第二，抓基础设施建设，建美丽和谐新村。该合作社依托得天独厚的地理优势和自然条件，不断加强村级基础设施建设，村民组全部实现公路硬化，“四改一化一道”（改厨、改厕、改圈、改水，地面硬化，入户便道）全部实施完成，安全饮水实现100%覆盖。积极采取应对措施保障农民住房安全。实现广电网络全覆盖，户户有网络，为打造产业型富美村庄奠定基础。

第三，抓特色产业发展，助群众增收脱贫。该合作社申请东西部协作资金，建设“安吉白茶”基地，采取“村集体经济+农户+贫困户”的利益联结机制，量化入股分红覆盖全村。实现自产自销，达到户户有产业、人人有增收。为方便茶园的管理，增大有效的种植面积，广泛开展“破除边界”“坡改梯”工程。利用部分财政专项扶贫资金、东西部扶贫资金入股该村罗汉果产业、蛋鸡养殖产业、百合产业等，带动入股农民保底分红，也带动致富带头人的产业发展。

第四，抓乡风文明建设，提升群众素质。制定村规民约，联合开展系列乡村文明家庭评比活动。利用农民讲习所、村组会、院坝会、标语等多形式深入开展学习宣传活动，让党和国家的方针政策进入千家万户。利用东西部协作帮扶资金建立村春晖超市，群众通过环境卫生整治评比、茶山务工、协助村级协调各项矛盾纠纷等获取积分，利用积分到春晖超市兑换相应物品，从而提高农民群众参与农业农村建设的积极性和自觉性。

(四) RFY 合作社："村集体＋合作社＋农户"

RFY 合作社（以下简称“该合作社”）以种植橙、李、桃等精品水果 2 000 余亩，采取“以短养长”方式种植金丝皇菊、大豆、西瓜等矮秆作物 1 000 余亩为主业，形成“村集体＋合作社＋农户”模式，产品销售毛收入每年达 300 多万元，直接带动农户 450 余户，解决就地就近务工 100 余人，月均支付务工人员工资达 13 余万元。该合作社通过农民专业合作社带动模式、助推农业现代化的实践探索。

第一，党建引领做优产业选择。该合作社依托所属基层党组织充分发挥党建引领作用，把基层党建立足于产业基地，盘活资源、资产、资金，带动群众增收致富。以“打好生态牌，种下摇钱树，做好水文章”和“六绿”攻坚行动为指南，按照农业发展“高产、优质、高效、生态、安全”的总要求，围绕农业转型升级，以市场为导向，以科技为支撑，建设以脐橙为主的精品水果产业带，以土家民族风情、傩堂戏及独具特色的地方非遗民族文化为辅的农业高效观光园，以此实现农业产业“接二连三”跨越发展。

第二，立足实际强化顶层设计。该合作社采取“村社合一”发展模式，在深化农村“三变”改革的基础上，认真贯彻落实中共贵州省委十二届五次全会精神，聚焦产业发展“八要素”。一是推进“村社合一”的发展模式，把村级党支部与集体经济合作联社有机融合，盘活了农村集体存量资产，推进了农业产业结构调整，增加了农民财产性收入，壮大了农村集体经济。二是实行“立体循环种养”发展模式，以“基地＋合作社＋农户”的模式和“绿水青山就是金山银山”的发展理念，构建“种、养、产、供、销”为一体的立体循环产业链模式，建设生态畜牧业8家，重点发展肉牛、肉猪、土鸡等，在经果林里套种金丝皇菊、红薯、西瓜等矮秆作物，林下养殖肉鸡，畜禽既可以吃经果林中的杂草，排出的粪便又能作为肥料，实现种养共生的立体循环效应，达到多方共赢的目的。三是实行“农旅一体化”发展模式。以春晖乡愁文化苑、特色小城镇、新滩梦屿、玉竹现代农业产业园区为“点”；以县域环线公路为“线”；以基础设施、公共服务为“面”，推出了“春赏花踏青，夏醉桃避暑，秋咏菊观月，冬品酒沐阳，一年四季乡村游”的乡村旅游线路，鼓励引导返乡创业青年在周边开设农家乐、在园区稳定就业。

第三，丰富合作业态模式。该合作社不断探索党建＋产业相融互动发展，按照“农业观光型、休闲度假型、自然生态型、民俗文化型”现代农业发展理念，推行“党建＋产业”互动的发展模式，以村集体经济合作联社为平台，由村民代表大会形成决议，吸引雁归返乡致富能人组建专业合作社，在信用合作社和股金服务社的大力支持下，积极争取国家基础设施建设项目，资源变资产、资金变股金、农民变股东，将量化到低收入人口的扶贫基金以打捆的方式入股到专业合作社，让贫困农户到入股合作社的土地上务工，使“租金＋薪金＋股金”的“三金”模式得到有效推进，在贫困农户获得务工薪金的同时，待产业见效后，合作社、农户和村级集体经济联社按照“5∶3∶1”的比例进行分红，以此实现共同发展，利益共享。在经果林基地内套种收益见效快、观赏性较强、市场销路好的矮秆作物——金丝皇菊，在“以短促管”的基础上实现“以短养长”，让农户在短期内拓宽增收致富渠道，同时实现园区景观化、农旅一体化。积极推行农业“接二连三”发展，依托园区区位优势，结合特色荞麦、黄花菜、麻糖水等农特产品和傩堂戏、红色文化及独具特色的地方非遗民族文化，吸引游客入园观光、休闲，高标准打造精品农业示范观光园，让游客深度体验独具特色的乡村“山趣”“水趣”“闲趣”“野趣”。

（五）BGC合作社：“村集体＋合作社＋基地＋农户”

BGC合作社（以下简称“该合作社”）距镇政府所在地9千米，区位优势较好。采取“村集体＋合作社＋基地＋农户”利益联结机制发展产业，由村支两委干部牵头组织成立专业合作社，采取“村社合一”模式发展集体经济，生猪养殖、林下养殖、生态鸡代养、花椒种植、柚子种植等产业取得一定成效。同时通过“生产+加工”一体化运作，带动项目区农业产业化快速发展。该合作社通过农民专业合作社带动模式、助推农业现代化的实践探索。

第一，组织共建，强发展主体。该合作社按照“村集体+合作社+基地+农户”的方式，“村支两委”以集体资产、资源为依托，领办创建农民专业合作社，村党支部书记兼任集体经济合作社理事长（法人），村民委员会主任兼任集体经济合作社监事长，村民委员会指派人员担任合作社理事会理事，并通过法定程序实行双向进入、交叉任职，实现村级管理职能与合作组织生产经营活动有机结合，构建村党支部、村委会、合作社“三块牌子、一套人马”的组织架构，将富民强村的责任牢牢地压在“村支两委”等村干部肩上。按照组织共建模式，成立农民专业合作社。

第二，决策共商，谋发展项目。该合作社按照“发挥优势、因村制宜、形式多样、宜旅则旅、宜农则农、宜商则商”的原则，由“村支两委”从村级发展、村民致富的角度思考谋划产业发展项目。同时，充分利用“春晖社”“乡愁馆”和春节等传统节日，将本村大学生、技术能人和村民组织起来，通过召开群众会、合作社推进会、村集体会等会议，共同协商产业发展、投资方向、股权占比和利益分配等方面的“金点良策”，找准各方利益的最大公约数，推动富民强村。

第三，优势共扬，增发展合力。该合作社借助“村支两委”组织、政策、资源等优势，采取定期或不定期开展技能培训、主动编制申报项目、帮助吸纳资金进入合作社等方式，为合作社发展做好人力支撑、土地流转、市场拓展等服务。积极争取项目资金推动农业产业基地建设，吸收周边农户就近就地务工。通过流转土地解决在册劳动力就业难题。专业合作社充分发挥市场营销、企业管理、生产技术等优势，通过整合人力、资金、土地等生产要素，谋划推动合作社发展。

第四，全民共股，激发展动能。该合作社通过政府项目资金和股民入股专业合作社，村干部参与经营管理，群众以“股东”身份自觉参与产业发展，形成“一荣俱荣、一损俱损”的利益格局，有效破解村干部在产业发展中责任心不强等问题。两个合作社股份结构中，通过政府投入和村干部示范带动，组织引导农户采取土地租金折价入股或现金入股方式参与，实现农民变“股东”，有效破解村民在产业发展中参与性不高等问题。

第五，成果共享，显发展初心。该合作社在“村社合一”组织引导下，将合作社产业发展项目延伸到低收入户，探索创建产业发展所得利润的65%用于资金入股分红，25%用于土地入股分红，10%作为集体经济。通过该模式发展产业，充分盘活土地资源，同时吸引村里外出务工村民返乡投资产业发展并获得分红，逐步带动村民走上富裕道路。立足土地、水等自然资源禀赋，发展精品水果、蔬菜、中药材等特色产业，壮大村级集体经济，带动当地农户参与务工，获得劳动报酬。

三、家庭农场带动模式

（一）NSZ家庭农场：“村集体股份经济合作社+农场+农户”

NSZ家庭农场（以下简称“该农场”）主要从事农家乐、蔬菜种植以及蔬菜加工，始终坚持“绿色安全至上，用心服务顾客”的宗旨，大力发展种植优质绿色农产品生产基地300亩，辐射带动周边农户种植蔬菜1 500余亩，注册商标2个。2013年被认定为市级示范性家庭农场，2014年被授予“巾帼创业示范基地”，2017年被评选为区级示范性家庭农场。该农场通过家庭农场带动模式、助推农业现代化的实践探索。

第一，拓展农场合作模式。该农场采用“村集体股份经济合作社+农场+农户”的模式，有效解决家庭农场融资难的问题，发展壮大村集体经济，有效推动一二三产业融合发展，带动农民增收，实现规模经营、稳定就业、增收致富。该农场坚持家庭经营，发挥适度规模效应，多主体融合发展，建成新型农业产业体系。借助政府产业政策，发挥农场生产优势和合作社销售优势，形成互利共赢、和谐共生的产业模式。利用财政扶贫资金投入建设固定设施（蔬菜深加工厂房和冷藏库），推动小作坊生产向规模化厂房运作。为扩大特色菜市场，2019年注册产品商标，主要销售蔬菜加工系列产品，如酸豇豆、盐酸菜、葱葱酸等。通过参加各类农产品展销会，拓宽销售渠道，提升了产品影响力和市场占有率。依托东西部扶贫协作项目拓宽订单生产和销售方式，实现产销对接，有力促进特色农产品走进市场。产品销往省内外，与市内超市、学校、机关食堂、酒店等企业签订长期销售合同，确保销售有保障。

第二，坚持家庭经营定位。该农场秉承“绿色、生态、有机”的发展理念，围绕“五大”主导产业发展，以“示范带动、农业增效、农民增收、确保稳定脱贫”这一目标，按照每个劳动力种植管理蔬菜的最佳面积，结合家庭情况，确定合理适度的种植面积。在品种选择、茬口安排、标准化生产等方面进行精心布局，实现了全年无间断轮作生产。发展订单农业，以深加工业提高农产品附加值，带动农业增效、农户增收。2020年，签订豇豆生产订单基地1 500亩，青菜订单基地500亩，蔬菜年产量均达500吨，农家乐每年接待客流量6.5万人次，该农场聘请管理人员5人，长期雇工25人，带动劳动力就业30余人。

第三，探索适度规模经营。该农场主要从事农家乐、蔬菜种植以及蔬菜加工，蔬菜基地300亩，辐射带动周边农户蔬菜种植面积达1 500亩，蔬菜加工主要采用先进切割设备和传统手工工艺加工技术，年产量达500吨左右，生产产品新鲜味美，供不应求，有效解决了种植基地蔬菜销售价低、产品储藏困难的问题，提高农产品附加值，提升农业综合效益。依托家庭农场的客源优势，着力推出自产的特色菜品，让游客感受“做在农家、吃在农家、住在农家”。

第四，注重专业技能提升。该农场重视农民技能的培育与提升，主动学习蔬菜种植技术，带领其他党员同志深入田间地头、生产一线进行种植技术培训，带动周边更多农民群众掌握蔬菜种植技术、加工要领、操作流程等。

第五，共建利益联结机制。该农场采用“基地＋工厂＋农户”方式，与周边农户签订生产收购合同。流转周边农户的土地，每年向流转农户支付土地流转金，吸收流转农户到农场基地参与蔬菜种植，到加工厂内从事食品生产。借力省级高效农业示范园区、山茶小镇、社区山体公园等生态环境优势，每年接待市民及城区中小学学生到农场开展农耕体验活动。采取扶贫项目资金量化到户，实行产业入股分红等利益联结机制，切实提升农户幸福感、获得感。

（二）LCA家庭农场：“山地种植＋养殖＋观光体验”

LCA家庭农场（以下简称“该农场”）海拔600米左右，距集镇约7千米，距县城约35千米，交通便利，区域优势突出，属于现代农业园区的农旅结合示范基地、体验农业实践基地，是发展无公害水果生产和“农旅结合”的示范点，是山地农业项目实施的首选地。2013年被认定为市级家庭农场；2014年被推荐为市级示范性家庭农场；2015年被评为省级“三星级”家庭农场；2020年被评为省级示范性家庭农场。该农场通过家庭农场带动模式、助推农业现代化的实践探索。

第一，开展适度规模经营，推动规范管理。该农场按照“有主体名称、有标识门牌、有生产基地、有经营场所、有办公设施、有管理制度、有配套标识、有‘三品’认证、有示范作用”的“九有”标准农场模式进行建设。有农场大门及其标志标识，有特色水果产出、有配套养殖项目，园区有专设太阳能防虫灯（12盏）、有专用生产道路（硬化采摘和观光、体验便道3条496米）；有农业投入品和农用生产资料、生产工具存放设施、有简易的农产品存放和交易场所；有县城代销门店；有专用办公设施，其中办公室120平方米以上，建设培训场地35平方米，配置椅子40把。该农场是农旅结合（体验农业）示范点、新型职业农民培育实训基地、沼肥利用生产示范点、测土配方技术指导等标牌的制作齐全、挂牌规范；有体验参观线路图、园区布局图、发展规划图等，有农药残留检测仪设备一套；有农业投入品管理、财务收支、生产经营管理、办公管理、生产环境保护、农产品质量安全管理等制度并上墙，推进了场务规范管理。

第二，丰富农场经营模式，巩固示范创建成果。该农场按照“四季有果蔬”（即冬天有蔬菜，春天有樱桃，夏天有桃子、李子，秋天有橘子、柚子、柿子，每个季节到农场都能吃到新鲜水果、蔬菜、土鸡和蜂蜜）的经营思路。常年雇工600人，以家庭成员为主要劳动力，全年家庭农场的总收入30万元左右。该农场属山地种植型，以家庭劳力为主，主要产业为连片种植的约180亩水果（投产面积120亩），其中有核桃45亩、蜜橘23亩、柚子40亩、李子68亩、樱桃2亩、甜柿3亩；同时采取种养结合方式适量养殖200只鸡、31群蜜蜂。常年产值25万元左右，年纯收入12万元以上。

第三，强化生产技能支撑，提升经营效益。该农场不断加强地块整治，提升农机应用水平，配备割草机、机动喷雾器、微耕机等农机设备，保证农场的农机作业率达90%以上。引进新品种并推广应用新技术，2013年以来，在原先产品的基础上引进了新品种红心柚20亩，并成功运用“李嫁桃”的“异株嫁接技术”，将4亩低产桃园嫁接改造为李子园。狠抓农产品质量安全，制定《农场水果保鲜、储存、销售安全管理制度》，确保了该场农产品的质量安全，没有出现一起生产（质量）安全事故、没有一起被媒体曝光的不良记录。该农场已启动了脆甜李无公害认证工作，并着力打造农旅示范和农事体验基地，农场规模效益逐年提高。2020 年，人均可支配收入达到了 10 万元以上。

（三）CXP 家庭农场："家庭农场＋农户"

CXP 家庭农场（以下简称"该农场"）距县城 14 千米，交通便捷，通水、通电，基础设施完备。主要从事畜牧养殖销售，年饲养肉牛 100 头，其中能繁母牛 60 头，年出栏肉牛 100 头，产值 130 余万元。该农场通过家庭农场带动模式、助推农业现代化的实践探索。

第一，坚持家庭经营基础。该农场实行"家庭农场＋农户"的经营管理模式，由家庭农场与农户签订"三包"（包技术服务、包回收、包效益）合同，带动周边农村发展肉牛养殖户就地就近就业，平均每户饲养基础母牛 2 头，按高于市场保底价收购杂交架子牛（每头 6 000 元左右），家庭农场饲养短期育肥牛，销售优质肉牛。

第二，丰富经营模式和业态。该农场坚持肉牛饲养，饲草先行。为降低肉牛饲养成本，保障饲料来源，该农场种植饲草 50 余亩，同时发动周边农户订单种植饲草 70 余亩，有效供应肉牛饲料。坚持种养结合与资源高效利用，该农场利用周边土地种植 30 亩精品水果，把发酵后的牛粪施用在果树上，既有利于促进牛粪的资源化利用，又达到农业生态环境保护的要求。

第三，适度规模发展产业。该农场基于所处的农业发展环境和农业经济条件，结合自身的土地、劳动力、资金、设备、经营管理、信息等生产要素的运行情况，因地因需开展适度规模经营，以期取得最佳的经济效益，成功带动周边农户共同发展产业，促进现代农业高质量发展。

第二十一章　国内外推进农业现代化的经验启示

基于国内外推进农业现代化发展典型案例的实践经验与实践探索，总结不同国家或地区加快推进农业现代化发展的共性经验启示，主要体现在发挥有为政府的统筹谋划功能、健全功能完善的农业合作组织、完善农业科技成果的推广体系、加强农业专业技术人才的培养、构筑地域特色农业现代化模式等多个维度。

第一节　发挥有为政府的统筹谋划功能

在推动农业现代化的进程中，必须充分发挥有为政府的主体引导作用和统筹谋划功能，增强有为政府的统筹谋划与宏观调控能力，为地方推动农业现代化高质量发展提供坚实的政策保障与组织保障。

一、凝聚共识，强化推动农业现代化的“凝聚力”

第一，加强领导干部队伍建设，发挥地方政府干部队伍在推动农业现代化高质量发展工作中的引领作用，选好配强领导干部班子，组织精干力量，履行牵头职责，统一推动农业现代化高质量发展。在政策支持、决策部署、财力投放、干部配备上切实体现推动农业现代化高质量发展的战略思路，加大从机关、高校选派干部到村任职力度，完善相应激励配套机制。第二，健全领导小组工作机制，统筹抓好农业产业结构调整、农业基础设施建设、土地规范流转、农村生态环境保护、农民增收致富等重要内容，力推农业现代化高质量发展与可持续发展。统筹抓好农业政策法规的贯彻执行，推动农业现代化高质量发展的关键领域、薄弱环节、改革创新、优势产业的协调发展。第三，分解任务目标推进落实。推动农业现代化发展的规划实施是一项长期、复杂的系统工程，要将任务目标进行分解，促进部门间各司其职、落实措施，积极抢抓更多农业发展合作机遇，提高合作水平，让发展成果更多更好惠及农民，为促进区域农业经济增长作出贡献。第四，加强农业发展相关规划之间有机联系。在全面分析梳理有关推动农业现代化发展的总体规划和各类专项规划的基础上，着眼于推动农业现代化发展的关键领域，以总体规划为核心，加强总体规划与专项规划、专项规划与专项规划之间的衔接，合理分解年度计划，确保重点领域规划目标的实现以及规划的连续性和有效性，不断提高经济社会重大事务综合协调能力。第五，加强部门间的沟通协作，合力研究制定推动农业现代化发展的思路目标、产业布局、主导产业、园区建设、农产品加工与营销、产业支撑体系、投资估算与效益评估等战略规划及其实施措施，解决发展中所遇到的资金筹措、土地流转、交通运行、生态保护等方面的问题，从而为推动农业现代化发展开辟快捷通道，统筹推进区域经济社会发展。

二、完善配套政策，强化推动农业现代化的“组织力”

第一，配套推进农业现代化的管理机制，出台相关政策措施促进农业现代化的精细化管理、标准化建设、科学化推进，引导基层政府及其农业农村部门、从事农业生产者审时度势、把握节奏、因地制宜推进现代农业高质量发展，建立良好的农业发展环境。第二，配套推进农业现代化的基础设施建设机制，完善农业产业加工设施、农村交通设施、水利灌溉、农业机械、运输网络、物流网络、信息网络、快递服务等配套设施设备，提升乡村公共服务水平，为农业产业发展创造条件，提升农业营商环境，促进外资的投资力度。第三，配套推进农业现代化的支持保护制度体系，配套完善推进农业现代化的政策体系，为农业生产者创造良好的生产、发展及销售环境，有利于促进农业生产规模化、专业化、商品化，有利于促进农民增收致富，有利于促进地方农业经济效益提升。在财政金融支持方面，地方政府及相关金融管理部门应主动出台扶持家庭农场、农民专业合作社、农业产业化龙头企业等新型农业经营主体发展的政策措施，提供财政金融便利服务和优惠服务，针对不同性质的农业经营主体制定差异化的信贷方案，优化财政金融扶持条款。在税收补贴支持方面，通过提供免税、农业生产投入要素补贴等形式，激发农业生产者扩大生产规模，增加农业生产者的积极性，提高农业生产效率。在农产品价格保护体系方面，科学管控农产品市场价格的最高与最低限度，防止出现农产品最高与最低价格波动过大，避免扰乱农产品的良性市场竞争，影响农业经营者生产的积极性。第四，建立推进农业现代化的目标考核评估机制，将推进农业现代化发展作为“三农”工作的新标尺，建立健全推进农业现代化的目标责任管理机制，纳入政府部门督查与考核内容体系，通过专项规划、产业规划和年度计划等，分阶段、分层次推动各项目标和任务落到实处，并将农业现代化规划中具有可操作性的发展任务和约束性指标等内容纳入到各地经济社会发展综合评价和绩效考核中，进而明确责任部门；对推进农业现代化的阶段性工作予以指导和开展督促，实事求是反映各项工作进展情况，及时发现问题并反馈总结，解决工作推进中出现的困难和问题；对农业现代化发展规划的实施情况进行检查指导，以实际工作成绩争取上级业务部门在项目资金的安排上给予一定倾斜，进而促进各项目标责任落实到位。建立健全考核评估机制，不断增强推进农业现代化工作的主动性和创造性，把农业现代化相关工作纳入到年度目标责任考核体系中，监督和评估规划的实施和落实情况，协调推进并保障规划指标的贯彻落实。充分发挥考核工作的导向、激励和约束作用，对工作推进不力、政策落实不足、服务不到位、工作不得力的单位与个人，予以批评与问责；对工作推进成效显著、政策落实有力、工作绩效突出的单位与个人，予以表彰与鼓励。

三、协同治理，强化推动农业现代化的“执行力”

第一，建立健全“多规合一”的治理体系。构建适应农业现代化发展规律的领导、协调、管理、统计与社会监督机制，改善农业现代化可持续发展的政策环境、组织环境、营商环境，完善政府、农业企业、行业组织、社会公众等协力推进农业现代化的多元参与机制，促进农业现代化治理环境规范化，善于破解农业现代化在资源整合与统筹协调、顶层规划与产业促进、生产加工与品牌建设、市场营销与公共服务等领域的难题，提高农业现代化全过程治理水平，促进农业现代化治理体系现代化，从治理体系上确保农业现代化高质量发展。第二，优化完善“党政统筹”的治理组织体系。推动构建“党政统筹、部门联动、产业协同、社会参与”的农业现代化组织体系，把不断提升农业现代化治理能力和治理水平作为首要任务，推动“党政统筹”协调推进农业现代化的局面，形成党政领导挂帅，农业农村、乡村振兴、自然资源、生态环境、林业、水利、发展改革、财政、交通、统计等部门协同参与的农业现代化推进工作协调机制，从全局推进农业现代化发展统一规划、统筹部署、整合资源、协调行动。第三，持续提升“久久为功”的治理水平。实现农业现代化治理，乡村公共服务“久久为功”工程的短板必须加快补上。鼓励各地根据农业现代化发展的阶段属性，因地制宜、大胆尝试推进农业现代化的治理创新，提升农业现代化治理能力与水平，依托现代农业信息数据技术支撑，推动农业现代化治理转型。在乡村公共服务体系建设上，同步推动完善城乡统筹保障制度，让农民群众公平享受乡村公共服务。创新农业农村基础设施治理机制，促使农业农村公共基础设施在运行管护与治理方面做到规范化、专业化和制度化。积极探索农业现代化的治理进路，结合不同区域实际进一步完善农业现代化治理体系，大力提升农业现代化治理能力，从而高质量地推进农业现代化。

第二节 促进小农户与现代农业的衔接

在推动农业现代化的进程中，亟须引导小农户进入现代农业发展轨道，发挥新型农业经营主体对小农户的带动作用，健全农业专业化社会化服务体系，构建支持和服务小农户发展的政策体系，实现小农户和现代农业发展有机衔接。

一、增强小农户发展现代农业的能力

坚持小农户家庭经营为基础与多种形式适度规模经营为引领相协调，提升小农户发展现代农业的能力。实施家庭农场培育计划，加强小农户科技装备应用，改善小农户生产设施条件，提升小农户发展能力。引导小农户开展现代农业合作与联合，积极发展“小农户＋家庭农场”“小农户＋合作社”“小农户＋合作社＋公司”等模式，强化新型农业经营主体带动作用，提高小农户组织化程度。健全面向小农户的社会化服务体系，大力培育适应小农户需求的多元化多层次农业生产性服务组织，加快农业大数据、物联网、移动互联网、人工智能等技术向小农户倾斜或覆盖，鼓励小农户

开展网络购销对接。稳定完善小农户土地政策，健全针对小农户的补贴机制，提升金融服务小农户的水平，加快构建扶持小农户发展的政策体系。

二、优化小农户利益联结的合作机制

把农民增收作为推进农业现代化工作的出发点和落脚点，完善利益联结机制，通过建立长效机制，拓宽小农户增收渠道，增加小农户收入，提高小农户生活水平，让小农户共享改革发展成果。促进农业产业化龙头企业、农民专业合作社和家庭农场等新型农业经营主体的互助服务，探索成员相互入股、组建新主体等联结方式，实现抱团发展、深度融合发展。优化完善“龙头企业＋合作社＋小农户”组织方式，更好发挥政府引导服务作用、龙头企业带动作用、合作社联结作用、小农户主体作用，做到合理分工、各展所长、风险共担、利益共享。完善小农户作为生产主体的利益联结机制，坚持家庭经营基础性地位，积极探索保底分红、劳务收入、资产收益、二次分配等方式，把小农户引入现代农业发展轨道，让小农户更多分享产业增值收益，有效增加小农户的家庭经营性收入。指导脱贫地区依托资源优势和产业基础，实施特色种养业提升行动，引导资金、技术、人才、信息向脱贫地区小农户聚集，促进扶贫产业向富民产业转变。引导小农户自愿以土地经营权等入股，采取利润返还、保底分红、股份合作等形式增加小农户收入。

三、拓展小农户发展现代农业的模式

家庭农场、农业合作组织是小农户和土地、市场等要素相互联系的桥梁与纽带，是降低农业市场风险、保护小农户利益的载体，是小农户走向市场、构建农产品市场服务体系、引导从传统农业向现代农业转变的必由之路。中国当下仍有大量的小农户，农业现代化生产面临着家庭承包经营与社会化大生产之间的冲突与矛盾。因此，在遵循农民自愿的原则上，第一，引导小农户因地制宜进行生产与开发，最大程度地推进农业规模化经营，选择适应的农业生产经营模式，构建以小农户为主体、多种形式的农业合作组织共同发展的经营模式，发展现代化经营管理组织，提高农民组织化程度，促进小农户与现代农业的衔接。第二，培育农业产业化联合体，建立健全农业经营主体分工协作机制，推广“农业产业化龙头企业＋

农民专业合作社＋家庭农场＋小农户”组织模式，引导多元新型农业经营主体组建农业产业化联合体。健全资源要素共享机制，发展土地适度规模经营，引导联合体资金内部有效流动，促进科技转化应用，加强市场信息互通，推动品牌共创共享，实现联合体各成员融通发展。第三，大力培育集农技指导、信用评价、保险推广、产品营销于一体的综合性农业公共服务组织，完善农业社会化服务标准体系，建设农业社会化服务云平台，打造农业社会化服务公共品牌，开展财政购买农业生产社会化服务试点，推广合作式、托管式、订单式等农业生产性服务，为小农户与现代农业的衔接拓展合作模式。

第三节　完善农业科技成果的推广体系

在推动农业现代化的进程中，亟须完善农业科技成果的推广体系，整合优化科技资源配置，加强多层次创新平台建设，强化协同创新，提升农业科技创新能力和成果转化能力，全面提升农业生产技术装备水平。

一、建设农业技术推广体系

加强农业技术推广有助于促进农业技术经济的快速提升，健全农业科技成果推广体系是实施科教兴农的重要载体，农业科技成果推广体系的建设不仅需要农业科学技术方面的支撑，而且还需要政府引导力量、科技人才供给、资金投入等共同推动。第一，推动政府与科研机构、企业间成果信息互通共享，建立农业科技成果转化信息服务平台，实现科研成果与市场需求有效对接。以农业科技园区为重点，建设一批集科技创新、集成示范、推广运用、教育培训和辐射带动于一体的现代农业科技集成示范基地。推动农业科研单位或农业高等院校开展“院校＋基地”“院校＋企业”科技合作，建立新品种、新技术试验示范基地，形成“一主多元”农技推广新机制。第二，不断加强农业技术推广队伍建设，加大资金和政策的投入，保障农业科技推广工作的效率，通过优惠政策、工资待遇、福利奖励、晋升机会等保障来留住农业专业人才。构建农技推广人员、科技特派员和高素质农民相结合的农业技术推广体系，支持社会力量广泛参与农业科技推广，创新成果转化机制，完善科技成果使用、处置和收益管理制度，加强农业知识产权保护和运用。第三，在基层农业推广体系中，加大农业技术推广经费的投资力度，丰富非政府的资金来源渠道，加大基层推广人员的生活补贴，合理使用推广经费促进农业科技推广工作的开展。完善政府推广组织和非政府推广组织相结合的多元化合作推广体系。吸纳青年大学生及专业人才进入基层在职在编工作，定期开展培训，学习最新的农业科技成果。在市县乡级建立农业推广站和推广服务中心，打破原有传统的推广部门分割现象，为农业产业化提供综合技术服务和产销一体化服务。

二、强化农业科技项目支撑

第一，加强农业科技指导，促进农业科技项目对接。重视引进和采用现代化的农业设施技术、优良的品种技术、先进的栽培技术、科学的饲养繁育技术等，不断提高农业劳动生产率、土地产出率、资产利用率、投入产出率等，完善区域化布局、专业化生产、一体化经营、企业化管理、社会化服务的组织模式，形成完整农业产业链、安全生产链、快捷供应链的农业现代化格局，增强良好的农业经济、社会和生态效益。第二，创造农业科技项目对接平台，积极开拓农业科技教育资源，通过政府引导、高校助力、社会参与、多方协作，搭建多种交流合作平台，从深度和广度上促进农业科技项目对接，推动农业科技项目合作与建设，积极探索合作研发、成果共享的农业科技项目，着力提升农业现代化对带动区域社会经济的支撑力。第三，奠定扶持基础，强化农业科技项目支撑。出台优惠政策，加大农业科技项目扶持力度。支持农业科研、教学、推广单位开展重大科技项目的研究和开发，支持推进农业现代化进程中具有战略性、前瞻性、产业关联度大、带动作用强的农业科技成果转化，加快农业现代化新品种、新技术的试验、示范及推广，鼓励农业科研、教学、推广单位联合申报项目，推动产学研相结合，逐步建立农业现代化科技创新体系。第四，引进用好人才，推进产学研协同科技项目建设。在农业科技项目实施、研究、推广过程中，推进产学研协同建设，力争在产业开发、项目论证、资本运作、技术指导、信息推介等方面，形成组织推动、人才引领、社会参与、双向互动、多方受益、合力推进农业现代化规划建设的良好局面，进一步转化农业科技成果，为农业现代化提供经费、基础设施设备、农业科技研发等配套服务，不断优化人才扶持结构，吸引各类人才为农业现代化相关科技项目提供支撑。

三、营造农业技术推广氛围

第一，宣传动员，高度参与，高效推进，加强先进事迹的宣传与典型树立。充分利用电视、广播、报纸、杂志、网络等各种媒体，广泛宣传农业现代化的规划建设、发展行动取得的实效，逐步形成重视农业现代化、发展农业现代化的良好氛围。及时总结农业现代化发展行动中涌现出的突出经验与典型案例，逐步探索和建立健全长效机制。第二，抢抓网商平台赋予农业现代化的发展机遇。充分发挥网商平台在农业现代化生产要素配置中的优化和集成、推送与推广作用，将网商平台的创新成果深度融合到农业现代化各领域之中，提升实体经济的创新力和生产力，形成更广泛的以网商平台为基础设施和实现工具的农业现代化经济发展新形态。第三，建立农博馆等展宣基地及平台。充分利用和发挥农博馆较之于其他博览馆难以替代的地位和作用，较为全面地了解农业现代化发展过程，增强爱国、爱农教育，促进主导产业和主导农产品重点工程与项目基地的积极宣传。第四，争取组建或承办高层联席会议加强研商推广。对农业现代化进行战略思考，协商制定农业现代化发展蓝图，研商农业现代化发展思路，研究解决农业现代化发展的问题，指导领导小组工作，听取工作情况汇报，调研工作落实情况，研究下一步工作重点内容，争取上级政府的支持等。第五，通过地校合作等多种形式发挥群团组织的宣传作用。进一步深化合作，促进农业科研成果的转化和科技知识的普及，推动实践教育与农业现代化建设紧密结合。围绕地方农业经济建设，开展各类科技服务活动，为基层建设和农业产业发展做出贡献。鼓励和发挥社团、行业组织、社会中介组织、志愿服务团体等参与农业现代化的科技服务、社会实践与宣传工作，形成整体合力，大力推进农业现代化的建设与发展。

第四节 加强农业专业技术人才的培养

在推动农业现代化的进程中，亟须加强农业专业技术人才的培养，采取更加积极、更加开放、更加有效的人才政策，创新乡村人才工作体制机制，培养造就一支懂农业、爱农村、爱农民的“三农”工作队伍，为全面推进乡村振兴、加快农业农村现代化提供人才支撑。

一、加快建设“三农”人才培养体系

实施向基层一线倾斜的人事人才政策，引导人才向基层一线流动，推进产业导师培训工作，组织开展农业专家服务基层行动。奋力推进人才大汇聚，大力培养引进一批现代农业经营管理领军人才和产业专业技能紧缺人才，加强人才服务保障，千方百计留住和用好人才。推进涉农院校和农业类、农产品食品加工等专业建设，大力发展农业职业教育。加大农技人员业务提升和农民培训体系建设，培育一批农业生产经营骨干人才和农村创业创新人才，鼓励和支持事业单位技术人员领创龙头企业或合作社。

二、加快培育二三产业发展人才

深入实施电商专家下乡活动，开展线上线下相结合的多层次人才培训，培育一批农村电商人才。以乡村手工业、农产品加工业、民间工艺为重点，培育一批技艺精湛、扎根农村、热爱乡土的乡村工匠。实施劳务输出品牌计划，围绕地方特色劳务群体，建立农业现代化技能培训体系和评价体系，完善农业现代化创业扶持、品牌培育政策，提高劳务输出组织化、专业化、标准化水平，培育一批叫得响的农民工劳务输出品牌。

三、加快培养乡村公共服务人才

重视把乡村公共服务人才作为乡村人才振兴的主力军，健全完善乡村公共服务人才的引进政策、实施办法、激励机制和评价机制，聚焦乡村农业、文化、旅游等专业领域，优化乡村公共服务人才支持政策和服务机制，培养一批乡村产业咨询服务团队、乡村文创团队、乡村文艺社团、乡村文化志愿者、乡村非遗传承人和乡村旅游示范者，引导和支持农技师、规划师、工程师、建筑师、艺术家等专业技能人才更好地服务农业农村现代化。

四、加快培养农业农村治理人才

选优配强乡镇领导班子，坚持和完善驻村第一书记和工作队制度，实行乡镇编制专编专用，强化基层干部培养，优化提升农村带头人队伍。持续实施高校毕业生“三支一扶”、高校毕业生基层成长等计划，培养一批大学生乡村治理人才。加大农业现代化工作专业人才培养力度，引导高校毕业生、退役军人、返乡入乡人员参与农业现代化服务。加强农村土地承包经营纠纷调解仲裁人才队伍建设和农村集体经济组织经营管理人才培养。完善和落实“一村一法律顾问”制度，充实乡村公共法律服务人才队伍。

五、加快培养农业农村科技人才

依托农业科技园区、农业产业化龙头企业，推进专家服务基地、专家大院、博士工作站建设，以农业产业集群催生人才集群，培育一批高科技领军人才和团队。依托现代农业产业技术体系、农业科技创新联盟、现代农业产业科技创新中心等平台，培育一批农业现代化科技创新人才。深化农技推广体系改革创新，全面实施农技推广服务特聘计划，深入实施科技特派员制度，完善扶持激励政策，支持科技特派员领办创办协办农民合作社、专业技术协会和农业企业。

六、加快建设“三农”人才服务智库

转变思想观念，树立新型农业思想。重视前期靠政策、中期靠投入、长期靠体制、总体靠人才的思想观念。对农业产业化龙头企业、农民专业合作社、家庭农场、专业大户的负责人及广大小农户开展专业培训，对农村干部和农业技术人员开展农业现代化知识培训，帮助提高其思想认识、转变发展理念、把握市场规律，强化农业现代化发展人才队伍建设。对内挖掘潜力，向外诚邀智库人才，因需利导，诚邀在外人才献智献力献计，多渠道收集人才信息，注重需求对接，采取积极措施，结合优势产业和特色经济，支持和引导返乡创业农民工投入到资源综合利用型、劳动密集型、农副产品加工型等行业及企业务工，或就地就近进行创新创业等。完善用人、用地、用钱等方面的扶持政策，创建农民工返乡创业园，从企业老板、创业成功人士、致富能人、党政机关干部、高校优秀青年教师中，选聘村发展顾问和名誉书记，把优质人力资源转化为助力农业现代化发展的强大力量。

第五节　构筑地域特色农业现代化模式

在推动农业现代化的进程中，应立足地域资源优势，结合各个地区的自然条件与已具备的现有基础设施条件，构筑地域特色农业现代化模式，培育各具特色的区域优势产业，丰富农业现代化的多元化发展渠道，提高广大农业生产者的经济效益、社会效益和生态效益。

一、培育壮大区域特色产业

发掘不同区域的农业资源，培育一批区域特色鲜明、市场反响良好、经济效益显著的地方特色产业。建设规模化、集约化特色农产品基地，打造优质特色农产品种植区，积极开展特色农产品多元化利用。鼓励乡村特色农业产业发展，创建示范村镇，创响“珍稀牌”“生态牌”等乡土品牌。着力打造特色农业生态品牌，彰显民族民俗风情，体现地域特色，突出绿色本底，建设生态特色农业走廊、乡村民俗文化生态旅游带、宜居宜业宜游美丽乡村，推动“农业特色产业＋文旅”赋能农业现代化高质量发展。开展优势特色农业产业集群建设，持续推进国家农村产业融合发展示范园、国家农业产业强镇建设。

二、加快特色优势资源转换

第一，盘活农业特色资源，完善特色农业要素“供给侧”。基于不同区域地缘结构本色和生态资源特色，结合不同区域农业发展战略，适应发展新形势，盘活农业特色资源供给，推动农业特色资源要素集聚向特色农业产业新旧动能转换，促进各类要素合理流动，围绕农业全产业链强化规划引领，构建特色农业产业供给体系，通过跨界、融合、创新的思维，构建特色农业生产、特色农业生活、特色农业生态一体化以及多元产业融合发展的共生模式。第二，提升资源集成效用，优化特色农业产出“需求端”。用新观念、新模式、新资源去适应新发展形势下的特色农业消费需求，推动单一单调的农业产业发展向综合体转变，而推动这种转变的载体需依靠当下极具发展潜质的特色农业产业，依托其承载有思想、有主题、有内容、有品质的产品内涵。顺应产业供给侧结构性改革，实现生产生活生态同步改善，培育宜居宜业特色综合体，推动生产方式和生活方式向绿色转变，推动发展思路和社会共识向未来而行，推动社会关系和自然关系向和谐迈进。壮大特色农业规模经济，提升特色农业产出效益。第三，优化特色农业产业结构，丰富特色农业业态“价值链”。发挥特色农业发展的韧性，创新特色农业合作模式，丰富特色农业业态，形成特色农业产业结构，促进特色农业产业业态深度融合，推动综合效益显著提升。加强推动特色农业与其他相关产业深度融合，努力打造一批特色农业产业示范点和特色农业产业融合集聚区，强化特色农业的市场成长性和可持续性。

三、丰富现代农业特色业态

立足不同区域背景、资源条件、经济基础、产业环境、文化特色、市场竞争、政策环境，以市场为导向、资源为依托，以特色农业产业为发展主题，发展特色农业产业，推动构建休闲度假村、特色小城镇等模式的多层次复合型产业体系，推进特色农业跨界深度融合和特色农业业态丰富提升，拓宽产业链，丰富供应链，提升价值链，打造新格局，进而提升多元农业的经济效益、社会效益、生态效益。第一，推动构建“休闲度假村”综合体。依托不同区域的区位、地形、气候等概况，以“农业特色产业＋高端民宿＋风景名胜＋主题公园＋研学教育＋户外拓展＋社会配套”为产业链条，打造融产业、旅游、休闲、度假、居住、休闲为一体的中高端特色农业产业带。第二，推动构建“特色小城镇模式”综合体。依托不同区域的民族、民风、民俗等特色，以“农业特色产业＋主题民宿＋古城·古镇·古村＋主题公园＋研学教育＋户外拓展＋社会配套”为产业链条，打造富含区域特色与文化内涵的特色农业小城镇。第三，推动构建“综合业态模式”综合体。依托不同区域的现代农业、休闲旅游、田园社区等特色，以“农业特色产业＋创意民宿＋创意生态农业＋文创产品中心＋主题公园＋研学教育＋户外拓展＋社区配套”为链条，打造创意农业。

第六篇

政策建议

第二十二章　推进农业现代化的价值定位

推进农业现代化高质量发展，需要秉持“提质农业、富裕农民、繁荣农村、涵养生态、凸显特色、联动发展”的发展思路，全面推进乡村产业、人才、文化、生态、组织振兴，坚持多种形式适度规模经营，以现代农业科技为支撑，以城市群、经济带为载体，加快转变农业发展方式，健全完善农业产业现代化体系、农业生产现代化体系、农业经营现代化体系，奋力打造中国特色农业现代化样板，加快促进农业高质高效、乡村宜居宜业、农民富裕富足，为全面建设社会主义现代化国家提供坚强有力支撑。

党的二十大报告强调“中国式现代化是人口规模巨大的现代化”“中国式现代化是全体人民共同富裕的现代化”“发展乡村特色产业，拓宽农民增收致富渠道”。我国十四亿人口整体迈进现代化社会，规模超过现有发达国家人口的总和，但人均耕地面积较小，仅为世界人均耕地面积的四分之一，“大国”国情的艰巨性和复杂性前所未有。根据第三次全国农业普查数据，我国小农户数量占农业经营主体的98%以上，小农户从业人员占农业从业人员的90%，小农户经营耕地面积占总耕地面积的70%，“小农”农情的艰巨性和繁重性依然沉重。“人多地少”“大国小农”的国情农情注定了农业现代化道路的发展途径和推进方式必然要有自己的特点，决定了推进农业现代化道路始终要从国情农情出发想问题、做决策、办事情，既不好高骛远，也不因循守旧，保持历史耐心，坚持稳中求进、循序渐进、持续推进。鉴于此，推进农业现代化可以因地制宜聚焦以下三个价值定位。

第一节　创造“小而强”的现代化农业新样板

推进农业现代化，必须立足农业产业地域特色及其特性，根据不同地区资源禀赋差异，因地因时制宜发展农业特色优势产业，创造“小而强”的现代化农业新样板。第一，统筹考虑农业家庭经营主导地位，着眼“大国小农”基本国情农情将长期存在的现实，不得不引领小农户加快适应并采用新技术、新品种的能力，不断将现代生产要素导入小农户，依托农业产业化龙头企业和社会化服务组织带动小农户加快发展农业社会化服务，增强农业科技成果运用的强外部性，提升农业科技水平和农业生产效率，实现农业科技进步。第二，推进农业现代化，既不能完全照搬借鉴西方国家农业现代化“大规模发展”的理论与实践，也不能全部复制推广其他地区农业现代化所采用的比较成熟的发展路径与实践模式，而要结合不同地区资源禀赋差异、地缘结构差异、产业结构差异、产业发展韧性差异等实际，发挥适度规模经营的资源多样化优势，突出区位区域的多层次特色，错位发展、延链补链、相互融合。第三，优化“小而强”的现代化农业生产力布局，科学编制现代化农业生产力布局规划，合理布局永久基本农田、一般农田和建设用地，完善规模、功能等基础数据库，保障现代化农业高质量发展的用地需求，以县域为单位创建一批农业现代化示范区、特色农业强镇、现代农业园区，推进农村一二三产业融合发展示范园建设。第四，发掘农业特色资源优势，完善特色农产品优势区体系，加强特色农产品优势区建设。强化农业科技支撑、质量控制、品牌建设和产品营销，建设一批特色农产品标准化生产、加工和仓储物流基地，培育一批特色粮经作物、园艺产品、畜产品、水产品、林特产品产业带。第五，依托乡村特色优势资源，加快农业产业强镇和优势特色产业集群建设，打造农业全产业链，以农业农村资源为依托，以农民为主体，培育壮大现代种养业、乡村特色产业、农产品加工流通业、乡村休闲旅游业、乡村新型服务业、乡村信息产业等，形成特色鲜明、类型丰富、协同发展的乡村产业体系，以拓展二三产业为重点，建立健全现代农业全产业链标准体系，纵向延伸产业链条，横向拓展产业功能，多向提升乡村价值。第六，加快壮大优势特色产业集群发展，培育发展生态农业、绿色农业、精品农业、景观农业、设施农业、休闲农业、共享农业、体验农业、创意农业等“小而精”的农业业态，努力将现有的比较优势转变为农业发展生产力资本优势，转化为高农业生产率、高土地产出率、高资源利用率的农业现代化内生动力，全力创造“小而精”的农业现代化新样板。第七，通过各区域发挥优势、彰显特色、协同发展，充分释放农业现代化高质量发展潜能，提升农业产业竞争力，做专做精做强农业特色优势产业，做强地方特色农业优势产业，聚焦优势产业、优势单品、优势区域，因地制宜发展县域农业主导产业，提高农业规模化水平和产业集中度，培育区域农产品公用品牌、企业品牌、农产品地理标志，加强特色农产品优势区建设，建设一批相对集中连片的特色产业基地，打造一批在全国具有影响力的优势产业集群。

第二节　打造“小而美”的田园式农业新高地

农业现代化的推进需要与农村现代化一体设计、一并推进，这就意味着推进农业现代化，不仅要推动农业高质量发展，还必须立足乡村地域特征，同步推进中国式农村现代化，着眼系统思维将推进中国式农业农村现代化统筹结合起来，打造“小而美”的田园式农业新高地。第一，中国式农业农村现代化的战略思路从“顶层设计”赋予“底层设计”的根本遵循与实践指导，要基于农业现代化高质量发展需要，保持历史耐心，规划先行，注重质量，从容推进，探索差异化、特色化的中国式农业农村现代化发展模式。集村庄生产生活生态功能于一体，统筹考虑农业产业发展、乡村公共服务、农业土地利用、农村生态保护、乡村人口布局等，科学合理规划农业农村生产生活生态的空间布局和设施建设，打造各具特色的村庄风貌，保留民族特点、地域特征、乡土特色及优秀传统乡土文化，发掘乡村多元价值，推动乡村自然资源增值，赓续传承农耕文明，促进村庄与自然生态融为一体，促进传统农耕文化与现代文明融合发展，让农业农村文明展现出独特魅力和时代风采。第二，有序推进乡村建设，坚持为农民而建，遵循乡村发展建设规律，注重保护乡村特色风貌，主动融入新发展格局，依托农村绿水青山、田园风光、乡土文化等资源，拓展农业多种功能，发展田园式农业，以优良生态、优美景观、优势产业、优质产品为标志，以集约式、信息化、经济性、开放态为特征，推动实现“山顶有奇峰环绕、山腰有绿树成片、山底有田园美景”“林上集生态绿意、林中可休闲康养、林下有特色经济”，加快实现“产业兴旺、生态宜居、乡风文明、治理有效、生活富裕”的美好愿景，让农业农村农民跟得上发展、留得住乡愁、看得到盼头、遇得见未来，生动实践“两山”理念，奋力打造“小而美”的田园式农业新高地。第三，促进农村基础设施和基本公共服务向乡村覆盖、往农户延伸，切实做到数量服从质量、进度服从实效，优化布局乡村生活空间，严格保护农业生产空间和乡村生态空间，坚持先科学规划后合理建设，加强分类指导，保持历史耐心，遵循乡村发展规律，注重传统特色和乡村风貌保护，分类推进新时代和美乡村建设，支持新时代农业农村现代化示范带建设，创新打造新时代和美乡村标杆县、示范乡镇、达标村、特色精品村、和美庭院、和美乡村风景线等特色业态。第四，发展农业农村现代化新产业新业态，创新实施乡村“千万工程”，聚焦人本化、生态化、数字化、融合化、共享化，结合不同地域类型，促进数字化与村庄建设深度融合，推动政策、资源、要素向农业农村现代化试点地区适当倾斜，拓展村庄建设的文化、健康、低碳、生产、建筑、交通、智慧、治理、党建等场景建设，打造一村一品升级版，创建全国“一村一品”示范村镇，培育发展休闲农业和乡村休闲旅游业，培育休闲乡村，建设一批景区村庄升级版，振兴农家特色小吃、传统手工制作等乡愁产业，发展特色乡村经济。

第三节　构造“小而特”的农文旅融合新格局

推动农业现代化，促进农业农村可持续发展，牢固树立“绿水青山就是金山银山”理念，遵循农业生产规律，注重地域特色，推进农业绿色发展，加强农村生态文明建设，加快形成绿色低碳生产生活方式，走资源节约、环境友好的可持续发展道路，构造“小而特”的农文旅融合新格局。第一，深入挖掘不同区域所拥有的历史文化、民族文化、生态文化、红色文化等底蕴深厚的地域文化资源，为高质量推动农业现代化厚植人文底蕴、传承农业文化。在百年未有之大变局叠加与加快形成以国内“大循环”为主体、国内国际“双循环”相互促进的新发展格局大环境下，发展农文旅产业将成为不同区域扩大格局、推动发展的重要力量，更是民生工程。立足不同区域背景、资源条件、经济基础、产业环境、文化特色、市场竞争、政策环境，以市场为导向、以资源为依托、以农文旅产业为发展主题，推动构建休闲度假村、特色小城镇等多模式多层次复合型“新型农业”产业体系，推进农文旅跨界深度融合和农文旅业态丰富提升。第二，盘活农文旅资源，推动要素“供给侧”改革，围绕农业生产区、休闲聚集区、景观吸引核、居住发展带、社区配套网等模块构建农文旅产业供给体系，通过跨界、融合、创新的思维，构建农文旅生产、农文旅生活、农文旅生态一体化以及多元产业融合发展的共生模式。提升资源集成效用，优化产出“需求端”，用新观念、新模式、新资源去适应新发展形势下的消费需求，实施有思想、有主题、有内容、有内涵和有品质的农文旅项目，推动生产方式和生活方式向绿色转变，推动发展思路和社会共识向未来而行，推动社会关系和自然关系向和谐迈进。融合不同区域产业结构，丰富业态“价值链”，发挥第三产业的强带动性，使之与第一产业进行深度黏合，创新农文旅产业合作模式，丰富农文旅产业业态，强化其市场成长性和可持续性。拓宽产业链，丰富供应链，提升价值链，构造“小而特”的农业现代化融合新格局。第三，繁荣发展乡村优秀文化，大力保护“丰富多彩、特色鲜明、乡情浓郁、古色古香”的乡土文化遗产，把乡村文化遗产的展示体验深度融入现实生活，让乡村文化遗产始终保持与时代的互动交流，让中华农耕文明历史根脉绵延不断并随时代发展进步而发展演进，成为支撑乡村振兴的宝贵资源财富。深入实施农耕文化传承保护工程，加强农业文化遗产发掘认定和转化创新。加强历史文化名村名镇、传统村落、少数民族特色村寨、传统民居、农村文物、地名文化遗产和古树名木保护。继承发扬优秀传统乡土文化，建设乡村非物质文化遗产传习所（点）。振兴传统农业节庆，办好中国农民丰收节。创新实施文化惠民工程，加强乡镇综合文化站、村综合文化中心、文体广场等基层公共文化体育设施建设。发展乡村特色文化产业，健全支持开展群众性文化活动机制，满足农民群众多样化、多层次、多方面的精神文化需求。在民族地区推广普及有线高清交互数字电视机顶盒，完善基层应急广播体系。

第二十三章　推进农业现代化的原则遵循

原则遵循是推进农业现代化的总体依据。本章围绕坚持“党统全局”“各方负责”相协调，坚持“有为政府”“有效市场”相引导，坚持“科学规划”“系统布局”相驱动，坚持“人才智库”“农业科技”相支撑，坚持“三产联动”“三生协同”相统筹，坚持“因地制宜”“地域特色”相嵌合等方面，提出推进农业现代化的原则遵循。

第一节　坚持“党统全局”“各方负责”相协调

农业农村农民问题是关系国计民生的根本性问题。强化党对“三农”工作的全面领导是全面推进乡村振兴、高质量推进农业现代化的根本保证。要坚持党对“三农”工作的全面领导，发挥“总揽全局、协调各方”的作用，调动各方面的积极性，凝聚力量，相互配合，形成合力，建立健全顶层设计、制度安排、工作报告、定期调度、投入保障、典型示范、督查考核等一系列工作制度和推进机制，成立工作领导小组，层层贯彻到基层一线，持续提高党员干部推进农业现代化工作的政治能力、调查研究能力、科学决策能力、改革攻坚能力、应急处理能力、群众工作能力、抓落实能力，全面提升各级党组织和干部对农业现代化工作领导的能力和水平，确保各个地区农业现代化沿着正确的方向前进，践行“立农为农”。

第二节　坚持“有为政府”“有效市场”相引导

坚持“有为政府”“有效市场”两手发力。充分发挥“有效市场”在资源配置中的决定性作用，激活农业现代化的构成要素、市场前景和各类农业经营主体，系统科学动态把握市场需求，发展适销对路的农产品，提高农产品商品化率。更好发挥“有为政府”在加快推进农业现代化进程中政策引导、宏观调控、支持保护、公共服务等方面的服务功能，坚持改善农业现代化发展的“软”“硬”环境，提高农业产出效益与增加农民收入，调动农民积极性相结合，充分保护农民合法权益。建立健全农业主体活力迸发、管理顺畅高效、制度保障完备的农业现代化管理机制，促进多主体分工协作、多要素投入保障、多层次利益协调、多政策配套服务，形成政府引导、农户参与、企业带动、科技支撑、金融助力的良好产业生态，引导形成以市场导向、政府引导、企业为主体，合作社、大户、农民参与相结合的农业现代化发展格局。

第三节 坚持“科学规划”“系统布局”相驱动

农业现代化发展规划既要着眼“远景目标”与“发展规划”保持方向一致、有机统一，也要立足“地方实际”与“使命任务”确保重点突出、内容契合。坚持系统观念，强化系统思维、整体思维、底线思维，把新发展理念完整、准确、全面贯穿到推进农业现代化全过程和各领域，充分发挥农业农村“压舱石”作用，主动服务和积极融入以国内大循环为主体、国内国际双循环相互促进的新发展格局，统筹国内国际两个大局，整体谋划农业农村经济建设、政治建设、文化建设、社会建设、生态文明建设等，全面协调推进农业现代化，加快转变发展方式，实现更高质量、更有效率、更加公平、更可持续、更为安全的农业现代化发展。系统考虑与不同区域现代农业示范园区、田园乡村等专项内容的共治共享，系统考虑与推进新型工业化、新型城镇化、科学技术现代化、旅游产业化等逻辑关联的互联互通，统筹农业现代化经济效益、社会效益、生态效益等目标导向的宜农宜民，充分体现科学性、前瞻性和可操作性。

第四节 坚持“人才智库”“农业科技”相支撑

坚持完善人才政策，打造服务农业现代化的“人才智库”，为不同地区高质量推进农业现代化提供智慧支撑与决策参考。农民处在推进农业现代化人才供给的“第一主体方阵”，要坚持农民主体地位，以维护农民权益与增进农民福祉为工作的出发点和落脚点，尊重农民经营自主权和首创精神，激发广大农民群众创新、创业、创造活力，让农民成为农业现代化的自觉参与者和真正受益者。完善相关引人选人用人留人的政策设计，充分发挥新型职业农民在乡村产业振兴中的主要优势和内生动力，为农场主、新型农民、乡土人才等搭建工作、学习、成长、发展的良好环境和生存平台，激发农场主和广大劳动群众的积极性、主动性、创造性，主动适应农业现代化的发展需求。坚持农业科技改革创新，强化科技创新在农业产业发展中的支撑作用，把双轮驱动体制机制改革和农业科技创新作为两大动力源，统筹推进农村土地制度、经营制度、集体产权制度等各项改革，着力提升农业科技自主创新能力，推动农业发展由注重物质要素投入向注重创新驱动转变。始终以生态效益为目标和导向，以社会效益为基础和前提，以经济效益为突破口和出发点，走科技含量高、经济效益好、资源消耗低、环境污染低、人力资源优势得到充分发挥的农业现代化道路。

第五节　坚持“三产联动”“三生协同”相统筹

推进农业现代化，农业产业是基础的基础。坚持一产、二产、三产跨界联动，联农带农，融合发展，加快拓展农业全产业链、全价值链模式建设，健全利益联结机制，推进一产的“上中下游端”往后向二产、三产连接与延伸，加快农业与现代化产业要素跨界配置与联动。坚持农业“生产、生活、生态”协同推进，妥善处理好农业增产、农民增收、农村增美与环境治理、生态建设、绿色发展的关系，挖掘农业食品保障、生态涵养、休闲体验、文化传承等多种功能，提升生产、生活、生态等多元价值，推动农业价值链向中高端跃升。坚持以保障国家粮食安全为底线，推动优化农业产能与调整农业结构相协调兼顾，更加注重提高农业综合生产能力，更加注重调整优化农业结构，更加注重提升农业供给体系质量和效率，加快形成数量平衡、结构合理、品质优良的有效供给。坚持完善农民利益联结机制，让农民更多分享产业增值收益，推动把以农业农村资源为依托的二三产业尽量留在农村，把农业产业链的增值收益、就业岗位尽量留给农民，让农民成为推进农业现代化高质量发展的参与者和受益者。

第六节 坚持“因地制宜”“地域特色”相嵌合

推进农业现代化，需要坚持因地制宜和分类推进，科学把握农业农村发展的差异性，保持历史耐心，分类指导、分区施策，稳扎稳打、久久为功，推进不同地区、不同发展阶段的乡村推进农业现代化，促进农业现代化在不同区域、不同空间协调发展。坚持立足不同区域的地缘结构特征，依托青山绿水、田园景观和乡土文化，依托产业基础、发展环境和政策优势，优化顶层设计，发挥比较优势，凸显集聚效应。坚持因地制宜，因产施策，结合自然优势，突出区域特色，在深入调查、摸清实情的基础上，针对区域位置、经济基础、自然条件、交通条件等差异实行分类指导，在确保粮食生产安全的基础上，立足于资源、质量等差异化优势，做大做强做精地方优势特色农业主导产业集群发展，向规模化、标准化、品牌化和绿色化方向发展。坚持质量优先、绿色发展为导向，以机制改革为动力，以提质增效为目标，以创新驱动为支撑，转变农业发展方式，缩小农业现代化发展的时空分异、优化空间布局，为发展多种形式适度规模经营、提高农业质量效益、实现农业现代化高质量发展创造条件。

第二十四章　推进农业现代化的实现路径

实现路径是推进农业现代化的必答课题。本章基于前述章节研究，尝试围绕坚持“一个中心”、铸牢农业现代化“人本理念”，把准“两个方向”、树牢农业现代化“发展格局”，加强“三个统筹”、优化农业现代化“整体设计”，聚焦“四个目标”、提升农业现代化“内生动能”，强化“五个资本”、厚植农业现代化“后发优势”，赋权“六个机制”、构筑农业现代化“倡议联盟”，打造“七个农业”、绘就农业现代化“特色版图”，共治“八个协调”、织密农业现代化“治理网格”，实施“九个行动”、实现农业现代化“价值共创”九个方面，提出推进农业现代化的实现路径。

第一节　坚持“一个中心”，铸牢农业现代化“人本理念”

党的二十大报告为我国立足新时代新征程“促进农民农村共同富裕”“践行以人民为中心的发展思想”作出了科学论断、提供了根本遵循。农业现代化的实质是通过提高农业生产率、土地产出率和资源利用率，以助推农业转变发展方式，推动农业转型升级，提升农业的生产效率和经济效益，最终实现广大农民群众获得增产、增收、增值。我国已转向高质量发展阶段，对农业现代化赋予了新的时代要求，推动农业现代化高质量发展其旨归根本上也是推动“人的现代化”“农民的现代化”，但面对我国城乡发展不平衡不充分问题，如何更好地满足农民日益增长的美好生活需要，如何更好促进和实现农民获得机会公平、过程公平、结果公平的市场机会，如何更好保障农民在乡村的土地承包经营权、宅基地使用权、集体资产收益分配权以及在城乡融合发展过程中的人身财产安全、就业创业、体面居住、医疗卫生、养老社保、公平教育、政治参与等方面的权利与公共服务，已成为各个地区当下推动农业现代化的一项长期而艰巨的任务。尤其是对于西部山区而言，西部山区是国家整体推进实现农业现代化的主阵地，西部山区的小农户规模，在很大程度上决定了其推进农业现代化，需要从“小农现代化”起步与转变发展，所以更不能背离“农民的主体地位”，更要永远保持同农民群众的血肉联系，践行以人民为中心的发展思想，不断实现好、维护好、发展好广大农民群众的根本利益。

第二节　把准“两个方向”，树牢农业现代化“发展格局”

推进农业现代化是实现中国现代化不可或缺的重要组成部分，是实现全体人民共同富裕的必然要求。没有农业的现代化，就没有全国的现代化，农业现代化的水平和质量决定了国家整体现代化的质量和成色。党的二十大报告将基本实现农业现代化列入2035年远景目标，意味着到2035年要基本实现农业现代化，这是全面建成社会主义现代化强国、实现共同富裕的必然要求。同时，面对第二个百年奋斗目标，我国要建成富强民主文明和谐美丽的社会主义现代化强国，农业的短板亟待加快补齐，农村的弱项亟待加快补充，农民的需求亟待加快满足。中国要强，农业必须强；中国要美，农村必须美；中国要富，农民必须富。建成富强民主文明和谐美丽的社会主义现代化强国，基础和关键仍在农业、农村、农民。各个地区立足新时代新征程，既要着眼“2035年远景目标”的战略方向推进农业现代化高质量发展，也要展望“第二个百年奋斗目标”的战略方向推进农业现代化高质量发展，在推进乡村实现全面振兴目标的同时，推进实现农业强、农村美、农民富，为实现农业现代化高质量发展夯实基础。

第三节　加强“三个统筹”，优化农业现代化“整体设计”

优化农业现代化的“整体设计”，需要加强统筹推进农民思想现代化、统筹推进生活质量现代化、统筹推进治理能力现代化等“三个统筹”。

一、统筹推进农民思想现代化

农业现代化的实现不仅需要物质方面的“硬”支撑，也更需要思想观念、理论和制度方面的“软”支持。各个地区在推进农业现代化的进程中，“人”始终是最关键、最活跃的影响因素，加之面对近年来大量农村青壮年劳动力外出务工和农村剩余劳动力在数量与质量上的不平衡不充分现象，农民及其农民思想现代化在不同地区推进农业现代化进程中尤显重要。加快农民现代化，关键在于加快农民思想的现代化，推动实现由传统农民向现代农民的全面转变，使农民的思想道德观念、价值取向、科学文化素养和行为方式等能够适应农业现代化的时代步伐和发展需要。加大“内培＋外引＋留人＋用人＋成长”多位一体人才政策支持，采取“请进来＋走出去”多元化途径，积极培育一批爱农业、懂技术、善经营、会管理、能够扎根农村的新农人和高素质农民，使之成为不同地区推进农业现代化的生力军，多途径加强农民职业培训和继续教育，全方位提高农民的科学文化素养，提升农民职业化、观念现代化和思想科学化，大力培育一批适应不同地区农业现代化发展的高素质农民，以适应农业现代化转型发展的需求和智力支撑。

二、统筹推进生活质量现代化

不同地区推进农业现代化还需要统筹考虑推进农民和农村生活质量的现代化，而推进农民和农村生活质量的现代化，必须补充和完善乡村公共服务的供给数量与质量。因为乡村公共服务是事关乡村共同富裕的关键指标，促进乡村公共服务均等化是实现乡村共同富裕的着力点。多年来我国公共服务发展不平衡不充分问题依然突出，最大的发展不平衡仍是城乡发展不平衡，最大的发展不充分仍是乡村发展不充分，乡村公共服务供给存在短板，乡村公共服务治理还有弱项，乡村公共服务高质量发展任重道远。依托乡村建设行动，尽快补齐进村入户公路、供水供气、垃圾污水处理、地下管网、公共文化、医疗卫生等基础设施和公共服务短板，坚持数量与质量并重、建管用结合，注重建立后续管护长效机制，推动农村基础设施提档升级，不断提高乡村公共服务供给水平和质量，使农村居民能够享受到均等化的基本公共服务和等值化的生活质量。处理好传统与现代、发展与保护的关系，保护乡村风貌和乡村记忆，尤其要保护好传统村落、民族村寨、古建筑、古树木等，充分发掘和弘扬乡村风土民情、乡规民约、农耕文化、传统技艺等优秀传统乡土文化，使之成为农业现代化的重要支撑。

三、统筹推进治理能力现代化

农业治理现代化是国家治理现代化的基石，没有农业的有效治理就没有乡村的全面振兴，就没有农业农村现代化。乡村治理有效是乡村振兴的重要保障，是实现国家治理体系和治理能力现代化的重要方面，农业治理现代化要与乡村治理现代化结合起来，不断提升治理能力。我国小农户经济以家庭为基本生产经营单位，以家庭成员为主要劳动力，农业治理方式传统，农业治理结构单一，这也成为推进农业现代化高质量发展的制约因素。治理现代化蕴含了要协同推进乡村公共服务及公共管理水平的显著提高，要从不同地区的区情农情出发，进一步健全完善政府领导的自治、法治、德治相结合的治理体系，建立完善治理长效机制，统筹考虑结构不一的农业基础、类型多样的乡村环境，进而因地制宜、分类指导，推动形成既充满活力又和谐有序的共建共治共享社会治理新格局，实现有效治理，打造善治乡村。健全党委领导、政府负责、民主协商、社会协同、公众参与、法治保障、科技支撑的农业社会化治理体系，推进治理体系和治理能力现代化，形成共建共治共享的善治格局。

第四节 聚焦“四个目标”，提升农业现代化“内生动能”

提升农业现代化的“内生动能”，需要聚焦加快提升农业产业体系现代化、加快提升农业生产体系现代化、加快提升农业经营体系现代化、加快提升农业产业体系现代化等四个目标。

一、加快提升农业产业体系现代化水平

加快提升农业产业体系现代化水平是推进实现农业现代化的重要任务与目标。一是提升农业产业化水平，进一步提高各个地区农产品加工业产

值在农业总产值中的总占比，提升农产品加工转化率，提升农业园区产值在农业总产值中的比重，提升畜牧业产值在农业总产值中的比重。二是提升农业标准化水平，进一步提高各个地区农产品“三品一标”认证面积比例，健全完善涉农领域标准的制修订与贯彻落实，加快推动农业标准化建设。三是提升农业产业链水平，大力推动一产与二产三产的联动，打造农业全产业链，拓展休闲农业与乡村旅游，打造具有特色的乡村产业体系，拓宽农业产业的市场增值空间。

二、加快提升农业生产体系现代化水平

加快提升农业生产体系现代化水平是推进实现农业现代化的重要任务与目标。一是提升生产专业化水平，增加高标准农田在耕地面积中的占比，坚守粮食安全主体责任，保障粮食综合生产能力，扩大主要农作物良种覆盖率。二是提升农业机械化水平，提高各个地区农业耕种收综合机械化率，增大每亩耕地面积总动力数。三是提升农业科技化水平，重视培育农业新质生产力，加大农业科技项目资金的投入与扶持，加强农业科技培训、农业技术咨询服务以及农业生产新技术示范推广，提高科技贡献率。四是提升农业资源化水平，增加有效灌溉面积在耕地面积中的总占比，继续提高畜禽养殖废弃物资源化利用率，提高化肥减量增效技术推广面积、作物秸秆还田面积分别在耕地面积中的总比值。五是提升农业生态化水平，坚守农业生态底线，重视农业生态环境保护，提升测土配方施肥技术覆盖率、森林覆盖率，控制农业面源污染，降低农业碳排放。

三、加快提升农业经营体系现代化水平

加快提升农业经营体系现代化水平是推进实现农业现代化的重要任务与目标。一是提升适度规模化水平，因地制宜规划和保护好农村耕地面积，依法依规引导农村土地流转，为家庭农场等新型农业经营主体带动小农户增收致富奠定规模经营基础。二是提升服务社会化水平，加大乡村公共服务的供给，缩小城乡差距，提高城镇化率，增大财政支农占比、金融支农占比、农业保险占比，提高益农信息站点覆盖率，做好农村居民网信服务工作。三是提升主体市场化水平，推动家庭农场、农民专业合作社、农业产业化龙头企业等各类新型农业经营主体和服务主体蓬勃发展，探索

发展农业产业化联合体或农业产业化发展联盟，推动现代农业经营体系的构建，促使各类农业经营主体质量和效益进一步提升，竞争能力和品牌实力进一步增强，联农带农惠农的综合效益进一步凸显。四是提升劳动力素质水平，加大农民综合素质提升培训、农村劳动力培训，提高农村居民人均经营性收入在人均可支配收入中占比，促进人才、土地、资金、产业汇聚的良性循环，让愿意留在乡村、建设家乡的人留得安心，让愿意回到乡村、回报乡村的人更有信心，激励各类“懂农业、爱农村、爱农民”的人才在农业农村广阔天地施展才能。五是提升带动就业水平，提高农业园区、农业创新创业平台、农产品加工转化等带动就业的岗位和人数的比例。

四、加快提升农业产业体系现代化

加快提升农业产业体系现代化是推进实现农业现代化的重要任务与目标。实现农业现代化，必然要求不断提升农业劳动生产率、土地产出率、资源利用率等，最终促进农民增产增收增效增值，不断提升农民的获得感、幸福感、安全感。一是提升劳动生产率水平，奋力提高单位农业劳动力的农业增加值，提升劳均产值。二是提升土地产出率水平，努力提高单位耕地的产出率与产值。三是提升农民富裕度水平，多渠道增加农村居民人均可支配收入，提高农村居民人均可支配收入的增速，缩小农村居民人均可支配收入与城镇居民人均可支配收入的差距。

第五节　强化“五个资本”，厚植农业现代化“后发优势”

厚植农业现代化的“后发优势”，需要提高农业农村“制度资本”供给的“效率度”、增强农业农村“物质资本”生产的“黏合度”、涵养农业农村“人力资本”支撑的“受益度”、适配农业农村“金融资本”扶持的“投入度”、强化农业农村“社会资本”服务的“规范度”。

一、提高农业农村“制度资本”供给的“效率度”

顶层设计与底层设计都需要具有全局性、稳定性、持续性，管根本、管方向、管长远，能落地、能操作、能见效，在农业现代化推进过程中发挥主导作用。一是涉农政策设计与安排的科学性与合理性要跟上农业现代化的发展要求，机制衔接与联动的指向性与操作性要跟上农业现代化的前进步伐，措施配套与保障的具体性与持续性要跟上农业现代化的利益方向。二是正确分析当前农业现代化发展形势，在全面分析梳理现有总体规划和各类专项规划的基础上，着眼农业现代化关键领域，加强产业布局与主导产业、主导产业与园区规划之间的衔接，确保重点领域规划目标的实现和规划的连续性、有效性。三是强化行政引导、政策支持、服务保障和差异发展，发挥好有为政府引导与服务的作用与功能，健全各保障要素有效衔接的体制机制，构建“政府部门发动、龙头企业驱动、关联企业带动、产业集群联动、服务组织推动”的农业现代化制度联结模式，营造好政策集成、政策吸引、政策咨询、政策运用的“上层环境”。

二、增强农业农村“物质资本”生产的“黏合度”

物质资本被理解为一定时期内货币投入后转化的农业生产资料，包括用来生产其他支撑农业的消费品或资本品的耐用品。坚持推动物质投入现代化和生化技术现代化相结合，才能使得传统农业逐步向现代农业转变，增强物质资本的生产与再生产能力。一是完善农业基础设施建设、农业机械装备、科技创新能力、农产品质量安全体系及农业社会化服务体系等配套体系，加大适用农用机械研发力度，试点推进“宜机化”土地整治及设施配套工作。二是引用农业生化技术促进良种推广，采用优良的品种、先进的栽培技术、科学的饲养繁育技术及现代设施技术等，生产高品质、高科技含量、高附加值的产品，吸引高竞争力、高价格、高收益的市场，实现高土地产出率、高劳动生产率、高投入产出率的集约经营。三是结合地域性、季节性和周期性，科学研判农业生产资料的有效供给与市场需求关系，改善农业基础条件以提高抗御风险的能力，加强农业市场体系和产业化组织的建设，使基础设施配套、生产要素配置、土地整治实施等结构调整突破分散的小农经济、小生产及其社会影响，更好地适应农业现代化市场需求。

三、涵养农业农村“人力资本”支撑的“受益度”

人力资本被理解为农业现代化工作队伍依靠所掌握的知识、技术、智慧和经验等在农业经济活动中获得收益的能力。农业现代化的顺利推进，最关键的因素仍然在人才，仍然亟需一支懂农业、爱农村、爱农民的“一懂两爱”人才队伍，构建配套起“吸引人才到农、留住人才在农、激发人才建农”的软环境。一是通过情怀感召、政策吸引、事业凝聚，“在地”与“外引”培育一批愿意扎根乡村、服务农业、带动农民的新型农业经营主体带头人，培养有文化、懂科技、善经营、会管理的高素质农民，构建有爱农情怀、有工匠精神、有创新意识、有社会责任感的“四有”农业人才队伍体系，引领现代特色高效农业发展。二是将解决“人”的问题纳入地方政府部门重要议事日程，树立“前期靠政策、中期靠投入、长期靠体制、总体靠人才”的人才战略思想观念，要找准村级发展滞后的根本原因与人才队伍的关系，破解农村剩余劳动力“老、弱、病、残”等支撑无力的现状。三是建设高校“智库共同体”服务农业现代化，发挥智库战略研究、政策建言、人才培养、舆论引导等重要功能，多渠道解决新型农业经营主体在各关键领域亟需的高端科技研发人才、产业专技实用人才、综合管理人才等难题，及政策咨询、法务咨询、项目咨询等需求。

四、适配农业农村“金融资本”扶持的“投入度”

金融资本被理解为扶持农业现代化发展的进出金融市场的货币、金融工具或金融资产等。要践行落实“为农服务”的宗旨，量体裁衣持续深化农村金融的机制改革，推动农村金融机构回归本源，切实解决新型农业经营主体“贷款难”“贷款贵”“贷款繁”等难题。一是整合资金，吸引资本，健全投入激励机制，引导各类社会资本投入农业现代化的关键环节，引导城市工商资本、社会资本积极参与，引导更多信贷资金和社会资金向农村农业倾斜。二是拓宽渠道，转化资本，探索新型农业经营主体建立信用合作运行模式以增强授信能力，引导金融机构通过“三权”抵押、小额信用贷款、担保贷款等途径，探索考虑赋予“茶园、果园等基地作为资产贷款”“农民土地承包经营权抵押”“农民土地承包经营权入股发展产业化经营”等权属确定及抵押处置机制，推动农村资源转变为发展资本。三是创新思维，运用资本，加大金融信贷服务对新型农业经营主体的倾斜，推进农村金融产品和服务方式创新，在条件较成熟的乡镇推广农村产权抵押融资模式，探索为农户提供农村产权托管、风险代偿及资产处置服务，切实降低贷款利率和担保费用，满足多元化经营主体的金融需求。

五、强化农业农村“社会资本”服务的“规范度”

社会资本被理解为服务农业现代化发展与之相关的社会组织服务、社会网络、社会规范、社会信任、人际关系、人的信誉等无形资本。推动农业社会化服务在实现小农户和现代农业有机衔接过程中的重要桥梁与纽带作用，激发小农户生产经营积极性与创造性，构建现代农业产业体系、生产体系、经营体系，转变为推进农业现代化的隐性资本力量。一是探索创建覆盖产前、产中、产后全环节全过程的农业社会化服务组织与平台，积极创新服务模式与组织形式，创新“资＋服、技＋服、物＋服、网＋服、人＋服”等结合模式，增强服务能力，拓展服务半径，切实为新型农业经营主体提供全程化、精准化、个性化指导服务。二是完善配套农村公共资源配置与基本公共服务供给，在更大范围内实现服务资源整合，达到供需有效对接，促进支农资源集约、节约、高效、综合、持续利用，切实推动管理服务便捷化、农业信息智能化、物流网络体系化、全程服务社会化。三是努力提升农业社会化服务工作部门、广大服务主体和从业人员的履职能力与工作水平，多层次、多形式利用传统式、现代式的宣传平台与传播渠道，分区域、分行业开展形式多样的宣传推介活动，为高质量推动农业现代化营造良好氛围。

第六节　赋权“六个机制”，构筑农业现代化“倡议联盟”

构筑农业现代化的“倡议联盟”，离不开健全组织领导机制、健全人才供给机制、健全支农保障机制、健全科技支撑机制、健全法治维权机制、健全考核激励机制等“六个机制”。

一、健全组织领导机制

健全党领导农业现代化工作的组织体系、制度体系、工作机制，加强党对农业现代化高质量发展涉及的农村经济、政治、文化、社会、生态文明等各项工作的全面领导，把党中央集中统一领导的政治优势转化为重农强农的行动优势。一是压实领导责任，加强统筹协调，健全农业农村部门牵头抓总、相关部门协调配合、社会力量积极支持、农民群众广泛参与的农业现代化推进机制，确保各项措施落实到位。二是推动区（县）、乡（镇）党委扛起政治责任，落实农业农村优先发展方针，完善农业现代化工作运转机制，充分发挥牵头抓总、统筹协调作用，突出抓基层、强基础、固基本的工作导向，推动各类资源向基层下沉，为基层干事创业创造更好条件。三是挖掘农业现代化发展鲜活经验，总结推广一批发展模式、典型案例和先进人物，激发崇尚创新、勇于创业的热情，充分运用传统媒体和新兴媒体，解读产业政策、宣传做法经验、推广典型模式，引导全社会共同关注、协力支持，营造良好发展氛围。

二、健全人才供给机制

推进农业现代化工作，需要树立前期靠政策、中期靠投入、长期靠体制、总体靠人才的思想观念，完善乡村人才培训体系和激励机制，加强合法权益的保护。一是加快培养“五类人才”。第一类是农业生产经营人才，突出抓好高素质农民队伍以及家庭农场经营者、农民合作社带头人的培育，分层分类开展全产业链培训，加强训后技术指导和跟踪服务，完善项目支持、生产指导、质量管理、对接市场等服务。第二类是农村二三产业发展人才，通过专题培训、研习培训、实践锻炼、学习交流、示范引导、品牌培育等方式，培育农村创业创新带头人、农村电商人才、乡村工匠、农民工等劳务输出品牌。第三类是乡村公共服务人才，加强乡村教师队伍、乡村卫生健康人才队伍、乡村文化旅游体育人才队伍、乡村规划建设人才队伍建设，改善乡村公共服务人才供给的能力与水平，推进均等化和优质化。第四类是乡村治理人才，加强乡镇党政人才队伍、村党组织带头人队伍、农村社会工作人才队伍、农村经营管理人才队伍、农村法律人才队伍建设，推进实现“一村一名大学生”。第五类是农业农村科技人才，培养农业农村高科技领军人才、农业农村科技创新人才、农业农村科技推广人才、壮大科技特派员队伍。二是构筑乡村人才“培养共同体”。高校尤其是涉农高校加快培养拔尖创新型、复合应用型、实用技能型农林人才，探索用生物技术、信息技术等现代科学技术改造提升现有涉农专业，结合学科专业开设特色工艺班，开发技术研发平台，培养基层急需的专业技术人才。党校发挥主渠道、主阵地作用，分类分级开展“三农”干部培训。支持农业企业联合科研院所、高等学校建设产学研用协同创新基地，培育科技创新人才。三是建立健全乡村人才振兴制度。健全农村工作干部培养锻炼制度、乡村人才培养制度、各类人才定期服务乡村制度、鼓励人才向艰苦地区和基层一线流动激励制度、县域专业人才统筹使用制度、乡村高技能人才职业技能等级制度及乡村人才分级分类评价体系，搭建乡村引才聚才平台，实施乡村人才专项规划，营造重视乡村人才良好的“软环境”。

三、健全支农保障机制

落实支农政策措施，加大对农业现代化发展的财政、金融、保险等投入支持，确保各项政策可落地、可操作、可见效。一是优化财政扶持政策，支持现代农业产业园、农业产业强镇、优势特色产业集群及农产品仓储保鲜冷链设施建设，鼓励地方发行专项债券用于乡村产业。二是强化金融扶持政策，引导县域金融机构将吸收的存款主要用于当地，充分发挥融资担保体系作用，强化担保融资增信功能，推动落实创业担保贷款贴息政策，创新金融支农产品和服务，适当提高涉农贷款监管容忍度，鼓励银行业金融机构加大涉农信贷支持，力争实现涉农贷款持续增长，构建农业现代化多元化投入机制。三是加强项目建设监督管理，坚持资金、土地等要素保障跟着项目走，严格落实农业农村项目用地政策，严格执行项目建设程序，提高项目资金使用的精准性、指向性和时效性。探索完善涵盖财政补贴基本险、商业险和附加险的农业保险产品体系，逐步提高地方特色险种占农业保险的覆盖面，逐步实现愿保尽保。

四、健全科技支撑机制

重视农业技术指导工作，重视采用优良的品种技术、先进的栽培技术、科学的饲养繁育技术及现代设施技术，增强高品质、高科技含量、高附加值的产品保证，吸引高竞争力、高价格、高收益的市场，实现高劳动生产率、高土地产出率、高投入产出率的集约经营。一是完善区域化布局、专业化生产、一体化经营、企业化管理、社会化服务的组织体系，形成完整产业链、安全生产链、灵敏生产链、快捷供应链的现代农业，获得良好的经济、社会和生态效益。二是建立以企业为主体、市场为导向、产学研相结合的农业技术创新体系，加强创新成果产业化，提升产业核心竞争力。三是引导大专院校、科研院所与乡村企业合作，开展联合技术攻关，研发一批具有先进性、专属性的技术和工艺，创制一批适用性广、经济性好的设施装备。四是支持科技人员以科技成果入股乡村企业，建立健全科研人员校企、院企共建双聘机制。五是成立高校“智库共同体”服务地方高质量推进农业现代化，建立健全高等院校、科研院所、企事业单位的专业技术人才到乡村和农业企业挂职、兼职、在岗创新创业或离岗创新创业制度，支持党政干部、专家学者、企业家等通过志愿服务、投资兴业、包村包项目等方式服务农业现代化事业，努力培养造就一支懂农业、爱农村、爱农民的“三农”科技工作队伍，为农业现代化发展提供科技服务。

五、健全法治维权机制

坚持依法治农、依法兴农、依法护农，推动法治政府的建设，推进农业农村工作制度化法治化。一是加快构建农业现代化治理体系，依法保障粮食安全与农产品质量安全、健全农业支持保护体系、完善农村基本经营制度、保护集体与农民权益、保护农业资源环境等。二是深化农业综合行政执法改革，强化普法宣传，采取群众喜闻乐见的方式宣传贯彻农业法律知识，增强农村干部和农民群众尊法学法守法用法意识和能力。三是加强农业综合执法信息化平台建设，改善执法条件，建设执法信息化平台和指挥中心，构建农业综合行政执法体系，实行农业农村领域执法事项清单制度，建强基层执法队伍，严格执法人员资格管理，加大执法人员培训力度，加强对乡镇执法的指导监督，增强乡镇执法能力。四是强化农业农村普法宣传，推动法律法规进农村，切实维护农民群众合法权益，营造办事依法、遇事找法、解决问题用法、化解矛盾靠法的法治环境。

六、健全考核激励机制

加快建立健全不同地区农业现代化高质量发展综合评价指标体系。一是创新监测评估方式，加强数据采集、市场调查、运行分析和信息发布，对农业现代化实施情况进行跟踪监测，科学评估发展成效。二是科学化、合理化建立健全不同地区农业现代化高质量发展督促检查机制，适时开展中期评估和总结评估，对各项目标、任务、项目的实现情况进行评估和调整。三是加强农业农村统计工作，运用现代信息技术建立大数据库，全面真实反映规划实施效果，为科学评估、决策提供支撑。建立健全考核评估机制，不断增强工作的主动性和创造性。四是把相关工作纳入各地区的年度目标责任考核体系中，监督和评估规划的实施和落实情况，对工作推进不力、政策不落实、服务不到位、工作不得力的进行问责和通报，对工作推进成效显著、绩效突出的予以表彰和鼓励，充分发挥考核工作的导向、激励和约束作用，确保特色效益农业发展取得新成效，确保各项工作顺利推进。

第七节　打造“七个农业”，绘就农业现代化“特色版图”

绘就农业现代化的“特色版图”，应该“因地”“因时”“因需”制宜打造设施农业、打造精品农业、打造休闲农业、打造创意农业、打造共享农业、打造循环农业、打造生态农业等“七个农业”。

一、打造设施农业

以农业产业化龙头企业牵引辐射为重点，发展日光温室、塑料大棚、网护果园、工厂化食用菌生产和工厂化水产养殖等设施园艺和设施养殖，在具有自动化、智能化、机械化并能具备人工升温、光照、通风和喷灌设施的区域，可探索立体种植的现代设施农业，结合土地、水域、设备、管理、效益、机动等特点探索设施水产养殖和设施畜牧养殖。突出规模化、集约化、标准化、品牌化等主要特征，应用工程、生物、信息等现代农业科学技术，因地制宜发展高标准设施农业，提高农业全要素生产率。

二、打造精品农业

深入建设家庭农场示范场、农民专业合作社示范社，打造农作物示范园、水产生态养殖示范场，围绕生态茶、生态畜牧业、特色林下生态经济、中药材、薯类、食用菌、蔬果等地方特色优势产业，推进专业化布局、精细化生产、标准化管理，大力生产具有地域特色的安全、绿色、优质、鲜活的高端农产品。实施农产品品牌发展战略，加大珍稀农产品开发力度，推进农产品精深加工，深入开展无公害农产品、绿色食品、有机食品和地理标识认证注册，积极培育农业知名品牌。

三、打造休闲农业

依托不同地区独特的地理地貌、优美的自然风光、淳朴的民族风情，深入挖掘农村自然、人文资源，着力构筑多样态、复合型、立体式休闲农业体系，重点开发研学体验型、康养健身型、科普教育型、园区观光型、休闲度假型等休闲农业模式，发展各具特色的休闲观光农业基地，建设一批农园、农庄、民俗观光村和农业公园等农业旅游重点景区，逐步形成近郊农家乐体验游、远郊乡村特色游、温泉康养生态游、高山纳凉度假游、乡村风情游等具有中国特色的现代休闲农业格局。

四、打造创意农业

努力将农业科技和人文要素进行结合后融入农业生产，通过农业生物科技手段，将文化元素融入农产品，进一步拓展农业功能、整合资源，打造融农业生产、生活、生态为一体，集创意产品、创意景观、创意民俗、创意生活等多层次的创意农业。开发农副产品加工，变农业副产品为传统工艺品，尝试田间地头超市经营，促进实现时令农产品与消费者的零距离对接，深度挖掘和拓展农耕文化内涵，开发农业节庆、民俗展览、农耕体验等形式的服务产品。充分调动广大农民的积极性、主动性、创造性，大力培育农产品附加值文化，不断发展农业社会生产力，助推农业增产、农民增收、农村繁荣。

五、打造共享农业

依托地缘优势与机遇，利用互联网等现代信息技术，通过互联网共享平台，整合分散化的涉农资源，集聚多类型的供给方和需求方，利用大数据、人工智能等技术实现农业现代化要素资源的智能化匹配，促使互联网成为农业资源配置的主导力量，通过发挥网络的动员能力、双边效应、外部效应和赋能效应，使农业优质资源可以带来更大的价值，满足多样化需求。不同地区可以基于使用权分享，结合有条件的地方探索建立健全共享农田、共享劳务、共享农场、共享农庄、共享农机具、共享畜禽产品、共享支农人才等配套运转机制和治理机制。

六、打造循环农业

在不同区域范围内探索打造可持续发展的生态循环农业模式，大力发展“种养加”结合、“产供销”配套的绿色循环农业，扩大绿色、有机和地理标志农产品的种养规模，大力培育农产品品牌，增加有机农产品供给。遵循“减量化、可控化、再利用、再循环”等要求，通过合理设计，优化布局接口，形成农业循环链，使上一级废弃物成为下一级生产环节的原料，实现“低开采、高利用、低排放、再循环”运作模式，最大限度地利用进入农业生产和消费系统的物质和能量，有效防控有害物质或不利因素进入农业循环链，提高农业资源利用率，实现经济发展与资源节约、环境保护相协调。

七、打造生态农业

加强不同地区农业生态保护，营造城市绿色屏障。引导发展低碳农业，大力推进植树造林，美化生态环境。实施乡村美化工程，增加常绿树、彩叶树比重，扩大杨梅、柑橘等常绿水果种植，积极发展梨、李、桃、杏等赏花水果和竹、茶、木本花卉等环境友好型经济作物。科学使用有机肥，大力推广生物、物理防治以及生态控制技术。加大水稻季节性湿地生态保护力度。实施农业环境动态监测，加强农业面源污染治理。

第八节　共治“八个协调”，织密农业现代化“治理网格”

织密农业现代化的“治理网格”，需要推动“顶层”与“底层”治理空间的协调、推动“当前”与“远景”治理目标的协调、推动“供给”与“需求”治理导向的协调、推动“投入”与“产出”治理结构的协调、推动“内生”与“外生”治理秩序的协调、推动“共性”与“个性”治理形态的协调、推动“单元”与“多元”治理主体的协调、推动“短期”与

“长效”治理效能的协调等“八个协调”。推进农业农村治理现代化是加快农业农村现代化的重要前提，加快农业现代化是实现全体人民共同富裕的必然要求。党的十八大以来，中央农村工作会议、中央 1 号文件多次强调“治理”“富裕”等关键主题，实施乡村振兴战略的“二十字”方针也明确提到“治理有效”“生活富裕”，农业的现代化离不开治理的现代化，离不开农民农村的共同富裕。我国已迈向高质量发展阶段，推进农业治理现代化、加快农业现代化、促进农民农村共同富裕，已成为建设富强民主文明和谐美丽的社会主义现代化强国治理之路上具有长远实践价值的重要议题。

一、推动“顶层”与“底层”治理空间的协调

农业现代化是一项涵盖空间治理层域的动态系统工程，需要将推动农业现代化高质量发展的制度安排、政策措施的“顶层设计”与基层产业基础、发展实际的“底层实践”紧密协调起来，对农业现代化发展战略的统筹谋划布局要立足县域、着眼乡镇、考虑农村，遵循农业产业的发展规律与空间格局，发挥产业优势、弥补产业劣势、抢抓发展机遇、协同应对挑战，结合自然资源、产业基础、乡村建设、公共服务、生态环境、市场空间等实际，优化完善具有针对性、可行性、持续性、管长远、管根本的政策设计。

二、推动“当前”与“远景”治理目标的协调

农业现代化是一项具有跨越时代发展进程的系统工程，既要立足当下，也要着眼长远，需要把农业现代化的具体推进任务与“十四五”规划的远景目标统筹协调起来，推动农业现代化高质量发展“一张蓝图”“一张清单”“一套标准”“一套指标”贯穿始终；需要把农业现代化作为“基础和前提”与推进农村现代化作为“依托和支撑”协调起来，一体设计、一并推进；需要把推进农业现代化的“阶段任务”与促进共同富裕的“奋斗目标”协调起来，为推动基本实现社会主义现代化国家做足做亮“三农”底色与成色。

三、推动“供给”与“需求”治理导向的协调

农业现代化是一项不断满足农民日益增长的美好生活需要的系统工

程，要着眼国家战略需求，应对各种风险挑战，稳住“三农”基本盘，落实“菜篮子”负责制，切实保障好广大农民群众最关心、最直接、最现实、最密切的利益问题；要着眼县域农业产业发展需求，聚焦优势产业促进乡村发展，培育县域富民产业，着力在农业品牌、产业特色上深入推进一二三产业融合；要着眼解决农民群众日益增长的美好生活需要和乡村发展不平衡不充分之间的矛盾，践行以人民为中心的发展思想，让广大农民能够更多分享农业现代化的改革成果和增值收益。

四、推动“投入”与“产出”治理结构的协调

农业现代化是一项涉及农业产业、农业生产、农业经营等多领域多环节的系统工程，这就决定了推动实现农业现代化高质量发展，必然需要关注到农业高质量发展的投入、预期产出和非预期产出；需要坚持把守好“发展”和“生态”两条底线纳入农业现代化作为遵循，立足既要“金山银山”也要“绿水青山”的底线和标准，建立健全农业现代化高质量发展综合评价体系，优化农业现代化高质量发展的产出结构评价，更加凸显经济效益、社会效益、生态效益、民生效益的综合实现。

五、推动“内生”与“外生”治理秩序的协调

农业现代化是一项需要借助自上而下的国家政策和制度力量才能得以高质量推进的系统工程，要发挥好“有为政府”在推进农业现代化中服务职能的“有形之手”，也要发挥好“有效市场”在推进农业现代化中起着资源配置决定性作用的“无形之手”，协调推动来自政府力量与市场力量“两只手”的外生型发展；同时，也要激发农业农村产业场域内生产潜能，推动“造血式”的农业现代化内生型发展，提升承接公共资源与外生供给的能力，建立起组织基本健全、功能基本完善、农业经济发展的农业现代化服务体系。

六、推动“共性”与“个性”治理形态的协调

农业现代化是一项因不同区域存在资源禀赋差异而呈现异质性、需要因地制宜发展的系统工程，很大程度上，各个地区推进农业现代化的发展导向、发展目标、发展内容和发展标准在本质上是具有共性的，而且也必

须与国家层面战略规划、指导思想、任务目标等内容有所遵循。但在某种程度上，不同区域在推进过程中会受到各种先天与后天、客观与主观、历史与现实等诸多叠加因素的制约，这就决定了推进农业现代化既要坚持统一的根本遵循，也要因地制宜、差异化发展。

七、推动“单元”与“多元”治理主体的协调

农业现代化是一项包括采用正式与非正式手段推进治理的系统工程，需要政府、市场、企业、社会组织、农民等多元主体共同参与、协同推进，需要构建“党委领导、政府负责、企业主体、社会组织协同、农民参与”多元协同的治理共同体，推动实现公共利益最大化。推动党和政府在加快农业现代化进程中扮演好引导者和服务者的角色，发挥市场对资源要素的有效配置和市场公平机会的获得作用，支持农业龙头企业等农业现代化经营主体的发展，引导社会组织对推进农业现代化的重要作用，坚持把农民作为推进农业现代化最重要且最基础性的组成部分。

八、推动“短期”与“长效”治理效能的协调

农业现代化是一项久久为功的富民系统工程，直接关系到农民参与和分享农业农村经济社会发展改革带来的获得感、幸福感与安全感，直接影响乡村共同富裕的充分性与平衡性、公平性与可达性，这需要扎实有序推进各项重点工作，突出年度性任务、考虑远景性目标、提出针对性举措、坚持实效性导向，促进农业现代化“短期目标”与“长远目标”“短期效益”与“长期效益”相协调。

第九节 实施“九个行动”，实现农业现代化“价值共创”

实现农业现代化的“价值共创”，需要实施“善谋划、推动顶层设计科学化”“重投入、推动投入来源多元化”“稳基础、推动公共服务现代化”“强产业、推动产业体系现代化”“优生产、推动生产体系现代化”“扶主体、推动经营体系现代化”“搭平台、推动农业社会化服务”“增动

力、推动科技人才专业化”“固保障、推动保障体制健全化”等“九个行动”。

一、善谋划，推动顶层设计科学化

因地制宜强化农业现代化的顶层设计，经研究制定的指导农业现代化的制度与政策要有全局性、稳定性，管根本、管长远，做到前后衔接、左右联动、上下配套、系统集成。一是把立足推动农业现代化工作摆上政府部门重要议事日程，在政治站位、政策措施、工作部署、财力投放、干部配备上切实体现重中之重的战略思路，健全农业主管与服务部门决策参谋、统筹协调、政策指导、推动落实、督促检查等职能职责。二是加快优化完善农业现代化多主体分工协作、多要素投入保障、多层次利益协调、多政策配套服务的政策衔接与联席机制，对任务进行分类优化调整，合理把握时度、力度、限度，促进经济效益、生态效益和社会效益协同实现，形成“政府引导、企业带动、农户参与、社会联动、科技支撑、金融服务、高校献策”的长效机制。三是推进农业现代化的政策内容要与区域内城乡规划相统筹、相协调、相衔接，与涉农专项规划综合考虑、一体布局、协同推进，要同区域特色、自然资源、产业基础、乡村建设、公共服务、生态环境等结合起来，明确不同阶段不同区域的发展重点，确定行动计划和发展指标，促进顶层设计科学化、可持续发展。

二、重投入，推动投入来源多元化

持续优化农业现代化多元投入机制，加大对农业的公共投入与支持，引导把更多资源倾斜配置到推进农业现代化高质量发展的重点领域和薄弱环节，健全适合农业现代化高质量发展的新型支持保障体系。一是强化农业扶持资金投入。发挥财政投入引领作用，深入探索政企结合、农银企产业共同体发展模式，引导撬动更多社会资本和金融资金支持农业优势主导产业发展；创新金融支农产品和服务，提高涉农贷款比率和监管容忍度，加大涉农信贷支持；探索完善涵盖财政补贴基本险、商业险和附加险的农业保险产品体系，提高地方特色险种占农业保险的覆盖面。二是强化农业科技创新投入。推进农产品加工科技创新与投入，提高农产品加工转化率，增大农产品加工产值在农业总产值中的占比；整合农产品加工科技资源，着力培养科技人才和创新团队，支持高校联合企业开展技术攻关，发展应用基础与关键核心技术研究；构建农产品加工研发和推广体系，重点解决农业关键共性技术问题，提高农业绿色全要素生产率。三是强化乡村公共服务投入。努力补齐乡村公共服务供给不平衡、不充分的短板，破解其对推进农业现代化的瓶颈制约，提高公共资源在乡村供给与配置中的公平性与可达性；探索“政府—市场—社区—第三种力量”融合的乡村公共服务供给“混合模式”，完善“硬”公共产品（如水利、道路、仓储等基础设施）与“软”社会服务（如乡村科技、教育、社保等）以满足农业发展需求；构建县乡联动、功能集成、反应灵敏、扁平高效的综合服务体系，增强乡镇统筹协调与治理能力。

三、稳基础，推动公共服务现代化

持续推动适宜的农业科学技术成果的研发与转化、宣传与推广，激发现代农业科学技术为农业生产提供现代化物质和技术手段，推动单一的、粗放的、低效的传统生产方式逐步向精深精细型、集约型、高效型现代生产方式转变，推动封闭的、自给的、滞后的传统农业向开放的、市场的、可持续增长的现代农业转型升级，实现物质投入现代化、农业机械现代化和生产设备现代化。一是探索实施“宜机化”地块整理整治工程，对水平条田、坡式梯田、缓坡地块、梯台地块等分类别、差异化进行整理整治，通过土地流转将土地、劳力、农机、设备等生产要素适当集中连片，实现集约化经营、专业化生产。二是加强土地配套设施建设，整合现有资源推进现代高效农田水利设施、特色优势农业基地产业路、设施农业装备、小型农产品仓储保鲜冷链设施等配套建设。三是推进土地资源和劳动力资源配置适度均衡，基于农民主体意愿推动家庭农场等新型农业经营主体开展适度规模经营，既满足家庭成员劳动力可支撑的劳动经营活动范围和幅度，也能实现家庭农业收入水平达到甚至超过当地从事非农产业的家庭收入水平。

四、强产业，推动产业体系现代化

坚持“政府引导、市场运作、企业自主、龙头带动、多元投入、社会参与”的产业集群协同推进机制，结合区域农业资源状况和产业基础，以完善利益联结机制为纽带和导向，推动农业产业形成集研发、生产、加工、储运、销售、品牌、体验、消费、服务等环节和主体紧密关联、有效衔接、耦合配套、协同发展的有机整体，推动解决过去产加销难以顺畅贯通、农文旅难以深度融合的问题症结。一是培育“产业联合体”，围绕生态茶、生态畜牧业、特色林下生态经济、中药材、薯类、食用菌、蔬果等地方特色优势农业产业体系，特色发展“一村一品”，组建产业联盟以实现抱团发展。二是培育“组织联合体”，探索“农业龙头企业带动＋农民合作社引领＋家庭农场推动＋专业大户参与”的新型农业经营组织“联合体”，发挥组织执行效能，扩大效益辐射半径，增强价值共创效益。三是培育“模式联合体”，探索创意农业、设施农业、功能农业、数字农业、智慧农业、生态农业等“农业＋文创”“农业＋加工”“农业＋旅游”“农业＋流通”“农业＋体验”“农业＋研学”多业态农业发展模式，促进增值增效。

五、优生产，推动生产体系现代化

着眼区域农业资源禀赋和农业生产条件，发挥区域比较优势，不断推进区域农业生产活动现代化、农业生产方式现代化、农业生产效率现代化，实现农业绿色可持续发展。一是促进农业生产活动赋能。根据县域实际和不同农产品生产特点，发挥各类新型农业经营主体差异化、互补性的功能定位和优势作用，激活各类农业生产资源要素。坚持推进区域高标准农田建设，不断提高粮食综合生产能力，保障粮食安全生产底线，提高主要农作物良种覆盖率和农业耕种收综合机械化率，推动农业科技进步赋能农业生产活动。二是促进农业生产方式转变。遵循农业生产客观规律，充分发挥现代农业科技信息技术增产增能增效的优势，将现代农业科学技术、现代工业生产方式、现代经营管理手段加快融入农业生产经营方式中，推广普及山区适宜型农业机械化作业，创新农业生产组织形式，健全区域农业社会化服务体系，逐步通过各类新型农业经营主体将小农户衔接起来。三是促进农业生产效率提升。把提升绿色农业全要素生产率作为重点任务来抓，推动农业生产力与生产关系相适应以不断满足社会经济发展的时代需求，增强农产品的生产效率与流通效率，扩大农业市场占有份额，提升农业可持续发展内生动力。

六、扶主体，推动经营体系现代化

把握积极培育壮大新型农业经营主体的核心重点，重点布局“三个工程”（即农业产业化龙头企业联农带农工程、家庭农场示范培育工程、农民专业合作社规范提升工程），逐步实现农业生产经营集约化、专业化、组织化、社会化，努力培育一批领先行业的“新型农业经营主体联合体”。一是做大做强农业产业化龙头企业，围绕特色优势农业产业基地建设、农产品加工转化、品牌建设、市场营销等全产业链构建或重点环节，探索尝试兼并重组、股份合作、资产转让等方式建立大型农业企业集团，通过基地共建、技术共研、订单共商、服务共享、管理共治等多元方式为农户提供全程服务，彰显龙头引带作用。二是重点推动家庭农场高质量发展，定期完善家庭农场名录并强化过程管理，推动指导服务及扶持措施向山区家庭农场倾斜，加大示范性家庭农场的创建力度与配套奖励，支持家庭农场拓展种养加、农工贸等延链、补链、强链功能，鼓励组建家庭农场协会或联盟抱团发展，实现价值共创。三是促进农民专业合作社规范提升，提高合作社科技支撑水平，完善分工明确、优势互补、风险共担、利益共享的合作机制，积极创建示范性合作社，推动联合与合作，增强服务带动能力，提升试点示范引领作用。

七、搭平台，推动农业社会化服务

着眼区域聚焦同类产业、同类产品、上下游企业或互助产品，整合与完善资金、技术、人力、服务等要素供给，鼓励与引导各种形式的服务主体积极拓展“服务联合体”“服务联盟”等新型农业服务组织模式，构建一体化农业服务组织体系。一是整合地方资源，探索建立推广“服务主体＋新型农业经营主体＋农户”“服务主体＋农村集体经济组织＋农户”等组织形式，促进各主体之间共建利益联结机制，形成利益共享、风险共担的利益共同体。二是鼓励各类服务主体积极与高等学校、职业院校、科研院所开展人才科研合作，探索建立“机关干部＋专家学者＋新型农业经营主体”三位一体的服务机制，将产业规划、技术指导、项目申报、科技推广等重点工作落实情况纳入干部考核，与干部提拔任用和专技人员职称评定挂钩。三是鼓励各类服务主体用好用活资源保障要素，建立健全服务联合机制，推动银行、保险、邮政等机构与服务主体深度合作，发展单环节、多环节、综合式、全程式等多样式托管模式，促进经营主体与服务主体优势互补、互利共赢。

八、增动力，推动科技人才专业化

切实把提升人力资本水平作为高质量发展阶段实现不同地区农业现代化的一项重要且长远的战略性任务，加大不同地区教育投入力度，深化不同地区教育体制改革，促进不同地区教育资源利用和配置效率不断提升，加快提升“三农”工作队伍赋能各个地区农业现代化的综合素质、能力与水平。一是组建高校“智库共同体”。按照“立足地域、咨政建言、服务地方、推动发展”总体要求，发挥好战略研究、政策建言、人才培养、舆论引导等重要功能，遴选行业专家学者建立咨政智库，健全动态管理和弹性经费机制，引导支持专家学者围绕不同地区发展全局、战略规划、重点难点问题，及时向地方党委和政府提出政策建议。二是设置“三农”领域研究院，每年定期承办高端论坛、学术沙龙、职业培训、订单培养、项目研究、承接政府购买服务项目等工作，形成集人才培训、学术研究、社会服务与政策咨询于一体的实体性综合性研究机构。三是成立“新型农业经营主体协会”，发挥好政府的助手、政府与企业的桥梁、企业与企业的纽带、企业的服务平台、企业自律和维权的组织角色与作用。

九、固保障，推动保障体制健全化

要提高站位、凝心聚力、充分认识推进农业现代化的重要意义并作为“十四五”时期工作的主攻方向，加强分类指导，根据实际情况合理确定重点发展方向、领域、环节和组织形式，完善工作机制，细化任务措施，推动有序发展。一是强化组织保障。落实中央统筹、省负总责、市县乡抓落实的农业现代化工作领导体制，健全完善推进农业现代化工作制度、领导专班、技术力量、职能职责、任务分工，加强统筹协调、调度督导等指导服务，凝聚共识形成合力。二是细化政策保障。深化人才、资金、财税、用地、项目、法治等涉农领域保障措施，探索将茶园、果园、森林等资源作为资产进行贷款，试点农产品价格指数保险，成立农业现代化发展专项基金，利用财政资金撬动银行资金和社会资本投入，化解应对风险及资金少、融资难、融资贵、融资慢等难题。三是优化环境保障。政府要切实提升履职担当与“三农”治理的能力与水平，多措并举，在土地使用、资金融通、信息服务、市场开拓、人才供给等协同领域推动构建现代化服务体系，多媒体、多平台、多渠道大力宣传不同地区农业现代化的成功经验和典型案例，积极营造高质量推动地区农业现代化发展的软环境。

第七篇

研究结语

第二十五章　研究结论

以推进农业现代化为核心议题，围绕全面推进乡村振兴加快农业农村现代化的总体目标，坚持发展需求取向与科学问题导向，交叉融合农业经济学、农业管理学、农业政策学、发展经济学、农村社会学、产业经济学、公共管理学、政策科学、计量经济学等多学科理论依据与方法支撑，基于“理论研究—应用研究—对策研究”的基本范式，按照“建构理论框架→阐释逻辑机理→解码实践探索→刻画演变特征→揭示影响因素→分析典型案例→总结经验启示→提出政策建议”的研究思路，通过厘清农业现代化的理论阐释、理论借鉴、理论架构、理论导向与理论逻辑，诠析中国式现代化背景下推进农业现代化的理论基础；通过归纳我党有关农业现代化政策的时代特征、价值意蕴及创新发展，阐释中国式现代化背景下推进农业现代化的政策体系；通过分析农业主导产业、农业绿色发展与农业现代化之间的关系，总结上述议题对推进农业现代化的思考，同时选取国家、省域、市域不同维度概括农业现代化的发展现状，并基于政界与学界权威观点建构可参考、可操作、可执行、可落地的农业现代化综合评价体系，归纳中国式现代化背景下推进农业现代化的实践探索；通过梳理部分发达国家、发展中国家以及我国部分地区推进农业现代化的典型案例，概括不同国家或地区推进农业现代化的经验启示，为不同区域推进农业现代化提供案例借鉴与实践参考；进而结合发展需求提出推进农业现代化的价值定位、原则遵循与实现路径，以期为优化完善农业现代化指导体系提供咨询建议与学理逻辑，为加快推动农业现代化实践进程提供监测工具与决策依据，为持续提升农业现代化质量水平提供实证基础与智慧支撑。得出的研究结论概述如下。

第一，借助改造传统农业理论、农业发展阶段理论、路径依赖理论、诱导创新理论、综合优势理论，阐释农业现代化的理论来源依据。围绕农业产业现代化体系（体现农业产业链现代化、农业供应链现代化、农业价值链现代化）、农业生产现代化体系（体现农业基础设施一体化、农业机械设备高效化、农业投入物品标准化、农业主导产业规模化、农业生产方式专业化、农业生产过程监管化、农业综合加工精细化、农业生产模式生态化、农业废弃物料资源化、农业科技信息智能化）、农业经营现代化体系（体现经营主体市场化、物流体系网络化、市场营销品牌化、项目投资规范化、银行融资便利化、社会服务多元化、发展模式绿色化、转型升级系统化），构建新型农业现代化的理论指导体系。聚焦促进“产前、产中、产后”衔接，驱动“生产、经营、管理”协同，实现“高产、高质、高效”融合，坚持“贯标、补标、提标”主线，推广“品种、品质、品牌”一体，诠析农业现代化的理论坚持旨向。通过促进农业高质高效、乡村宜居宜业、农民富裕富足的理论逻辑，厘清农业现代化的本质要求、重要目标和中心任务，为中国式现代化进程中农业现代化的推进厚植“结构性”“共享性”“人民性”的价值意涵，为各地区推进农业现代化提供理论指导并铺垫逻辑基础。

第二，围绕深化农村改革、实现全面小康、实施乡村振兴战略等历史维度，深刻阐释我党有关农业现代化政策的时代特征，彰显加快推进农业现代化的使命担当。聚焦“人民性”“服务性”“共享性”等逻辑视角，深刻阐释我党有关农业现代化政策的价值意蕴，体现加快推进农业现代化的“初心使命”与“价值导向”应该是促进农民的富裕富足，不断满足农民日益增长的美好生活需要。着眼农业现代化从迈出“在地摸索式”步伐、到开拓“乡城融合式”路向、再到聚合“中国特色式”内涵的时间脉络，深刻阐释改革开放以来我党对农业现代化的顶层谋划与创新发展，为各个区域因地制宜推进农业现代化、构建农业现代化综合评价体系提供了根本遵循，作出了参照依据，明确了研究方向。

第三，分类厘清农业主导产业、农业绿色发展与农业现代化之间的关系，重点分析在推进中国特色社会主义现代化进程中我国农业主导产业、农业绿色发展的实践，并基于农业主导产业、农业绿色发展等维度，提出促进农业现代化的思考。同时，围绕全国农业现代化发展概况、省域农业现代化发展概况、市域农业现代化发展概况，对农业现代化的实践发展进行综合分析。另外，重点围绕农业产业体系现代化、农业生产体系现代化、农业经营体系现代化三大目标层（一级指标）、十类要素层（二级指标）、三十项指标层（三级指标），创新建构具有西南山区地缘特色的农业现代化综合评价体系，并据此提出实践测评依据，以及农业现代化发展进程评分结果及其阶段属性的划分建议，为推进农业现代化提供实践评估依据，解码具有中国特色的农业现代化道路实践。

第四，总结国内外推进农业现代化的典型案例实践，选取美国、法国、日本等发达国家作为案例代表总结分析其推进农业现代化的实践经验，选取印度、巴西、俄罗斯等发展中国家作为案例代表总结分析其推进农业现代化的实践经验，选取我国台湾、江苏、重庆、贵州等地区案例总结分析其推进农业现代化的实践探索。同时，基于国内外推进农业现代化发展典型案例的实践经验与实践探索，围绕发挥有为政府的统筹谋划功能、健全功能完善的农业合作组织、完善农业科技成果的推广体系、加强农业专业技术人才的培养、构筑地域特色农业现代化模式等多个维度，总结归纳不同国家或地区加快推进农业现代化发展的共性经验启示。

第五，结合发展实际提出推进农业现代化的价值定位、原则遵循与实现路径。秉持“提质农业、富裕农民、繁荣农村、涵养生态、凸显特色、联动发展”的发展思路，聚焦因地制宜创造“小而精”的农业现代化新样板、打造“小而美”的田园式农业新高地、构造“小而特”的农文旅融合新格局，提出推进农业现代化的价值定位。聚焦坚持“党统全局”与“各方负责”相协调、“有为政府”与“有效市场”相引导、“科学规划”与“系统布局”相驱动、“人才智库”与“农业科技”相支撑、“三产联动”与“三生协同”相统筹、“因地制宜”与“地域特色”相嵌合，提出推进农业现代化的原则遵循。着眼前瞻性思考、全局性谋划、战略性布局、整体性推进，以党和国家推进农业现代化各阶段目标任务的战略部署为根本遵循，围绕坚持“一个中心”、铸牢农业现代化“人本理念”，把准“两个方向”、树牢农业现代化“发展格局”，加强“三个统筹”、优化农业现代化“整体设计”，聚焦“四个目标”、提升农业现代化“内生动能”，强化“五个资本”、厚植农业现代化“后发优势”，赋权“六个机制”、构筑农业现代化“倡议联盟”，打造“七个农业”、绘就农业现代化“特色版图”，共治“八个协调”、织密农业现代化“治理网格”，实施“九个行动”、实现农业现代化“价值共创”，提出推进农业现代化的实现路径。

第二十六章 研究展望

立足当下，着眼长远，展望未来。我们需要客观且清晰地认识到，农业现代化是一个动态的、多维的、系统的可持续发展过程，其演进进程具有历史与现实、时间与空间、微观与宏观等多维观测视角，研究农业现代化问题，亟需用“大历史观”“大系统观”“大发展观”来武装头脑、指导实践、推动工作。

本书以推进农业现代化为核心议题，旨在坚持问题导向，以期推动农业现代化的理论研究与实践研究相融合、学术研究与政策研究相结合、应用研究与交叉研究相嵌合，更好地发挥体系化研究、学理化阐释、案例化启示、实践化应用的功能和作用，为我国不同地区完善农业现代化指导体系提供学理支撑与咨询建议，为提升农业现代化推进工作提供监测工具与决策依据，为推动农业现代化实现进程提供逻辑基础与智慧支撑。然而，一方面，农业现代化研究工作量较大，样本数据随着时间发展变化也会有所更新；另一方面，虽然学界关于农业现代化的研究在一定程度上形成了可供借鉴的理论成果，但政界关于推进农业现代化的综合评价体系尚未健全，不同省份、不同区域的评价体系、实现路径及其发展模式也需因地而异、因时而新、因需而进，尤其是西南山区农业现代化推进问题，更值得进一步深入关注。

下一步，笔者也会一如既往关注并深入农业农村现代化、新型农业经营主体、农民农村共同富裕、农业农村可持续发展、乡村公共治理等领域研究，扎根大地，深入调研，提升研究水平，写好“三农之笔”，继续立足自身角色，为服务地方党委和政府推动农业农村现代化、助推区域经济社会高质量发展，提供智慧支撑与决策参考！

参 考 文 献

一、中文刊物类

[1] 程锋，石英，朱德举．耕地入选基本农田决策模型研究［J］．地理与地理信息科学，2003（03）：50－53.

[2] 邓楚雄，李晓青，向云波，等．长株潭城市群地区耕地数量时空变化及其驱动力分析［J］．经济地理，2013，33（06）：142－147.

[3] 董维春，梁琛琛，刘晓光．从传统到现代的高等农业教育——兼论中国“新农科”教育［J］．中国农史，2018，37（06）：33－45.

[4] 杜宇能，潘驰宇，宋淑芳．中国分地区农业现代化发展程度评价——基于各省份农业统计数据［J］．农业技术经济，2018（03）：79－89.

[5] 樊鹏飞，苏敏，刘洋，等．面向农业现代化的公共政策选择——以农业经营方式转型为例［J］．中国农村观察，2022（05）：2－20.

[6] 方琳娜，宋金平．基于 SPOT 多光谱影像的耕地质量评价——以山东省即墨市为例［J］．地理科学进展，2008（05）：71－78.

[7] 冯丹萌，许天成．中国农业绿色发展的历史回溯和逻辑演进［J］．农业经济问题，2021（10）：90－99.

[8] 付成双．从拓殖中心到经济边缘：农业现代化与美国中西部农村的蜕变［J］．吉林大学社会科学学报，2023，63（01）：182－194.

[9] 高鸣，张哲晰．碳达峰、碳中和目标下我国农业绿色发展的定位和政策建议［J］．华中农业大学学报（社会科学版），2022（01）：24－31.

[10] 高强，曾恒源．“十四五”时期农业农村现代化的战略重点与政策取向［J］．中州学刊，2020（12）：1－8.

[11] 郭海红，李树超．环境规制、空间效应与农业绿色发展［J］．研究与发展管理，2022，34（02）：54－67.

[12] 郭海红，刘新民．中国农业绿色全要素生产率的时空分异及收敛性［J］．数量经济技术经济研究，2021，38（10）：65－84.

[13] 国务院发展研究中心农村经济研究部课题组，叶兴庆，程郁．新发展阶段农业农村现代化的内涵特征和评价体系［J］．改革，2021（09）：1－15.

[14] 胡志平．公共服务：巩固脱贫攻坚成果同乡村振兴有效衔接新探索［J］．学习与探

索，2022（03）：49-57.
[15] 黄庆华，胡江峰，陈习定．环境规制与绿色全要素生产率：两难还是双赢？[J]. 中国人口·资源与环境，2018，28（11）：140-149.
[16] 黄庆华，姜松，曹峥林．人力资本对农业现代化的影响及动态转换实证 [J]. 中国人口·资源与环境，2016，26（02）：93-101.
[17] 黄厅厅．基于索洛模型的家庭农场经济增长实证分析——来自贵州省铜仁市数据的检验 [J]. 江苏农业科学，2020，48（17）：15-20.
[18] 黄厅厅，胡江峰．乡村振兴战略背景下家庭农场经济效益分析与展望 [J]. 农业展望，2020，16（07）：26-31.
[19] 黄厅厅，黄庆华．聚力“五类资本”助推山地农业现代化 [J]. 公民导刊，2022（1）：50-51.
[20] 黄厅厅，黄庆华，胡江峰．试点认定对家庭农场经济效益的影响研究——基于 PSM 和多项 Logit 模型的实证检验 [J]. 世界农业，2020（09）：56-64.
[21] 黄厅厅，黄庆华，徐代刚．共同富裕目标下西南民族山区农业现代化：理论、政策与实践 [J]. 重庆社会科学，2023（05）：30-46.
[22] 黄厅厅，姜流．培育家庭农场助力脱贫攻坚 [N]. 贵州日报，2019-10-23（2）.
[23] 黄厅厅，姜流，杨建，等．聚合制度优势 转化攻坚态势 [N]. 中华工商时报，2020-06-04（2）.
[24] 黄厅厅，姜流，杨松，等．以“两山”理念打造山地文旅综合体 [N]. 贵州日报，2020-10-14（2）.
[25] 黄厅厅，卢德彬，杨建，等．基于探索性空间数据分析的贵州省耕地质量空间差异 [J]. 贵州农业科学，2017，45（02）：162-166.
[26] 黄厅厅，卢德彬，杨建．基于 GIS 的省级耕地质量综合评价及时空演变分析——以贵州省为例 [J]. 水土保持研究，2017，24（03）：253-257.
[27] 黄厅厅，熊斌．共同富裕目标下乡村公共服务高质量发展：顶层设计、学理阐释与基层实践 [J]. 云南民族大学学报（哲学社会科学版），2023，40（04）：123-134.
[28] 黄厅厅，熊斌．回望与展望：从新时代十年中央农村工作会议精神看农业农村现代化 [J]. 领导科学，2022（11）：126-129.
[29] 黄厅厅，徐代刚．治理共同体视阈下茶产业集群经济效益：困境与路径 [J]. 茶叶学报，2022，63（03）：179-188.
[30] 黄厅厅，杨建．涵养人才培养生命树 筑牢专业发展共同体 [N]. 贵州日报，2019-08-07（2）.
[31] 黄厅厅，俞丽梅，姜流．守初心 担使命 善作为 [N]. 中华工商时报，2020-01-08（2）.
[32] 黄厅厅．乡村振兴下家庭农场的可持续发展：生态效益的实践检视 [J]. 农业农村部管理干部学院学报，2020d（03）：42-46.
[33] 黄厅厅．新时期地方高校党风生态的可持续发展 [J]. 学理论，2017（09）：165-166.

[34] 黄祖辉，邵峰，朋文欢．推进工业化、城镇化和农业现代化协调发展［J］．中国农村经济，2013（01）：8－14.
[35] 姜晓萍，康健．实现程度：基本公共服务均等化评价的新视角与指标构建［J］．中国行政管理，2020（10）：73－79.
[36] 孔祥智，周振．“三个导向”与新型农业现代化道路［J］．江汉论坛，2014（70）：42－49.
[37] 黎梓生．全球价值链视域下农业产业集群升级的作用机制与推进路径［J］．农业经济，2021（10）：13－15.
[38] 李二玲．中国农业产业集群演化过程及创新发展机制——以“寿光模式”蔬菜产业集群为例［J］．地理科学，2020，40（04）：617－627.
[39] 李静，陈亚坤．农业公司化是农业现代化必由之路［J］．中国农村经济，2022（08）：52－69.
[40] 李丽纯．后现代农业视角下的中国农业现代化效益水平测评［J］．农业经济问题，2013，34（12）：7－14.
[41] 李燕凌，高猛．农村公共服务高质量发展：结构视域、内在逻辑与现实进路［J］．行政论坛，2021，28（01）：18－27.
[42] 李燕凌，杨日映，陈麒羽．城乡基本公共服务均等化的功能、困境与路径选择［J］．湘潭大学学报（哲学社会科学版），2016，40（06）：11－15.
[43] 李远富，薛波，邓域才．铁路选线设计方案多目标决策模糊优选模型及其应用研究［J］．西南交通大学学报，2000（05）：465－470.
[44] 刘晓光，董维春．赠地学院在美国农业服务体系发展中的作用及启示［J］．南京农业大学学报（社会科学版），2012，12（03）：133－139.
[45] 刘彦随，乔陆印．中国新型城镇化背景下耕地保护制度与政策创新［J］．经济地理，2014，34（04）：1－6.
[46] 刘亦文，欧阳莹，蔡宏宇．中国农业绿色全要素生产率测度及时空演化特征研究［J］．数量经济技术经济研究，2021，38（05）：39－56.
[47] 刘云菲，李红梅，马宏阳．中国农垦农业现代化水平评价研究——基于熵值法与TOPSIS方法［J］．农业经济问题，2021（02）：107－116.
[48] 刘志民，陈万明，董维春．高等农业院校发展模式取向研究［J］．高等农业教育，2002（11）：15－18.
[49] 罗必良．基要性变革：理解农业现代化的中国道路［J］．华中农业大学学报（社会科学版），2022（04）：1－9.
[50] 罗必良．中国农业现代化的战略定位［J］．中国农村经济，2022（12）：20－24.
[51] 吕蕊，石培基．基于ESS模型的河西走廊农业产业集群识别和评价［J］．地域研究与开发，2019，38（03）：165－169.
[52] 吕韬，曹有挥．“时空接近”空间自相关模型构建及其应用——以长三角区域经济差异分析为例［J］．地理研究，2010，29（02）：351－360.

[53] 明翠琴．中国农业绿色增长评价指标体系的构建及实证［J］．技术经济与管理研究，2021（09）：108－113.
[54] 倪绍祥，刘彦随．试论耕地质量在耕地总量动态平衡中的重要性［J］．经济地理，1998（02）：83－85.
[55] 牛若峰．中国农业现代化走什么道路［J］．中国农村经济，2001（01）：4－11.
[56] 彭超，刘合光．“十四五”时期的农业农村现代化：形势、问题与对策［J］．改革，2020（02）：20－29.
[57] 秦元伟，赵庚星，董超，等．乡镇级耕地质量综合评价及其时空演变分析［J］．自然资源学报，2010，25（03）：454－464.
[58] 孙兆霞，张建，毛刚强．贵州省党建扶贫的源起演进与历史贡献［J］．贵州社会科学，2016（02）：11－16.
[59] 唐任伍，许传通．乡村振兴推动共同富裕实现的理论逻辑、内在机理和实施路径［J］．中国流通经济，2022，36（06）：10－17.
[60] 田晓晖，李薇，李戎．农业机械化的环境效应——来自农机购置补贴政策的证据［J］．中国农村经济，2021（09）：95－109.
[61] 田野，黄进，安敏．乡村振兴战略下农业现代化发展效率评价——基于超效率 DEA 与综合熵值法的联合分析［J］．农业经济问题，2021（03）：100－113.
[62] 涂建军，卢德彬．基于 GIS 与耕地质量组合评价模型划定基本农田整备区［J］．农业工程学报，2012，28（02）：234－238.
[63] 涂圣伟．中国式农业现代化的基本特征、动力机制与实现路径［J］．经济纵横，2023（01）：84－92.
[64] 王国敏，周庆元．中国农业现代化发展的梯度差异研究［J］．探索，2013（05）：85－89.
[65] 王薇，李祥．农业产业集群助推产业振兴：一个“主体嵌入-治理赋权”的解释性框架［J］．南京农业大学学报（社会科学版），2021，21（04）：39－49.
[66] 王秀兰，包玉海．土地利用动态变化研究方法探讨［J］．地理科学进展，1999（01）：83－89.
[67] 魏后凯，崔凯．建设农业强国的中国道路：基本逻辑、进程研判与战略支撑［J］．中国农村经济，2022（01）：2－23.
[68] 魏后凯，崔凯．面向 2035 年的中国农业现代化战略［J］．China Economist，2021，16（01）：18－41.
[69] 翁列恩，胡税根．公共服务质量：分析框架与路径优化［J］．中国社会科学，2021（11）：31－53.
[70] 习近平．脱贫攻坚战冲锋号已经吹响 全党全国咬定目标苦干实干［N］．人民日报，2015－11－29.
[71] 向云波，谢炳庚，郭湘．近 50 年湖南省耕地利用绩效时空分异特征［J］．经济地理，2015，35（02）：169－177.
[72] 熊昌盛，韦仕川，栾乔林，等．基于 Moran's I 分析方法的耕地质量空间差异研究——以

广东省广宁县为例［J］．资源科学，2014，36（10）：2066－2074.
［73］杨开忠，冯等田，沈体雁．空间计量经济学研究的最新进展［J］．开发研究，2009（02）：7－12.
［74］杨乐，涂建军，王小飞，等．GIS技术在基本农田整备区划定中的应用——以重庆秀山县中和镇为例［J］．农机化研究，2011，33（05）：178－181.
［75］杨阳，李二玲．绿色农业产业集群形成机理的理论框架及实证分析——以山东寿光蔬菜产业集群为例［J］．资源科学，2021，43（01）：69－81.
［76］叶敬忠，徐勇，张文宏，等．多学科视角的乡村振兴与共同富裕——第一届“开化论坛”主旨发言要点摘编［J］．中国农业大学学报（社会科学版），2022，39（01）：5－29.
［77］应义斌，梅亚明．中国高等农业教育新农科建设的若干思考［J］．浙江农林大学学报，2019，36（01）：1－6.
［78］于法稳，林珊．碳达峰、碳中和目标下农业绿色发展的理论阐释及实现路径［J］．广东社会科学，2022（02）：24－32.
［79］袁家明，卢勇，董维春．中央大学农学院若干重要史实研究［J］．中国农史，2017，36（04）：123－136.
［80］张成福，李昊城，边晓慧．跨域治理：模式、机制与困境［J］．中国行政管理，2012（03）：102－109.
［81］张红宇，张海阳，李伟毅，等．中国特色农业现代化：目标定位与改革创新［J］．中国农村经济，2015（01）：4－13.
［82］张鹏，徐中兵，赵振亮，等．基于模糊优选模型的区域可持续发展研究［J］．水土保持研究，2009，16（04）：186－191.
［83］张平淡，袁赛，夏晓华．基于农业现代化视角的“五化”协同发展影响因素分析［J］．经济地理，2017，37（03）：152－157.
［84］张月莉，蒋琴儿．集群社会资本驱动农业集群品牌价值实现吗——以品牌价值共创为中介［J］．南开管理评论，2022，25（04）：28－40.
［85］张宗毅．“十四五”期间丘陵山区农田宜机化改造若干重大问题与举措［J］．中国农村经济，2020（11）：13－28.
［86］钟真，谢东东，查紫振．“十四五”中国农业农村现代化的战略取向与关键政策［J］．江海学刊，2021（02）：113－119.
［87］周家伟．马克思主义农业现代化理论在中国的发展研究［J］．农业经济问题，2023（01）：145.
［88］竺乾威．政府主导下的多方合作：集中体制下的治理创新［J］．中国行政管理，2022（01）：13－18.
［89］蒋和平．改革开放四十年来我国农业农村现代化发展与未来发展思路［J］．农业经济问题，2018（08）：51－59.

二、中文著作类

[1] 曹幸穗，柏芸，张苏，等．大众农学史［M］．济南：山东科学技术出版社，2015.
[2] 陈超美．科学前沿图谱［M］．陈悦，王贤文，胡志刚，等，译．北京：科学出版社，2014.
[3] 陈悦，陈超美，胡志刚，等．引文空间分析原理与应用［M］．北京：科学出版社，2014.
[4] 道格拉斯·诺斯．经济史中的结构与变迁［M］．陈郁，等，译．上海：三联书店上海分店，1991.
[5] 德内拉·梅多斯，乔根·兰德斯，丹尼斯·梅多斯．增长的极限［M］．李涛，王智勇，译．北京：机械工业出版社，2006.
[6] 发展经济学编写组．发展经济学［M］．北京：高等教育出版社，2019.
[7] 顾明远．教育大辞典［M］．上海：上海教育出版社，1998.
[8] 贺国庆．德国和美国大学发达史［M］．北京：人民教育出版社，1998.
[9] 黄厅厅．新时代民营经济高质量发展研究［M］．云南：云南大学出版社，2020.
[10] 蕾切尔·卡森．寂静的春天［M］．吕瑞兰，李长生，译．上海：上海译文出版社，2011.
[11] 李典军．美国农政道路研究［M］．北京：中国农业出版社，2004.
[12] 李杰，陈超美．CiteSpace：科技文本挖掘及可视化［M］．北京：首都经济贸易大学出版社，2017.
[13] 李俊清，等．自治县政府管理［M］．北京：人民出版社，2009.
[14] 林玉体．哈佛大学史［G］．台北：高等教育文化事业有限公司，2002.
[15] 刘曰仁．中国农科研究生教育［M］．沈阳：辽宁科学技术出版社，1991.
[16] 毛达如．中国普通高等农业学校要览［M］．北京：中国农业大学出版社，1995.
[17] 沈宗瀚．沈宗瀚自述［M］．合肥：黄山书社，2011.
[18] 速水佑次郎，等．农业发展的国际分析［M］．北京：中国社会科学出版社，2000.
[19] 瓦尔特·吕埃格，希尔德·德·里德·西蒙斯．欧洲大学史（第二卷）：近代早期的欧洲大学（1500—1800）［M］．贺国庆，译．保定：河北大学出版社，2008.
[20] 威廉·克拉克．象牙塔的变迁：学术卡里斯玛与研究性大学的起源［M］．徐震宇，译．北京：商务印书馆，2013.
[21] 西奥多·W·舒尔茨．改造传统农业［M］．梁小民，译．北京：商务印书馆，2021.
[22] 亚当·斯密．国富论［M］．李华夏，谢宗林，译．北京：中央编译出版社，2023.
[23] 亚瑟·科恩．美国高等教育通史［M］．李子江，译．北京：北京大学出版社，2019.
[24] 张培刚，张建华．发展经济学［M］．北京：北京大学出版社，2009.
[25] 珍妮特·V·登哈特，罗伯特·B·登哈特．新公共服务：服务，而不是掌舵［M］．丁煌，译．北京：中国人民大学出版社，2016.

三、外文文献类（按著者拼音排序）

[1] Barati A A，Azadi H，Scheffran J. Agricultural Land Fragmentation in Iran：Application of Game Theory [J]. Land Use Policy，2021（100）.

[2] Cai L，Chai C，Zhang B，et al. The Theoretical Approach and Practice of Farmland Rights System Reform From Decentralization to Centralization Promoting Agricultural Modernization：Evidence From Yuyang District in Shaanxi，China [J]. Land，2022，11（12）.

[3] Cao Z，Liu Y S，Li Y R. Rural Transition in the Loess Hilly and Gully Region：From the Perspective of ? Flowing? Cropland [J]. Journal of Rural Studies，2022（93）：326－335.

[4] Carmona－Zabala J. Underfunded Modernization：Tobacco Producers and Agricultural Policy in Interwar Greece [J]. Journal of Modern Greek Studies，2021，39（01）：191－214.

[5] Chen C. Science Mapping：A Systematic Review of the Literature [J]. Journal of Data and Information Science，2017，2（02）：1－40.

[6] Chen K，Tian G，Tian Z，et al. Evaluation of the Coupled and Coordinated Relationship Between Agricultural Modernization and Regional Economic Development Under the Rural Revitalization Strategy [J]. Agronomy－Basel，2022，12（05）.

[7] Doll R. Cultivating Decline：Agricultural Modernization Policy and Adaptive Resilience in the Yangzi Delta [J]. Human Ecology，2021，49（01）：43－57.

[8] Fedorova M. Seeds as Technology：The Russian Agricultural Bureau in New York and Soviet Agricultural Modernization，1921－26 [J]. Russian Review，2021，80（02）：209－228.

[9] Garrett R D，Koh I，Lambin E F，et al. Intensification in Agriculture－Forest Frontiers：Land Use Responses to Development and Conservation Policies in Brazil [J]. Global Environmental Change－Human and Policy Dimensions，2018（53）：233－243.

[10] Gawthorpe A J. Modernization，Agricultural Economics，and Us Policy Towards Land Reform in South Vietnam [J]. International History Review，2022，44（02）：282－299.

[11] Han H，Lin H. Patterns of Agricultural Diversification in China and its Policy Implications for Agricultural Modernization [J]. International Journal of Environmental Research and Public Health，2021，18（09）.

[12] Hu J F，Wang Z，Lian Y H，et al. Environmental Regulation，Foreign Direct Invest-

ment and Green Technological Progress - Evidence From Chinese Manufacturing Industries [J]. International Journal of Environmental Research and Public Health, 2018, 15 (02).

[13] Hu J, Pan X, Huang Q. Quantity Or Quality? The Impacts of Environmental Regulation On Firms' Innovation - Quasi - Natural Experiment Based On China's Carbon Emissions Trading Pilot [J]. Technological Forecasting & Social Change, 2020 (158).

[14] Hu J, Wang Z, Huang Q, et al. Environmental Regulation Intensity, Foreign Direct Investment, and Green Technology Spillover—an Empirical Study [J]. Sustainability, 2019, 11 (10): 2718.

[15] Hu J, Wang Z, Huang Q. Factor Allocation Structure and Green - Biased Technological Progress in Chinese Agriculture [J]. Ekonomska istraživanja, 2021, 34 (01): 2034 - 2058.

[16] Hu J, Wang Z, Huang Q, et al. Agricultural Trade Shocks and Carbon Leakage: Evidence From China's Trade Shocks to the Belt & Road Economies [J]. Environmental Impact Assessment Review, 2021 (90).

[17] Hu J, Zhang X, Wang T. Spatial Spillover Effects of Resource Misallocation On the Green Total Factor Productivity in Chinese Agriculture [J]. International Journal of Environmental Research and Public Health, 2022 (19): 1571823.

[18] Huang T, Xiong B. Space Comparison of Agricultural Green Growth in Agricultural Modernization: Scale and Quality [J]. Agriculture (Basel), 2022, 12 (07): 1067.

[19] Huang T, Hu J, Huang Q. Sustainable Development between Demonstration Farm and Agricultural Labor Productivity: Evidence from Family Farms in the Mountainous Area of Western China. Sustainability, 2023 (15): 9560.

[20] Huang T, Huang Q. Research On Agricultural and Rural Public Governance and Sustainable Development: Evidence From 2350 Data [J]. Sustainability, 2023, 15 (10): 7876.

[21] Jannat A, Islam M M, Alamgir M S, et al. Impact Assessment of Agricultural Modernization On Sustainable Livelihood Among Tribal and Non - Tribal Farmers in Bangladesh [J]. GEOJOURNAL, 2021, 86 (01): 399 - 415.

[22] Jiao W, Cui W, He S. Can Agricultural Heritage Systems Keep Clean Production in the Context of Modernization? A Case Study of Qingtian Rice - Fish Culture System of China Based On Carbon Footprint [J]. Sustainability Science, 2023 (05) .

[23] Khan N, Ray R L, Zhang S M, et al. Influence of Mobile Phone and Internet Technology On Income of Rural Farmers: Evidence From Khyber Pakhtunkhwa Province, Pakistan [J]. Technology in Society, 2022 (68).

[24] Li Q, Zeng M, Du J. Economic Growth Based On Agricultural Modernisation [R]. International Journal of Electrical Engineering Education, 2021.

[25] Li Y R, Li Y, Fan P C, et al. Impacts of Land Consolidation On Rural Human - Environment System in Typical Watershed of the Loess Plateau and Implications for Rural Development Policy [J]. Land Use Policy, 2019 (86): 339 - 350.

[26] Liu J S, Zhang X F, Lin J, et al. Beyond Government - Led Or Community - Based: Exploring the Governance Structure and Operating Models for Reconstructing China? S Hollowed Villages [J]. Journal of Rural Studies, 2022 (93): 273 - 286.

[27] Long Q, Hua L, Qiang G, et al. Household - Owned Farm Machinery Vs. Outsourced Machinery Services: The Impact of Agricultural Mechanization On the Land Leasing Behavior of Relatively Large - Scale Farmers in China [J]. Land Use Policy, 2022 (115).

[28] Mitchell M E, Newcomer - Johnson T, Christensen J, et al. Potential of Water Quality Wetlands to Mitigate Habitat Losses From Agricultural Drainage Modernization [J]. Science of the Total Environment, 2022, 838 (04).

[29] Mizuno H. Mutant Rice and Agricultural Modernization in Asia [J]. History and Technology, 2020, 36 (3 - 4SI): 360 - 381.

[30] Mellor J W. The Economics of Agricultural Development [M]. Ithaca, N. Y.: Cornell University Press, 1966: 403.

[31] Peter Timmer C. The Agricultural Transformation [J]. Handbook of Development Economics, 1988 (01): 275 - 331.

[32] Qin X F, Li Y R, Lu Z, et al. What Makes Better Village Economic Development in Traditional Agricultural Areas of China? Evidence From 338 Villages [J]. Habitat International, 2020 (106).

[33] Tian Y, Jiang G, Zhou D, et al. Systematically Addressing the Heterogeneity in the Response of Ecosystem Services to Agricultural Modernization, Industrialization and Urbanization in the Qinghai - Tibetan Plateau From 2000 to 2018 [J]. Journal of Cleaner Production, 2021 (285).

[34] Weitz R. From Peasant to Farmer: A Revolutionary Strategy for Development [M]. New York: The Columbia University Press, 1971.

[35] Zheng X, Natuhara Y, Zhong S. Influence of Midsummer Drainage and Agricultural Modernization On the Survival of Zhangixalus Arboreus Tadpoles in Japanese Paddy Fields [J]. Environmental Science and Pollution Research, 2021, 28 (14): 18294 - 18299.

致　谢

生而勇做“筑梦者”；
前行不忘“来时路”；
成长感念“引路人”。

立身学者之行，以学为“基”；
行走学术之路，以实为“本”；
秉纲而目自张，学干有“章”；
执本而末自从，笃行有“为”。

立足脚下，于“新机”里探寻成长生机；
扎根大地，于“新路”里追求平凡之路；
着眼长远，于“新绩”中建立卓越实绩；
展望未来，于“新局”中塑造人生格局。

做研究、做学问是一场“内修”与“外修”相生相长的修行，需要树立历史眼光、坚持问题导向、提高政治站位、强化理论武装、增强大局观念、丰富知识素养，坚持在思想淬炼中内修外塑涵养、在专业训练中完善知识体系、在学术历练中增强调研能力、在实践锤炼中提升决策水平，负笈而行、静心专一，脚踏实地、锲而不舍，内化于心、外化于行，永葆“心中”有理想、“眼中”有光芒、“手中”有本领、“肩上”有担当、“脚下”有力量、“前行”有方向。

事情要去干，才能成就事业；
道路要去走，才能开辟通途；
学问要去做，才能践悟真知。

越是伟大的事业，越是充满挑战，越需要知重负重。改革开放以来，农业现代化主题就被纳入党和国家的重要议事日程，各地在积极推动农业现代化的改革建设进程中取得了诸多新进展、新成效、新突破。但是，面向第二个百年奋斗目标，面对全面建设社会主义现代化国家发展目标与加快推进农业现代化进程发展实际之间的不平衡、不协调、不充分的现实挑战，关于加快推进农业现代化迈出新步伐的一系列重大研究课题亟待向纵深发展。自 2016 年以来，我开始聚焦农业现代化相关主题，尤其是关注西南民族地区具有山地地缘结构特征的区域探索推进农业现代化研究相关主题，采取书面调研、实地调研、文献调研等多样化互补式调研方案，通过走进农村、走进农业、走进农民、走进企业、走进基地、走进部门，听实况、听问题、听心声、听建议、听希望，观察势情、把握现情、了解实情，综合分析、总结归纳推进农业现代化的“成绩与不足”“现象与本质”“主流与支流”等问题，研究历经七年多，形成了农业现代化相关研究基础，凝聚了本著作的核心思想与重要观点，为尝试回答推进农业现代化这一日渐凸显的重大问题略尽绵薄之力。研究工作量较大，研究过程较为不易，但相信一切辛苦付出总是值得的。或许回报不在“昨天”，很有可能就在“今天”；或许回报不在“今天”，很有可能就在“明天”。

知恩情，方会久远；
懂珍惜，方能永恒；
能践行，方可长久。

成果背后更多是感恩支持与帮助。

特别感谢我的硕士母校西南大学的恩师们给予我的教导、支持、关心、帮助，为我的学术成长道路提供强大的理论指导与思想支撑！

特别感谢我的恩师黄庆华教授对我成长提供的莫大指导与支持！感谢徐晖编审对我成长的关心与帮助！感谢一如既往、善始善终对我给予信任、支持、关心、帮助的各位领导、师友！

特别感谢铜仁市委、市政府，感谢铜仁市农业农村局、铜仁市林业局、铜仁市统计局、铜仁市各区县人民政府等单位对我开展农业现代化系列主题调查研究工作给予的大力支持与帮助！

感谢受调研的各个部门（机构）、农业企业和广大农户的耐心参与和协助！

同时，本著作借鉴了很多权威部门与知名学者的文献，在此表示衷心感谢。同时，由于笔者学识有限，书中难免有不足之处，恳请读者朋友们提出宝贵意见，在此深表谢意。

最后，感谢以下课题（单位）对本著作出版的支持：

教育部人文社会科学研究项目“西南民族地区农业绿色TFP与农业现代化研究：时空格局、影响机理及提升路径”（项目批准号：23YJCZH084）

贵州省高校人文社会科学研究项目“贵州推进农业现代化的重要理论和实践研究”（项目批准号：2024RW65）

贵州省科学技术协会决策咨询项目“做大做强抹茶农业发展路径研究”（项目批准号：QKX2025－ZX－020）

武陵山创新发展研究课题一般课题“武陵山片区茶产业发展研究”（项目批准号：24WLSYB04）

致敬“成长”！

致敬“未来”！

致敬“自己”！

黄斤斤

甲辰龙年春

附　录

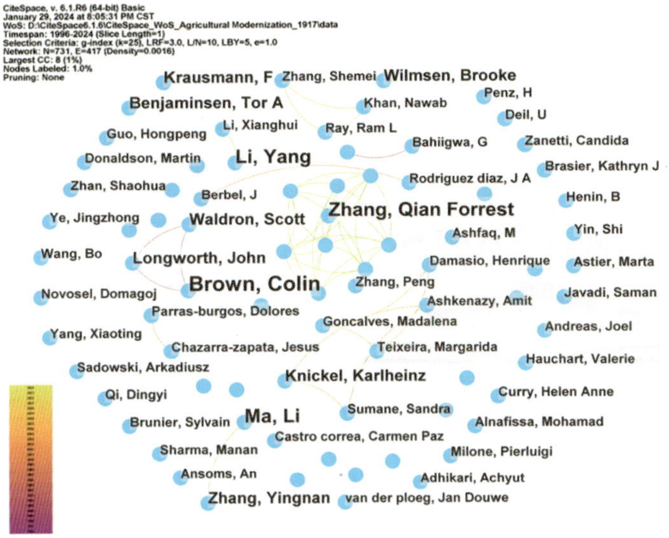

图 3-2　国外农业现代化研究作者合作网络图谱

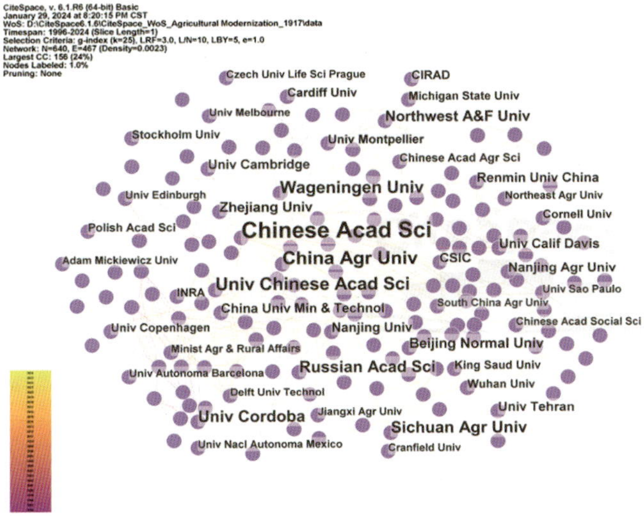

图 3-3　国外农业现代化研究机构合作网络图谱

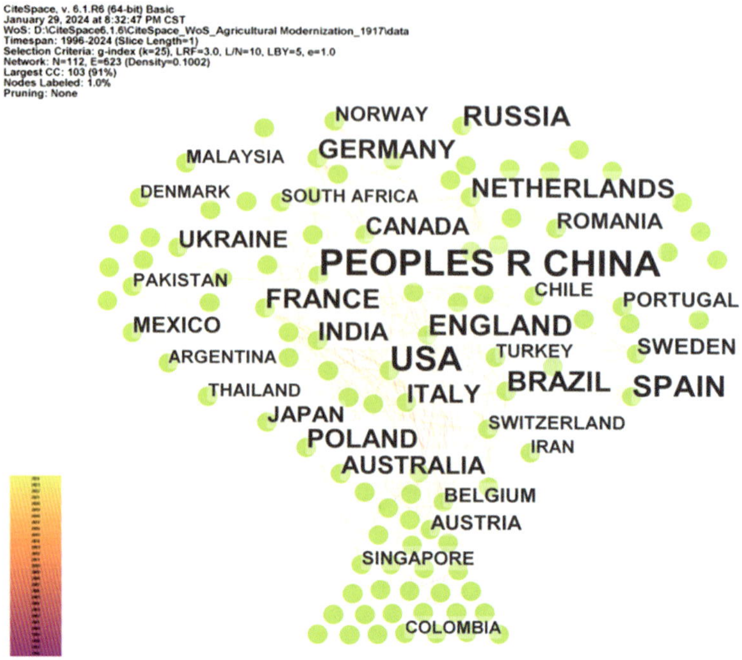

图 3－4　国外农业现代化研究国家/地区合作网络图谱

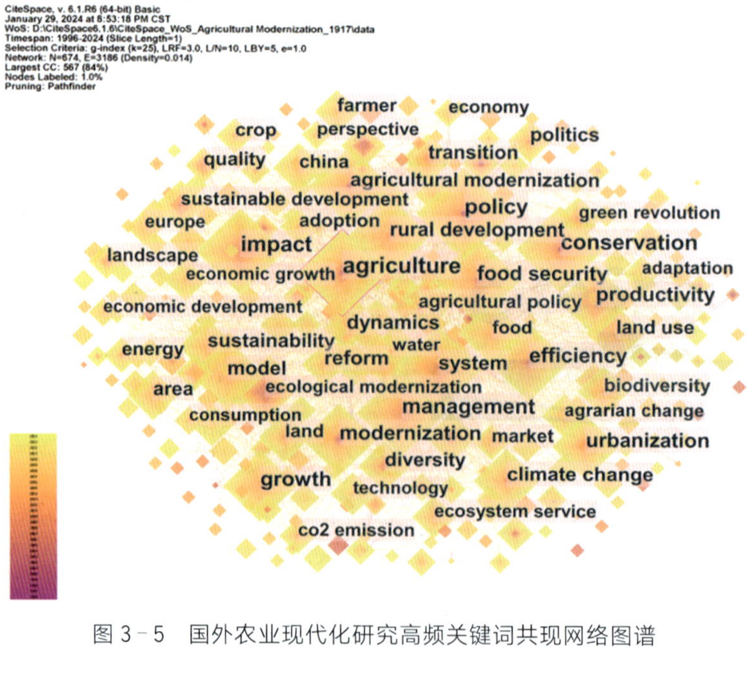

图 3－5　国外农业现代化研究高频关键词共现网络图谱

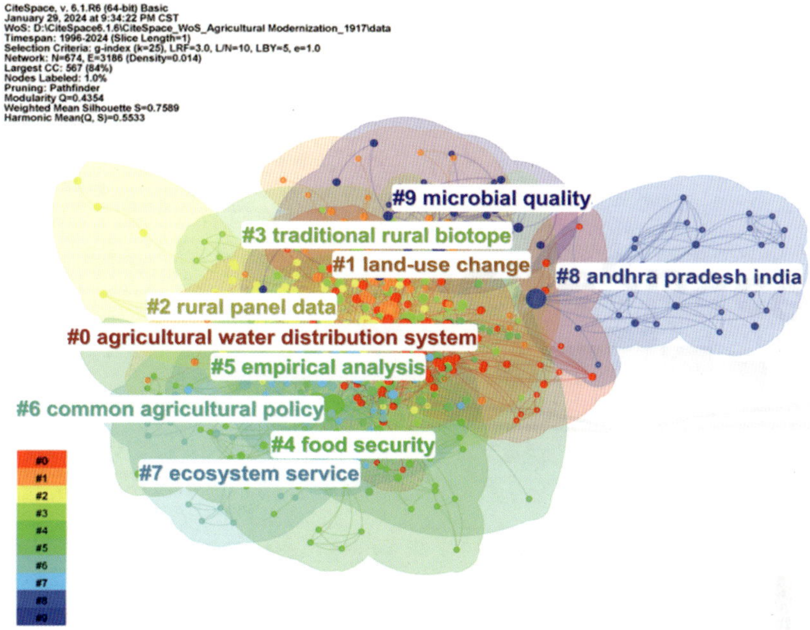

图 3－6　国外农业现代化研究主题词聚类网络图谱

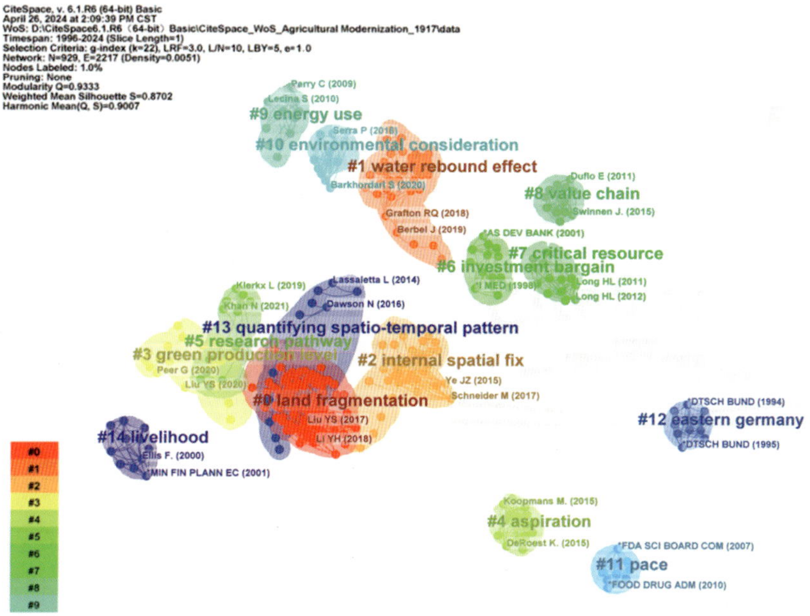

图 3－7　国外农业现代化研究共被引文献聚类网络图谱

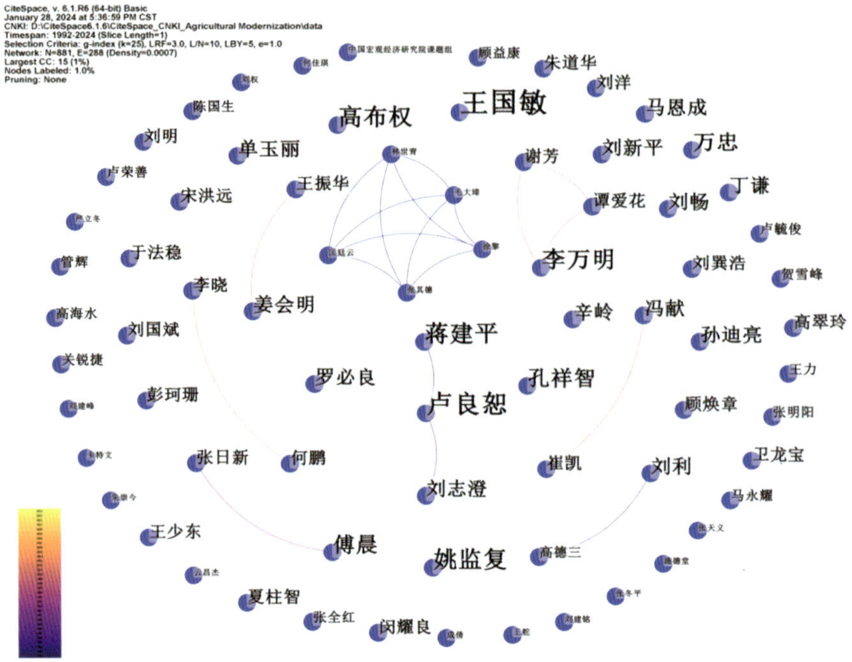

图 3-9　国内农业现代化研究作者合作网络图谱

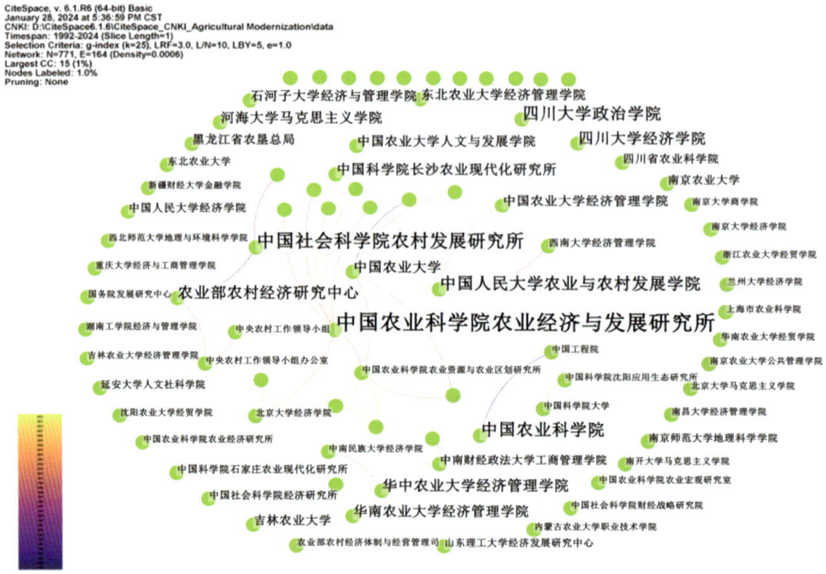

图 3-10　国内农业现代化研究机构合作网络图谱

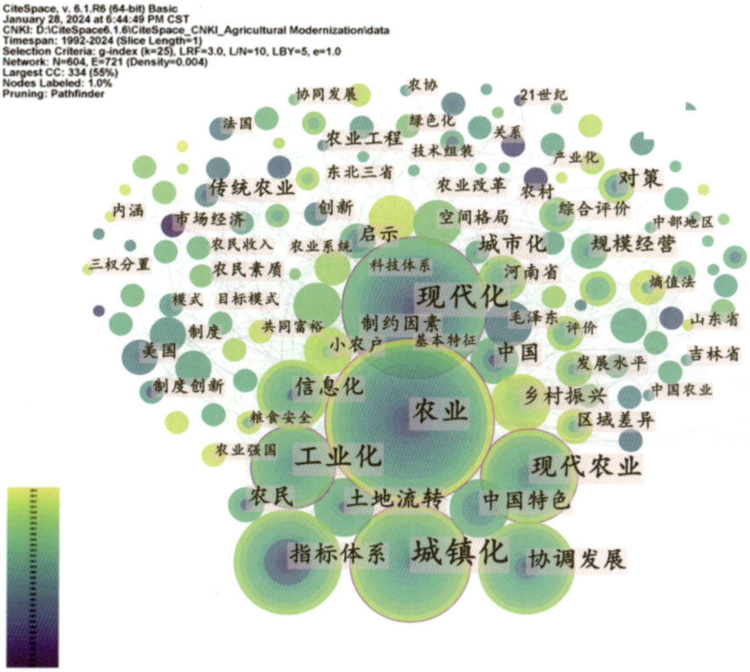

图 3－11　国内农业现代化研究高频关键词共现网络图谱

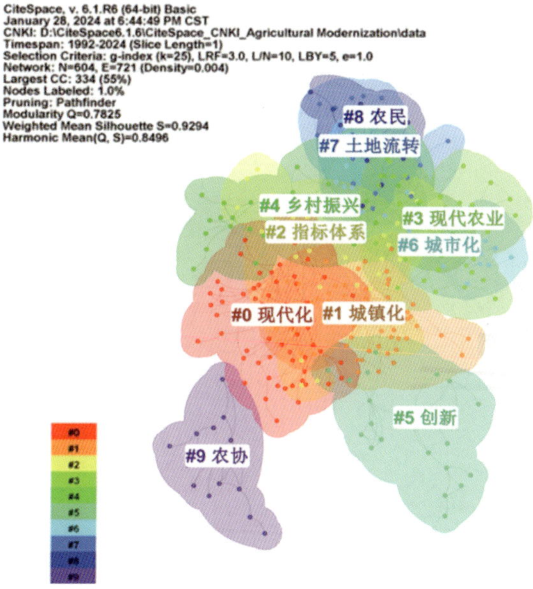

图 3－12　国内农业现代化研究主题词聚类网络图谱

表 3－6　国外农业现代化研究前 30 位突现词分布

关键词	年份	突现强度	开始突现时间	结束突现时间	突现时段（1996—2024 年）
ecological modernization	2002	4.09	2007	2009	
irrigation practice	2012	2.60	2012	2013	
land use	2011	2.97	2014	2017	
agricultural policy	2003	2.62	2014	2016	
ecosystem service	2016	2.94	2016	2018	
resilience	2016	2.90	2016	2017	
state	1997	5.17	2017	2019	
Escherichia coli	2017	4.26	2017	2020	
united states	2012	3.56	2017	2018	
city	2017	2.74	2017	2018	
capitalism	2000	2.74	2017	2018	
knowledge	2018	3.15	2018	2021	
land use change	2018	2.80	2018	2019	
migration	2016	2.59	2018	2019	
irrigation	2017	4.18	2019	2021	
irrigation modernization	2019	3.09	2019	2020	
greenhouse gas emission	2019	2.58	2019	2020	
internet of thing	2019	2.57	2019	2020	
sustainable development	2008	3.80	2020	2022	
service	2020	3.38	2020	2021	
precision agriculture	2020	3.19	2020	2022	
energy efficiency	2020	2.90	2020	2021	
information	2021	3.38	2021	2022	
yield	2021	3.38	2021	2022	
determinant	2020	5.22	2022	2024	
China	2002	3.88	2022	2024	
transformation	1999	3.25	2022	2024	
strategy	2014	2.95	2022	2024	
household	2022	2.76	2022	2024	
rural revitalization	2022	2.76	2022	2024	

表 3-14 国内农业现代化研究前 30 位高突现词分布

关键词	年份	突现强度	开始出现时间	结束时间	突现时段（1992—2024 年）
市场经济	1994	2.69	1994	1995	
机制	1996	1.34	1996	1997	
制度创新	1999	1.71	1999	2000	
农村	1996	1.65	2001	2003	
农业工程	2003	3.24	2003	2007	
指标体系	1996	1.80	2003	2005	
现代化	1994	4.95	2006	2009	
创新	2001	2.52	2006	2008	
农业	1994	2.14	2006	2007	
传统农业	1995	1.48	2007	2009	
中国特色	1999	7.75	2008	2010	
启示	1994	3.19	2008	2009	
内生增长	2009	2.51	2009	2010	
城乡统筹	2010	1.87	2010	2011	
工业化	2000	19.67	2011	2017	
城市化	1997	2.45	2012	2013	
“三化”	2012	2.03	2012	2015	
信息化	2004	6.11	2013	2017	
中部地区	2013	1.45	2013	2014	
河南省	2013	1.35	2013	2014	
协调发展	2003	7.06	2014	2017	
评价	2014	1.99	2014	2015	
家庭农场	2014	1.86	2014	2015	
城镇化	2001	5.76	2017	2018	
农村金融	2012	1.50	2017	2018	
乡村振兴	2019	9.30	2019	2024	
小农户	2018	4.97	2021	2022	
产业融合	2021	1.90	2021	2022	
农业强国	2021	4.13	2021	2024	
协同发展	2015	1.44	2021	2024	

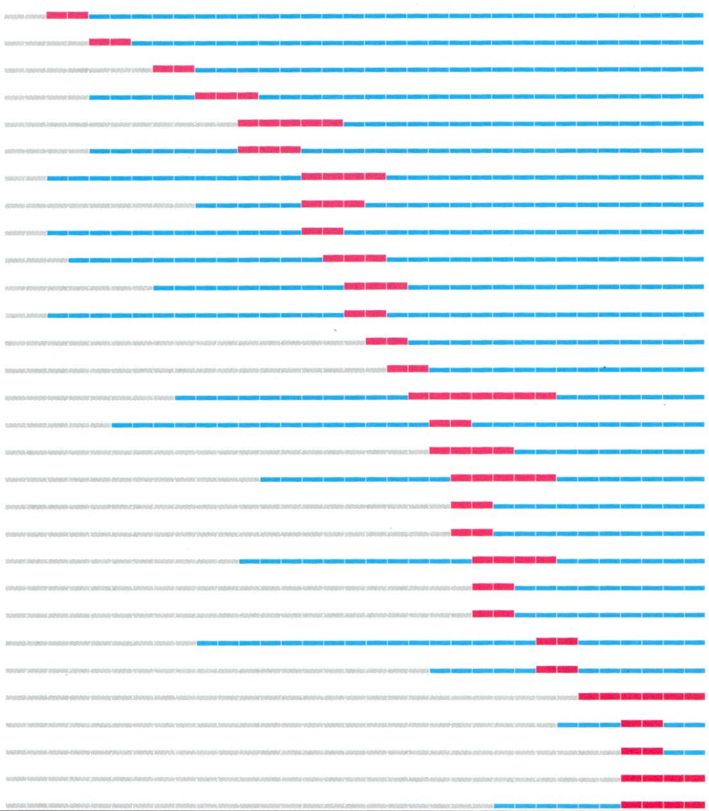